国际工程管理前沿系列丛书

# 国际工程政治风险评价与控制

邓小鹏　袁竞峰　常腾原　张　娜　著

东南大学出版社
SOUTHEAST UNIVERSITY PRESS

## 内 容 提 要

在复杂而又充满机遇的国际工程市场中,政治风险是国际承包商国际化进程中不可避免的阻碍和挑战。本书通过对国际工程项目的调研,分析了中国承包商所面临的政治风险状况,识别出国际工程政治风险水平的影响因素,并对政治风险的形成机理、关键路径进行了深入研究。在此基础上,构建了国际工程政治风险评估体系,对影响工程项目面临政治风险时的脆弱性展开了探讨。最后采用"情景—对策"理论对政治风险应对策略进行了分析。研究成果将有助于中国承包商更深入地理解国际工程项目中的政治风险、准确地评判政治风险水平、有针对性地采取防范措施。本书可供国际工程管理、项目风险管理领域的研究学者及国际承包商的决策人员和项目经理参考。

**图书在版编目(CIP)数据**

国际工程政治风险评价与控制/邓小鹏等著. —南京:东南大学出版社,2017.12
(国际工程管理前沿系列丛书/李启明主编)
ISBN 978-7-5641-7563-4

Ⅰ. ①国… Ⅱ. ①邓… Ⅲ. ①国际承包工程—工程管理—风险管理—研究—中国 Ⅳ. ①F746.18

中国版本图书馆 CIP 数据核字(2017)第 318192 号

出版发行:东南大学出版社
社　　址:南京市四牌楼 2 号　　邮编:210096
出 版 人:江建中
网　　址:http://www.seupress.com
电子邮箱:caoshengmei@163.com
经　　销:全国各地新华书店
印　　刷:虎彩印艺股份有限公司
开　　本:787 mm×1092 mm　1/16
印　　张:16
字　　数:399 千字
版　　次:2017 年 12 月第 1 版
印　　次:2017 年 12 月第 1 次印刷
书　　号:ISBN 978-7-5641-7563-4
定　　价:55.00 元

本社图书若有印装质量问题,请直接与营销部联系。电话(传真):025-83791830

# 总　　序

国际工程承包市场早在19世纪中叶就已出现,如今已形成亚/澳、欧洲、北美(包括美国和加拿大市场)、中东、拉美(包括加勒比海地区)和非洲等六大主要地区市场。2016年美国工程新闻纪录(ENR)统计国际工程市场营业额达到4 679.2亿美元。中国承包商自20世纪70年代末开始进入国际工程市场,随着国家对外贸易经营权下放,以及"走出去"战略和"一带一路"倡议的提出,基础设施互联互通是优先领域,中国承包商适逢千载难遇的重要战略机遇期。如今,中国对外承包工程企业达到4 353家,业务领域遍布世界200多个国家和地区,2016年对外工程营业额达到1 594.2亿美元,中国进入Top225/250的51家承包商营业额达到987.2亿美元。中国承包商实现了跨越式的发展,但同时存在很多急需解决的问题。全球经济的一体化,给国际承包商提供了重要的契机和广阔的空间,但与此同时,逆全球化动向、国际经贸规则重构、社会和文化分化加剧,以及全球合作的恶化迹象使国际工程市场存在着更多的不确定性。合作中有冲突、冲突中有合作,机遇与挑战并存,如何在纷繁复杂的国际工程市场抓住机遇、应对挑战是个值得深思的问题。

政治风险历来是跨国企业在国际扩张中不可回避的热点问题。政治力量与市场力量之间的矛盾和冲突,政治与经济相互渗透,形成世界经济关系政治化、国际政治关系经济化的趋势。贸易争端、恐怖袭击,以及区域性的纷争给全球工程承包市场带来了极大的冲击。西方主流政治的危机深化,文化本土主义、经济民族主义,加剧了地缘政治风险。"危邦不入,乱邦不居",对于积极开拓国际工程市场的中国承包商而言,不仅要准确地评价东道国的政治风险态势,而且要有针对性地提升其政治风险应对能力。政治风险体现出独特的突发性—渐进性、确定性—随机性,给政治风险的量化、模拟及预测带来困难。本系列丛书将深入揭示国际工程中政治风险的形成机理,探寻政治风险传导的关键路径及关键风险源,应用多学科交叉技术对国际工程中政治风险进行测度和预警。同时结合建筑业的行业特色及"中国因素",对中国的国际承包商所面临的政治风险,进行量化、模拟和实证,研究成果将有助于中国承包商在开拓国际工程市场中对所面临的政治风险进行前端决策、监控预警和风险应对。

中国离不开高铁,世界离不开高铁。国际高铁市场需求旺盛,巨大的市场需求也吸引了众多的竞争者。物竞天择,适者生存。如何适应全球竞争时代的来临,在超竞争环境中突显竞争优势显得极为重要。本系列丛书将深入揭示国际高铁行业在超竞争环境下其竞争优势的形成机理,探寻产业—企业—项目竞争优势的耦合作用机制及竞争优势演化的动力机制,以演化经济学为分析范式,应用社会网络理论、项目管理理论、竞争优势理论等多学科交叉技术对国际高铁项目瞬时竞争优势进行测度,进而分析瞬时竞争优势的时空演变规律。结合国际高铁项目特性、中国高铁的行业特色及现实的竞争格局,对中国的国际高铁承包商在项目上的瞬时竞争优势进行组合、量化、模拟和实证，设计中国高铁行业竞争优势的提升路径及竞争情报决策支持系统。研究成果将有助于提升中国高铁产业和中国高铁企业在国际市场上的竞争优势，并为高铁项目投标决策、合作伙伴选择等方面提供参考依据。

  本系列丛书依托国家自然科学基金课题：国际工程中政治风险的集成度量及智能决策研究：理论、实证及应用(71372199)和国际高铁项目瞬时竞争优势的形成机理、动态度量及提升路径研究(71771052)，以及江苏省研究生科研创新计划项目："一带一路"沿线国际工程政治风险的评价及对策研究（KYCX17_0191）。丛书内容包括但不限于上述的政治风险、竞争优势等方面的研究，还会针对国际工程管理中的其他前沿问题进行探索。

李启明 邓小鹏

2017 年 12 月于东南大学

# 前　言

国际工程市场的全球化为承包商提供了广阔的发展机遇。然而，与国内工程相比，国际工程在为企业带来高利润的同时也存在着极大的不确定性，这意味着国际工程市场对于承包商而言是一把双刃剑。在过去的三十年间，世界上一系列政治和社会事件，如金融危机、恐怖主义、战争、非典，以及区域性的经济衰退，极大地影响了国际工程项目的商业环境。

在发展中国家，特别是一些高风险区域，如中东、非洲、东南亚、南亚、拉丁美洲，中国的国际承包商在开拓市场时不可避免地会遇到持续性和毁灭性的政治风险影响，而中国承包商的海外业务领域主要集中在亚洲、非洲和拉丁美洲这些区域。如果对政治风险缺少足够的理解，将会严重影响国际工程项目的顺利实施。因此，在复杂的国际环境下，中国的国际承包商在开拓海外市场，特别是在高政治风险区域的市场，应更多地关注政治风险，思考如何利用自身的资源应对所要面临的政治风险是极为重要的。

但政治风险量化极为困难。本书依托国家自然科学基金课题：国际工程中政治风险的集成度量及智能决策研究：理论、实证及应用（项目编号：71372199）（2014.01—2017.12）；江苏省研究生科研创新计划项目："一带一路"沿线国际工程政治风险的评价及对策研究（KYCX17_0191），对国际工程中的政治风险展开分析和研讨。期望本书能有助于中国承包商在国际工程市场中对面临的政治风险进行前端决策、监控预警和风险应对。

本书主要包括如下内容：

（1）回顾了国际工程市场的发展历程，并对国际工程的现状进行了分析。

（2）评述了关于政治风险的国内外研究现状，并对中国承包商的政治风险现状进行了调研和总结。

（3）识别出国际工程政治风险的影响变量，对其中的关键变量进行了深入的分析。

（4）从风险形成的要素入手，对国际工程的外部政治环境和内部脆弱性进行了分析，构建政治风险形成与传导路径的动力学模型，演绎政治风险形成与演化的内在机理。

（5）构建了国际工程政治风险评估体系，计算出2017年全球151个国家或地区的政治风险指数，并对区域性的政治风险进行了分析和评价。

（6）识别出项目系统脆弱性的影响因素，构建项目系统脆弱性测度模型，对项目系统的脆弱性进行测度。

（7）在可行对策的识别及分析的基础上，针对政治风险情景，构建了国际工程项目政治风险的"情景—对策"模型和"情景—对策"体系流程。

本书主要特点：

（1）实践性：本书的成果源于实践，所收集的案例代表性强，专家意见均汇聚了国际工程管理长期从业者的丰富经验。

（2）针对性：针对建筑行业的"行业特色"，以及中国承包商所具有的"中国因素"进行了研究，研究成果能为中国承包商进行有效的政治风险控制提供参考和借鉴。

（3）系统性：在研究过程中，采用了多学科的理论和方法展开了系统研究。对中国的国际承包商所面临的政治风险的现状、因素、机理、评价、脆弱性及对策进行了系统研究。

本书撰写具体分工如下：第1章由袁竞峰编写；第2章由邓小鹏、常腾原编写；第3章、第4章由邓小鹏、吕冰编写；第5章由常腾原编写；第6章由张娜、纪沿光编写；第7章由张娜、张磊编写。全书由邓小鹏统稿。

在本书的撰写过程中参考了许多国内外专家学者的论文和著作，在参考文献中一并列出。笔者向他们表示深深的谢意。特别感谢300多位国际工程项目经理和工程师对本课题的调研提供了极大的支持。特别感谢新加坡国立大学的刘瑞平教授，对我的研究进行了悉心指导。感谢我的研究生吕冰、张磊、纪沿光和邓丽珊为本课题做了大量的基础研究工作，感谢研究生周倩雯、张苏楠、曲悠扬、王凯妮、王杰以及即将成为我的硕士研究生的陈丽红和周静娴为本书的文字校稿、图片绘制等做了细致工作。同时也感谢国家自然科学基金委的立项资助，以及江苏省优势学科的专著基金资助，使得本书得以顺利出版。

限于笔者的理论水平和实践经验，书中不足之处，恳请读者和专家来信指正或就相关问题进行讨论，在此预致谢意。作者邮箱：dxp@seu.edu.cn。

邓小鹏<br>
2017年11月于东南大学

# 目　录

1 国际工程市场分析 ······················································································ 1
　1.1 国际工程市场 ······················································································ 1
　　1.1.1 国际工程市场发展历程 ································································· 1
　　1.1.2 国际工程市场行业结构分析 ························································· 4
　　1.1.3 国际工程市场区域结构分析 ························································· 7
　　1.1.4 国际承包商划分国际工程市场的态势 ········································ 15
　1.2 国际工程市场中的中国承包商 ························································· 21
　　1.2.1 中国承包商的国际工程市场拓展历程 ········································ 21
　　1.2.2 中国承包商在国际市场的状况 ···················································· 25

2 国际工程市场政治风险研究及现实状况 ················································ 32
　2.1 政治风险的界定 ················································································ 32
　　2.1.1 政治风险的概念 ·········································································· 32
　　2.1.2 政治风险的表现形式及类型 ······················································· 34
　2.2 政治风险研究现状及趋势 ································································ 35
　　2.2.1 政治风险研究的现状 ·································································· 35
　　2.2.2 政治风险研究的趋势 ·································································· 36
　　2.2.3 现有研究的评述 ·········································································· 38
　2.3 中国承包商所面临的政治风险状况 ················································· 39
　　2.3.1 中国承包商海外业务特点 ··························································· 43
　　2.3.2 政治风险视角下中国承包商的表现 ············································ 46
　　2.3.3 中国承包商海外工程项目常见政治风险 ···································· 50

3 国际工程政治风险影响因素 ··································································· 54
　3.1 政治风险影响因素识别 ···································································· 54
　3.2 政治风险影响因素分析 ···································································· 58
　　3.2.1 数据收集 ······················································································ 58
　　3.2.2 基本统计分析 ·············································································· 59
　　3.2.3 宏、微观因素分析 ······································································ 70
　　3.2.4 企业因素分析 ·············································································· 76

# 4 国际工程政治风险形成机理 ... 82
## 4.1 相关理论 ... 82
### 4.1.1 风险传导理论 ... 82
### 4.1.2 系统动力学理论 ... 83
### 4.1.3 贝叶斯网络理论 ... 85
## 4.2 政治风险的形成机制分析 ... 86
### 4.2.1 政治风险的影响环境研究 ... 86
### 4.2.2 国际工程中的主要政治事件 ... 92
### 4.2.3 政治风险的形成与传导过程分析 ... 94
## 4.3 政治风险形成的动力学分析 ... 96
### 4.3.1 风险变量的识别 ... 96
### 4.3.2 因果关系 ... 97
### 4.3.3 模型确立与分析 ... 101
## 4.4 政治风险贝叶斯网络的仿真和应用 ... 103
### 4.4.1 贝叶斯网络模型建立 ... 103
### 4.4.2 贝叶斯网络的可靠性检验和关键路径分析 ... 109
### 4.4.3 区域政治风险关键路径分析 ... 112

# 5 国际工程政治风险评价 ... 115
## 5.1 主流的政治风险评价体系 ... 115
### 5.1.1 著名研究机构的政治风险评价体系 ... 115
### 5.1.2 著名学者提出的政治风险评价体系 ... 117
### 5.1.3 我国的政治风险评价体系 ... 120
## 5.2 国际工程政治风险评估体系的建立 ... 121
### 5.2.1 指标和数据选择 ... 122
### 5.2.2 数据的处理 ... 123
## 5.3 国家环境指标 ... 124
### 5.3.1 和平与安全指标 ... 124
### 5.3.2 政府治理指标 ... 125
### 5.3.3 经济自由度指标 ... 127
### 5.3.4 宏观经济 ... 128
## 5.4 东道国与母国的交互作用指标 ... 131
### 5.4.1 外交关系 ... 131
### 5.4.2 双边投资协定 ... 131
### 5.4.3 贸易关系 ... 132
### 5.4.4 文化距离 ... 132
## 5.5 行业环境指标 ... 133
### 5.5.1 与国家经济目标的一致性 ... 133
### 5.5.2 行业成熟度 ... 133

  5.5.3 市场经验 ………………………………………………………………… 134
 5.6 评估结果 …………………………………………………………………… 134
  5.6.1 政治风险指数 …………………………………………………………… 134
  5.6.2 各区域政治风险水平排名 ……………………………………………… 135
  5.6.3 分项指标得分较高的区域 ……………………………………………… 140
  5.6.4 不同收入水平的国家政治风险表现情况 ……………………………… 141
  5.6.5 评估结果与 ICRG 的比较 ……………………………………………… 142

# 6 工程项目面临政治风险的脆弱性 …………………………………………… 144
 6.1 脆弱性的概念及内涵 ……………………………………………………… 144
 6.2 项目系统脆弱性 …………………………………………………………… 146
  6.2.1 项目系统 ………………………………………………………………… 146
  6.2.2 项目系统脆弱性的概念及内涵 ………………………………………… 147
  6.2.3 项目系统脆弱性的形成机理 …………………………………………… 147
  6.2.4 基于项目系统脆弱性的政治风险形成过程 …………………………… 148
 6.3 项目脆弱性的影响因素 …………………………………………………… 149
  6.3.1 能力维度 ………………………………………………………………… 149
  6.3.2 风险暴露维度 …………………………………………………………… 152
  6.3.3 脆弱性状态评价 ………………………………………………………… 155
  6.3.4 实例分析 ………………………………………………………………… 156
 6.4 项目脆弱性的评估与测度 ………………………………………………… 158
  6.4.1 脆弱性的评估方法 ……………………………………………………… 158
  6.4.2 项目系统脆弱性测度 …………………………………………………… 159
 6.5 案例分析 …………………………………………………………………… 168
  6.5.1 实证对象介绍 …………………………………………………………… 168
  6.5.2 项目系统脆弱性评估 …………………………………………………… 170
  6.5.3 项目系统脆弱性实证分析 ……………………………………………… 173

# 7 国际工程政治风险应对策略 ………………………………………………… 180
 7.1 政治风险事件分析 ………………………………………………………… 180
  7.1.1 政治风险事件的识别 …………………………………………………… 180
  7.1.2 政治风险事件的特性 …………………………………………………… 181
  7.1.3 政治风险管理的原则 …………………………………………………… 187
 7.2 政治风险可行策略的识别及分析 ………………………………………… 188
  7.2.1 项目层面的可行对策 …………………………………………………… 188
  7.2.2 企业层面的可行对策 …………………………………………………… 194
  7.2.3 国家层面的可行对策 …………………………………………………… 199
  7.2.4 项目不同阶段的可行对策 ……………………………………………… 203
 7.3 政治风险"情景—对策"模型构建 ……………………………………… 205

  7.3.1 政治风险情景构建 ·········································· 205
  7.3.2 可行性对策的提炼和组合 ································ 207
  7.3.3 政治风险关键事前对策分析 ······························ 210
  7.3.4 特定政治风险情景下的事中、事后对策分析 ················ 213
 7.4 政治风险"情景—对策"体系流程图 ······························ 218
  7.4.1 政治风险发生前的预警 ···································· 219
  7.4.2 政治风险发生中的控制 ···································· 220
  7.4.3 政治风险发生后的处置 ···································· 223
 7.5 ZJ 公司某项目案例分析 ········································ 225

参考文献 ······························································ 228
附表 各国政治风险指数 ·············································· 239

# 1 国际工程市场分析

## 1.1 国际工程市场

### 1.1.1 国际工程市场发展历程

国际工程承包市场早在19世纪中叶就已出现,资本主义发达国家为争夺生产原料、追求利润最大化并占领市场,向殖民地和一些经济不发达国家或地区输出大量资本,带动了发达国家的建筑师和承包商进入这些国家的建筑市场,同时也带动了先进的施工技术、设备出口以及以竞争为核心的工程承包管理体制的完善。第二次世界大战期间,国际建筑市场一度受战争的影响而衰落。战后,许多国家为恢复经济大力发展建筑业,国际工程承包得到了迅速的发展。20世纪90年代以来,随着科学技术的进步和各国经济的飞速发展,国际工程承包市场遍及世界各地。就目前来看,世界上已形成了亚/澳、欧洲、北美(包括美国市场和加拿大市场)、中东、拉美(包括加勒比海地区)和非洲六大地区工程承包市场。

美国工程新闻纪录(Engineering News Record,ENR)长期对国际顶级承包商业务进行统计。在顶级承包商数量的选取上,1980—1992年期间选取了250家,1993—2013年期间选取了225家,2013年至今选取了250家。在每年的8月份会公布上一年度进入225/250强企业的经营业绩。1980—2016年度全球最大225/250家承包商国际工程营业额如表1.1所示。

表1.1 国际工程市场及中国承包商在国际工程市场的业绩表现

| 年份 | 国际工程市场 | | 中国承包商在国际工程市场 | | |
| --- | --- | --- | --- | --- | --- |
| | 营业额(亿美元) | 增幅(%) | 营业额(亿美元) | 增幅(%) | 市场份额(%) |
| 1980 | 1 083.0 | | | | |
| 1981 | 1 299.0 | 19.9 | 1.7 | | 0.1 |
| 1982 | 1 231.0 | −5.2 | 3.48 | 104.7 | 0.3 |
| 1983 | 936.0 | −24.0 | 4.52 | 29.9 | 0.5 |
| 1984 | 805.0 | −14.0 | 6.23 | 37.8 | 0.8 |
| 1985 | 816.0 | 1.4 | 8.35 | 34.0 | 1.0 |
| 1986 | 739.0 | −9.4 | 9.73 | 16.5 | 1.3 |
| 1987 | 740.0 | 0.1 | 11 | 13.1 | 1.5 |

续表 1.1

| 年份 | 国际工程市场 | | 中国承包商在国际工程市场 | | |
|---|---|---|---|---|---|
| | 营业额(亿美元) | 增幅(%) | 营业额(亿美元) | 增幅(%) | 市场份额(%) |
| 1988 | 941.0 | 27.2 | 14.3 | 30.0 | 1.5 |
| 1989 | 1 126.0 | 19.7 | 16.9 | 18.2 | 1.5 |
| 1990 | 1 203.0 | 6.8 | 18.7 | 10.7 | 1.6 |
| 1991 | 1 520.0 | 26.4 | 19.7 | 5.3 | 1.3 |
| 1992 | 1 465.0 | −3.6 | 18.2 | −7.6 | 1.2 |
| 1993 | 1 552.0 | 5.9 | 21 | 15.4 | 1.4 |
| 1994 | 922.0 | −40.6 | 29 | 38.1 | 3.1 |
| 1995 | 1 050.0 | 13.9 | 29.7 | 2.4 | 2.8 |
| 1996 | 1 268.0 | 20.8 | 40.6 | 36.7 | 3.2 |
| 1997 | 1 102.2 | −13.1 | 40.8 | 0.5 | 3.7 |
| 1998 | 1 163.9 | 5.6 | 50.3 | 23.3 | 4.3 |
| 1999 | 1 186.8 | 2.0 | 61.0 | 21.3 | 5.1 |
| 2000 | 1 159.1 | −2.3 | 53.8 | −11.8 | 4.6 |
| 2001 | 1 064.7 | −8.1 | 59.5 | 10.6 | 5.6 |
| 2002 | 1 165.2 | 9.4 | 71.3 | 19.8 | 6.1 |
| 2003 | 1 398.2 | 20.0 | 83.3 | 16.8 | 6.0 |
| 2004 | 1 672.4 | 19.6 | 88.3 | 6.0 | 5.3 |
| 2005 | 1 894.1 | 13.3 | 100.7 | 14.0 | 5.3 |
| 2006 | 2 244.3 | 18.5 | 162.9 | 61.8 | 7.3 |
| 2007 | 3 097.8 | 38.0 | 226.8 | 39.2 | 7.3 |
| 2008 | 3 900.1 | 25.9 | 432.0 | 90.5 | 11.1 |
| 2009 | 3 837.3 | −1.6 | 505.7 | 17.1 | 13.2 |
| 2010 | 3 835.1 | −0.1 | 570.6 | 12.8 | 14.9 |
| 2011 | 4 529.0 | 18.1 | 627.1 | 9.9 | 13.8 |
| 2012 | 5 108.8 | 12.8 | 670.7 | 7.0 | 13.1 |
| 2013 | 5 438.4 | 6.5 | 790.1 | 17.8 | 14.5 |
| 2014 | 5 212.0 | −4.2 | 896.8 | 13.5 | 17.2 |
| 2015 | 4 863.2 | −6.7 | 936.7 | 4.4 | 19.3 |
| 2016 | 4 679.2 | −3.8 | 987.2 | 5.4 | 21.1 |

数据来源:www.enr.com

1980—2016 年国际工程市场营业额及增幅走势如图 1.1 所示。总的来看,国际工程市场呈震荡上行趋势,其增幅的振幅大约在-40%～40%之间。

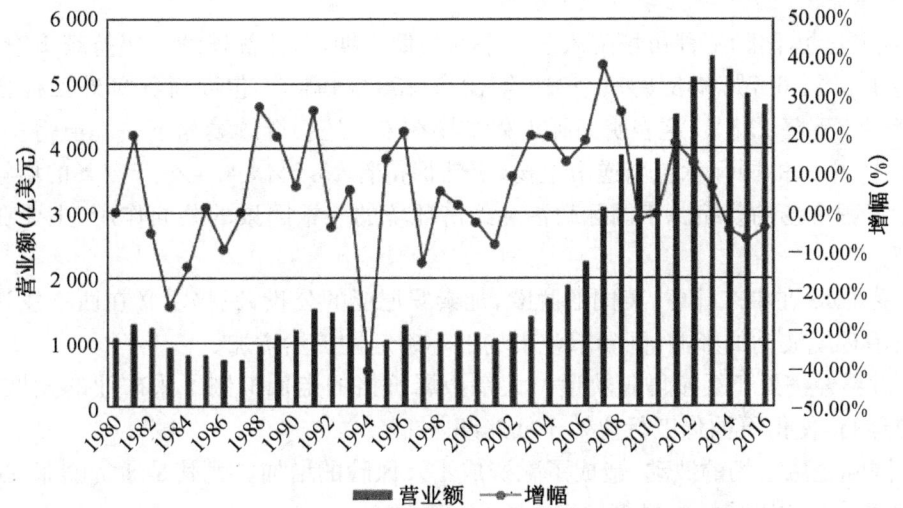

图1.1　1980—2016年国际工程市场营业额及增幅走势

从20世纪80年代开始到现在,国际工程市场大致可以分为以下四个阶段:

1) 第一阶段(1980—1993年):波动中上升阶段

1981年ENR 225/250家国际大承包商的合同成交额(营业额)达1 299亿美元,达到历史最高水平。1982年以后,石油供过于求,价格暴跌,产油国收入锐减,西方发达国家经济低速增长,拉美发展中国家债务沉重,非洲地区连续遭受自然灾害,经济困难,国际承包市场逐渐收缩。1988年,世界经济开始进入新一轮景气循环,国际直接投资迅猛增长,国际建筑市场也随之出现较大增长,1993年225/250家国际大承包商的合同额达到历史最高纪录的1 552.0亿美元。在此阶段,虽然世界经济增长速度趋缓,且时有反复,但总体保持增长势头未变。

2) 第二阶段(1994—2001年):低位徘徊阶段

世界经济增长和全球化水平的日益提高推动了国际工程承包市场的发展,国际工程承包市场经历了20世纪90年代前期的短暂增长,中期的基本稳定后,由于亚洲金融危机所引发的新兴市场经济衰退而在末期发生动荡。及至2001年发生在美国华盛顿州纽约的"9·11"恐怖袭击事件,作为全球经济增长火车头的美国经济陷入了衰退,殃及发展中国家,国际工程市场进一步收缩。

3) 第三阶段(2002—2013年):高速增长阶段

2002年之后,由于国际经济的持续繁荣发展,种种不确定的因素开始明朗化,被压抑的需求开始释放,被推迟的项目逐渐解禁。整体经济形势的好转带动了国际建筑业的增长。尽管也面临着各种问题,如石油价格的不确定,全球反恐战争的开展而导致针对政治和商业目标的恐怖袭击的可能性上升,以及大规模疫病SARS的流行,但国际工程市场仍呈现出高速增长态势。但2008年次贷危机的爆发,使得建筑业陷入倒退的危险,全球范围内的许多工程被取消或延迟,使得这种持续增长放缓。2010年,随着世界经济的复苏,国际工程市场摆脱了世界性的经济衰退的不利影响,再现高速增长的态势。到2013年达到历史的顶峰(营业额为 5 438.4 亿美元)。

4) 第四阶段(2014 年至今):衰退阶段

2014 年至今,国际工程市场陷入了一个新的低潮期,营业额连续三年持续下滑,下滑幅度分别为 4.2%、6.7%和 3.8%。2016 年,225/250 家国际承包商新签海外工程合同额与上一年度同比下降 2.3%,这表明国际工程市场在未来还会继续萎缩下去。值得一提的是,在这三年中,中国的国际承包商逆市上扬,仍然保持着 13.5%、4.4%、5.4%的增幅。

国际工程市场的萎缩源于国际政治和经济环境的多重因素的共同作用,主要在于以下几个方面:

(1) 受 ISIS 在中东肆虐,英国的脱欧,加泰罗尼亚的公投,民粹主义在西方发达国家的兴起等政治环境波动的影响,国际承包市场的不确定性骤然增加。

(2) 世界经济处于缓慢增长轨道。大宗金属价格的走低抑制了采矿业的发展;原油价格的低位运行,使得石油化工行业处于低迷期。

(3) 国际金融市场的波动,造成了融资成本及风险的增加。尤其是通货膨胀,拉丁美洲地区的市场受到的影响最为显著。

但从发展趋势来看,如果排除一些突发因素的影响,世界建筑市场的总体规模基本稳定,并且随着全球经济一体化的程度不断提高,国际工程承包的比例仍将不断加大。

## 1.1.2 国际工程市场行业结构分析

ENR 对于行业市场的划分有些变化(如表 1.2 所示):在 1999 年(即 2000 年的 ENR 报告)及以前,分为房屋建筑、交通、工业、石化、制造、水利、排水/废弃物、有害废物处理及电力等九大行业市场;2000 年以后,增加了电讯行业,成为十大行业市场;2006 年,将工业和石化两大行业合并,形成九大行业市场;但在 2010 年以后,又将工业和石化两大行业分开,去掉了电讯行业;2013 年以后,又重新增加了电讯行业,但去掉了有害废物处理这个行业。

表 1.2 ENR 统计的行业类型变化

| 序号 | 行业类型 | 1999 年及以前 | 2000—2005 年 | 2006—2009 年 | 2010—2012 年 | 2013 年至今 |
|---|---|---|---|---|---|---|
| 1 | 房屋建筑 | ✓ | ✓ | ✓ | ✓ | ✓ |
| 2 | 制造 | ✓ | ✓ | | ✓ | ✓ |
| 3 | 工业 | ✓ | ✓ | | ✓ | ✓ |
| 4 | 石化 | ✓ | ✓ | ✓ | ✓ | ✓ |
| 5 | 水利 | ✓ | ✓ | ✓ | ✓ | ✓ |
| 6 | 排水/废弃物 | ✓ | ✓ | ✓ | ✓ | ✓ |
| 7 | 交通 | ✓ | ✓ | ✓ | ✓ | ✓ |
| 8 | 有害废物处理 | ✓ | ✓ | ✓ | ✓ | |
| 9 | 电力 | ✓ | ✓ | ✓ | ✓ | ✓ |
| 10 | 电讯 | | ✓ | ✓ | | ✓ |
| 类型数量(合计) | | 9 类 | 10 类 | 9 类 | 9 类 | 9 类 |

为便于统计分析,在 2017 年 ENR 的行业市场划分的基础上,将工业和石化两大行业市场合并,去掉电讯行业,分为 7 个行业类型进行分析。2007—2016 年国际工程市场行业市场结构营业额及市场份额走势分别如表 1.3 和表 1.4 所示。

表 1.3　2007—2016 年国际工程市场行业市场结构走势(营业额)　　　　单位:亿美元

|  | 房屋建筑 | 制造 | 工业/石化 | 水利 | 排水/废弃物 | 交通 | 电力 |
| --- | --- | --- | --- | --- | --- | --- | --- |
| 2007 | 739.6 | 70.8 | 953.7 | 86.4 | 48.2 | 793.8 | 171.8 |
| 2008 | 940.7 | 69.2 | 1 138.4 | 142.3 | 58.1 | 1 040.9 | 267.2 |
| 2009 | 859.9 | 38.1 | 1 120.2 | 112.2 | 62.9 | 1 123.4 | 356.9 |
| 2010 | 830.3 | 46.5 | 1 102.7 | 123.8 | 63.9 | 1 090.1 | 386.0 |
| 2011 | 911.0 | 60.8 | 1 338.0 | 153.5 | 70.9 | 1 214.4 | 470.4 |
| 2012 | 1 032.6 | 79.5 | 1 618.9 | 154.1 | 71.7 | 1 307.1 | 519.0 |
| 2013 | 1 127.2 | 96.0 | 1 610.5 | 157.7 | 70.7 | 1 369.0 | 573.2 |
| 2014 | 1 167.0 | 98.1 | 1 522.1 | 135.4 | 69.4 | 1 357.2 | 544.1 |
| 2015 | 1 068.4 | 107.1 | 1 350.0 | 138.8 | 49.6 | 1 395.4 | 541.4 |
| 2016 | 1 014.3 | 101.0 | 1 192.1 | 122.2 | 60.1 | 1 443.8 | 455.5 |

数据来源:www.enr.com

表 1.4　2007—2016 年国际工程市场行业市场结构走势(市场份额)　　　　单位:%

|  | 房屋建筑 | 制造 | 工业/石化 | 水利 | 排水/废弃物 | 交通 | 电力 |
| --- | --- | --- | --- | --- | --- | --- | --- |
| 2007 | 23.80 | 2.30 | 30.70 | 2.80 | 1.80 | 25.60 | 5.50 |
| 2008 | 24.10 | 1.80 | 29.20 | 3.60 | 1.60 | 26.70 | 6.90 |
| 2009 | 22.40 | 1.00 | 29.20 | 2.90 | 1.70 | 29.30 | 9.30 |
| 2010 | 30.46 | 2.17 | 17.82 | 2.29 | 2.25 | 29.97 | 8.90 |
| 2011 | 20.10 | 1.30 | 29.50 | 3.40 | 1.60 | 26.80 | 10.40 |
| 2012 | 20.20 | 1.60 | 31.60 | 3.00 | 1.80 | 25.60 | 10.20 |
| 2013 | 20.70 | 1.80 | 29.60 | 2.90 | 1.50 | 25.20 | 10.50 |
| 2014 | 22.40 | 1.90 | 29.20 | 2.60 | 1.50 | 26.00 | 10.40 |
| 2015 | 34.30 | 2.60 | 14.78 | 2.23 | 1.53 | 28.94 | 8.18 |
| 2016 | 21.68 | 2.16 | 25.48 | 2.61 | 1.28 | 30.86 | 9.74 |

数据来源:www.enr.com

国际工程承包市场呈现明显的金字塔形状。其中,房屋建筑、工业/石化及交通等三大行业始终居于金字塔的顶端部位。从 2016 年的市场份额来看(如图 1.2 所示),房屋建筑、交通、工业/石化三大行业占据了 78.02% 的市场份额,三大行业十年间的平均份额为 78.22%,牢牢占据着建筑业传统优势行业的地位。三大行业成为了国际工程承包市场居于金字塔上端的 20% 的行业,掌握着约 80% 的市场和收益,而居于金字塔中部和底部的80%的行业,却只掌握约20%的市场和收益。电力工程比较稳定,市场总量每年保持在500亿美元左右,近年来市场份额基本保持在10%左右。制造业工程和水利工程的市场容量基本相同,每年保持在100亿美元左右,市场份额占比约2%~3%。排水/废弃物工程虽然在整个国际工程承包市场中所占比重很小(1%~2%),但也是不容忽视的特殊市场。

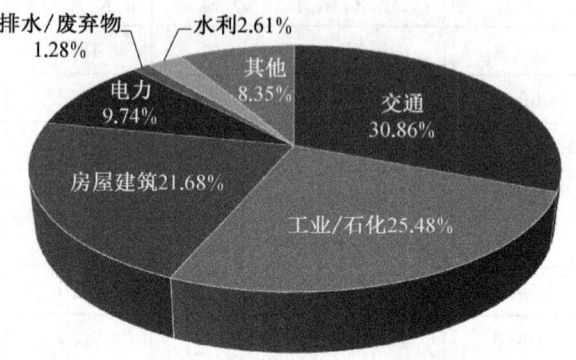

图1.2　2016年国际工程市场行业市场份额

从行业发展趋势来看(如图1.3所示),近十年期间,交通行业一直保持着强劲的增长势头,而工业/石化和房屋建筑则在前期增长以后逐渐有所回落。电力行业市场营业额经过前期的波动、中期的快速增长后,在末期也有所回落。水利、制造、排水/废弃物等行业市场的营业额则在200亿美元以下低位徘徊。

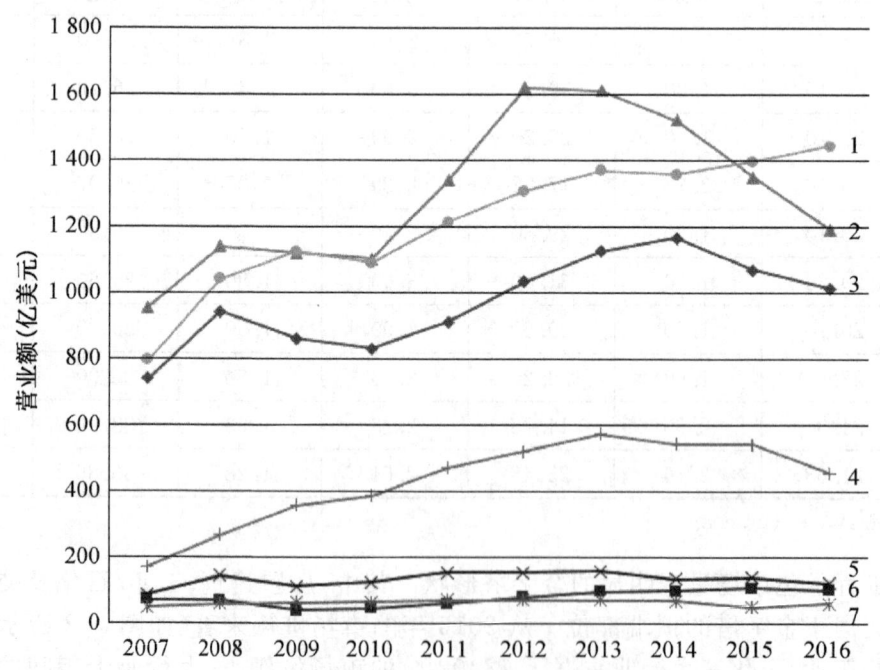

1-交通；2-工业/石化；3-房屋建筑；4-电力；5-水利；6-制造；7-排水/废弃物

图1.3　2007—2016年国际工程市场行业市场结构走势(营业额)

从十年间各行业所占的份额来看（如图 1.4 所示），七大行业市场形成三大阵营：第一阵营为交通、工业/石化和房屋建筑；第二阵营为电力；第三阵营为水利、制造和排水/废弃物。

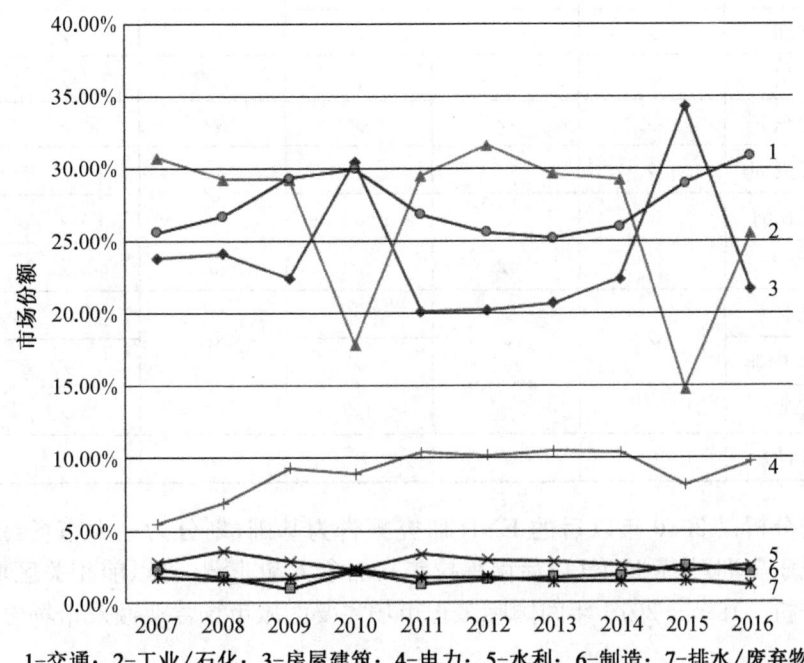

1—交通；2—工业/石化；3—房屋建筑；4—电力；5—水利；6—制造；7—排水/废弃物

图 1.4　2007—2016 年国际工程市场行业市场结构走势（市场份额）

十年来，房屋建筑、工业/石化及交通三大行业排名经历了五个阶段：

（1）2007—2009 年，工业/石化、交通、房屋建筑分列第一、二、三名。

（2）2010 年，房屋建筑市场份额迅速增长，位居第一，而与此同时，工业/石化急剧萎缩，排名第三。

（3）2011—2014 年，工业/石化市场迅速增加，排名第一；交通和房屋建筑则有所回落，分列第二、三名。

（4）2015 年，房屋建筑市场迅速增加，超过交通市场成为第一；而工业/石化急剧萎缩，排名第三。

（5）2016 年，交通和工业/石化市场迅速增长，房屋建筑市场则迅速萎缩，交通、工业/石化、房屋建筑分列前三名。

### 1.1.3　国际工程市场区域结构分析

历年 ENR 报告对于国际工程承包市场的划分有所变化，如表 1.5 所示。同时对于亚洲和澳大利亚市场划分的表述上有所区别：1998 年以前亚洲；1999—2003 年亚/澳；2004—2005 年亚洲；2006—2010 年亚/澳；2011 年以后亚洲。在本书中，一律以亚/澳市场表示。

表 1.5 ENR 统计的区域市场划分变化

| 序号 | 统计区域 | 1997年以前 | 1998年 | 1999—2001年 | 2002—2008年 | 2009年 | 2010年至今 |
|---|---|---|---|---|---|---|---|
| 1 | 亚洲 | √ | √ | √ | √ | √ | √ |
| 2 | 欧洲 | √ | √ | √ | √ | √ | √ |
| 3 | 美国 | √ | √ | √ | √ | √ | √ |
| 4 | 中东 | √ | √ | √ | √ | √ | √ |
| 5 | 拉丁美洲 | √ | √ | √ | √ | √ | √ |
| 6 | 加勒比海 | | | √ | | √ | |
| 7 | 加拿大 | | √ | √ | √ | √ | √ |
| 8 | 北非 | √ | √ | √ | √ | √ | √ |
| 9 | 南非/中非 | | | √ | | √ | |
| 10 | 其他 | | | √ | | √ | |
| 区域数量(合计) | | 6 | 7 | 10 | 7 | 10 | 7 |

区域市场分析以 2010 年以后的 ENR 研究报告为基础,划分为七大市场:亚洲、欧洲、美国、中东、拉丁美洲/加勒比海(以后简称拉美)、加拿大和非洲,将以前相关区域的数据合并进行统计分析。1997—2016 年间国际工程市场主要区域市场营业额及市场份额如表 1.6 和表 1.7 所示。

表 1.6 1997—2016 年国际工程市场主要区域市场营业额　　　　单位:亿美元

| 年份 | 欧洲市场 | 亚/澳市场 | 美国市场 | 中东市场 | 非洲市场 | 加拿大市场 | 拉美/加勒比海市场 |
|---|---|---|---|---|---|---|---|
| 1997 | 295.2 | 347.6 | 136.0 | 104.5 | 94.2 | 21.9 | 96.5 |
| 1998 | 306.6 | 338.3 | 126.9 | 142.8 | 112.5 | 295.4 | 106.0 |
| 1999 | 349.4 | 311.2 | 157.6 | 111.0 | 99.3 | 49.0 | 108.6 |
| 2000 | 315.6 | 250.3 | 233.9 | 101.9 | 76.6 | 64.5 | 116.2 |
| 2001 | 282.5 | 219.8 | 217.0 | 85.4 | 88.3 | 65.5 | 106.3 |
| 2002 | 330.9 | 226.8 | 231.1 | 97.4 | 111.4 | 44.6 | 95.5 |
| 2003 | 466.6 | 260.3 | 227.8 | 164.6 | 126.6 | 47.6 | 98.8 |
| 2004 | 602.7 | 304.7 | 228.0 | 254.2 | 142.8 | 49.6 | 90.5 |
| 2005 | 685.8 | 337.8 | 249.7 | 281.6 | 151.4 | 63.1 | 120.8 |
| 2006 | 718.6 | 401.9 | 291.3 | 413.8 | 179.1 | 79.9 | 158.7 |
| 2007 | 964.5 | 554.0 | 369.1 | 628.9 | 286.0 | 82.8 | 212.6 |
| 2008 | 1 141.1 | 685.3 | 417.6 | 774.7 | 508.9 | 134.0 | 238.4 |
| 2009 | 1 008.1 | 731.8 | 348.9 | 775.6 | 568.1 | 133.8 | 271.1 |
| 2010 | 941.8 | 766.4 | 326.1 | 724.3 | 605.9 | 130.0 | 340.5 |

续表1.6

| 年份 | 欧洲市场 | 亚/澳市场 | 美国市场 | 中东市场 | 非洲市场 | 加拿大市场 | 拉美/加勒比海市场 |
|---|---|---|---|---|---|---|---|
| 2011 | 1 014.6 | 1 121.9 | 367.1 | 830.7 | 581.5 | 202.0 | 411.1 |
| 2012 | 1 022.6 | 1 388.1 | 441.1 | 913.2 | 568.6 | 274.9 | 500.2 |
| 2013 | 1 118.6 | 1 464.7 | 484.1 | 841.3 | 622.4 | 342.0 | 565.3 |
| 2014 | 998.1 | 1 374.1 | 511.5 | 790.3 | 709.5 | 295.8 | 532.8 |
| 2015 | 934.2 | 1 208.4 | 533.8 | 765.1 | 645.2 | 229.5 | 547.2 |
| 2016 | 959.9 | 1 203.1 | 536.0 | 840.2 | 615.4 | 187.2 | 337.5 |

数据来源：www.enr.com

表1.7 1997—2016年国际工程市场主要区域市场份额　　　　单位：%

| 年份 | 欧洲市场 | 亚/澳市场 | 美国市场 | 中东市场 | 非洲市场 | 加拿大市场 | 拉美/加勒比海市场 |
|---|---|---|---|---|---|---|---|
| 1997 | 26.8 | 31.5 | 12.3 | 8.5 | 8.5 | 2.0 | 8.8 |
| 1998 | 26.3 | 29.1 | 10.9 | 12.3 | 9.7 | 2.5 | 9.1 |
| 1999 | 29.4 | 26.2 | 13.3 | 9.4 | 8.4 | 4.1 | 9.1 |
| 2000 | 27.2 | 21.6 | 20.2 | 8.8 | 6.6 | 5.6 | 10.0 |
| 2001 | 26.5 | 20.6 | 20.4 | 8.0 | 8.3 | 6.1 | 10.0 |
| 2002 | 28.4 | 19.5 | 19.8 | 8.4 | 9.6 | 3.8 | 8.2 |
| 2003 | 33.4 | 18.6 | 16.3 | 11.8 | 9.0 | 3.4 | 7.1 |
| 2004 | 36.2 | 18.2 | 13.6 | 15.2 | 8.5 | 3.0 | 5.4 |
| 2005 | 36.2 | 17.8 | 13.2 | 14.9 | 8.0 | 3.3 | 6.3 |
| 2006 | 32.0 | 17.9 | 13.0 | 18.4 | 7.9 | 3.6 | 7.1 |
| 2007 | 31.1 | 17.9 | 11.9 | 20.3 | 9.2 | 2.7 | 6.8 |
| 2008 | 29.3 | 17.6 | 10.7 | 19.9 | 13.0 | 3.4 | 6.1 |
| 2009 | 26.3 | 19.1 | 9.1 | 20.2 | 14.8 | 3.5 | 7.1 |
| 2010 | 24.5 | 20.0 | 8.5 | 18.9 | 15.8 | 3.4 | 8.8 |
| 2011 | 22.4 | 24.8 | 8.1 | 18.3 | 12.8 | 4.5 | 9.1 |
| 2012 | 20.0 | 27.2 | 8.6 | 17.9 | 11.1 | 5.4 | 9.7 |
| 2013 | 20.6 | 26.9 | 8.9 | 15.5 | 11.5 | 6.3 | 10.3 |
| 2014 | 19.1 | 26.3 | 9.8 | 15.2 | 13.6 | 5.7 | 10.2 |
| 2015 | 18.7 | 24.2 | 10.7 | 15.3 | 12.9 | 4.6 | 11.0 |
| 2016 | 20.5 | 25.7 | 11.4 | 18.0 | 13.1 | 4.0 | 7.2 |

数据来源：www.enr.com

以2016年来看，国际工程市场份额分布如图1.5所示，亚/澳市场以25.71%的市场份额排名第一，其后依次是欧洲市场(20.52%)、中东市场(18.03%)、美国市场(11.38%)、非洲市场(13.12%)、拉美/加勒比海市场(7.21%)和加拿大市场(4.03%)。

国际工程市场按其发展趋势可分为三类市场：成长型、衰退型和乏力型(陈航等,2017)。近20年国际工程主要区域市场营业额及市场份额走势如图1.6和1.7所示。就发展趋势而言,七大国际工程市场可划分为如下几类市场：

(1) 成长型市场：亚/澳市场、非洲市场。

(2) 衰退型市场：欧洲市场、北美市场(美国市场、加拿大市场)。

(3) 乏力型市场：中东市场、拉美市场。

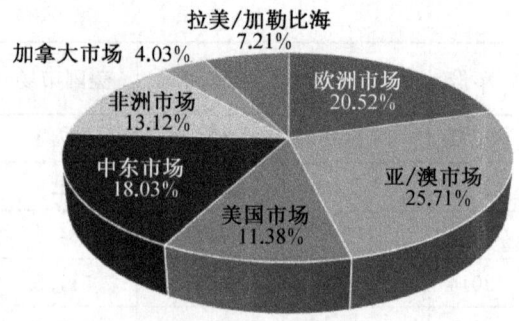

图1.5 2016年225/250家国际承包商主要区域市场份额

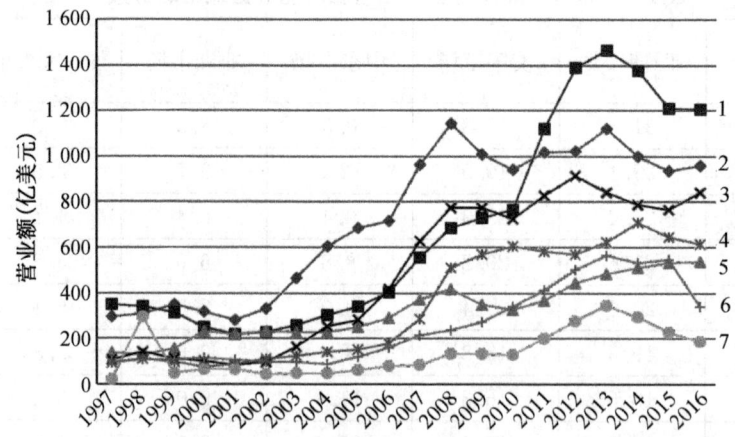

1-亚/澳市场；2-欧洲市场；3-中东市场；4-非洲市场；5-美国市场；6-拉美/加勒比海市场；7-加拿大市场

图1.6 1997—2016年国际工程主要区域市场营业额

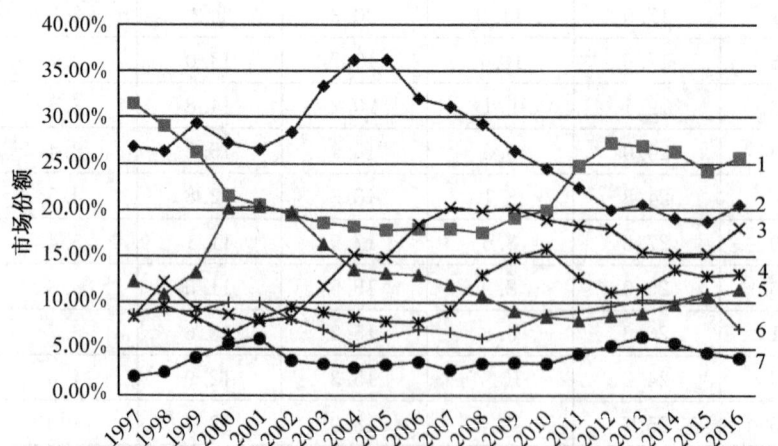

1-亚/澳市场；2-欧洲市场；3-中东市场；4-非洲市场；5-美国市场；6-拉美/加勒比海市场；7-加拿大市场

图1.7 1997—2016年国际工程主要区域市场份额

1)亚/澳市场

亚/澳市场是指亚洲和澳洲等地区,包括东南亚、西北亚、东亚、南亚和澳大利益、新西兰等地区。该地区近20年的国际工程营业额及市场份额走势如图1.8所示。

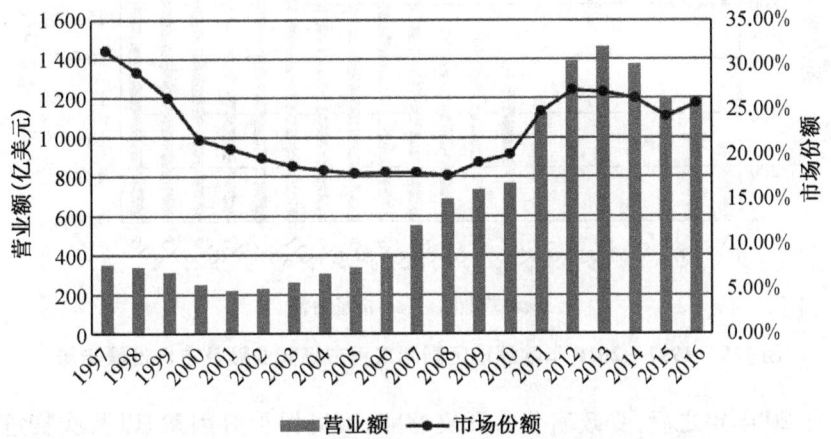

图1.8　1997—2016年亚/澳地区国际工程市场营业额及市场份额走势

20世纪90年代末期,由于受到亚洲金融危机的影响,亚/澳市场经历了极速下滑。2001年受世界经济疲软和美国对阿富汗反恐军事打击以及2002年印度尼西亚巴厘岛恐怖袭击事件的影响,亚/澳市场在20世纪初、中期持续下滑。十年间呈现逐年萎缩的态势,直至2008年到达谷底。其市场份额从1997年的31.5%迅速下降到2008年的17.6%,从原本的世界第一大国际工程市场一度沦落到第三大市场。

亚/澳市场经历过次贷危机之后实现了4年的持续增长,在2011年以后,超过欧洲市场,成为全球第一大区域市场(占比24.8%)。亚/澳地区的国际工程营业额在2010年后呈现高速增长的态势,2012年达到历史的顶峰(营业额1 464.7亿美元)。虽然在2012年以后,其在国际工程市场中所占的份额有所回落,但仍然保持在25%左右,1/4的市场份额使得亚/澳市场仍然是第一大区域市场。特别是在2016年全球市场继续下滑的情况下,亚/澳市场逆势上扬,市场份额达到25.7%。这得益于亚/澳地区许多国家投入大量资金于基础设施建设,致使市场需求扩大,特别是受惠于"一带一路"的倡议。这使得亚/澳市场在未来的数年中成为具有巨大发展潜力的市场。

2)欧洲市场

欧洲市场是最大的国际工程承包市场之一,其准入门槛较高。随着经济一体化和区域经济集团化浪潮的推动,欧盟统一大市场的建成和东欧新成员国的加入,欧洲市场在长时期内一直保持较好的发展态势。该地区近20年的国际工程市场营业额及市场份额走势如图1.9所示。

欧洲市场的国际工程营业额及市场份额在经历了1997年亚洲金融危机和2001年"9·11"恐怖袭击的两次小幅下滑之后,从2002年开始,随着欧洲一体化浪潮的推进、欧盟东扩和东欧市场的开发,欧洲工程承包市场迅速恢复了增长势头,并于2005年达到顶峰(营业额达到685.8亿美元,市场份额占比36.2%),欧洲以超过1/3的国际市场份额的绝对优势,继续作为拉动国际市场增长的主力军。在1999—2010年期间,成为全球第一大国际工

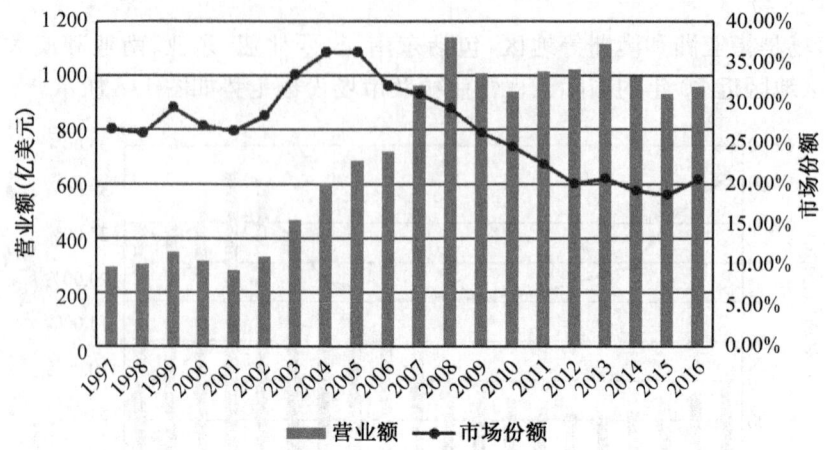

图 1.9　1997—2016 年欧洲地区国际工程市场营业额及市场份额走势

程市场。但自 2005 年之后,受政府公共开支缩减、市场保护等因素,以及次贷危机的影响,其市场份额占比经历了 10 年的下滑(除 2013 年其市场占比略有提高外)跌至 18.7%,自 2011 年起再度成为第二大区域市场。2016 年,尽管全球工程市场出现萎缩,但欧洲市场的营业额小幅上扬达到 959.9 亿美元,其市场份额也比上一年度增加了 1.8%。五分之一的市场份额使得欧洲市场成为全球第二大区域市场。

3) 中东市场

中东市场是指从地中海东部到波斯湾的大片地区,主要包括伊朗、伊拉克、沙特、土耳其、叙利亚等国。中东市场存在着诸多不确定因素:社会稳定问题和地区冲突问题。战争的破坏,民族矛盾,使得中东成为国际工程市场的高风险区域。但战争造成毁坏,恢复和重建工作也带来巨大的市场需求。该地区近 20 年的国际工程市场营业额及市场份额走势如图 1.10 所示。

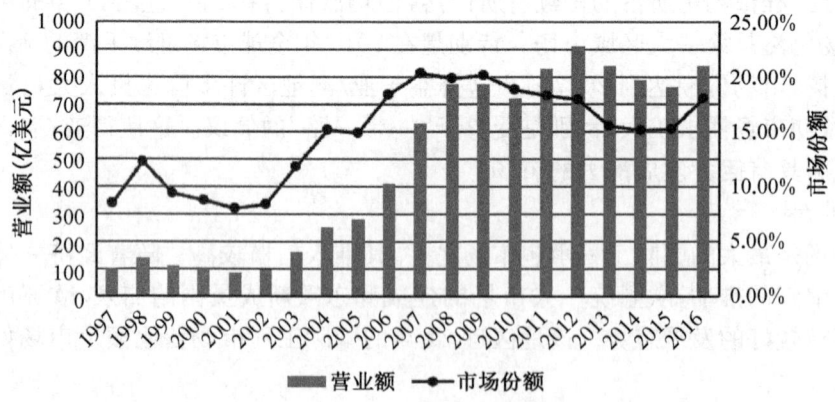

图 1.10　1997—2016 年中东地区国际工程市场营业额及市场份额走势

1997 年,受国际油价大幅上升的影响,中东市场营业额经过短暂的增长,此后受亚洲金融危机的波及,2001 年"9·11"事件后全球反恐战争,以及 2002 年第二次海湾战争的影响,中东市场呈现下滑趋势,至 2001 年其国际工程营业额及市场份额下滑至谷底(营业额 85.4

亿美元,市场份额8.0%)。自2002年起,受国际油价上升的影响,尽管期间曾发生了第二次海湾战争(2003年),但战后重建等使得中东市场份额开始一路上扬,至2007年市场份额达到历史最高点20.3%。但在2008年受次贷危机及国际油价急剧跌落的影响,该地区的国际市场营业额及市场份额也小幅下挫。2006—2009年期间,中东一度成为全球第二大区域市场。2009年起国际油价快速回升且呈现高位震荡态势,并且由于地缘政治的影响,如2010年开始的中东动荡,始于2011年的叙利亚内乱,2013年伊拉克伊斯兰国(ISIS)引发的战争,以及2014—2015年国际油价暴跌等原因,导致该区域工程市场风险骤增,其国际工程营业额及市场份额呈下降趋势。但在2016年,中东地区的国际工程市场的营业额及市场份额均有所增加。接近1/5的市场份额使得中东市场成为全球第三大区域市场。

4) 非洲市场

非洲地区人口增长迅速、资源丰富、需求旺盛、市场庞大,但基础设施落后,政府资金不足,使得非洲市场具有巨大的开发潜力。市场竞争相对不激烈,不仅吸引了发达国家的承包商,对发展中国家的承包商也有很大吸引力。该地区近20年的国际工程市场营业额及市场份额走势如图1.11所示。

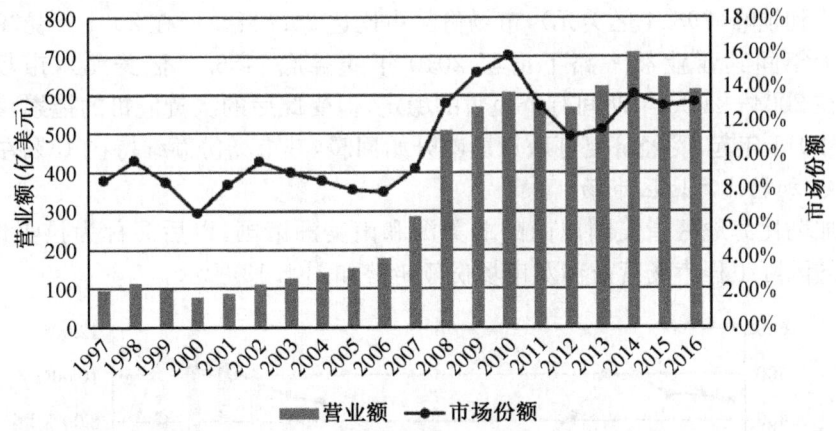

图1.11 1997—2016年非洲地区国际工程市场营业额及市场份额走势

非洲市场在20世纪90年代中期经过短暂的增长后,在90年代末期其国际工程营业额及市场份额开始下滑至2000年的谷底(营业额76.6亿美元,市场份额6.6%),在2000年之后逐步增长,但受全球打击恐怖主义的影响,其国际市场营业额自2002年后连续四年下降。2006—2010年间,非洲许多国家为摆脱贫困,积极吸引外资,使得国际承包商大量进入非洲承揽工程,非洲市场出现了强劲的增长势头,到2010年达到历史最高点(营业额605.9亿美元,市场份额15.8%)。但在2011年受利比亚战争的影响,其增长势头受到遏制,经过2013—2014年短暂的增长后,又呈现下滑趋势,其市场份额在13%左右。1/6的市场份额使得非洲市场成为全球第四大区域市场。

5) 北美市场

北美市场主要是由美国和加拿大两个发达国家组成,工程项目的技术含量较高,因此,该市场历来被美、英、法、澳、日等发达国家的大型工程承包公司所垄断。就发展中国家公司目前的技术和资金实力而言,很难大规模进入该市场。北美市场近20年该地区的国际工程市场营业额及市场份额走势如图 1.12 所示。

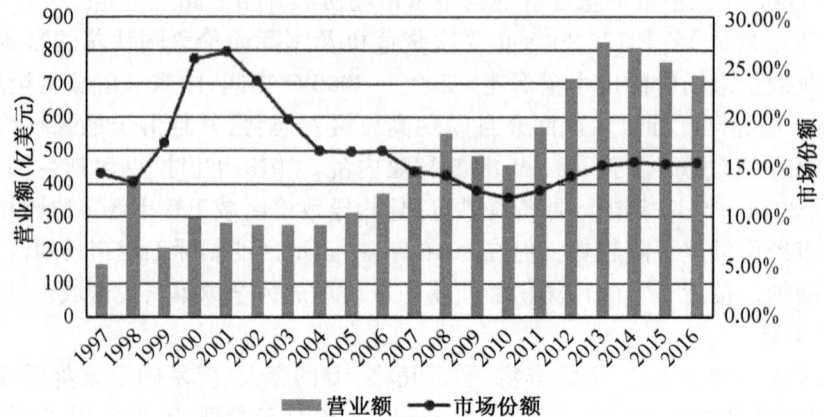

图 1.12　1997—2016 年北美地区国际工程市场营业额及市场份额走势

北美市场的国际工程营业额经历了 1997 年亚洲金融危机的短暂下滑后开始极速上升，在 2000 年达到顶峰(298.4 亿美元)，市场份额占比达 25.8%。但在 2001 年受"9·11"事件影响，此后十年间其营业额一路下滑至 2010 年的谷底(456.1 亿美元)，市场份额跌至 11.9%。虽在 2004—2006 年期间有个短暂的稳定，但受此后的次贷危机的拖累，其下行之势难以改变。2011 年起，受经济复苏政策影响开始回暖，其市场份额维持在 15% 左右。

6) 拉美/加勒比海地区市场

拉美/加勒比海地区指美国以南的北美洲和南美洲诸国，以后简称为拉美地区。该地区近 20 年的国际工程市场营业额及市场份额走势如图 1.13 所示。

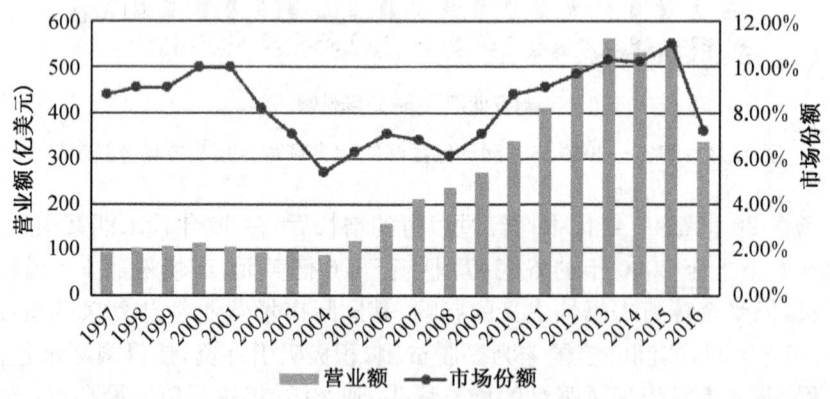

图 1.13　1997—2016 年拉美/加勒比海地区国际工程市场营业额及市场份额走势

拉美地区在 20 世纪 90 年代末期 GDP 增长达到 4.1%，其国际市场营业额及市场份额也持续增长。但在 2001 年之后，由于与美国的经济关系密切、贸易往来频繁，受"9·11"事件影响，拉美地区的经济增长率下降，其营业额及市场份额在 2004 年跌落至谷底(营业额 90.5 亿美元，市场份额 5.4%)。此后虽有短暂的上扬，但再次受挫于次贷危机的影响。2001—2008 年拉美地区市场规模先后被非洲市场和中东市场超过，其市场份额在 6%~7% 低位徘徊。次贷危机之后的七年，拉美地区国际市场得到了极大的增长，到 2015 年，其市场份额达到11.0%。但在2016年,受全球经济震荡和区域政治局势动荡的影响,该地区出现了严重的通货膨胀,如委内瑞拉出现近年来最严重的动荡,通货膨胀率达到60%。这些使得该区域市场极速收缩,其市场份额占比下降3.8%。

虽然这一地区各国都在积极采取促进本国经济发展的政策,但由于该地区经济基础环境较差,外债太多,资金匮乏,支付信誉不好,在短期内拉美市场很难有大的发展。

### 1.1.4 国际承包商划分国际工程市场的态势

从总的格局来看,国际工程市场呈现明显的金字塔形状。其中,发达国家的大型跨国承包商始终居于金字塔的顶端部位,发展中国家的承包商总体上仍处于金字塔的下端。发达国家的承包商凭借其所拥有的技术、专利、资金实力和管理水平,在国际工程承包市场上占有绝对优势,在技术和资本密集型项目上形成垄断,在国际工程市场占有较高的市场份额。

1) 主要国家承包商划分国际市场状况

1997—2016年主要国家承包商划分国际市场状况如表1.8和表1.9所示。以1997年为例,来自发达国家(美国、欧洲和日本)的承包商的营业额占比达到85.9%,而同期,来自发展中国家和新兴工业化国家的承包商在国际工程市场所占的比重为14.1%。但在2016年,发达国家(美国、欧洲和日本)的营业占比下降到59.1%,而来自发展中国家和新兴工业化国家的承包商占比增加到40.9%。

表1.8 1997—2016年主要区域或国家承包商划分国际市场状况(营业额:亿美元)

| | 中国 | 美国 | 日本 | 欧洲 | (法国) | 德国 | 英国 | 意大利 | 荷兰 | 西班牙 | 韩国 | 土耳其 |
|---|---|---|---|---|---|---|---|---|---|---|---|---|
| 1997 | 40.8 | 245.5 | 128.7 | 562.7 | 165.3 | 94.3 | 126.7 | 63.0 | 14.8 | | 49.2 | |
| 1998 | 50.3 | 282.5 | 164.4 | 539.1 | 154.0 | 138.1 | 44.8 | 49.4 | 5.2 | | 47.0 | |
| 1999 | 61.0 | 286.5 | 115.5 | 636.4 | 156.2 | 124.5 | 139.1 | 31.8 | 45.5 | | 27.8 | |
| 2000 | 53.8 | 249.6 | 88.0 | 684.2 | 159.9 | 181.6 | 91.8 | 34.4 | 45.2 | | 36.1 | |
| 2001 | 59.5 | 217.8 | 86.7 | 625.3 | 151.8 | 135.0 | 87.7 | 40.2 | 12.5 | | 31.5 | |
| 2002 | 71.3 | 189.0 | 106.7 | 722.2 | 180.1 | 136.2 | 91.9 | 55.9 | 12.3 | | 26.6 | |
| 2003 | 83.3 | 266.5 | 125.0 | 833.0 | 207.7 | 144.1 | 90.9 | 62.7 | 47.9 | | 26.9 | |
| 2004 | 88.3 | 323.0 | 145.6 | 996.7 | 256.7 | 186.0 | 100.2 | 66.4 | 49.8 | 87.4 | 30.8 | 21.8 |
| 2005 | 100.7 | 348.4 | 160.3 | 1 156.3 | 289.2 | 218.4 | 127.3 | 58.9 | 51.7 | 125.9 | 24.0 | 36.9 |
| 2006 | 162.9 | 383.2 | 187.5 | 1 295.0 | 336.8 | 258.6 | 117.0 | 67.9 | 60.6 | 127.5 | 64.5 | 60.7 |
| 2007 | 226.8 | 427.4 | 238.6 | 1 795.8 | 386.9 | 320.9 | 113.1 | 253.4 | 67.6 | 251.6 | 80.2 | 85.1 |
| 2008 | 432.0 | 511.2 | 246.1 | 2 126.4 | 463.5 | 388.2 | 148.5 | 313.2 | 71.4 | 284.3 | 114.1 | 140.5 |
| 2009 | 505.7 | 497.3 | 175.7 | 2 000.1 | 427.2 | 352.5 | 129.3 | 284.1 | 78.5 | 283.8 | 163.4 | 141.1 |
| 2010 | 570.6 | 449.0 | 155.6 | 2 010.6 | 400.2 | 354.6 | 115.9 | 325.3 | 79.5 | 356.6 | 183.1 | 145.8 |
| 2011 | 627.1 | 579.7 | 188.3 | 2 402.9 | 408.4 | 408.4 | 127.5 | 333.8 | 71.1 | 602.1 | 257.7 | 159.0 |
| 2012 | 670.7 | 715.2 | 210.2 | 2 549.3 | 432.4 | 435.0 | 121.8 | 309.3 | 74.4 | 728.9 | 413.9 | 168.0 |

续表1.8

|  | 中国 | 美国 | 日本 | 欧洲 | （法国 | 德国 | 英国 | 意大利 | 荷兰 | 西班牙） | 韩国 | 土耳其 |
|---|---|---|---|---|---|---|---|---|---|---|---|---|
| 2013 | 790.1 | 709.6 | 222.4 | 272.0 | 507.4 | 465.5 | 59.5 | 289.0 | 99.7 | 798.5 | 424.2 | 204.1 |
| 2014 | 896.8 | 594.0 | 218.1 | 2 427.5 | 513.7 | 338.4 | 72.9 | 299.2 | 78.8 | 684.1 | 370.5 | 292.8 |
| 2015 | 936.7 | 473.1 | 251.7 | 2 122.6 | 345.6 | 291.1 | 78.3 | 256.2 | 97.5 | 598.0 | 405.8 | 225.9 |
| 2016 | 987.2 | 418.7 | 244.3 | 2 107.4 | 417.4 | 235.6 | 88.2 | 266.7 | 85.2 | 589.9 | 339.4 | 255.9 |

数据来源：www.enr.com

表1.9  1997—2016年主要区域或国家承包商划分国际市场状况（市场份额：%）

|  | 中国 | 美国 | 日本 | 欧洲 | （法国 | 德国 | 英国 | 意大利 | 荷兰 | 西班牙） | 韩国 | 土耳其 |
|---|---|---|---|---|---|---|---|---|---|---|---|---|
| 1997 | 3.7 | 22.3 | 11.7 | 51.1 | 15.0 | 8.6 | 11.5 | 5.7 | 1.3 |  | 4.5 |  |
| 1998 | 4.3 | 24.3 | 14.1 | 46.3 | 13.2 | 11.9 | 3.8 | 4.2 | 4.4 |  | 4.0 |  |
| 1999 | 5.1 | 24.1 | 9.7 | 53.6 | 13.2 | 10.5 | 11.7 | 2.7 | 3.8 |  | 2.3 |  |
| 2000 | 4.6 | 21.5 | 7.6 | 59.0 | 15.7 | 15.7 | 7.9 | 3.0 | 3.9 |  | 3.1 |  |
| 2001 | 5.6 | 20.5 | 8.1 | 58.7 | 14.3 | 12.7 | 8.2 | 3.8 | 1.2 |  | 3.0 |  |
| 2002 | 6.1 | 16.6 | 9.1 | 61.7 | 15.4 | 11.7 | 7.9 | 4.8 | 1.1 |  | 2.3 |  |
| 2003 | 6.0 | 19.1 | 8.9 | 59.6 | 14.9 | 10.3 | 6.5 | 4.5 | 3.4 |  | 1.9 |  |
| 2004 | 5.3 | 19.3 | 8.7 | 59.6 | 15.3 | 11.1 | 6.0 | 4.0 | 3.0 | 5.2 | 1.8 | 1.3 |
| 2005 | 5.3 | 18.4 | 8.5 | 61.5 | 15.3 | 11.5 | 6.7 | 3.1 | 2.7 | 6.6 | 1.3 | 1.9 |
| 2006 | 7.3 | 17.1 | 8.4 | 57.7 | 15.0 | 11.5 | 5.2 | 3.0 | 2.7 | 5.7 | 2.9 | 2.7 |
| 2007 | 7.3 | 13.8 | 7.7 | 58.0 | 12.5 | 7.3 | 3.6 | 2.3 | 2.3 | 8.1 | 2.6 | 2.7 |
| 2008 | 11.1 | 13.1 | 6.3 | 54.5 | 11.9 | 10.0 | 3.8 | 8.0 | 1.8 | 7.3 | 2.9 | 3.6 |
| 2009 | 13.2 | 13.0 | 4.6 | 52.1 | 11.1 | 9.2 | 3.4 | 7.4 | 2.0 | 7.4 | 4.3 | 3.7 |
| 2010 | 14.9 | 11.7 | 4.1 | 52.4 | 10.4 | 9.2 | 3.0 | 8.5 | 2.1 | 9.3 | 4.8 | 3.8 |
| 2011 | 13.8 | 12.6 | 4.2 | 53.1 | 9.0 | 9.0 | 2.2 | 7.4 | 1.6 | 13.3 | 5.7 | 3.5 |
| 2012 | 13.1 | 14.0 | 4.1 | 49.9 | 8.5 | 8.5 | 2.4 | 6.1 | 1.5 | 14.3 | 8.1 | 3.3 |
| 2013 | 14.5 | 13.0 | 4.1 | 50.0 | 9.3 | 8.6 | 1.1 | 5.3 | 1.8 | 14.7 | 7.8 | 3.8 |
| 2014 | 17.2 | 11.4 | 4.2 | 46.6 | 9.9 | 6.5 | 1.4 | 5.7 | 1.5 | 13.1 | 7.1 | 5.6 |
| 2015 | 19.3 | 9.7 | 5.2 | 43.6 | 7.1 | 6.0 | 1.6 | 5.3 | 2.0 | 12.3 | 8.3 | 4.6 |
| 2016 | 21.1 | 8.9 | 5.2 | 45.0 | 8.9 | 5.0 | 1.9 | 5.7 | 1.8 | 12.6 | 7.3 | 5.5 |

数据来源：www.enr.com

从发展趋势看（如图1.14所示），来自发展中国家和新兴工业化国家的承包商凭借劳动力成本的比较优势在劳动密集型项目上也获得了发展机会，并逐渐开始向技术和知识密集型项目渗透，总体实力不断加强，市场地位在不断提高，发达国家的顶级承包商的垄断地位受到削弱，其中尤以欧洲和美国的承包商下滑趋势极为明显。

就市场份额而言，可以分为三大层次：欧洲承包商（市场份额40%以上），中国承包商（20%左右），以及美国、日本、韩国、土耳其（市场份额10%以下）。

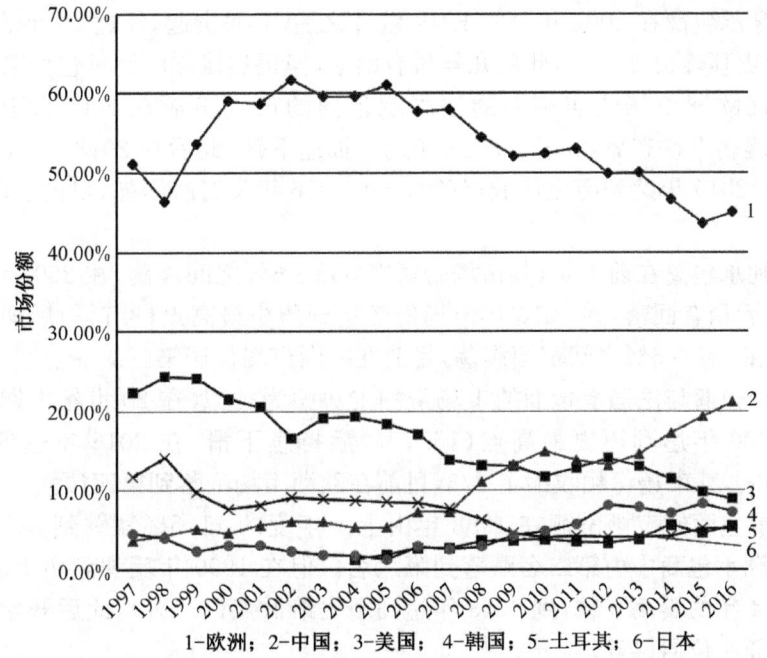

1-欧洲；2-中国；3-美国；4-韩国；5-土耳其；6-日本

图 1.14　1997—2016 年主要国家承包商划分国际市场状况（按表 1.9 绘图）

（1）二十年间，欧洲承包商由 51.1% 的市场份额（最高市场份额曾达到 61.7%）跌落至 45% 左右，呈现波动下滑趋势。

（2）中国承包商由最初 3.7% 的市场份额增加到 21.1%，呈现持续上升趋势。

（3）韩国、土耳其承包商的市场份额在波动中缓步上升，近几年的市场份额维持在 5%～8% 左右。

（4）美国、日本的承包商风光不再，市场份额逐年下滑，跌落至 10% 以下。

欧洲的承包商之间也呈现出分化的趋势，如图 1.15 所示。

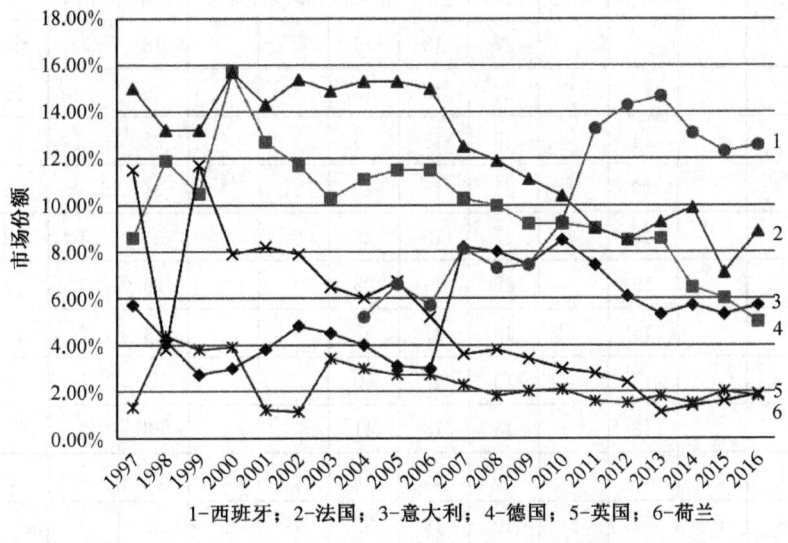

1-西班牙；2-法国；3-意大利；4-德国；5-英国；6-荷兰

图 1.15　1997—2016 年欧洲国家承包商划分国际市场状况（按表 1.9 绘图）

(1) 西班牙承包商在 2004 年进入 ENR 统计之后，异军突起，经过 10 年的震荡上行，于 2013 年达到历史顶峰(14.7%)，此后几年虽有回落，但仍然雄踞欧洲承包商第一位。

(2) 一直在欧洲市场位居第一的法国承包商的市场份额在 2000 年达到历史高点(15.7%)后呈震荡下跌态势，2007—2012 年期间加速下跌，此后在 2013—2014 年小幅回弹后加速探底，在 2015 年达到历史最低点(7.1%)，2016 年又有所回弹，目前在欧洲市场中居于第二位。

(3) 意大利承包商在前十年，其市场份额在 3%～6%之间震荡，在 2007 年市场份额剧增到 8.2%，此后稍有回落，到 2010 年市场份额达到历史最高点(8.7%)后加速回落，近几年其市场份额在 5%～6%之间窄幅震荡，目前在欧洲市场位居第三。

(4) 德国承包商与法国承包商的市场份额走势颇为类似，在 20 世纪末期急剧上升，其市场份额在 2000 年达到历史最高点(15.7%)后持续下滑，在 2016 年达到历史最低点(5.0%)，16 年间，其市场份额收缩了 2/3，目前在欧洲市场沦落到第四位。

(5) 英国承包商的市场份额在 1998 年由上一年度的 11.5%猛跌到 3.8%，跌幅达到 66.96%，在欧洲承包商中由第二名跌落到第六名。但在 1999 年反弹到历史新高(11.7%)后，开始长达 14 年的震荡下跌，到 2013 年达到历史最低点(1.1%)，此后开始缓步上升，目前在欧洲承包商中位居第五。

(6) 荷兰承包商的市场份额在 1997—2003 年之间低位震荡(5%以下)，之后也经历了长达 13 年的下行趋势。目前，荷兰承包商以 1.8%的市场份额位居欧洲市场第六。

2) 全球最大 225/250 家承包商所属国家分析

进入 ENR225/250 的企业数量反映了一个国家承包商在国际工程市场中的整体实力，1980—2016 年度全球最大 225/250 家承包商所属国家明细如表 1.10 所示。几十年间，各国承包商发展各异，ENR 在选取国家进行统计时也会有所变化。如在 2004 年，ENR 统计中增加了西班牙和土耳其两个国家。

表 1.10　1980—2016 年度全球最大 225/250 家承包商所属区域或国家明细表

| | 美国 | 加拿大 | 欧洲 | (英国 | 荷兰 | 法国 | 德国 | 意大利 | 西班牙 | 其他) | 日本 | 中国 | 韩国 | 土耳其 | 其他 |
|---|---|---|---|---|---|---|---|---|---|---|---|---|---|---|---|
| 1980 | 49 | | | | | 17 | 13 | 16 | | | 18 | | 26 | | |
| 1981 | 48 | | | 10 | | 21 | 15 | 18 | | | 25 | | 25 | | |
| 1982 | 46 | | | 14 | | 18 | 15 | 15 | | | 27 | | 30 | | |
| 1983 | 43 | | | 14 | | 21 | 15 | 20 | | | 34 | | 25 | | |
| 1984 | 41 | | | 15 | | 17 | 17 | 25 | | | 33 | 1 | 22 | | |
| 1985 | 43 | | | 19 | | 18 | 14 | 28 | | | 39 | 1 | 17 | | |
| 1986 | 43 | | | 16 | | 18 | 17 | 35 | | | 29 | 2 | 14 | | |
| 1987 | 40 | | | 17 | | 13 | 18 | 50 | | | 31 | 2 | 11 | | |
| 1988 | 36 | | | 12 | | 13 | 18 | 41 | | | 38 | 3 | 7 | | |
| 1989 | 42 | | 115 | 13 | | 10 | 16 | 38 | | | 34 | 4 | 4 | | 39 |
| 1990 | 63 | 8 | 108 | 14 | 5 | 10 | 13 | 38 | | 20 | 32 | 3 | | | |

续表1.10

|  | 美国 | 加拿大 | 欧洲 | (英国 | 荷兰 | 法国 | 德国 | 意大利 | 西班牙 | 其他) | 日本 | 中国 | 韩国 | 土耳其 | 其他 |
|---|---|---|---|---|---|---|---|---|---|---|---|---|---|---|---|
| 1991 | 59 |  | 95 | 13 |  | 10 | 13 | 27 |  |  | 28 | 4 |  |  |  |
| 1992 | 72 |  | 80 | 10 |  | 7 | 13 | 24 |  |  | 27 | 5 |  |  |  |
| 1993 | 54 |  | 92 | 14 |  | 10 | 17 | 23 |  |  | 28 | 9 |  |  | 26 |
| 1994 | 52 | 2 | 87 | 12 | 5 | 9 | 17 | 21 |  | 23 | 26 | 22 | 10 |  | 26 |
| 1995 | 49 | 3 | 87 | 11 | 4 |  | 14 | 23 |  | 25 | 29 | 23 | 10 |  | 28 |
| 1996 | 48 | 3 | 79 | 10 | 4 | 10 | 14 | 20 |  | 21 | 28 | 27 | 12 |  | 28 |
| 1997 | 65 | 7 | 70 | 7 | 2 | 10 | 13 | 15 |  | 23 | 19 | 26 | 10 |  | 28 |
| 1998 | 64 | 6 | 63 | 5 | 3 | 7 | 13 | 13 |  | 22 | 20 | 30 | 11 |  | 31 |
| 1999 | 74 | 4 | 67 | 6 | 5 | 9 | 12 | 9 |  | 26 | 18 | 33 | 7 |  | 22 |
| 2000 | 73 | 5 | 56 | 7 | 2 | 7 | 11 | 10 |  | 19 | 21 | 35 | 7 |  | 28 |
| 2001 | 79 | 4 | 55 | 5 | 2 | 6 | 7 | 15 |  | 21 | 17 | 40 | 7 |  | 23 |
| 2002 | 76 | 4 | 55 | 5 | 2 | 5 | 6 | 14 |  | 23 | 18 | 43 | 5 |  | 25 |
| 2003 | 66 | 3 | 54 | 6 | 2 | 7 | 6 | 12 |  | 21 | 19 | 47 | 6 |  | 30 |
| 2004 | 55 | 4 | 56 | 5 | 2 | 8 | 6 | 12 | 7 | 16 | 18 | 49 | 8 | 14 | 21 |
| 2005 | 52 | 4 | 59 | 7 | 2 | 9 | 6 | 12 | 8 | 15 | 17 | 46 | 10 | 20 | 21 |
| 2006 | 51 | 3 | 54 | 5 | 2 | 8 | 6 | 11 | 8 | 14 | 15 | 49 | 10 | 22 | 21 |
| 2007 | 35 | 3 | 64 | 4 | 2 | 5 | 5 | 22 | 11 | 15 | 16 | 51 | 11 | 23 | 22 |
| 2008 | 25 | 2 | 65 | 4 | 1 | 5 | 4 | 26 | 11 | 13 | 15 | 50 | 13 | 31 | 24 |
| 2009 | 20 | 4 | 62 | 4 | 2 | 5 | 4 | 22 | 11 | 14 | 13 | 54 | 12 | 33 | 27 |
| 2010 | 22 | 3 | 67 | 4 | 3 | 5 | 4 | 23 | 13 | 15 | 13 | 51 | 11 | 31 | 27 |
| 2011 | 26 | 3 | 60 | 4 | 2 | 4 | 4 | 19 | 12 | 15 | 14 | 52 | 12 | 33 | 25 |
| 2012 | 33 | 2 | 58 | 3 | 2 | 4 | 4 | 17 | 12 | 16 | 15 | 55 | 15 | 38 | 33 |
| 2013 | 31 | 2 | 58 | 2 | 3 | 5 | 5 | 16 | 13 | 14 | 14 | 62 | 13 | 42 | 28 |
| 2014 | 32 | 2 | 52 | 3 | 2 | 5 | 4 | 15 | 11 | 12 | 14 | 65 | 12 | 43 | 30 |
| 2015 | 39 | 1 | 52 | 2 | 2 | 4 | 5 | 15 | 12 | 12 | 14 | 65 | 12 | 39 | 28 |
| 2016 | 43 | 3 | 46 | 2 | 3 | 3 | 2 | 14 | 11 | 11 | 13 | 65 | 11 | 46 | 23 |

数据来源：www.enr.com

1997—2016年主要国家承包商进入全球最大225/250家承包商如图1.16所示。大致可以分为三大阵营：

(1)第一阵营：中国承包商自1997年达到26家后，在波动中一路上扬，如今稳定在65家，入围全球225/250强的企业以1/4的比重雄踞榜首。

(2)第二阵营：欧洲、美国和土耳其的承包商数量以接近1/5的比重占据第二阵营。欧洲的承包商自1989年的115家(占据了ENR的半壁江山)逐年下滑至如今的46家(历史最低点)。美国的承包商经过20世纪90年代末期增长以后,到2001年达到历史最高点(79家)后开始滑落,2006—2009年期间加速滑落,至2009年达到历史最低点(20家),此后逐步攀升至如今的43家。土耳其的承包商自2004年进入ENR统计后,入围数量增长迅猛,从最初的14家激增到如今的46家。

(3) 第三阵营:日本和韩国的承包商则位于第三阵营。日本承包商入围ENR225/250的企业数量一度达到39家(1985年),但如今风光不再,呈现缓步下滑趋势,如今在15家上下徘徊。韩国承包商入围ENR225/250强的企业数量也曾一度达到30家(1982年),进过80年代末期的滑落,以及90年代的低位徘徊,至2002年跌至谷底(仅5家入围ENR225/250)后开始回升,但到2012年后又开始回落,目前仅11家企业入围ENR225/250。

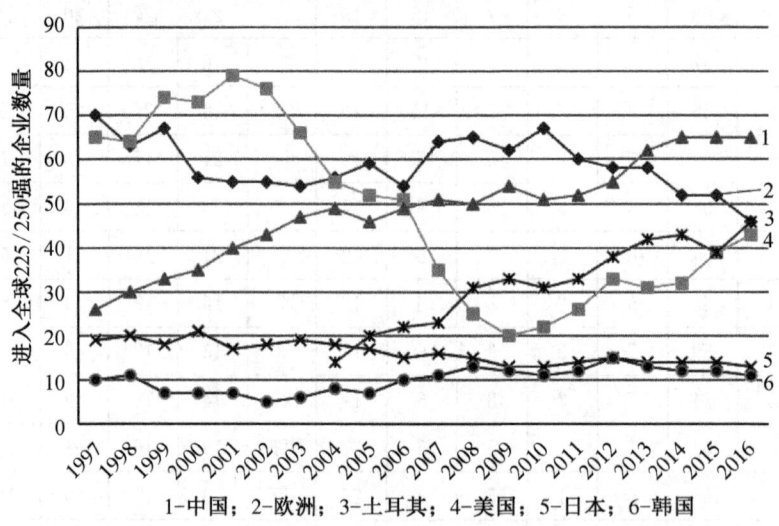

1-中国; 2-欧洲; 3-土耳其; 4-美国; 5-日本; 6-韩国

**图1.16 1997—2016年主要国家承包商进入全球最大225/250家承包商**

欧洲主要国家承包商进入全球最大225/250家承包商如图1.17所示。

(1) 意大利承包商入围ENR225/250强的数量在1987年达到历史巅峰(50家),此后逐渐跌落,至1999年跌落谷底,仅有9家入围。此后经过两年的爬升后再次回落直至2006年,在2007—2008年连续冲高后再次回落。目前以入围企业14家位居欧洲承包商第一。

(2) 西班牙承包商自2004年进入统计名单后,稳步上升,由最初的7家上升到13家,之后回落稳定在11家左右。目前位居欧洲承包商第二。

(3) 法国承包商呈逐年下滑趋势,由曾经的21家(1981年和1983年)跌落至如今的3家。目前位居欧洲承包商第三。

(4) 荷兰承包商自1990年进入ENR统计以来,一直处于低位(2~3家)徘徊,目前入围3家,与法国承包商并列欧洲市场第三。

(5) 德国承包商入围数量在20世纪80年代逐步提升,最高达到18家,此后逐年下滑,如今只有2家入围ENR225/250。

(6) 英国承包商与德国承包商类似,其入围企业数量在20世纪80年代逐步增加到19家后开始下滑,如今只有2家入围ENR225/250。

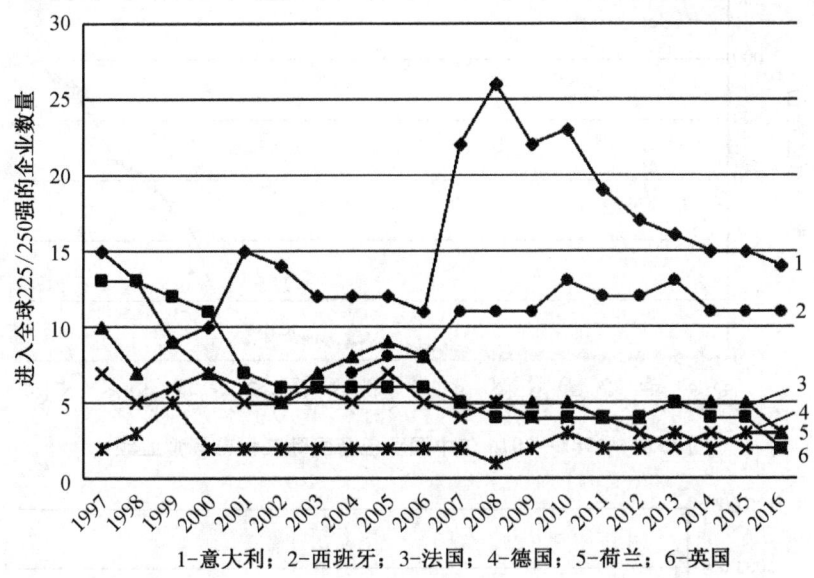

1-意大利；2-西班牙；3-法国；4-德国；5-荷兰；6-英国

图 1.17  1997—2016 年欧洲国家承包商进入全球最大 225/250 家承包商

## 1.2 国际工程市场中的中国承包商

### 1.2.1 中国承包商的国际工程市场拓展历程

1949 年后，我国承包商所承接的国际工程业务主要为外援项目，如援非、援越、援朝、援阿等。从 1978 年开始正式进入国际工程承包市场。1978 年，江苏省成立国际合作公司。1979 年我国的国际工程承包商仅 4 家，80 年代，对外贸易经营权开始下放，主要为一些中央的专业性公司和省级的国际合作公司，到 1992 年邓小平南方谈话后，对外贸易经营权进一步开放到一些实体企业。2004 年 7 月 1 日，中国对外贸易经营权全面放开。四十年间，中国承包商在国际工程市场上取得了惊人的成就(如表 1.1 所示)。基本形成了以亚/澳地区为重点，发展非洲市场、拉美市场，恢复中东市场，开拓欧美等其他地区市场的多元化市场格局。

如图 1.18 所示，中国的国际承包商的国际工程营业额除却 1992 年和 2000 年有所下降外，其他年份均在增加，由 1981 年的 1.7 亿美元增加到 2016 年的 987.2 亿美元。在 2006 年之前，国际工程营业额平均为 34.48 亿美元，自 2006 年之后其国际工程营业额平均为 617.78 亿美元，呈现高速增长态势。

1982—2016 年，中国承包商国际工程市场营业额增幅如图 1.19 所示。中国承包商初期由于营业额基数较少，增幅较大(如 1982 年较上一年增加 104.7%)，但随着基数的增加，增幅出现明显回落，1992 年首次出现负增长(-7.6%)。1993—1999 年之间，增幅以约 20% 为均值反复震荡，至 2000 年再次出现负增长(-11.8%)。此后增幅震荡上行至 2008 年(90.5%)后再次滑落，目前增幅维持在 20% 左右。

如图 1.20 所示，中国承包商的国际工程市场份额在波动中上升，由 1981 年的 0.1% 增

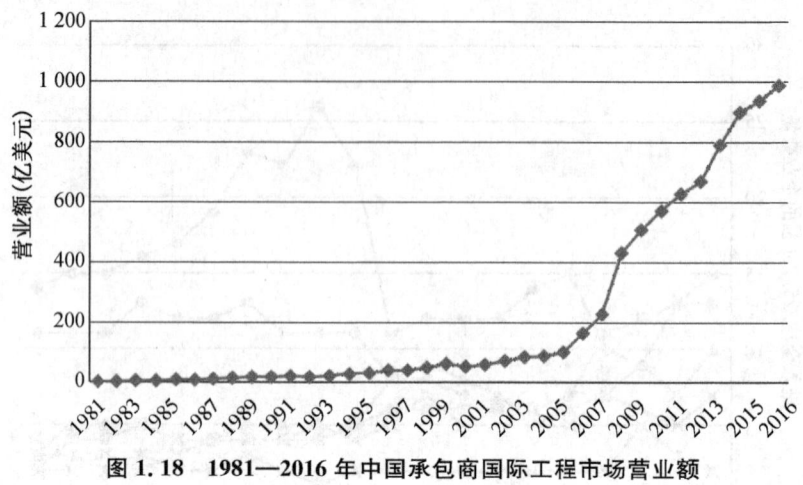

图 1.18　1981—2016 年中国承包商国际工程市场营业额

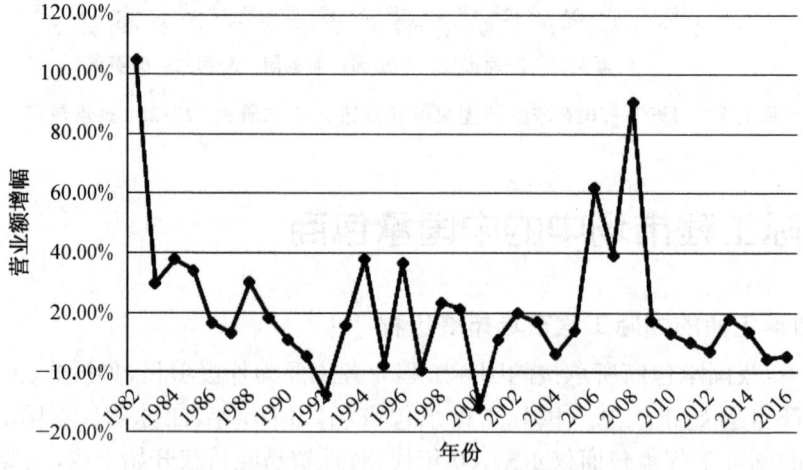

图 1.19　1982—2016 年我国国际工程营业额增幅

加到 2016 年的 21.1%。1981—1993 年市场份额低于 2%，之后市场份额增速加快，至 2002 年达到 6.1%，此后经短暂回落后，市场份额增速加快，至 2010 年达到 14.9%。2011—2012 年市场份额有所下降，之后再次快速增加。

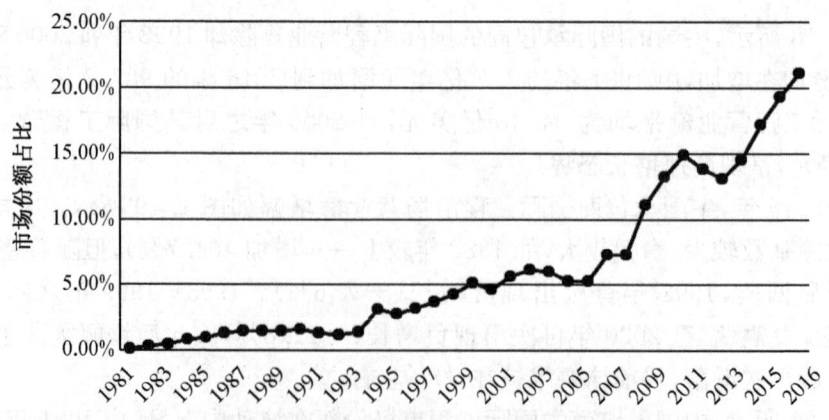

图 1.20　1981—2016 年我国国际工程营业额所占市场份额

综合中国承包商在国际工程市场的营业额、营业额的增幅及所占市场份额的比重来看,大致分为以下四个阶段:

(1) 起步阶段(1981—1992年):营业额在20亿美元以下,营业额平均增幅在25%左右,市场份额在2%以下。这期间,中国对外经营权逐步下放,至1992年下放到一些实体企业。

(2) 爬坡阶段(1993—2001年):营业额在60亿美元以下,营业额平均增幅在15%左右,市场份额接近6%。这期间,中国对外工程承包政策支持体系日趋完善,企业群体不断壮大,承揽和实施项目的能力不断增强,业务领域广泛。

(3) 起飞阶段(2002—2008年):营业额在500亿美元以下,营业额平均增幅在35%左右,市场份额增至10%。在"走出去"战略的指引下,中国政府出台一系列支持企业开展对外承包工程业务的鼓励政策,以及金融机构鼓励支持企业带资承包项目,中国承包商国际工程营业额得到快速增长。

(4) 腾飞阶段(2009年至今):营业额在1 000亿美元以下,营业额平均增幅在10%左右,市场份额增至20%。"一带一路"的倡议以及亚投行的设立,为中国承包商提供了巨大的发展机遇,中国承包商国际工程营业额继续保持稳定增长的速率。

另据商务部对外投资和经济合作司的统计数据(如表1.11所示),截止到2017年11月,对外承包工程企业达到4 353家,业务领域遍布世界200多个国家和地区。

表1.11 2002—2016年中国对外承包工程业务

| | 完成营业额 | | | 新签合同额 | |
|---|---|---|---|---|---|
| | 折合:亿美元 | 同比增长(%) | 进入225/250承包商占比(%) | 折合:亿美元 | 同比增长(%) |
| 2002以前 | 827.2 | | | 1 147.8 | |
| 2002 | 111.9 | 25.8 | 63.72 | 150.5 | 15.5 |
| 2003 | 138.4 | 23.6 | 60.19 | 176.7 | 17.4 |
| 2004 | 174.7 | 26.0 | 50.54 | 238.4 | 35.0 |
| 2005 | 217.5 | 24.5 | 46.30 | 296.0 | 24.2 |
| 2006 | 300.0 | 37.9 | 54.30 | 660.0 | 123.0 |
| 2007 | 406.0 | 35.3 | 55.86 | 766.0 | 17.6 |
| 2008 | 566.0 | 39.4 | 76.33 | 1 045.0 | 34.8 |
| 2009 | 777.0 | 37.3 | 65.08 | 1 262.0 | 20.7 |
| 2010 | 922.0 | 18.7 | 61.89 | 1 344.0 | 6.5 |
| 2011 | 1 034.2 | 12.2 | 60.64 | 1 423.3 | 5.9 |
| 2012 | 1 166.0 | 12.7 | 57.52 | 1 565.3 | 10.0 |
| 2013 | 1 317.4 | 17.6 | 59.97 | 1 716.3 | 9.6 |
| 2014 | 1 424.1 | 3.8 | 62.97 | 1 917.6 | 11.7 |
| 2015 | 1 540.7 | 8.2 | 60.79 | 2 100.7 | 9.5 |
| 2016 | 1 594.2 | 3.5 | 61.92 | 2 440.1 | 16.2 |
| 2017 1~9月 | 1 024.5 | 2.3 | | 1 682.0 | 13.8 |

数据来源:商务部对外投资和经济合作司 http://hzs.mofcom.gov.cn

如图1.21所示,中国承包商对外承包工程完成营业额由2002年的111.9亿美元左右,飙升至2016年的1594.2亿美元,十五年间增加了13.2倍,年均增幅约为20%。在2008年前,同比增长稳中有升,2008年后同比增长相对收窄,但仍保持着持续增长的势头。

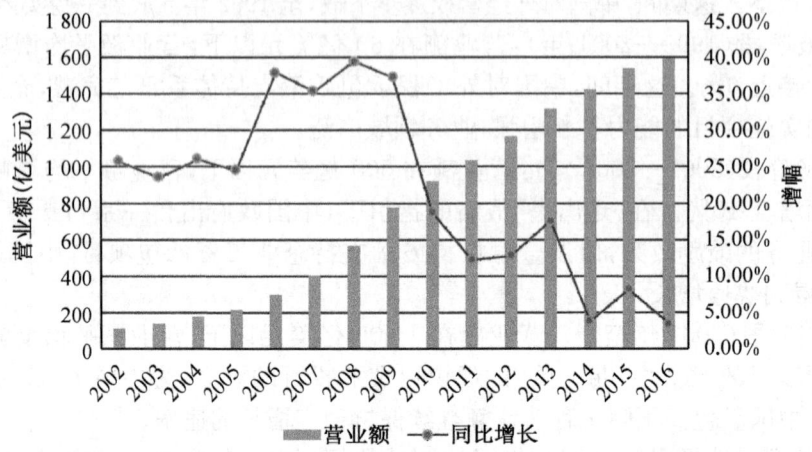

图1.21　2002—2016年中国对外承包工程营业额及其增幅走势

如图1.22所示,中国承包商对外承包工程新签合同额由2002年的150.5亿美元,飙升至2016年的2440.1亿美元,十五年间增加了15.2倍,年均增幅为23.8%。其中增幅最大的为2006年,达到123.0%。

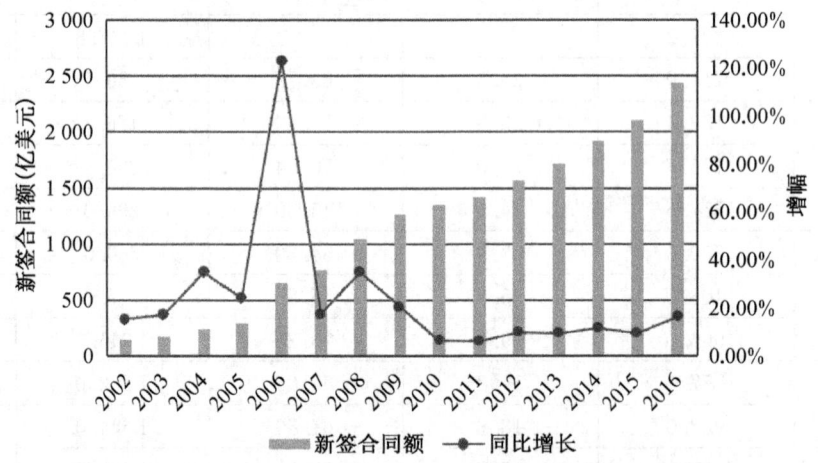

图1.22　2002—2016年中国对外承包工程新签合同额及其增幅走势

进入ENR的中国承包商在中国的国际工程承包业务的比重平均达到60%。以2016年为例,中国4000余家承包商的海外工程承包营业额为1594.2亿美元,进入ENR的65家承包商营业额为987.2亿美元,占了其中61.92%的份额。这其中虽然可能存在商务部与ENR的统计口径上存在一定的差异,但也反映了一个不争的事实,即中国承包商的海外业务是由大型承包企业所主导的,1.5%的大型承包企业占据了60%左右的市场份额。

## 1.2.2 中国承包商在国际市场的状况

根据 ENR 统计资料，入围全球 225/250 强的公司数量逐年增加（如表 1.12 所示），1984 年中国有一家企业入围，此后逐年攀升，至 1994 年剧增到 22 家后稳步增长，到 2004 年达到 49 家。此后虽有些起伏，但入围企业数量继续增加并稳定在 65 家，占据了四分之一的席位（如图 1.23 所示）。

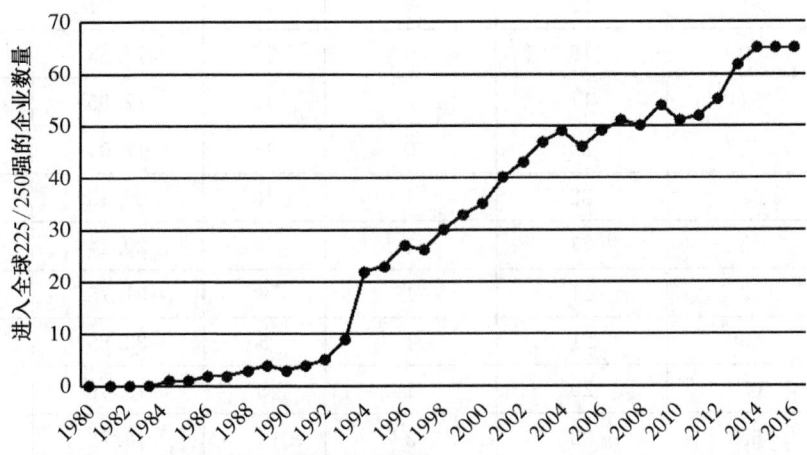

图 1.23　1980—2016 年中国承包商入围全球 225/250 强的企业数量

1）入围全球 225/250 强的企业数量逐年递增，排名稳步提升

如表 1.12 所示，中国承包商入围 100 强的企业也是逐年增加，稳定在 20 余家左右，占据五分之一。从 2011 年起，中国交通建设股份有限公司入围前 10 强（排名第十），2016 年更是有 2 家企业进入 10 强榜，其中中国交通建设股份有限公司排名第三，中国电力建设集团有限公司排名第十。

表 1.12　1997—2016 年中国承包商进入全球最大 225/250 家承包商

| 年份 | 入围 225/250 强 | 入围 100 强 | 入围 10 强 | 最佳排名 | 国际承包商（亿美元） | 中国承包商（亿美元） |
| --- | --- | --- | --- | --- | --- | --- |
| 1997 | 26 | 4  | 0 | 29 | 4.90 | 1.57 |
| 1998 | 30 | 5  | 0 | 24 | 5.17 | 1.02 |
| 1999 | 33 | 13 | 0 | 20 | 5.27 | 1.85 |
| 2000 | 35 | 9  | 0 | 19 | 5.15 | 1.54 |
| 2001 | 40 | 12 | 0 | 22 | 4.71 | 1.49 |
| 2002 | 43 | 15 | 0 | 16 | 5.16 | 1.66 |
| 2003 | 47 | 13 | 0 | 17 | 6.21 | 1.77 |
| 2004 | 49 | 9  | 0 | 17 | 7.43 | 1.80 |
| 2005 | 46 | 12 | 0 | 20 | 8.42 | 2.19 |

续表 1.12

| 年份 | 入围 | | | 最佳排名 | 企业规模 | |
|---|---|---|---|---|---|---|
| | 入围 225/250 强 | 入围 100 强 | 入围 10 强 | | 国际承包商（亿美元） | 中国承包商（亿美元） |
| 2006 | 49 | 14 | 0 | 14 | 9.97 | 3.32 |
| 2007 | 51 | 13 | 0 | 18 | 13.77 | 4.45 |
| 2008 | 50 | 16 | 0 | 17 | 17.33 | 8.64 |
| 2009 | 54 | 17 | 0 | 13 | 17.05 | 9.37 |
| 2010 | 51 | 20 | 0 | 11 | 17.04 | 11.19 |
| 2011 | 52 | 22 | 1 | 10 | 20.13 | 12.06 |
| 2012 | 55 | 23 | 1 | 10 | 20.44 | 12.19 |
| 2013 | 62 | 21 | 1 | 9 | 21.75 | 12.74 |
| 2014 | 65 | 21 | 1 | 5 | 20.85 | 13.80 |
| 2015 | 65 | 20 | 1 | 3 | 19.45 | 14.41 |
| 2016 | 65 | 22 | 2 | 3 | 18.72 | 15.19 |

数据来源：www.enr.com

在入围企业逐年增加的情况下，中国承包商在 225/250 的排名地位也在不断攀升（如图 1.24 所示），最佳排名由 1997 年的第 29 名，上升到现在的第 3 名。

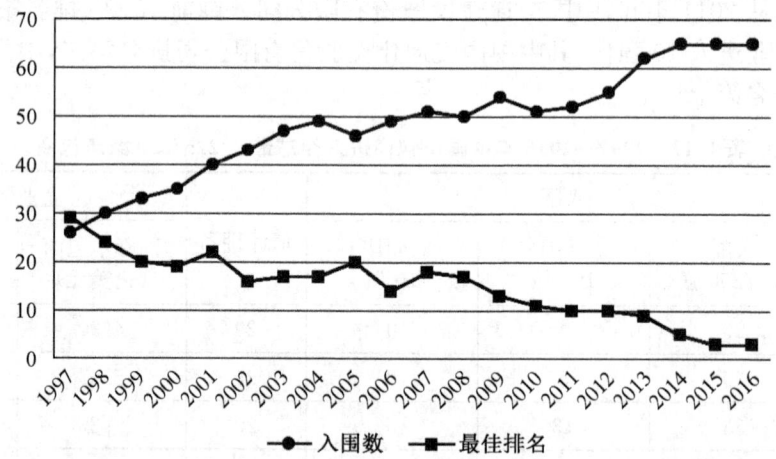

图 1.24　1997—2016 年中国承包商进入全球最大 225/250 家承包商及最佳排名

2) 企业规模逐渐扩大

就入围企业规模而言（如图 1.25 所示），中国承包商的平均规模除在 2000 年、2001 年两年间出现负增长外，其余年份则显著增长。从企业平均规模来看，国际承包商在 2013 年达到 21.75 亿美元，此后有所回落，中国承包商增幅超过国际承包商。1997 年，入围的中国承包商平均规模只有 1.57 亿美元，不及全球 225/250 强平均规模的 1/3。2008 年，入围的中国承包商平均规模达到 8.64 亿美元，接近全球 225/250 强平均规模的 1/2。而在 2016 年，入围的中国承包商平均规模达到 15.19 亿美元,达到全球 225/250 强平均规模的 81.1%。

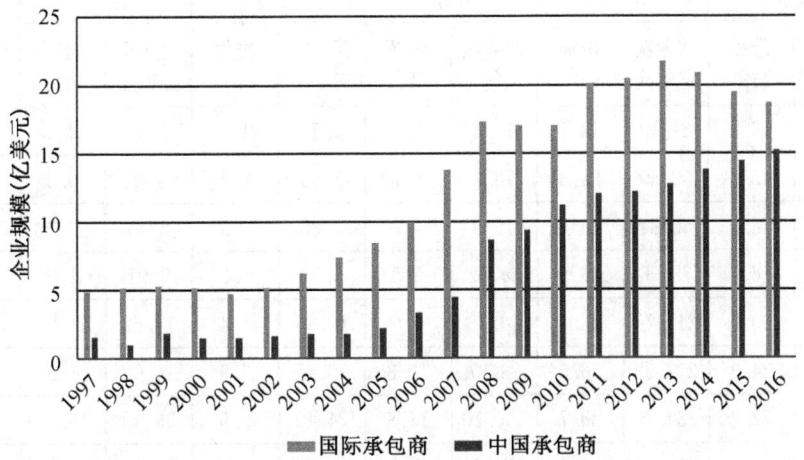

**图 1.25  1997—2016 年国际承包商与中国承包商企业平均规模对比**

就全球总营业额而言,据 ENR2017 年度报告,前十强中有七家企业为中国承包商,前五强更是为中国承包商所垄断。其中有 2 家公司突破 1 000 亿美元大关,分别是:中国建筑工程总公司(1 246.6 亿美元,排名第一)、中国铁路工程总公司(1 142.3 亿美元,排名第二)。进入前十强的企业还有:中国铁建股份有限公司(947.5 亿美元,排名第三)、中国交通建设股份有限公司(707.8 亿美元,排名第四)、中国电力建设集团有限公司(433.2 亿美元,排名第五)、中国冶金科工集团有限公司(294.0 亿美元,排名第八)、上海建工集团股份有限公司(278.5 亿美元,排名第九)。中国建筑业的这些巨头已经成为国际承包商的超级"航母",占据了全球总营业额前十强的七成江山。

3) 地区市场优势凸显,多元化深入发展

1997—2016 年中国承包商在各区域市场营业额及所占份额如表 1.13 所示。中国承包商在亚洲、非洲、中东以及拉丁美洲市场的营业额都有不同程度的攀升,但从所占份额来看却呈现出不同的变化。

**表 1.13  1997—2016 年中国承包商在各区域市场营业额及所占份额**

| 区域 | 亚洲 | | 非洲 | | 中东 | | 拉美 | | 欧洲 | | 北美 | |
|---|---|---|---|---|---|---|---|---|---|---|---|---|
| | 营业额<br>(亿美元) | 份额<br>(%) | 营业额<br>(亿美元) | 份额<br>(%) | 营业额<br>(亿美元) | 份额<br>(%) | 营业额<br>(亿美元) | 份额<br>(%) | 营业额<br>(亿美元) | 份额<br>(%) | 营业额<br>(亿美元) | 份额<br>(%) |
| 1997 | 27.81 | 8.0 | 7.07 | 7.5 | 4.15 | 4.0 | 0.29 | 0.3 | 0.86 | 0.3 | 0.56 | 0.4 |
| 1998 | 30.71 | 9.1 | 10.86 | 3.2 | 6.78 | 4.7 | 0.56 | 0.5 | 0.73 | 0.2 | 0.65 | 0.5 |
| 1999 | 30.42 | 11.0 | 14.14 | 14.2 | 6.65 | 6.0 | 3.01 | 2.8 | 2.15 | 0.6 | 0.90 | 0.6 |
| 2000 | 39.79 | 15.9 | 5.40 | 7.1 | 4.90 | 4.8 | 1.69 | 1.5 | 1.00 | 0.3 | 0.86 | 0.4 |
| 2001 | 38.46 | 17.5 | 6.54 | 7.4 | 8.08 | 9.5 | 1.38 | 1.3 | 3.78 | 1.3 | 1.18 | 0.5 |
| 2002 | 41.50 | 18.2 | 11.00 | 9.9 | 7.3 | 7.5 | 5.00 | 5.2 | 4.70 | 1.4 | 1.70 | 0.8 |
| 2003 | 53.70 | 20.6 | 14.90 | 11.8 | 9.6 | 5.9 | 2.30 | 0.5 | 2.40 | 0.5 | 0.90 | 0.4 |

续表 1.13

| 区域 | 亚洲 | | 非洲 | | 中东 | | 拉美 | | 欧洲 | | 北美 | |
|---|---|---|---|---|---|---|---|---|---|---|---|---|
| | 营业额(亿美元) | 份额(%) | 营业额(亿美元) | 份额(%) | 营业额(亿美元) | 份额(%) | 营业额(亿美元) | 份额(%) | 营业额(亿美元) | 份额(%) | 营业额(亿美元) | 份额(%) |
| 2004 | 51.10 | 16.8 | 21.10 | 14.7 | 10.3 | 4.1 | 1.50 | 1.6 | 2.60 | 0.4 | 1.70 | 0.8 |
| 2005 | 50.70 | 15.0 | 32.30 | 21.4 | 13.3 | 4.7 | 2.60 | 2.1 | 1.2 | 0.2 | 0.60 | 0.2 |
| 2006 | 75.63 | 18.8 | 50.84 | 28.4 | 19.8 | 4.8 | 7.83 | 4.9 | 5.10 | 0.7 | 3.11 | 1.1 |
| 2007 | 91.77 | 16.6 | 76.96 | 26.9 | 34.82 | 5.5 | 8.98 | 4.2 | 9.91 | 1.0 | 3.89 | 1.1 |
| 2008 | 137.24 | 20.0 | 215.78 | 42.4 | 50.48 | 6.5 | 10.46 | 4.4 | 14.62 | 1.3 | 3.23 | 0.8 |
| 2009 | 182.11 | 24.9 | 207.99 | 36.6 | 83.87 | 10.8 | 13.45 | 5.0 | 16.09 | 1.6 | 1.76 | 0.5 |
| 2010 | 174.10 | 22.7 | 234.70 | 38.7 | 100.10 | 13.8 | 24.40 | 2.6 | 33.40 | 9.8 | 3.90 | 1.2 |
| 2011 | 225.30 | 20.1 | 233.20 | 40.1 | 112.70 | 13.6 | 14.70 | 1.4 | 35.60 | 8.7 | 5.50 | 1.5 |
| 2012 | 240.00 | 17.3 | 254.90 | 44.8 | 93.10 | 10.2 | 16.20 | 1.6 | 60.50 | 12.1 | 5.90 | 1.3 |
| 2013 | 253.90 | 17.3 | 303.40 | 48.7 | 137.80 | 16.3 | 24.80 | 2.2 | 59.50 | 10.5 | 7.90 | 1.6 |
| 2014 | 282.14 | 20.5 | 350.40 | 49.4 | 151.45 | 19.2 | 24.55 | 2.5 | 68.80 | 12.9 | 17.56 | 3.4 |
| 2015 | 302.10 | 25.0 | 353.80 | 54.9 | 131.20 | 17.1 | 33.70 | 3.6 | 75.10 | 13.7 | 39.10 | 7.3 |
| 2016 | 382.60 | 31.8 | 345.60 | 56.2 | 134.20 | 16.0 | 77.03 | 22.8 | 27.20 | 2.8 | 19.86 | 3.7 |

数据来源：www.enr.com

就区域分布而言，中国承包商的国际工程业务主要集中在亚洲、非洲、中东和拉丁美洲地区。如图1.26 所示，以 2016 年为例，四地的营业额达到了95.22%，特别是亚洲和非洲的营业额占了 70%以上。

就营业额而言，如图 1.27 所示，中国承包商在亚洲市场增长迅速，在 1997—2007 年及 2016 年成为中国承包商的第一大市场。以 2016 年为例，中国承包商在该区域市场以 31.8%的市场份额雄踞第一，紧随其后的是欧洲承包商(27.6%)、韩国承包商(10.2%)、日本承包商(9.3%)、美国承包商(7.7%)和土耳其承包商(7.0%)。

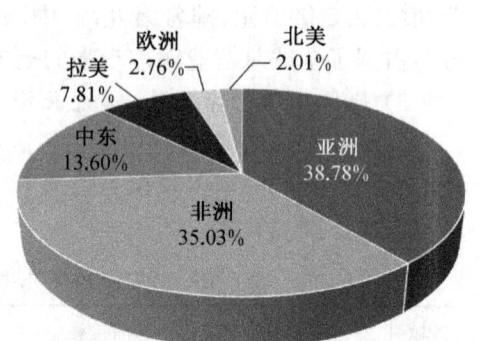

图 1.26　2016 年中国承包商在各区域市场份额

中国承包商在非洲地区的营业额增长极快，特别是在 2008—2015 年间，该地区曾是中国承包商的第一大市场。这得益于中国政府积极支持企业参与非洲国家的基础设施建设，进一步扩大对非承包业务规模，逐步建立对非承包工程的多、双边合作机制。2016 年，该地区的营业额被亚洲地区超过而屈居第二。中国承包商在该区域以 56.2%的市场份额遥遥领先，其后是欧洲的承包商(23.8%)、土耳其承包商(5.1%)、韩国承包商(4.4%)。

中国承包商在中东地区的营业额也在持续增加(2012 年营业额有所下降)，尽管其增长幅度不如亚洲地区和非洲地区。2016年,欧洲承包商在该区域的市场份额为35.2%,韩国承包商为18.3%,中国承包商以16.0%的市场份额居第三位。

中国承包商在拉美地区的营业额长期在低位徘徊,但在2010年及2016年增长较快,随着中国与拉美关系的日益密切,该地区目前已是中国承包商的第四大市场。2016年,欧洲承包商在该地区以52.1%的市场份额遥遥领先,其中一半的贡献来自于西班牙(26.4%),中国承包商以22.8%的市场份额位居第二,巴西承包商(8.7%)排第三,美国承包商(8.2%)排第四。

而在发达地区,如北美和欧洲地区,营业额在低位缓慢增长,但在2016年均有大幅下降,北美地区下降了接近一半(49.2%),而在欧洲地区下降了63.8%。

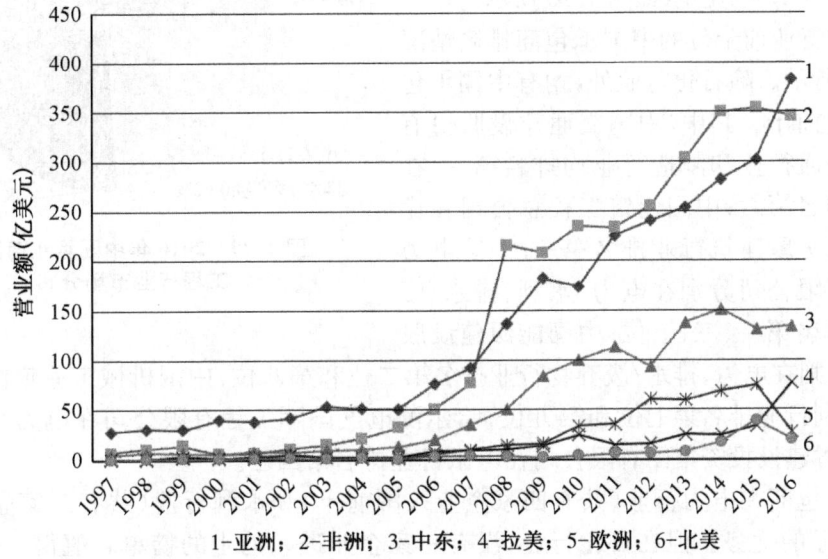

1-亚洲;2-非洲;3-中东;4-拉美;5-欧洲;6-北美

图1.27  1997—2016年中国承包商在各区域市场营业额

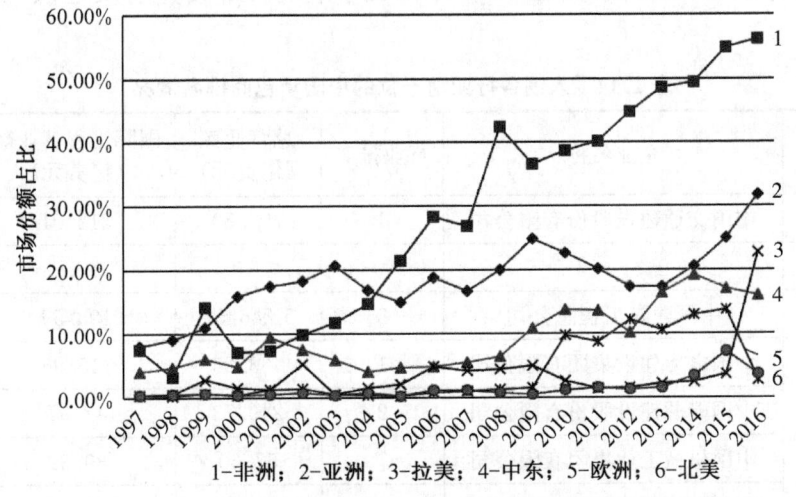

1-非洲;2-亚洲;3-拉美;4-中东;5-欧洲;6-北美

图1.28  1997—2016年中国承包商在各区域市场营业额所占份额

就市场份额而言,如图1.28所示,中国承包商在非洲地区增加最快,获得了该地区一半以上的市场份额。在亚洲地区,也在波动中不断上升。中国承包商成为这两大市场的最大承包商。拉美市场成为中国承包商近年来市场份额增加最快的地区。在北美及欧洲地区,中国承包商的市场份额则降幅明显,分别为:49.3%和79.6%。

4)传统优势行业发展平稳

中国承包商主要活跃在交通、房屋建筑、电力、工业/石化等传统优势行业上,少数公司亦涉及水利、制造、排水/废弃物、电讯等行业。以2016年为例,中国承包商在四大优势行业的营业额占据了90.05%的比重(如图1.29所示)。

入围各行业前十位的中国承包商排名情况见表1.14所示。除石化行业外,均有中国承包商进入行业前十。其中,中国交通建设股份有限公司在交通行业和制造行业均排名第一,在水利行业排名第六;中国建筑工程总公司在竞争最激烈的房屋建筑行业排名第三;中国电力建设集团有限公司分别在电力、水利、排水/废弃物行业排名第一、三、七位;中国能源建设股

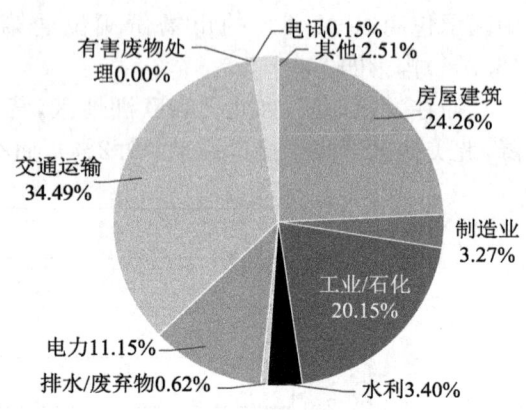

图1.29  2016年中国承包商国际工程行业市场分布

份有限公司则在电力、排水/废弃物行业排名第二位和第八位;中国机械工业集团有限公司在电力、水利行业排名第七位和第九位;哈尔滨电气国际工程有限公司在电力行业排名第八位;浙江省建设投资集团有限公司在电讯行业排名第四位。

中国承包商在电力行业(共有四家企业入围前十)和水利行业(共有三家企业入围前十)具有明显的优势。但在石化行业,没有一家企业进入前十的榜单。值得一提的是,中国交通建设股份有限公司连续四年雄踞交通行业榜首,并在2016年入围制造业前十并夺得第一,但与2015年相比,其在2016年淡出水利、排水/废弃物及电讯三大行业市场的前十。

表1.14  入围各行业前十位的中国承包商排名情况

| 行业 | 企业名称 | 行业排名 | 总营业额（亿美元） | 国际工程营业额（亿美元） | ENR排名 |
| --- | --- | --- | --- | --- | --- |
| 1. 交通 | 中国交通建设股份有限公司 | 1 | 707.80 | 212.01 | 3 |
| 2. 石化 | | | | | |
| 3. 房屋建筑 | 中国建筑工程总公司 | 3 | 1 246.57 | 103.59 | 11 |
| 4. 电力 | 中国电力建设集团有限公司 | 1 | 433.25 | 115.96 | 10 |
| | 中国能源建设股份有限公司 | 2 | 249.73 | 42.97 | 27 |
| | 中国机械工业集团有限公司 | 7 | 57.60 | 39.92 | 31 |
| | 哈尔滨电气国际工程有限公司 | 8 | 15.02 | 15.02 | 67 |
| 5. 工业 | 中国冶金科工集团有限公司 | 2 | 294.02 | 25.19 | 48 |

续表 1.14

| 行业 | 企业名称 | 行业排名 | 总营业额（亿美元） | 国际工程营业额（亿美元） | ENR 排名 |
|---|---|---|---|---|---|
| 6. 水利 | 中国电力建设集团有限公司 | 3 | 433.25 | 115.96 | 10 |
| | 中国交通建设股份有限公司 | 6 | 707.80 | 212.01 | 3 |
| | 中国机械工业集团有限公司 | 9 | 57.60 | 39.92 | 31 |
| 7. 制造 | 中国交通建设股份有限公司 | 1 | 707.80 | 212.01 | 3 |
| 8. 排水/废弃物 | 中国电力建设集团有限公司 | 7 | 433.25 | 115.96 | 10 |
| | 中国能源建设股份有限公司 | 8 | 249.73 | 42.97 | 27 |
| 9. 电讯 | 浙江省建设投资集团有限公司 | 4 | 108.08 | 8.0 | 94 |

# 2　国际工程市场政治风险研究及现实状况

## 2.1　政治风险的界定

### 2.1.1　政治风险的概念

在国际贸易领域,政治风险历来是研究的热点之一(Jakobsen 2010;Quer et al.,2010)。

政治风险的概念最早出现于20世纪60年代,二战结束后,欧洲国家开始重建,第三世界国家逐渐摆脱殖民统治,通过民族解放运动获得国家独立,开始国家的经济建设。发达国家的跨国企业借助全球经济恢复的契机,对外进行了大量的直接投资,实现跨国经营,获得了巨大的利益。但随着各个国家的独立稳定,为了掌控国家的经济命脉,这些国家的政府通过没收、征用、国有化等的政治干预,取得企业的所有权,使得发达国家的跨国企业在海外屡屡遭受重大损失。银行为了区分所谓的"好国家"与"坏国家",建立了对国家风险的评估体系。政治风险受到西方学者的关注,形成了政治风险研究的热潮。当时政治风险研究主要集中于政府行为,反映的是跨国企业对于外国政府不信任的态度。80年代后,随着世界大环境的变化,政治风险不仅仅是政府行为引起的,除政府之外的影响因素逐渐显露出来,因此,对政治风险的研究从政府行为转移到政治风险的类型、政治风险的影响因素以及政治风险的衡量上,政治风险的评估也从宏观转向微观。

政治风险的定义丰富多样,从学者们关注的角度来看,政治风险的定义大致分为以下两种:

1)强调政治风险是由政治事件或政府行为而导致的不利结果

以Root(1968,1972)为代表的,政治风险是由政治事件、政府行为所带来的一系列干扰;各种政治事件(比如战争、政变、革命、没收、征税、交易控制和进口限制)发生的不确定性,并且这种不确定性会在东道国的内外引起跨国公司潜在利润和(或)资产的损失。Kobrin(1979)从两个方面对政治风险的来源进行了定义:其一是东道国政府的经济政策(没收、现金返回、限制商业交易等)给企业造成的风险;其二是由于东道国的政治不可抗力(恐怖主义、政变、罢工等)给企业带来的风险。Simon(1982)认为:政治风险是由东道国内部或者东道国外部的因素所导致的,可视为由这些因素产生的政府或社会的行动与政策,这些政策和行动会对大多数外国投资经营产生不利影响。Hamada等(2004)将政治风险定义为以直接或间接的方式对跨国经营或项目造成财产损失或损坏的一系列的具有政治性质的决策、条件或事件。

王学鸿(1997)认为政治风险是指由于东道国出于政治考虑采取限制外国企业生产经营而对外国企业造成损失的措施或者是东道国突发的政治事件,同时他还认为,政治风险、国家风险、主权风险一般指的是同一类风险。Wang等(2000)认为,政治风险描述的是可能会影响项目正常进展的政府行为,而政府的行为可以发生在中央政府、省级政府或是当地政府中的任何一级。何新华等(2008)将国际环境下项目的政治风险定义为:国际环境下项目参与者因东道国政局结构与演变因素、政府控制与管理手段的变化的影响而遭受经济损失的可能性,属于国家风险的一种。

2) 强调政治风险是由商业环境的变化和不连续性而导致的负面影响

Robock(1971)从"政治的不连续性"角度提出政治风险是由政治变化引起企业经营环境出现难以预料的不连续性而导致企业利润受损或其他目标受到重大影响。Ting(1988)将政治风险定义为:由于东道国政治、政策或者外汇制度的不稳定性而导致的环绕某一国际项目或企业的设定经营结果(收入、成本、利润、市场份额、经营的连续性等)而产生的非市场的不确定性或变化。Hill(1997)指出政治风险不仅包括"主权风险"(主权风险将影响一个公司偿还应付投资者款项的能力),还包括其他形式的风险,如政治、经济以及影响海外投资盈利率且如果这个国家有更加稳定的商业环境和发达的法律制度就不会出现的特定风险。Wenlee(1988)将政治风险定义为"环绕某一个国际项目或企业的设定经营结果(收入、成本、利润、市场份额、经营的连续性等)的可能源自东道国政治、政策,抑或外汇制度的不稳定性的非市场不确定性变化",强调大多数政治风险主要是针对特定项目或企业的。Lensik(2002)认为政治风险是指在政治、社会和经济环境中存在的不确定性,它源自一种政治力量所引起的经济生活的变化,而这种变化会对跨国公司的经济活动带来负面的影响。

唐勇(1999)认为所谓跨国公司的政治风险是指由于东道国与母国(甚至第三国)政治、经济、安全等关系发生变化,东道国政治和社会的不稳定性以及政策变化而导致的跨国公司跨国经营活动和价值受影响的可能性。杨德新(2000)认为政治风险包含四个关键的因素:第一,投资环境不连续性的可能性,尤其是投资环境剧烈变化的可能性;第二,政治力量作用使然;第三,风险的不确定性;第四,政治力量的作用导致经营环境发生变化进而造成企业的利润丧失或既定目标无法实现。四个因素缺一则不构成政治风险。张贵洪和蒋晓燕(2002)认为政治风险是来源于东道国和投资者所在国(或第三国)在政治、经济、文化关系等方面出现变化或东道国国内政治不稳定及政策不确定而导致投资者正常投资活动受到影响的可能性。冯宁(2010)认为政治风险是指因东道国政治环境的影响而使投资者遭受经济损失的可能性,是由于东道国政府的政局不稳定和政策的不连续性而导致的项目承包方国际投资和贸易活动受到影响,并致使其经营管理绩效和其他目标遭受影响的不确定性。

几十年的研究过程中,政治风险的研究越来越全面,覆盖范围也愈加广泛,但由于政治风险横跨政治学、经济学、法学和社会学等多个学科,这决定了政治风险定义的多样性,关于"政治风险"的概念迄今为止尚未形成一个确切和统一的定义。

在本书中,结合上述定义,将政治风险界定为:

政治风险是由于政治事件、东道国的政府或者社会强力组织(环保组织、工会等)的作为、不作为以及歧视性的行为,恶化或中断项目的商业环境,进而影响到企业的利润或其他商业目标的实现(Deng & Low，2013)。

## 2.1.2 政治风险的表现形式及类型

由于政治风险的广泛性和多变性，学者们按照不同的标准对政治风险的表现形式进行了划分。

1) 从东道国政府干预程度的角度

Root(1972)认为政治风险主要表现为运营风险、转移风险和资本控制风险三种。运营风险是指东道国采取的致使外国企业无法正常经营的政策、管制、政府性质管理程序的可能性；转移风险是指东道国限制外国企业对资金、产品、技术和人员转移的风险；资本控制风险是东道国对外国企业进行的征收、国有化或歧视性政策等。Schmidt(1986)在提出政治风险主要来源于投资国政策变动的基础上，将政治风险分为三类："经营风险"是指对企业所在行业或者上下游产业的威胁；"转移风险"则强调将风险集中在资本支付上；"所有权控制风险"是指东道国政府对外国企业采取征收或征用的可能性。Hamada等(2004)将投资者面临的政治风险分为三大类：征收风险、转移风险以及政治暴力风险。这三者分类结果非常相似。文理(2000)从东道国对跨国经营的干预程度角度，将国际工程承包商面临的政治风险分为歧视性干预、非歧视性干预、歧视性惩罚及剥夺财产。桑林和姚琪(2012)提出我国企业对外投资面临的政治风险形式主要有并购禁止、限制性政策及剥夺财产三种。

2) 从宏观和微观的角度

Robock(1971)不仅区分了政治风险与政治不稳定性，而且区分了宏观政治风险和微观政治风险。他把宏观政治风险称为国家风险，认为宏观政治风险是东道国针对所有外国企业的所有政治事件或政治措施而导致的风险；而微观风险针对的是个别外国企业，某个行业的企业，或是某一类外国企业。Alon(2009)指出政治风险表现为两种：一种是宏观层面上的政治风险，它的发生不针对某一个特定的企业或行业，会对所有在该国投资的外国企业造成影响；另一种是微观层面上的政治风险，也就是只会影响到特定的行业、企业或者某个项目的政治风险。宏观政治风险和微观政治风险是相互重叠的，它们有一些共同的决定因素，根据企业的国籍、行业以及特定情况，宏观政治风险和微观政治风险可以有不同程度的交叉。周忆丽(2013)指出主要的宏观政治风险包括：国内政权更迭、战争与革命、社会冲突与动乱、舆论偏见、贪污腐败、政府冻结企业资产、利润汇出的限制、政府违约、货币贬值、行业剽窃行为、政治动荡及东道国政府腐败行为等，这类政治风险一般不以特定企业为目标，一旦发生，会波及所有在该国投资的企业；微观政治风险主要有：对跨国公司的差别待遇、当地法律条款的限制、行业管制、政府鼓励出口限制进口的行为，社会个人或团体的敲诈勒索、破坏袭击以及利益集团的排挤等，这种政治风险往往是针对来自特定国家或进入特定行业的企业，尤其需要企业自身加强认识和防范。

3) 从政治风险流向的角度

有的学者按照跨国公司进入了东道国具体的国际环境的风险流向进行了分类，比如Simon(1982)将政治风险表现形式划分为直接的国内风险、直接的外部风险、间接内部风险和间接外部风险。直接的国内风险里面包括东道国政府的国有化、剥夺财产、利润汇回母国限制、东道国恐怖主义袭击以及反跨国公司游行、反跨国公司法律限制、媒体反面报道等。跨国公司还会面临直接的外部风险，比如母国公众会抗议对某国的投资、母国政府对海外经营的限制、地区性和全球性组织监控跨国公司的运营,以及规范经营的法律的实施等。此外,跨国公司也常会碰到间接内部风险,包括社会与政府间的摩擦、政权斗争和当地商业团体的游说努力等。间接外部风险包括母国与东道国关系的恶化对跨国公司的影响、邻国暴乱的波及、全球经济趋势如油价波动等对东道国的影响等。

## 2.2 政治风险研究现状及趋势

### 2.2.1 政治风险研究的现状

1) 政治风险影响因素研究

政治风险的成因复杂、影响因素众多,既可能来自于东道国国内,也可能源于跨国企业的母国、第三国及全球政治和经济环境的影响,以及东道国政府与跨国企业双方的相对议价能力(Haner,1979;Ramamurti,2001)。从国家层面来看,政治风险的影响因素主要有:东道国的政治体制和政权稳定性、经济发展状况、社会收入和财富的分配、文化差异和宗教信仰、语言的多样性,以及政府对经济的干预等许多因素的影响(Torre & Neckar,1988;Howell & Chaddick,1994;Al Khattab et al.,2007);也受到外部国际环境的影响,如贸易争端、禁运及制裁,东道国与母国、周边国家及其他一些国家和国际组织之间的关系等(Ring et al. 1990;Alon & Martin,1998;Agarwal & Feils,2007)。从行业层面来看,不同行业所面临的政治风险也不尽相同,行业的竞争度、成熟度、集中度及其在国民经济中的地位也都影响到其政治风险水平的高低(Kennedy,1988)。从微观层面而言,企业及项目的特性也都会影响到其所承受的政治风险水平,如企业的国籍、背景和文化,企业及其子公司的规模和技术水平,企业的资本结构、国际化程度和本地化程度,以及企业与东道国政府、社会组织及当地民众之间的关系等都是影响企业政治风险水平的因素(Ashley & Bonner,1987;Torre & Neckar,1988;Kesternich & Monika,2010)。国际工程项目本身的一些内在特性,如项目的规模大小、工期长短、资金来源、合同条件、技术和管理的复杂性等也是影响其政治风险水平的重要因素(Ashley & Bonner,1987;Baloi & Price,2003;Ozorhon et al.,2010)。

Astley 和 Sachdeva (1984) 从社会政治行为的角度研究市场参与者的行为可能带来的风险。政治行为通常指获取、建立、保持和使用对其他主体具有影响力的权力,这种权力被看作是社会参与者对其他参与者施加影响的一种能力。因此,政治风险还应关注企业所处的非市场环境中的其他参与者,特别是利益集团、社会舆论、权威、组织团体、公众等,以及社会中的各种行动策略,例如赞同、回避、谈判、合作、建立联盟以及收买等。翁冉冉(2010)从宏观的角度将政治风险的影响因素分为母国因素、东道国因素、地区因素和全球因素四大类。

2) 政治风险的评估

现有的对于政治风险的评估多集中于国家层面。一些国际权威机构发布了相关的评估报告,比较有代表性的有:国际国家风险指数(International Country Risk Guide,ICRG),商业环境风险评估公司(Business Environment Risk Intelligence,BERI),政治风险顾问公司(Political Risk Services,PRS),以及经济学人杂志(The Economist)和欧洲货币论坛（Euromoney）。国内则从 2005 年之后，有北京工商大学世界经济研究中心编制的"国际贸易投资风险指数"，该指数对 100 多个国家从政治风险、经济风险、政策风险和支付风险四个方面分析国际贸易投资风险状况；以及中国出口信用保险公司的"国家风险分析报告"，该报告对全球 190 多个主权国家的风险水平进行评估。从行业层面来看，对政治风险的评估则主要有金融行业的 CAMEL 模型（Belcsak 1987）、美国银行模型（Howell 2001），石油行业的 IHS 模型等（Guimaraes et al.，2012）。此外，一些大型的跨国企业建立了自己的评价指标和体系，如荷兰的壳牌集团、英国石油公司、美国的通用汽车和克莱斯勒公司。Mortanges 和 Allers(1996)，Agarwal 和 Feils(2007)，Al Khattab et al.（2008）分别对加拿大、荷兰、约旦的一些跨国公司所面临的政治风险进行了分析和评价。Tsai 和 Su(2005)则对东亚五大港口经营的政治风险进行了分析，并建立了一套评价指标体系。Bjelland（2012）对利比亚石油行业的关键政治风险因素进行了识别和评估。

3）政治风险的管理

许多学者从不同的角度对政治风险的管理进行了深入的研究。Al Amly 和 Mohamed(2012)对埃及的 PPP 项目的政治风险分担进行了研究。Moen（2012）从企业的社会责任角度研究了政治风险的转移。Bharathy 和 Silverman（2012）应用社会系统模型对政治风险管理进行了研究。Hodgett 和 Luthans（2003）则建议可以从提高企业相对议价能力(Relative Bargaining Power)，以及保护和防御两种途径来控制政治风险。Lai（2002）将政治风险的 30 个管理措施归为被动的、温和的和主动的三类。Hillman 和 Hitt（1999）构建了基于途径、参与水平和战略的三维选择模型。Alon 和 Martin（1998）分析了在较高政治风险水平的国家和地区，跨国企业宜采取低风险进入模式，如可以采用移动进入模式而不是永久进入模式。Kennedy（1988）针对政治风险管理提出了包括适应、游说、分享、服务和回避五种政治风险策略。还有些学者对政治风险的保险和担保、联营体方式和本地化策略(Mortanges & Allers，1996；Hood & Nawaz，2004)等进行了探讨。

4）建筑行业政治风险的研究

相比国际贸易中对政治风险的广泛而深入的研究，针对建筑行业或工程项目的政治风险的研究显得极为匮乏，在国际顶级期刊上相应的研究只有 10 篇左右的论文。Ashley 和 Bonner（1987）分析了政治风险的来源及其对于项目实施的现金流的影响。Wang 等(1999)探讨了中国的 PPP 项目实施中涉及政治风险的相关合同条款。Al Khattab 等(2007)分析了约旦的国际工程项目所面临的政治风险，并指出东道国社会及国际关系是影响政治风险水平的重要因素。Ling 和 Hoang(2010)分析了国际承包商在越南所面临的政治、法律和经济风险。Smith 和 Gannon(2008)、Voelker 等(2008)则分别对英国的 PPP 项目和印度尼西亚的电力项目的政治风险状况进行了分析。对于工程项目政治风险评价模型方面，则有神经网络模型（何新华和胡文发，2007）和 QQIR 模型（Sachs et al.，2008）。

## 2.2.2 政治风险研究的趋势

采用 Web of Science 数据库中自 1997 年到 2017 年间政治风险相关的英文文献，借助 CiteSpace 软件对国外近 20 年的政治风险研究热点和研究趋势进行分析。

在对政治风险英文文献的分析中，发现图谱网络密度较大，各节点之间的连线紧密，未出现孤立节点，这表明国外对于政治风险的研究多集中在相似领域，按出现频次高低可对关键词做出如下排序：政治风险、对外直接投资、不确定性、模型、市场、管理、政治经济、中国、决定性因素、政策、政府治理、发展中国家、策略、企业、恐怖主义、影响、表现形式、国际贸易等（如图2.1所示）。

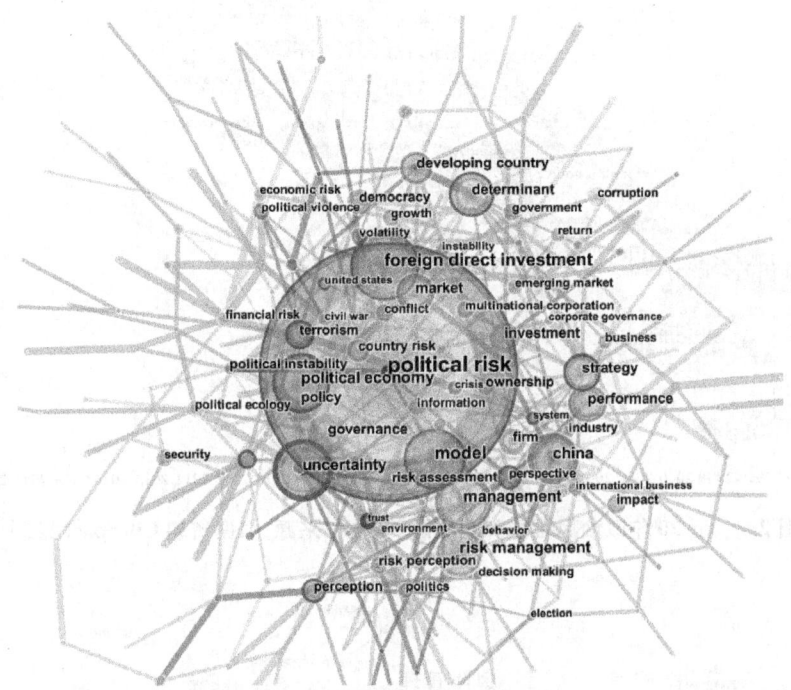

**图2.1　近20年国外政治风险研究热点（数据来源：根据资料CiteSpace绘制）**

通过对政治风险时区视图的分析可看出，近20年来，国外对于政治风险的研究主要集中在1997年至2011年期间，其中在2004年和2009年发表的成果最多，达到最热，而从2014年开始，关于政治风险的研究成果开始变少。2003年以前对政治风险的研究多是从政治风险本身出发，包括对政治风险的不确定性、政治风险的评价、发展中国家的政治风险、政治风险模型、政治风险评估、国际贸易中的政治风险、政府治理等的研究。而从2005年开始，关于政治风险与外部的联系的研究成果增多，包括政治风险对海外投资的影响、政治风险对跨国合作的影响、政治风险对外直接投资的影响、政治风险对跨国经营的影响、政治经济性、政治风险对中国企业的影响等。此外，2013年以后开始出现从企业和行业微观的角度对政治风险的研究，但研究成果比较少（如图2.2所示）。

采用中文核心数据库中自1997年到2017年间政治风险相关的中文文献，借助CiteSpace软件对国内近20年的政治风险研究热点和研究趋势进行分析。

通过对政治风险中文文献的聚类研究，按出现频次高低可对关键词做出如下排序：政治风险、对外直接投资、海外投资、东道国政府、跨国经营、风险防范、风险管理、中国企业、风险评估、风险识别、境外投资、国际化经营、风险评价、对外投资、企业国际化、风险管控等（如图2.3所示）。

通过对政治风险国内研究趋势的分析可看出，2002年至2003年间，国内对政治风险的研究成果甚少，从2004年开始对政治风险的研究才逐渐增多，且在2013年达到最热，研究

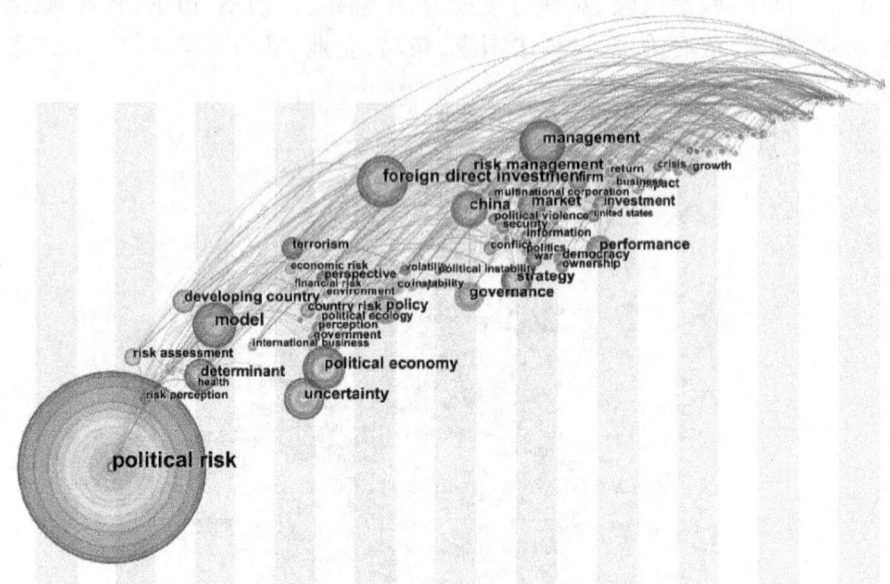

图 2.2　近 20 年政治风险国外研究趋势（数据来源：根据资料 CiteSpace 绘制）

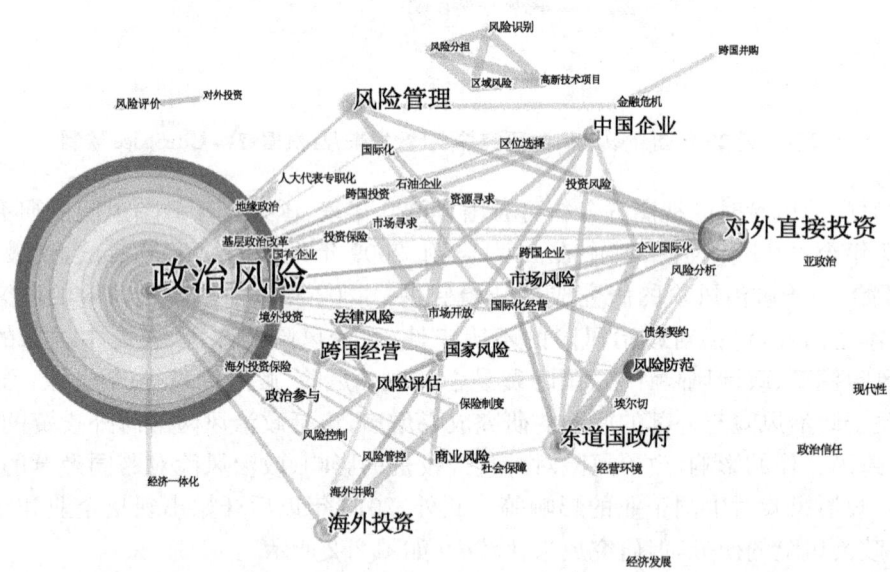

图 2.3　政治风险国内研究热点（数据来源：根据资料 CiteSpace 绘制）

成果数量最多。研究领域也从对外直接投资的政治风险丰富为政治风险管理、跨国经营的政治风险、中国企业面临的政治风险、政治风险防范等领域（如图 2.4 所示）。

### 2.2.3　现有研究的评述

虽然国内外一些学者对政治风险进行了广泛而深入的研究，但对于国际工程项目所面临的政治风险的研究不系统、也不深入，缺乏足够的理论和模型支持，在应用上也缺乏可操作性。具体而言，其不足之处体现在以下几个方面：

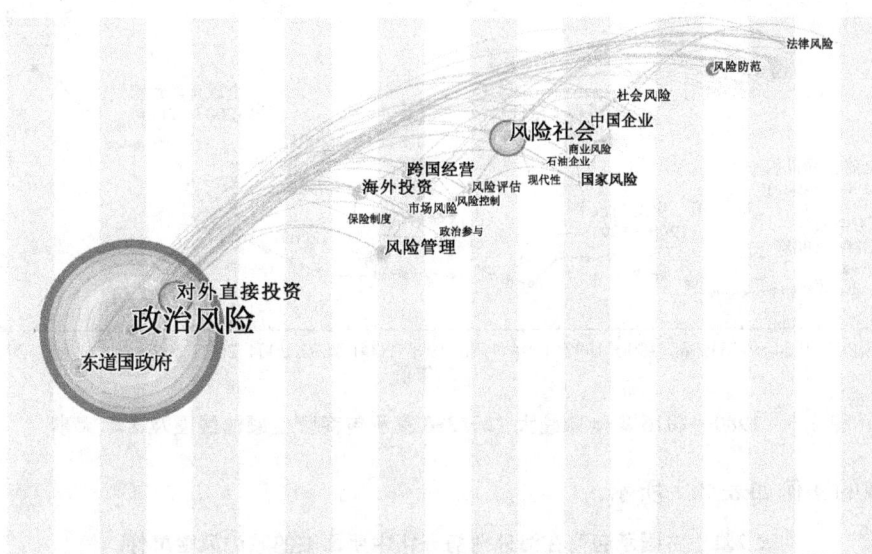

图 2.4　政治风险国内研究趋势（数据来源：根据资料 CiteSpace 绘制）

（1）有关建筑行业及国际工程的政治风险研究极为匮乏。既有的研究多以国际贸易中的一般业务，如外商直接投资（Foreign Direct Investment，FDI）、跨国公司（Multinational Enterprise，MNEs）和国际联营体（International Joint Ventures，IJVs）为研究对象，难以体现建筑业的行业特色及国际工程项目的特性。

（2）对于多样化的政治风险的研究未能建立一个统一的分析框架。特定类型政治风险之间共生演化机理研究不够，缺乏对于整体政治风险水平进行测度的分析框架。

（3）没有形成完整的政治风险对于国际工程项目系统影响的评估体系。从国家、行业、企业和项目层面对于政治风险的研究未能有效整合，且未考虑作为风险承担者——承包商的能动作用。

（4）现有的政治风险测度模型缺乏足够的可靠性和操作性。现有的政治风险测度模型在理论上有所欠缺，在实践中缺乏可操作性，且其评估方法对于各种来源的数据没有进行有效整合。

## 2.3　中国承包商所面临的政治风险状况

国际政治经济形势对国际建筑业产生极大的影响，如图 2.5 所示。金融危机、局部的战争或动乱，以及全球性的反恐战争都在极大程度上改变了国际工程市场的走势。在这些事件的影响下，国际承包商也会面临着极为严重的政治风险。

在"走出去"战略的指导下，中国的国际承包商对外承包工程业务取得了跨越式的发展，但与此同时，国际市场上的政治风险也给中国的承包商造成了灾难性的损失。如 1998 年印尼发生排华骚乱后造成民族矛盾和宗教冲突交织，进而导致社会动荡、政治出现混乱。进入 2000 年后，随着中国承包商更多地进入国际工程市场，其所面临的政治风险事件有增

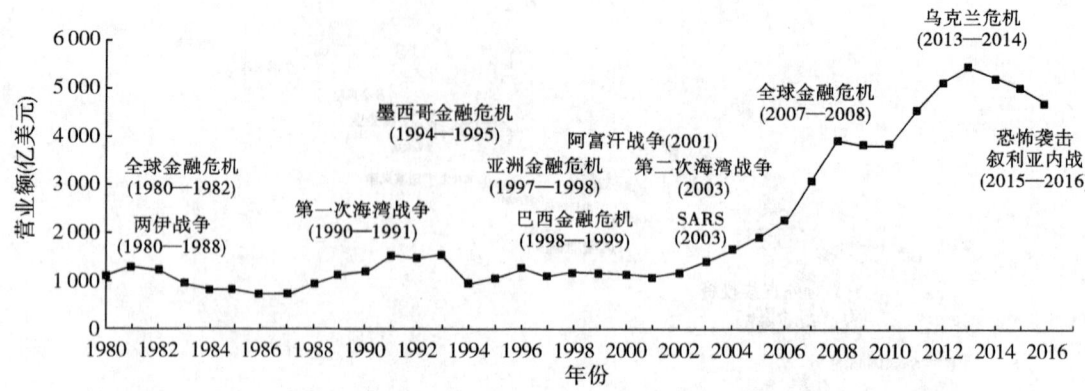

图 2.5  1980—2016 年全球最大 225/250 家承包商营业额曲线图及国际大事

无减。典型的案例如表 2.1 所示。

表 2.1  中国承包商在海外业务开拓中所面临的政治风险事件

| 序号 | 时间 | 项目简况 | 政治风险事件 |
|---|---|---|---|
| 1 | 2003-11 | 格鲁吉亚的卡杜里水电站项目 | 因格鲁吉亚政局危机导致工程延误 |
| 2 | 2004-06 | 阿富汗昆都士公路项目 | 恐怖袭击,中国工人造成 11 死 5 伤 |
| 3 | 2004-09 | 巴基斯坦的高摩赞工程项目 | 人质劫持事件 |
| 4 | 2007-04 | 埃塞俄比亚索马里州的油田项目 | 武装分子袭击,中国工人 9 人死亡 |
| 5 | 2008-11 | 尼日利亚的拉各斯至卡诺的铁路项目 | 因政府更迭而暂停项目 |
| 6 | 2008-11 | 印尼万丹第三发电厂项目 | 遭到当地居民的暴力袭击 |
| 7 | 2011-03 | 中国在利比亚的项目暂停 | 利比亚政局动荡 |
| 8 | 2011-09 | 缅甸的水电站工程—密松大坝被暂停 | 工地附近发生爆炸事件,造成人员伤亡 |
| 9 | 2012-01 | 苏丹的乌姆—阿布公路工程项目 | 29 人被苏丹反政府军劫持,项目暂停 |
| 10 | 2012-10 | 吉尔吉斯斯坦塔迪布拉克左岸金矿项目 | 斗殴事件,当地居民举行示威抗议 |
| 11 | 2012-12 | 北昌宋铁路一期一段工程项目 | 政府终止项目 |
| 12 | 2013-12 | 南苏丹赤道大厦工程 | 工程驻地附近发生爆炸 |
| 13 | 2014-08 | 中泰"高铁换大米"计划被搁置 | 泰国政局动荡 |
| 14 | 2015-03 | 斯里兰卡的科伦坡港口城项目停工 | 斯里兰卡政府换届 |
| 15 | 2016-05 | 委内瑞拉迪那科至阿那科高铁项目停工 | 政府拖欠工程款 |
| 16 | 2017-02 | 印度尼西亚雅万高铁瓦利尼隧道停滞 | 印度尼西亚土地征用困难 |

这些案例警示中国的国际工程承包业面临着巨大的政治风险。遗憾的是,政治风险未能引起足够的重视,很多中国承包商的海外开拓风险管理计划,甚至就没有政治风险的考量;中国政府每年为鼓励和引导中国企业有针对性地开展对外投资而发布的《对外投资国别产业导向目录》几乎从不涉及对相关国家的政治风险评估。因此,对国际工程项目的政治风险进行有效的评估并采取科学的决策势在必行。

政治风险历来是跨国企业在国际扩张中不可回避的热点问题。政治风险源于政治事件(如革命、政变、内战等)、社会事件(恐怖袭击、抗议等)、政府行为(如腐败、法律变更及政策规制),以及一些强力社会组织的行为(如工会组织的罢工、环境保护组织的抗议行为),导致国际工程承包商经营环境发生改变,政治风险的不确定性对企业的利润带来潜在的巨大影响和不利后果。后危机时代全球经济的衰退加速了国家干预市场的趋势,以及传统因素和非传统因素的相互交织,使得政治风险呈现出高发性、破坏性和复杂性的发展态势。正如Jakobsen(2010)的研究指出:现在的跨国企业所面临的政治风险与以往相比更加宽泛和复杂,其形式也更加多样。从国有化、战争内乱、恐怖袭击的极端行为,到较为温和的政府干预行为(如政策法律变更、蚕食性征收),以及环境问题导致的公众反对,各种政治风险以更快的速度、多样化的渠道、在更大的时间和空间范围内进行非线性、连锁性、跨时空的耦合传播。

国际工程项目具有规模大、周期长和地域性等特点,其政治风险体现出鲜明的行业特色。外在的政治风险同工程项目本身所固有的各种风险结合起来。同时,中国承包商的业务主要集中在欠发达地区,所面临的政治风险还体现出鲜明的中国特色,如:"中国因素"与地区冲突、国际恐怖主义、宗教极端主义相结合(如巴基斯坦、阿富汗、苏丹、缅甸等);"中国因素"与当地的"反华排华"情绪相结合(如印度、越南、菲律宾、印度尼西亚等);中国政府与国有企业之间不透明的关系,使得国有企业背景被泛政治化;在意识形态、文化传统、宗教信仰等方面的差异;以及对于中国企业的政府介入(Zhang & Alon,2010)、国有所有权和政治目的(Globerman & Shapiro,2009),使得中国的国际承包商面临更多的制度障碍和更为复杂的政治风险(Quer et al.,2011)。

为了更全面地了解中国承包商海外项目系统的特点以及政治风险下项目系统的优劣势,共发放了1000份调查问卷来获得中国在海外的国际承包商的企业情况、项目特点、遭遇到的政治风险事件、风险事件的应对措施、东道国建筑业与国家经济目标的一致性程度以及行业成熟度信息。问卷分别以邮件的形式发放给了100家中国国际承包商,这100家承包商中有50家位列2012年ENR225强。问卷最终回收370份,回收率达37%。

表2.2统计了370份问卷受访者的信息,370位问卷受访者分别来自46家中国国家承包商,其中来自ENR225强的企业28家(占比60.87%),其他企业18家(占比39.13%)。在工作性质方面,19.73%的受访者在企业从事高级管理工作,62.43%的受访者在从事项目管理工作,17.84%是项目工程师。在工作年限方面,65.68%的受访者具有6年以上的国际承包经验。这从来源上为案例的可靠性提供了基本保障。

表2.2 案例样本的基本特征统计表

| 项目 | | 数量($N$) | 占比(%) |
| --- | --- | --- | --- |
| 公司<br>($N=46$) | ENR 250 (225) | 28 | 60.87% |
| | 其他 | 18 | 39.13% |
| 回复者<br>($N=370$) | 高级管理 | 73 | 19.73% |
| | 工作职位　　项目管理 | 231 | 62.43% |
| | 项目工程师 | 66 | 17.84% |

续表 2.2

| 项目 | | | 数量($N$) | 占比(%) |
|---|---|---|---|---|
| 回复者<br>($N=370$) | 工作年限 | <2 年 | 57 | 15.41% |
| | | 3~5 年 | 70 | 18.91% |
| | | 6~10 年 | 186 | 50.27% |
| | | >10 年 | 57 | 15.41% |
| 地区<br>($N=370$) | 分布地区 | 非洲地区 | 147 | 39.73% |
| | | 亚太地区 | 136 | 36.76% |
| | | 中东地区 | 36 | 9.73% |
| | | 拉美地区 | 33 | 8.92% |
| | | 欧洲地区 | 13 | 3.51% |
| | | 北美地区 | 5 | 1.35% |

所收集的项目情况能很好地体现中国承包商的海外业务特点。项目所在地的分布如图 2.6 所示。亚太地区的项目占 36.76%,非洲地区的项目占 39.73%,中东地区的项目占 9.73%,拉美地区的项目占 8.92%。来自亚、非、拉地区(包括中东)的项目占了 95.14%。而据 ENR2017 年的报告,中国进入 250 强的企业在亚、非、拉地区(包括中东)的营业额为 95.16%,问卷调研的项目与中国承包商海外业务的行业分布是非常吻合的。

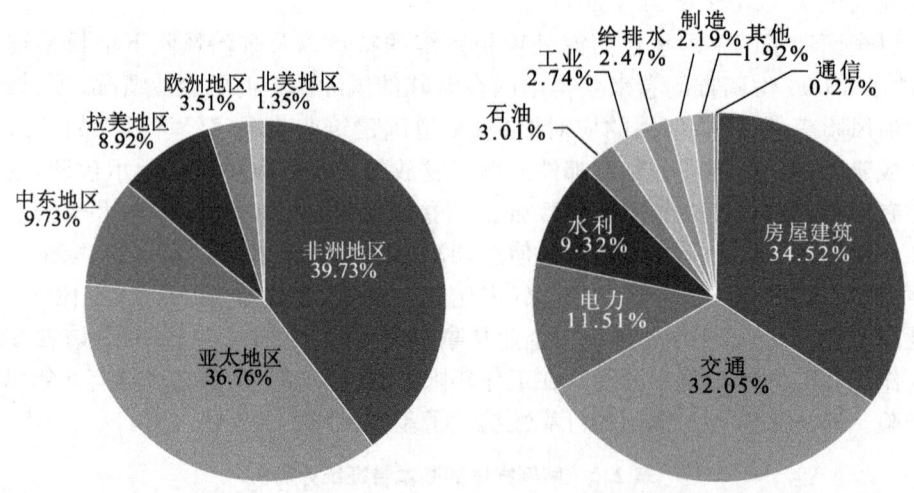

图 2.6 调研项目所在地分布状况　　图 2.7 调研项目所在行业类型分布状况

就项目所在的行业类型上来看(如表 2.3 和图 2.7 所示),中国承包商的海外工程项目主要集中在房屋建筑工程 34.52%,交通运输工程 32.05%,电力工程 11.51% 以及水利水电工程 9.32% 等领域,这四个行业类型占了 87.40%。而据 ENR2017 年的报告,中国进入 250 强的企业在这四大行业领域的营业额为 90.05%,问卷调研的项目与中国承包商的行业分布是基本吻合的。此外,在通信、给排水工程、工业工程、石油工程、制造业工程也略有涉及。

表 2.3　调研项目所在行业类型分布状况

| 行业类型（$N=365$） | 电力 | 通信 | 房屋建筑 | 工业 | 交通 | 给排水 | 石油 | 水利 | 制造 | 其他 |
|---|---|---|---|---|---|---|---|---|---|---|
| 数量 | 42 | 1 | 126 | 10 | 117 | 9 | 11 | 34 | 8 | 7 |
| 占比（%） | 11.51 | 0.27 | 34.52 | 2.74 | 32.05 | 2.47 | 3.01 | 9.32 | 2.19 | 1.92 |

### 2.3.1 中国承包商海外业务特点

1）中国承包商海外工程项目的特点

国际工程项目的规模越大、工期越长,越容易受到法律、法规、政策变化的影响,越容易受到社会的关注、政府的干预,面临的政治风险概率会增加,政治风险事件发生后的损失也会越大。如海外 EPC 总承包项目,通常承包商在总价合同条件下,对其所承包工程的质量、安全、费用和进度进行负责,项目进行中的容错率较低,风险暴露很高。一些 PPP 项目,由于涉及融资和大量的沉没成本,以及和政府的合作关系,在漫长的特许经营期内将会遭遇更多的政治风险。相比较而言,施工总承包,以及专业分包项目,主要负责完成工程的施工任务,风险暴露较低。

就收集到的中国承包商问卷中的案例可以看出(如图 2.8 所示),37.87% 的海外工程项目为 EPC 总承包项目,1.37% 的海外工程项目为 PPP 等融资承包项目,14.17% 的海外工程项目为 DB 总承包项目。37.87% 的海外工程项目为施工总承包项目,8.72% 的海外工程项目为专业分包项目。这也反映了中国承包商的国际业务以总承包类为主。

就项目的工期而言(如图 2.9 所示),工期在 1~2 年的项目占 34.60%,工期在 3~5 年的项目占 54.84%,工期在 6~9 年的项目占 8.51%,工期在 9 年以上的项目占 2.05%。

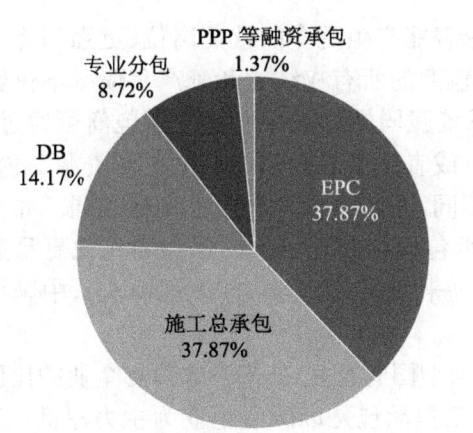

图 2.8　调研项目承包类型分布图

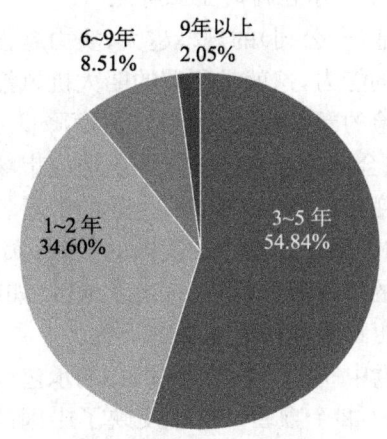

图 2.9　调研项目合同工期分布图

项目的技术和管理越复杂,东道国的承包商就越不能胜任,存在较少的竞争者或替代者,东道国政府不得不寄希望于国际承包商来顺利完成自己期望的项目,来自于东道国政府对于项目的阻碍就会减少,项目的政治风险暴露就越低。就问卷中的项目而言(如图 2.10 所示),中国承包商承揽的海外工程项目 37.33% 的技术复杂性大,依靠中国的技术输出,当地承包商无法独立完成,25.34% 的项目技术复杂性较大,24.25% 的项目技术复杂性适中，7.90%的项目技术复杂性较小，5.18%的项目为常规小型项目，技术复杂性小，当地承包商能独立完成。总体来看，中国承包商所承担的海外工程项目的技术复杂性较高。

项目的资金来源反映了项目的业主类型。按照风险暴露的高低，依次为：项目的资金来源于东道国的政府、东道国的民间资本、世界银行等的贷款或援助项目、承包商母国的投资或援外项目。对于问卷中填写资金来源的370个项目，资金来自东道国民间资本的占15.13%，资金来自东道国政府的占40.00%，资金来自世界银行等机构贷款或外国援助的占10.54%，资金来自外商直接投资的占5.41%，资金来自中方投资或者中方援助的占28.92%（如图2.11所示）。

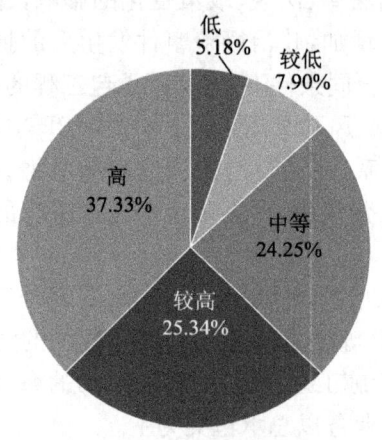 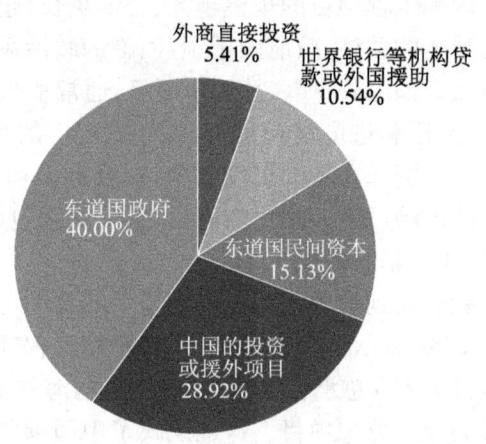

图2.10  调研项目技术复杂性分布图　　图2.11  调研项目资金来源分布图

2）中国承包商的企业特点

企业（子公司）的规模越大，实力越强，意味着能产生更多的就业岗位、更强的降低和转移风险的能力，这就是所谓的船大抗风浪。承包商的所有权结构和资产负债率不仅影响到政治风险的暴露程度，也是承包商降低项目系统脆弱性的战略选择。承包商可通过获取、释放、整合或重组自己的资源来适应市场变化，或者凭借战略惯例不断更新资源配置，以满足环境变化的需要。此外，企业的国籍、背景不同，其政治风险暴露也不尽相同。如在中东地区，由于阿拉伯世界对美国的仇恨，美国的承包商与其他国家的承包商相比更易遭受基地组织的恐怖袭击；而在东南亚地区（如越南、马来西亚、菲律宾、印度尼西亚），中国承包商的经营更易受到民族主义的干扰。

问卷中91.1%（328个项目）的承包商来自大型国有企业，而来自非国有企业的比例只占到8.9%（42个项目），这也反映了中国的海外工程承包是以国有企业为主力军的。57.6%（213个项目）的项目是企业通过在当地成立子公司来承揽工程业务，另有42.4%（157个项目）的项目是以母公司的名义承揽海外业务。子公司的规模如图2.12所示。子公司员工人数在1 000人以上的占10.33%，子公司员工人数在500～999人的占4.22%，子公司员工人数在100～499人的占30.52%，子公司员工人数在50～99人的占15.96%，子公司员工人数在0～49人的占30.99%，另外有7.98%的受访者未公布其子公司的员工人数。

从子公司的所有权来看，收集的项目中有61.97%的为母公司独资的，其余38.03%的在一定程度上存在当地的所有权，其中8.45%的项目具有较大程度的当地所有权，如图2.13所示。

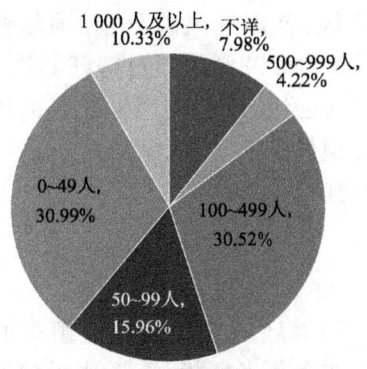

图 2.12　中国建筑企业海外子
公司的规模分布图

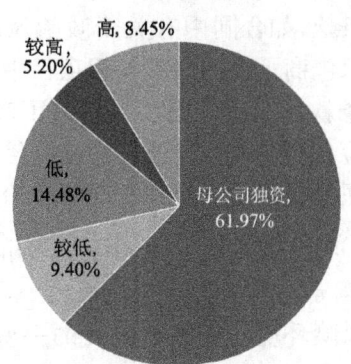

图 2.13　中国建筑企业海外子
公司的股权份额分布图

3）中国承包商的交易特点

国际工程承包业务体现了国际承包商和东道国的一种利益交换。东道国对项目的期望程度越高，其风险暴露就越低。如东道国的基础设施极为落后，政府急于改变这种状况，而其本国的承包商又不具备相应的实力，国际承包商承接这类项目可以满足东道国社会、经济发展的需要，其所面临的政治风险暴露就越低。如果项目受到公众的支持，则项目实施就会比较顺利；反之，如果公众反对项目的实施，就会给项目带来更多的不确定性，如中资巨型水电工程——密松大坝（投资额约 36 亿美元）。

365 位受访者填写了所参与项目受到的期望程度以及项目有利的合同条件。如图 2.14 所示，其中 46.03% 的项目是东道国急需的，35.62% 的项目受到东道国较高的需求，

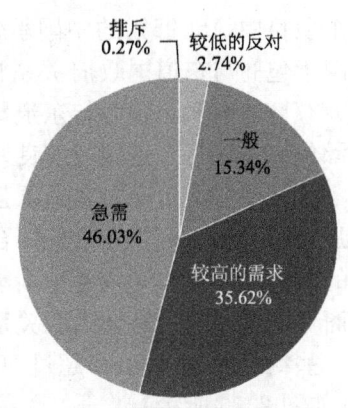

图 2.14　中国承包商海外工程
项目受到的期望程度

15.34% 的项目可有可无不太受人关注，2.74% 的项目受到东道国较低程度的反对，0.27% 的项目受到东道国的排斥。

有利的合同条件也会极大地降低项目的风险暴露。承包商应在合同谈判中争取到一

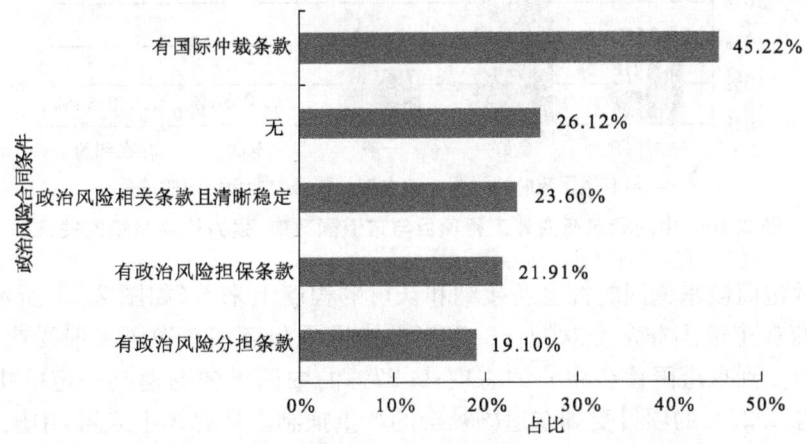

图 2.15　中国承包商海外工程项目涉及政治风险的合同条件

些有利的条款,如合同中有关于政治风险的保证或担保、合理的风险分担、国际仲裁条款等。中国承包商承揽的海外工程项目中,如图2.15所示,45.22%的项目签订了关于风险的国际仲裁条款,23.60%的项目签订了政治风险相关条款且清晰稳定,19.10%的项目签订了政治风险分担条款,21.91%的项目签订了政治风险担保条款。值得注意的是,有超过四分之一的项目合同中没有关于面临政治风险事件时的有利条款。

### 2.3.2 政治风险视角下中国承包商的表现

1) 中国承包商的竞争优势表现

政治风险环境下中国承包商的一些表现,包括与当地政府或强力社会组织的友好关系、社会认可、经验知识等,是无形的、独特的,且不易被竞争者所模仿,形成承包商所具有的核心竞争能力,使得承包商能够在激烈的竞争环境中获取超级竞争地位。

国际工程承包商如果能与东道国的政府和一些强力社会组织保持密切而友好的联系,能被东道国的社会所接纳和认可,其所面临的政治风险水平也会降低。如图2.16所示,370个项目中,15.95%的中国承包商与东道国政府具有非常好的合作伙伴关系,69.46%的中国承包商与东道国政府关系良好,14.32%的中国承包商与东道国政府的关系一般,仅有0.27%的中国承包商与东道国关系不良,没有项目与东道国政府有纠纷。总体而言,中国承包商能够与东道国政府良好相处。

从中国承包商与东道国强力社会组织的关系情况来看,7.84%的中国承包商与东道国强力社会组织存在非常好的合作伙伴关系,61.62%的中国承包商与东道国强力社会组织的关系良好,29.46%的中国承包商与东道国强力社会组织的关系一般,0.54%的中国承包商与东道国强力社会组织关系不良,还有0.54%中国承包商与东道国强力社会组织发生过一些纠纷。总体而言,超过90%的中国承包商与东道国强力社会组织的关系整体表现良好(如图2.16所示)。

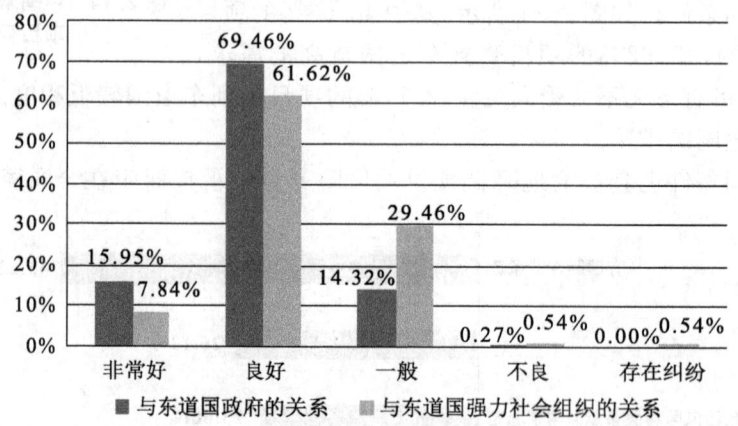

图2.16 中国承包商海外工程项目与东道国政府、强力社会组织的关系

从中国承包商被东道国的社会所接纳和认可的程度上来看(如图2.17所示),35.41%的中国承包商在东道国非常受欢迎;53.78%的中国承包商在东道国一般受欢迎;10.27%的中国承包商受到东道国社会中立的态度;0.27%的中国承包商遇到一定的排外情绪,受到抵制。另有0.27%的项目受到东道国社会的严重抵制。从总体上来看,中国承包商在东道国还是比较受欢迎的。

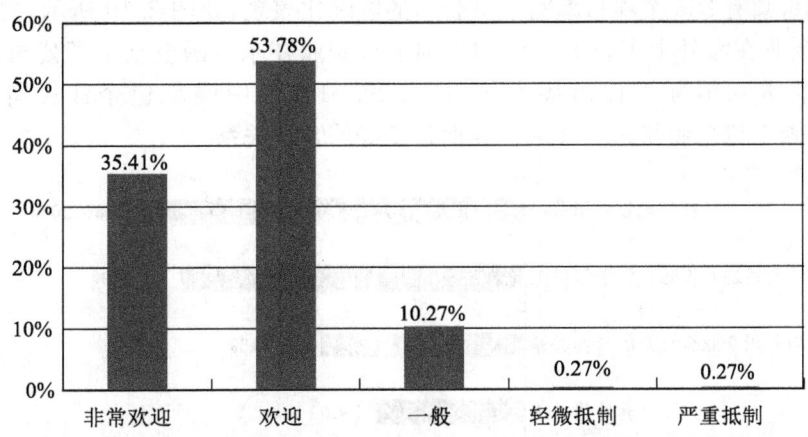

**图 2.17 中国承包商海外工程项目被东道国的社会所接纳和认可的程度**

即使发生了政治风险事件,如果国际工程承包商拥有丰富的针对政治风险的管理经验和知识,也能将损失降低到最小。如图 2.18 所示,51.08%的中国承包商在东道国有大量的项目经验,对国情有充分的了解,政治风险管理经验和知识丰富;11.08%的中国承包商在东道国有少量的项目经验,且有大量其他国家国际工程经验,政治风险管理经验和知识较丰富;23.24%的中国承包商在东道国和国际市场上都有少量的国际工程经验,政治风险管理经验和知识一般;14.33%的中国承包商首次进入东道国市场,有少量的国际工程经验,政治风险管理经验和知识较少;0.27%的中国承包商首次进入国际承包市场,几乎没有政治风险管理经验和知识。从总体上来看,有超过 60%的中国海外承包商具有较为丰富的政治风险管理经验和知识。在进入东道国之前集团公司会为承包商提供项目所在国的详细信息以及政治风险方面的建议或者对策,能够在一定程度上应对蠕变类型的政治风险。

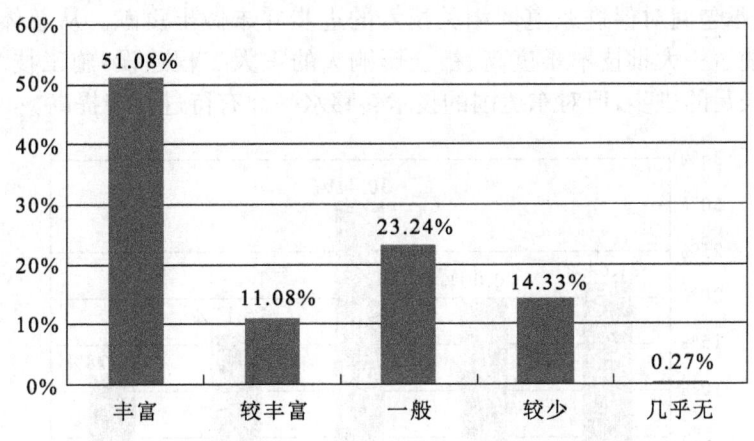

**图 2.18 中国承包商所具备的政治风险管理经验和知识**

2) 中国承包商的相对议价能力表现

承包商与东道国之间的相对议价能力决定了政治风险水平的高低。承包商的国际化程度及分散化程度越高,其相对于东道国政府的议价能力也就越高。譬如说,对于一个大型的跨国企业而言,东道国政府的干预措施将会承受着巨大的压力。

在调研中,共有 366 个项目填写了其公司的国际化表现,如图 2.19 所示。其中 9.56% 的中国承包企业在海外上市,80.60% 的中国承包企业在东道国设立了子公司,68.31% 的中国承包企业进入国际工程市场十年以上,29.51% 的中国承包企业拥有外籍员工,40.71% 的中国承包企业与其他外国企业拥有良好的合作关系。

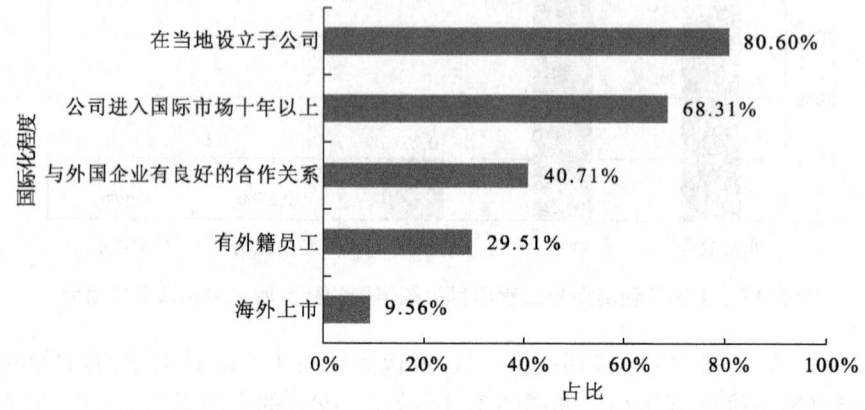

图 2.19 中国承包商的国际化表现

承包商的技术和技术转移水平高,有助于提高东道国的行业技术水平,承包商的谈判能力也就越高。譬如,中国在巴基斯坦承接核电站项目,其政治风险就相对较低。承包商对当地市场的依赖程度越大,其议价能力也就越低,其遭受政治风险的可能性也就越大。如图 2.20 所示,21.64% 的中国承包商能为东道国引进先进的技术、先进设备、培训人才,对促进东道国相关技术的进步做出了巨大的贡献;20.00% 的中国承包商对促进东道国相关技术的进步做出了较大的贡献;30.41% 的中国承包商对促进东道国相关技术的进步做出了适当的贡献;16.17% 的中国承包商对促进东道国相关技术的进步做出了少量的贡献;11.78% 的中国承包商对促进东道国相关技术的进步并未做出贡献。从总体上来看,中国承包商虽然承揽过一大批技术难度高、社会影响大的重大工程建设,施工技术和项目管理水平已取得了长足的进步,但对东道国的技术转移水平尚有待进一步提高。

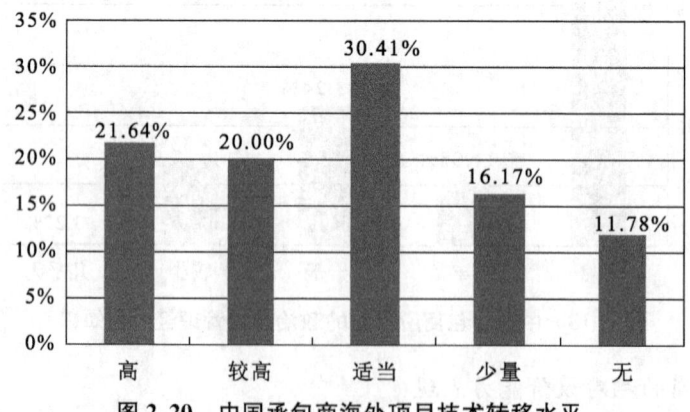

图 2.20 中国承包商海外项目技术转移水平

从对当地市场的依赖程度来看(如图 2.21 所示),5.75% 的中国承包商对当地市场的依赖程度很低,原材料、设备、劳动力几乎全部来自母国;22.19% 的中国承包商对当地市场的依赖程度较低,大部分原材料、设备、劳动力来自母国;43.84%的中国承包商对当地市场的依赖程度适中,工程所需要的原材料、设备和劳动力有一半依赖当地市场供应;22.47%的中国承包商对当地市场的依赖程度较高,原材料、设备、劳动力大部分依赖当地市场供应;只有5.75%的中国承包商对当地市场的依赖程度很高,原材料、设备、劳动力几乎全部依赖当地市场供应。总体来看,中国海外承包商对当地市场的依赖程度适中。

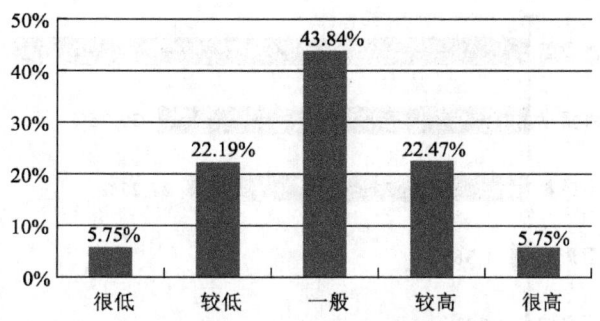

图 2.21　中国承包商对当地市场的依赖程度

3) 中国承包商的综合适应能力表现

国际工程承包环境不同于国内,承包商要能持续经营,必须要能适应东道国的经营环境。企业的本地化程度高,可以淡化企业的"外国人"身份和形象,有助于企业更好地融入当地的社会和经济,从而降低其所面临的政治风险。如图2.22所示,9.49%的中国承包商具有供应商或分包商本地化,69.92%的中国承包商具有人力资源本地化,77.24%的中国承包商具有经营管理本地化,34.69%的中国承包商在东道国成立了子公司或者分公司,36.04%的中国承包商通过与当地企业合资或组成联营体承揽业务。

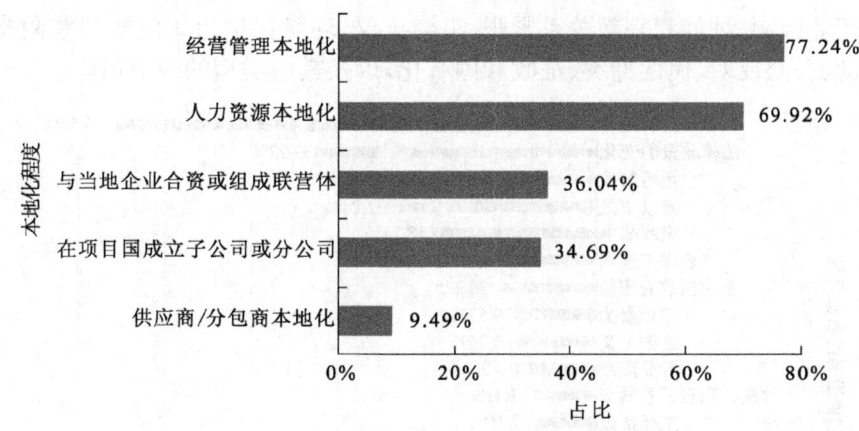

图 2.22　中国承包商的本地化程度

承包商具有适应性的组织文化,以及对当地经济的参与和贡献程度越高,将会获得更多的道义和社会的支持。承包商试图去接受、遵循当地社会的行为准则,履行社会责任,其生存的时空范围就会扩大。承包商的综合适应能力将会使得承包商获得更多的业务机遇和持续性的经营。就对当地经济的贡献程度上来看,如图2.23所示,41.32%的中国承包商对项目所在地的经济贡献很高,促进了当地的经济发展,贡献了大量税收或就业岗位;

29.75%的中国承包商对项目所在地的经济有少量贡献，为当地的经济发展贡献了一份力量，创造了少量的税收或就业岗位；27.27%的中国承包商对当地的经济没有特别的影响；只有1.38%的中国承包商对当地经济产生了轻微的负面影响，还有0.28%的中国承包商由于自身的进入导致本土企业的挤出，扭曲区域经济结构，造成收入分配不平等，对当地经济产生了较明显的负面影响。

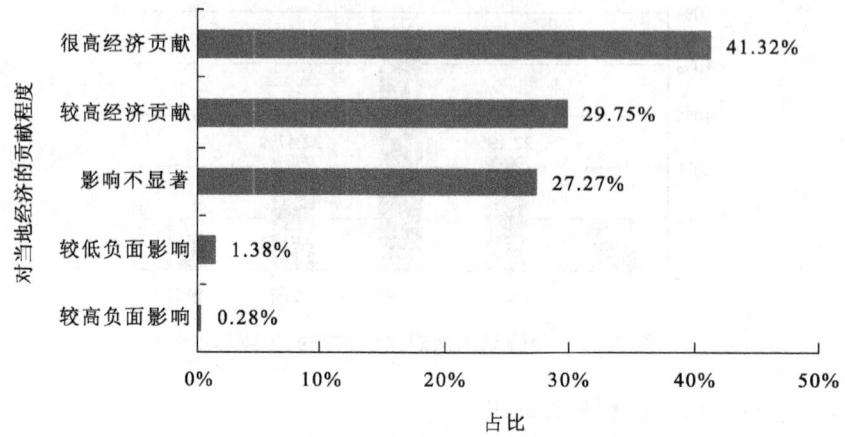

图 2.23　中国承包商对当地经济的贡献程度

### 2.3.3　中国承包商海外工程项目常见政治风险

共有324位受访者明确表示在项目实施过程中遇到政治风险情况，如图2.24所示。中国承包商海外业务面临的主要政治风险类型，依发生的频率高低分别有：货币兑换风险、法律政策的变化、贪污腐败、难以审批、冲突或战争、合作方违约、东道国政府违约、政治暴力、恐怖主义、行业限制、种族和宗教关系紧张、工会抗议、环境保护组织的抗议和阻挠、歧视对待、反华活动、公众反对、民族冲突、征收和国有化，以及其他类型的政治风险。

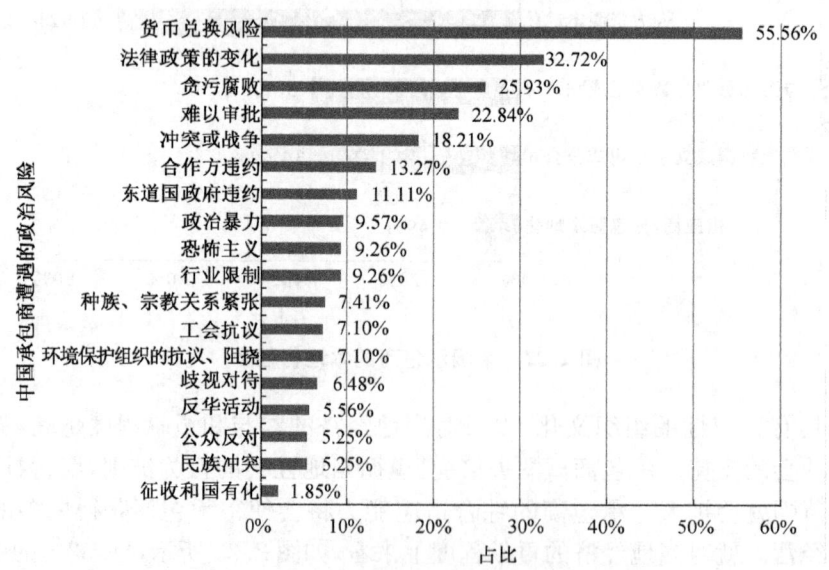

图 2.24　中国承包商遭遇的政治风险情况统计

1) 货币兑换风险

其中货币兑换风险的发生频率最高,所调研的项目中有超过一半的项目都曾在一定程度上遭遇货币兑换风险,一方面汇率的波动是常见的现象,采用外币支付的项目当外币对人民币的汇率降低时,承包商的利润会降低,会遭受一定程度的损失;另一方面,一些国家如东南亚的新加坡,为了保护本国企业利益,常采取外汇管制等手段,限制资金转移。

2) 法律政策的变化

发生频率第二高的是项目所在地法律政策的变化,共有32.72%的项目遭遇此类政治风险。法律政策的变化可能导致物价的上升,从而引起项目成本的增加;也可能导致合同的变更或者失效,又或者各种审批程序的变化,从而增加承包商的经营成本,给承包商带来损失。导致东道国法律法规政策的改变的原因常见的有:政府正常的改革,政府的换届,政权的更替,领导者的一厢情愿。在政权不稳定的地区,如中亚、北非、加勒比海地区需要对此特别注意。

3) 贪污腐败

贪污腐败也是中国承包商在经营项目时常见的政治风险,腐败并不一定会为项目的进行带来巨大的障碍,但中国承包商在政治寻租中必然增加了企业的经营成本,且增加了项目进行中的不确定性。一般来说,腐败和政府的有效性、法律制度的健全与否紧密相关,目前来说,东南亚、中亚、南亚及非洲地区政府腐败现象较严重。

4) 难以审批

中国承包商在东道国也常会遇到难以审批的现象,难以审批包括审批周期过长、审批条件苛刻、审批手续费过高、审批不通过等。行政审批常为东道国政府控制市场的主要手段之一。难以审批现象的发生,一方面可能因为承包商自身的不当行为,部分程序在执行过程中不符合政府的相关要求;另一方面可能是东道国政府或者行业环境的原因,例如官僚主义、建筑业的行业成熟度低等。

5) 冲突或战争

有18.21%的中国承包商曾遭遇过冲突或战争事件,冲突可能是东道国内部的冲突,包括地区之间的冲突、不同派别间的冲突,如缅甸北方地区与中央政府的冲突;也可能是东道国同他国之间的冲突,如巴勒斯坦和以色列之间的冲突。当冲突上升到一定程度会会爆发战争,如中东地区的两伊战争、阿富汗战争、非洲地区的利比亚战争。冲突和战争不仅会影响工程项目的正常进行,且会对中国承包商的工作人员的人身安全产生巨大威胁,使中国企业的项目财产或人员遭受破坏、损失、丧失、被夺取或被留置的风险。目前发生冲突和战争概率较高的区域包括:北非地区、中非地区、中东地区、东南亚地区以及巴尔干半岛地区。

6) 政府或合作方违约

东道国政府违约以及合作方违约发生的频率分别占11.11%和13.27%。政府违约的原因有政权的更替、政治格局的重新分配或者政治利益发生重大的变化,导致现任政府违反先前签订的协议,也可能是由于政府资金能力或者资信能力的不足,没有能力履行之前的约定,导致国际承包商无法按原合同或协议继续执行相关投资约定,从而导致企业受到巨大的损失;合作方违约多为合作方资金或信誉的问题。目前发生政府违约频率较高的区域是南亚和拉丁美洲地区。

7）政治暴力

有 9.57% 的中国承包商受到过政治暴力事件的影响。某些国家的政府反对派、恐怖分子和宗教极端分子为了反对政府，通过扩大事端、制造恐怖事件等暴力手段，达到他们的政治目的。也有些国家的政府当局为了维护自身的利益，采取酷刑、监禁等手段来强迫被统治者接受他们的政治观点。中国海外承包商多以国有企业为主，企业与中国政府之间不透明的关系，使得国有企业背景被泛政治化，容易成为政治暴力袭击的对象。此外，在非洲、亚洲等一些欠发达的国家，中国企业多与东道国政府当局关系密切，所承揽的项目也多为一些社会关注度高、政治影响大的项目，也容易遭到反对势力的干扰或阻碍，当被作为政治暴力的对象时，会受到严重的威胁。2004 年，辽河油田筑路公司在苏丹班布地区的施工人员有两人遇害。2007 年的前 3 个月，尼日利亚连续发生了 3 起中国工人被绑架事件。

8）恐怖主义

恐怖主义也是一种常见的政治风险事件，是实施者对非武装人员有组织地使用暴力或以暴力相威胁，通过将一定的对象置于恐怖之中，来达到某种政治目的的策略和思想。有 9.26% 的中国承包商曾受到过恐怖主义的影响。国际社会中某些组织或个人以暗杀、爆炸、空中劫持、绑架、勒索的方式，以求实现其政治目标或某项具体要求的主张和行动，威胁着承包商的人身和财产安全。目前中国承包商在中东、南亚和北非已多次遭遇绑架、袭击等。恐怖主义虽不一定都针对我国跨国企业，也不一定会使企业的正常运作中断，但它对和平的破坏，对跨国经营的企业赖以生存的环境的破坏，使得企业不得不花费大量的精力或成本去应对它，会使企业的经营成本大大提高。

9）行业限制

这是指东道国在建筑业方面对建筑类型、建筑规模、建筑形式、从业人员、合同类型等方面的干涉和控制，政府通过法律、政策、税收、鼓励措施来引导或制约行业的发展。有 9.26% 的企业受到过行业限制。中国企业为了避免此类问题，应充分了解东道国建筑业市场准入的相关规定以及当地的市场情况，与当地政府建立起密切的关系，从事与东道国政治经济目标一致的行业，减少行业限制带来的阻碍。

10）宗教或种族关系紧张

由于文化、价值观、意识形态上的差异造成宗教和种族关系紧张是常见的社会问题之一。该政治风险是指因项目所在地的宗教或种族紧张给工程项目带来的阻碍。中国承包商虽是局外人，但由此造成的游行示威、地区局势紧张、交通阻断、治安恶化等现象常会使中国承包商成为无辜的受害者。有 7.41% 的中国承包商遭遇过此类的政治风险，值得注意的是，当宗教和种族关系紧张上升到一定程度时会导致冲突甚至战争的爆发。

11）环境保护组织的抗议、阻挠

大型工程项目如水电站、炼油厂、垃圾焚烧场等，会对周围环境产生一定的影响，如果项目前期规划不合理，施工不当甚至会对当地环境造成一定的负面效果，从而遭到环境保护组织的抗议或阻挠。当抗议或阻挠达到一定程度时，会引起政府的干预，从而增加了项目的时间和金钱成本。有 7.10% 的项目遭遇过类似的政治风险事件，事件的原因多来自项目系统自身的问题以及与当地群众的沟通不足。

12）工会抗议

有 7.10% 的中国承包商经历过工会抗议事件。工会抗议主要来自劳工权益引发的各种矛盾。中国企业应当减少对当地工人的不平等待遇,推行本地化的投资政策,强化公司的本地化程度。中国企业应该在员工本土化的基础上探索企业本土化之路。

13) 歧视对待

有 6.48% 的中国承包商受到过歧视对待事件。歧视对待包括税收歧视、政策歧视、立法歧视。由于产业结构调整,适应经济全球化,保障本国经济健康发展,或者为保护本国企业或产业目的,东道国政府可以通过立法或行政命令改变原有政策,甚至要求外资企业多交税或者不让其进入某些行业或项目。

14) 反华活动

由于社会、文化等原因,引起东道国对跨国企业反感或反对,导致东道国社会、文化强烈波动,最终引起骚乱,扰乱中国跨国企业经营秩序,并致其损失。如东南亚地区有严重的反华排华情绪,时常发生针对中国企业的示威游行。

15) 公众反对

有些项目因为拆迁、补偿、利益分配等问题也会遭到群众的抗议或阻挠。有 5.25% 的项目经历了此类事件,大规模公众反对常会引起政府的干涉。中国企业在减少自身不当行为的同时,通过和当地政府或社会强力组织保持良好的关系,加强与当地企业的合作,方能顺利解决此类问题,为项目的顺利进行提供保障。

16) 民族冲突

民族冲突是民族问题的极端表现形式,已经成为二战结束以来国际政治中的一种常态,如中东地区阿以冲突,南亚印巴冲突等,给承包商的国际经营环境带来极大的不确定性。有 5.25% 的中国承包商遭遇过此类政治风险的影响。

17) 征收和国有化

相对于传统征用风险即东道国政府对外资企业实行征用、没收或国有化风险,现今通过贸易保护主义和腐败动机结合的蚕食式征收越来越多。由于贸易类型,国际承包企业几乎不会遭遇此类风险,只有 1.85% 的中国承包商受到过此类政治风险的影响。

# 3　国际工程政治风险影响因素

## 3.1　政治风险影响因素识别

政治风险的形成有一个过程，政治风险的发展也有一定的规律。一方面，外部环境因素促使东道国政治系统产生可能的威胁事件，这些威胁事件作用于项目所在的整个建筑行业或者直接单独作用于国际工程项目；另一方面，项目系统本身的特征使得项目也具有一定的脆弱性，这样，外部的威胁性和项目内部的脆弱性综合作用就形成了国际工程项目的政治风险(Deng & Low，2013)，如图3.1所示。

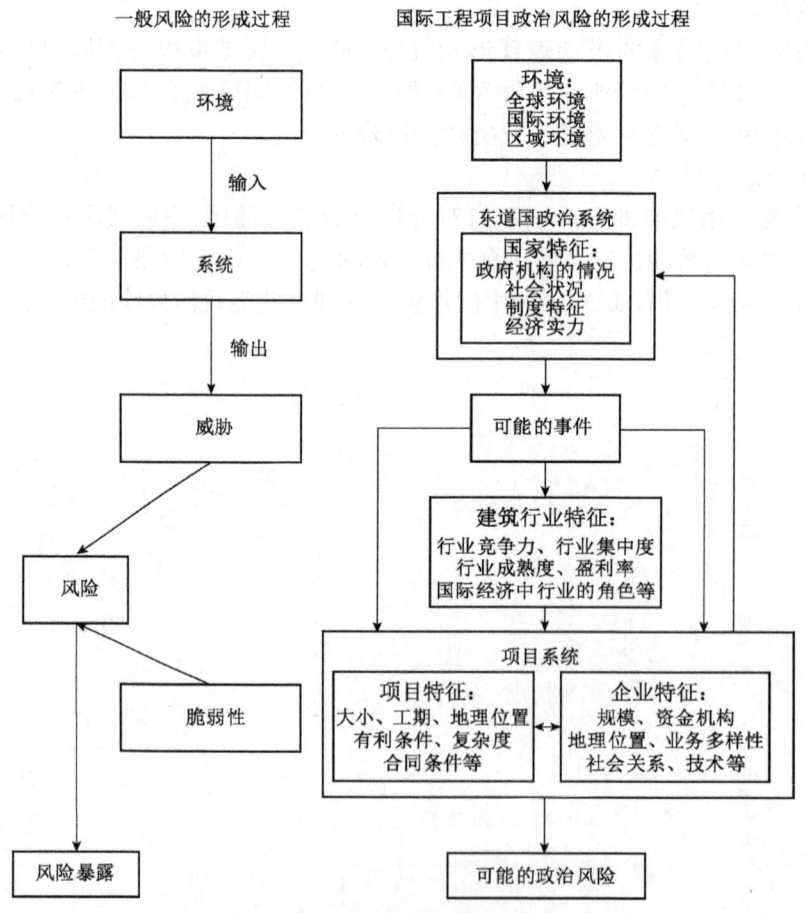

图3.1　国际工程项目政治风险的形成过程

在综合分析国内外现有研究的基础上,提炼出五类共 85 个影响政治风险的因素:12 个国际环境因素(A01—A12)、40 个东道国国家层面的因素(B01—B40)、8 个行业因素(C01—C08)、8 个项目因素(D01—D08)、17 个企业因素(E01—E17)。如表 3.1~表 3.5 所示。

表 3.1 影响政治风险的国际环境因素

| 编号 | 中文名称 | 英文名称 |
| --- | --- | --- |
| A01 | 国际商业争端和贸易战争 | International Commercial Dispute or Trade War |
| A02 | 国际性的经济不稳定 | International Economic Instability |
| A03 | 经济制裁和禁运 | Economic Sanctions or Embargo |
| A04 | 参与国际组织的程度 | Extent of Involvement in International Organizations |
| A05 | 东道主国和母国交往的程度 | Extent of Interaction between Host and Home Countries |
| A06 | 与周边国家的睦邻友好关系 | Good-neighbor Relations with Surrounding Countries |
| A07 | 区域性/国际性合作的程度 | Extent of Regional/International Cooperation |
| A08 | 经济依赖的程度 | Degree of Economic Dependence |
| A09 | 未偿还债务的水平 | Level of Debt Outstanding |
| A10 | 对外贸易逆差 | Unfavorable Trade Balance |
| A11 | 贸易保护主义的程度 | Degree of Trade Protectionism |
| A12 | 自由贸易的程度 | Degree of Free Trade |

表 3.2 影响政治风险的东道国国家层面因素

| 类别 | 编号 | 中文名称 | 英文名称 |
| --- | --- | --- | --- |
| 政府稳定<br>(B01—B10)<br>Government Stability | B01 | 政府/政权的稳定程度 | Degree of Stability of the Regime |
| | B02 | 政府受欢迎和支持的程度 | Extent of Popular Support for the Government |
| | B03 | 制定政策的共识程度 | Degree of Consensus in Policy Making |
| | B04 | 民主程度 | Level of Democracy |
| | B05 | 最近或即将独立的事件 | Recent or Impending Independence |
| | B06 | 选举在即 | Forthcoming Elections |
| | B07 | 保留权的限制 | Restraints to Retaining Power |
| | B08 | 政府在经济上控制的程度 | Level of Governmental Control in Economy |
| | B09 | 派系冲突 | Factional Conflict |
| | B10 | 改革进程的连续性 | Consistency Reform Progress |
| 制度方面<br>(B11—B20)<br>Institution Features | B11 | 政策的不确定性 | Policy Uncertainty |
| | B12 | 中央和地方政府的政策差异 | Different Policies in local, Central Government |
| | B13 | 低效率的公众决策过程 | Poor Public Decision-making Process |
| | B14 | 官僚习气的程度 | Degree of Red Tape |

续表 3.2

| 类别 | 编号 | 中文名称 | 英文名称 |
|---|---|---|---|
| 制度方面<br>(B11—B20)<br>Institution Features | B15 | 低效的执法机制 | Poor Enforcement Mechanisms |
| | B16 | 法律法规的含糊不清 | Vague Laws and Regulations |
| | B17 | 低效的法律体系 | Ineffective Legal System |
| | B18 | 不利的法律规制 | Adverse Legal Rulings |
| | B19 | 司法的不可预测性 | Judicial Unpredictability |
| | B20 | 司法和行政的独立性 | Independence of the Judiciary and the Executive |
| 社会状况<br>(B21—B30)<br>Social Conditions | B21 | 收入和财富的分配不均 | Distribution of Income and Wealth |
| | B22 | 文化差异 | Cultural Differences |
| | B23 | 宗教和种族关系紧张 | Religious and Ethnic Tension |
| | B24 | 种族歧视和仇外心理 | Racism and Xenophobia |
| | B25 | 对外国企业的不友好态度 | Unfavorable Attitude toward Foreign Business |
| | B26 | 消极的媒体报道 | Negative Media Reports |
| | B27 | 城市化程度 | Urbanization Pace |
| | B28 | 人口密度 | Population Density |
| | B29 | 交流和语言障碍 | Communication and Language Barriers |
| | B30 | 经济实体的可靠性和信誉 | Reliability and Creditworthiness of Entities |
| 经济表现<br>(B31—B40)<br>Economy Performance | B31 | GDP 增长速度 | GDP Growth Rates |
| | B32 | 国民收入水平 | per Capita Income |
| | B33 | 货币的不稳定 | Currency Instability |
| | B34 | 通货膨胀 | Inflation |
| | B35 | 失业率 | Unemployment Rate |
| | B36 | 财政/货币扩张 | Fiscal /Monetary Expansion |
| | B37 | 汇率波动 | Exchange Rate Volatility |
| | B38 | 债务违约或债务重组 | Debt in Default or Rescheduled |
| | B39 | 信用等级 | Credit Ratings |
| | B40 | 资本市场的可进入程度 | Access to Capital Markets |

表 3.3 影响政治风险的行业因素

| 编号 | 中文名称 | 英文名称 |
|---|---|---|
| C01 | 行业的竞争水平 | Level of Industry Competition |
| C02 | 行业与国民经济目标的一致性 | Congruence with National Economic Goals |

续表 3.3

| 编号 | 中文名称 | 英文名称 |
|---|---|---|
| C03 | 行业对自然资源的依赖程度 | Extent of Natural Resource Seeking |
| C04 | 行业的成熟度 | Level of Industry Maturity |
| C05 | 行业的回报率 | Rate of Return in the Industry |
| C06 | 行业在国民经济中的地位 | Role of Industry in National Economy |
| C07 | 可选择供应商的获得性 | Availability of Alternative Suppliers |
| C08 | 行业集中度 | Degree of Industry Concentration |

**表 3.4　影响政治风险的项目因素**

| 编号 | 中文名称 | 英文名称 |
|---|---|---|
| D01 | 东道国对于项目的迫切性 | Project Desirability to the Host County |
| D02 | 公众对于项目的反对程度 | Level of Public Opposition to Project |
| D03 | 项目的规模 | Size of Project |
| D04 | 项目的持续时间 | Project Duration |
| D05 | 项目所在区域的优惠政策 | Prioritized Location of the Project |
| D06 | 技术和管理的复杂性 | Technical and Managerial Complexity |
| D07 | 项目外部资金来源的充足性和广泛性 | Sufficient External Funding of Project |
| D08 | 不利的合同条件 | Advantageous Conditions of Contract |

**表 3.5　影响政治风险的企业因素**

| 编号 | 中文名称 | 英文名称 |
|---|---|---|
| E01 | 企业组织的文化差异 | Organization Culture Difference |
| E02 | 与政府强有力的联系 | Strong Relationship with Governments |
| E03 | 与社会组织的良好关系 | Good Relations with Power Groups |
| E04 | 社会对企业的接受(欢迎)程度 | Degree of Acceptance the Firm |
| E05 | 本地化的程度 | Degree of Localization |
| E06 | 企业(当地分公司)的规模 | Size of Facility/Firm |
| E07 | 分公司(项目部)负债率 | Leverage Ratio of the Facility |
| E08 | 分公司(项目部)的股权份额 | Ownership Share of the Facility |
| E09 | 企业的国际化程度 | Firm's Degree of Internationalization |
| E10 | 企业对当地经济的贡献 | Contribution of the Firm to the Local Economy |
| E11 | 企业对当地经济的参与程度 | Involvement of Local Business Interests |
| E12 | 企业对于政治风险的相关知识和经验 | Experiential Knowledge Political Risk |

续表 3.5

| 编号 | 中文名称 | 英文名称 |
|---|---|---|
| E13 | 企业的技术和技术转移的水平 | Level of Technology and Technology Transfer |
| E14 | 对于当地市场的依赖性 | Dependence on the Local Market |
| E15 | 企业的多元化程度 | Level of Firm Diversification |
| E16 | 企业的市场占有率 | Extent of Firm's Market Dominance |
| E17 | 承包商的错误行为 | Misconduct of Contractors |

## 3.2 政治风险影响因素分析

### 3.2.1 数据收集

数据收集采用问卷调查的方式,问卷还包括一些开放式问题。开放式问题的存在可以使得问卷回复者能够根据他们的经验和专家意见进行自由发挥。问卷包括两大部分:

(1) 第一部分:主要涉及专家学者对于国际工程政治风险的一般看法。包括三个问题:政治风险的主要来源,受政治风险影响比较大的项目类型,以及在什么样的阶段采取政治风险管控措施。问卷回复者可以通过复选框勾选多个选项。

(2) 第二部分:问卷回复者可以根据自己的经验对风险变量对于政治风险的影响程度和影响方向进行打分。问卷回复者也可以增加问卷中未包括的风险变量。对于重要程度,采用 Likert 五级量表:①表示最不重要,②比较重要,③重要,④很重要,⑤极其重要。对于影响方向,问卷回复者可以有三种选择:积极影响(降低政治风险水平)、消极影响(增加政治风险水平),以及影响不确定。需要指出的是,对于一些可能存在歧义、争议的变量在问卷中做了简单的解释。

2011 年 5 月~6 月间开始进行问卷调查。问卷共发放 489 份,问卷发放的对象是全球从事国际工程管理及政治风险管理的专家学者及中国的国际承包商的项目经理。问卷通过电子邮件的方式发放,共回收 143 份问卷,其中有效问卷为 138 份,问卷有效回复率为 28.2%。在 138 份有效问卷中,有 52 份来自于专家学者,另有 86 份来自于从业者。问卷回复者分布情况如表 3.6 所示。

表 3.6 调查问卷有效回复者的分布情况

| 问卷回复者 | 工作区域 | 有效问卷 | 占比(%) |
|---|---|---|---|
| 学术界 | 中国(包括来自台湾 1 份,来自香港 3 份) | 22 | 15.9% |
| | 亚洲(不包括中国) | 10 | 7.2% |
| | 欧洲 | 7 | 5.1% |
| | 北美 | 4 | 2.9% |
| | 澳大利亚 | 5 | 3.6% |
| | 中东 | 4 | 2.9% |
| | 合计 | 52 | 37.6% |

续表 3.6

| 问卷回复者 | 工作区域 | 有效问卷 | 占比(%) |
|---|---|---|---|
| 从业界 | 东南亚 | 12 | 8.7% |
| | 南亚 | 4 | 2.9% |
| | 中东 | 37 | 26.8% |
| | 非洲 | 29 | 21.0% |
| | 其他 | 4 | 2.9% |
| | 合计 | 86 | 62.3% |

### 3.2.2 基本统计分析

统计检验的结果,Cronbach's alpha 系数是 0.963(F-statistic = 19.229, sig. = 0.000)。Cronbach's alpha 系数大于 0.70,表明这些数据可以作为一个整体采用 SPSS19.0 软件进行分析。统计分析结果如表 3.7 所示。

均值最高分为 4.551(B01 政府/政权的稳定程度),最低分为 2.649(B28 人口密度),均高于平均值 2.50 分,这意味着所识别出来的 85 个变量对于政治风险均有不同程度的影响。采用斯皮尔曼等级相关系数法(Spearman Rank Correlation Coefficient)对来自学术界和从业界的问卷进行相关性分析,该系数越高,表明二者的关联性就越强。85 个变量的和变量分组的斯皮尔曼等级相关系数分别为 0.77 和 0.391。根据斯皮尔曼等级显著表,其临界值分别为 0.283($df=83, \alpha=0.01$)和 0.959($df=3, \alpha=0.01$),这表明,来自学术界和从业界的问卷对于变量影响政治风险上具有很高的一致性,但对于因素类别影响政治风险上存着较大的差异。

表 3.7 全体变量的重要性统计分析

| 代码 | 变量名称 | 均值 | 有效问卷份数 | 标准差 | 排序 |
|---|---|---|---|---|---|
| A01 | 国际商业争端和贸易战争 | 3.650 | 137 | 1.040 | 36 |
| A02 | 国际性的经济不稳定 | 3.788 | 137 | 0.988 | 23 |
| A03 | 经济制裁和禁运 | 3.825 | 137 | 0.984 | 21 |
| A04 | 参与国际组织的程度 | 3.081 | 135 | 0.923 | 81 |
| A05 | 东道主国和母国交往的程度 | 3.746 | 138 | 1.068 | 25 |
| A06 | 与周边国家的睦邻友好关系 | 3.464 | 138 | 0.998 | 54 |
| A07 | 区域性/国际性合作的程度 | 3.404 | 136 | 0.864 | 62 |
| A08 | 经济依赖的程度 | 3.401 | 137 | 0.853 | 63 |
| A09 | 未偿还债务的水平 | 3.368 | 136 | 1.017 | 67 |
| A10 | 对外贸易逆差 | 2.993 | 135 | 0.910 | 83 |
| A11 | 贸易保护主义的程度 | 3.686 | 137 | 0.864 | 32 |
| A12 | 自由贸易的程度 | 3.630 | 135 | 0.862 | 37 |

续表 3.7

| 代码 | 变量名称 | 均值 | 有效问卷份数 | 标准差 | 排序 |
|---|---|---|---|---|---|
| B01 | 政府/政权的稳定程度 | 4.551 | 136 | 0.796 | 1 |
| B02 | 政府受欢迎和支持的程度 | 3.928 | 138 | 0.949 | 14 |
| B03 | 制定政策的共识程度 | 3.529 | 136 | 0.894 | 47 |
| B04 | 民主程度 | 3.420 | 138 | 0.950 | 59 |
| B05 | 最近或即将独立的事件 | 3.699 | 136 | 0.999 | 30 |
| B06 | 选举在即 | 3.522 | 138 | 0.953 | 48 |
| B07 | 保留权的限制 | 3.173 | 133 | 0.848 | 75 |
| B08 | 政府在经济上控制的程度 | 3.701 | 137 | 0.808 | 29 |
| B09 | 派系冲突 | 3.949 | 137 | 0.886 | 12 |
| B10 | 改革进程的连续性 | 3.606 | 137 | 0.826 | 41 |
| B11 | 政策的不确定性 | 4.109 | 137 | 0.897 | 3 |
| B12 | 中央和地方政府的政策差异 | 3.615 | 135 | 0.889 | 39 |
| B13 | 低效率的公众决策过程 | 3.544 | 136 | 0.934 | 46 |
| B14 | 官僚习气的程度 | 3.606 | 137 | 0.835 | 42 |
| B15 | 低效的执法机制 | 3.620 | 137 | 0.909 | 38 |
| B16 | 法律法规的含糊不清 | 3.891 | 137 | 0.937 | 17 |
| B17 | 低效的法律体系 | 3.876 | 137 | 0.870 | 18 |
| B18 | 不利的法律规制 | 4.007 | 137 | 0.772 | 7 |
| B19 | 司法的不可预测性 | 3.745 | 137 | 0.849 | 27 |
| B20 | 司法和行政的独立性 | 3.566 | 136 | 1.016 | 44 |
| B21 | 收入和财富的分配不均 | 3.147 | 136 | 1.072 | 77 |
| B22 | 文化差异 | 3.360 | 136 | 1.073 | 68 |
| B23 | 宗教和种族关系紧张 | 3.912 | 137 | 0.996 | 16 |
| B24 | 种族歧视和仇外心理 | 4.081 | 135 | 0.955 | 4 |
| B25 | 对外国企业的不友好态度 | 4.081 | 136 | 0.943 | 5 |
| B26 | 消极的媒体报道 | 3.614 | 132 | 1.009 | 40 |
| B27 | 城市化程度 | 2.763 | 135 | 0.979 | 84 |
| B28 | 人口密度 | 2.649 | 134 | 1.006 | 85 |
| B29 | 交流和语言障碍 | 3.277 | 137 | 0.991 | 71 |
| B30 | 经济实体的可靠性和信誉 | 3.860 | 136 | 0.936 | 19 |
| B31 | GDP 增长速度 | 3.206 | 136 | 0.982 | 73 |
| B32 | 国民收入水平 | 3.110 | 136 | 0.916 | 80 |

续表 3.7

| 代码 | 变量名称 | 均值 | 有效问卷份数 | 标准差 | 排序 |
|---|---|---|---|---|---|
| B33 | 货币的不稳定 | 3.985 | 137 | 0.939 | 9 |
| B34 | 通货膨胀 | 3.927 | 137 | 0.880 | 15 |
| B35 | 失业率 | 3.664 | 137 | 0.851 | 35 |
| B36 | 财政/货币扩张 | 3.500 | 134 | 0.820 | 50 |
| B37 | 汇率波动 | 3.800 | 135 | 0.913 | 22 |
| B38 | 债务违约或债务重组 | 3.741 | 135 | 0.930 | 28 |
| B39 | 信用等级 | 3.745 | 137 | 0.932 | 26 |
| B40 | 资本市场的可进入程度 | 3.566 | 136 | 0.971 | 45 |
| C01 | 行业的竞争水平 | 3.423 | 137 | 0.921 | 58 |
| C02 | 行业与国民经济目标的一致性 | 3.438 | 137 | 0.906 | 56 |
| C03 | 行业对自然资源的依赖程度 | 3.396 | 134 | 0.996 | 64 |
| C04 | 行业的成熟度 | 3.496 | 137 | 0.832 | 51 |
| C05 | 行业的回报率 | 3.507 | 136 | 0.861 | 49 |
| C06 | 行业在国民经济中的地位 | 3.456 | 136 | 0.910 | 55 |
| C07 | 可选择供应商的获得性 | 3.393 | 135 | 0.890 | 65 |
| C08 | 行业集中度 | 3.243 | 136 | 0.856 | 72 |
| D01 | 东道国对于项目的迫切性 | 4.110 | 136 | 0.908 | 2 |
| D02 | 公众对于项目的反对程度 | 3.978 | 135 | 0.876 | 10 |
| D03 | 项目的规模 | 3.338 | 136 | 1.034 | 69 |
| D04 | 项目的持续时间 | 3.467 | 135 | 0.983 | 53 |
| D05 | 项目所在区域的优惠政策 | 3.433 | 134 | 0.905 | 57 |
| D06 | 技术和管理的复杂性 | 3.407 | 135 | 0.964 | 61 |
| D07 | 项目外部资金来源的充足性和广泛性 | 3.779 | 136 | 0.908 | 24 |
| D08 | 不利的合同条件 | 3.941 | 135 | 0.976 | 13 |
| E01 | 企业组织的文化差异 | 3.206 | 136 | 0.944 | 74 |
| E02 | 与政府强有力的联系 | 4.044 | 137 | 1.028 | 6 |
| E03 | 与社会组织的良好关系 | 3.838 | 136 | 0.845 | 20 |
| E04 | 社会对企业的接受(欢迎)程度 | 3.672 | 137 | 0.932 | 33 |
| E05 | 本地化的程度 | 3.693 | 137 | 0.928 | 31 |
| E06 | 企业(当地分公司)的规模 | 3.169 | 136 | 0.963 | 76 |
| E07 | 分公司(项目部)负债率 | 3.119 | 134 | 1.026 | 79 |
| E08 | 分公司(项目部)的股权份额 | 3.030 | 134 | 0.925 | 82 |

续表3.7

| 代码 | 变量名称 | 均值 | 有效问卷份数 | 标准差 | 排序 |
|---|---|---|---|---|---|
| E09 | 企业的国际化程度 | 3.574 | 136 | 0.994 | 43 |
| E10 | 企业对当地经济的贡献 | 3.669 | 136 | 0.989 | 34 |
| E11 | 企业对当地经济的参与程度 | 3.485 | 136 | 0.958 | 52 |
| E12 | 企业对于政治风险的相关知识和经验 | 3.963 | 136 | 0.999 | 11 |
| E13 | 企业的技术和技术转移的水平 | 3.372 | 137 | 0.939 | 66 |
| E14 | 对于当地市场的依赖性 | 3.299 | 137 | 0.843 | 70 |
| E15 | 企业的多元化程度 | 3.119 | 134 | 0.867 | 78 |
| E16 | 企业的市场占有率 | 3.412 | 136 | 0.890 | 60 |
| E17 | 承包商的错误行为 | 3.993 | 136 | 0.848 | 8 |

1) 政治风险的关键影响因素分析

按照均值排序,影响政治风险水平的10个最关键因素如表3.8所示。

表3.8 影响政治风险水平的10个最关键因素

| 序号 | 变量描述 | 均值 | 有效问卷份数 | 标准差 | 排序 | | |
|---|---|---|---|---|---|---|---|
| | | | | | 整体 | 学术界 | 从业界 |
| B01 | 政府/政权的稳定程度 | 4.551 | 136 | 0.796 | 1 | 1 | 1 |
| D01 | 东道国对于项目的迫切性 | 4.110 | 136 | 0.908 | 2 | 9 | 3 |
| B11 | 政策的不确定性 | 4.109 | 137 | 0.897 | 3 | 3 | 7 |
| B24 | 种族歧视和仇外心理 | 4.081 | 135 | 0.955 | 4 | 30 | 2 |
| B25 | 对外国企业的不友好态度 | 4.081 | 136 | 0.943 | 5 | 5 | 6 |
| E02 | 与政府强有力的联系 | 4.044 | 137 | 1.028 | 6 | 8 | 11 |
| B18 | 不利的法律规制 | 4.007 | 137 | 0.772 | 7 | 11 | 10 |
| E17 | 承包商的错误行为 | 3.993 | 136 | 0.848 | 8 | 17 | 5 |
| B33 | 货币的不稳定 | 3.985 | 137 | 0.939 | 9 | 12 | 8 |
| D02 | 公众对于项目的反对程度 | 3.978 | 135 | 0.876 | 10 | 2 | 21 |

(1) 政府/政权的稳定程度(B01)

政府/政权的稳定程度(B01)是政治风险的最重要的影响因素,排名第一,均值为4.551,学术界和从业界对于该项变量具有高度的共识。东道国政府,作为规则的制定者以及在联营模式中的直接合作者,极大地影响到国际工程业务(Yaprak & Sheldon, 1984)。政府通过制度安排直接影响到公共部门的发展和契约联系。因此,东道国政府的变更对于国际承包商拓展海外业务而言具有举足轻重的作用。对于建筑市场的影响意味着造成项目运作环境的不连续,包括政府政策和法律的变化、企业和政府之间关系的改变。对于跨国承包商而言,政府的变更将会对项目以及承包商带来潜在的和现实的不确定性。很多发展中国家,政府投资项目其本质是带有政治目的的(Baloi & Price,2003)。快速变更的政府则将使问题变得更为严重。Ling 和 Hoang(2010)也认可这点,他们的研究表明:新上任的政府官员有极大的可能终止政府投资而放弃正在实施的项目。

发展中国家的政府,面临着一些严重的问题,如金融危机,即将到来的选举,以及政治、社会改革进程,这些都会影响到政府的稳定性和连续性(Ling & Hoi,2006;Ling & Low,2007)。随着国际政治、经济一体化进程的加快,东道国作为全球化体系的一部分,东道国政府的稳定性也不可避免地受到全球环境的影响。还有诸多因素对于政府的稳定性产生影响,譬如:政府的透明和民主程度(Howell & Chaddick,1994;Sachs et al.,2008)、领导集体内的斗争(Yaprak & Sheldon,1984)、分裂的政治结构(Hastak & Shaked,2000)、社会绩效差距(Simon,1984)等。

(2) 东道国对于项目的迫切性(D01)

作为项目类别的因素,东道国对于项目的迫切性(D01)也是影响政治风险水平的一个重要因素,排名第二,均值为4.11。这个指标是指项目对于东道国政府和社会强力组织的重要性(Ashley & Bonner,1987)。

项目的迫切性将会使得东道国政府减少对项目的干涉和不利行为。一个极为迫切的项目将会受益于:

① 来自于政府、公众和周围居民更多的支持,如:税收优惠政策、公共项目的充足资金、相关部门和政府官员的高效批准等。

② 更少的限制,如东道国政府的进出口限制、资金汇回母国。

③ 消除障碍,如贸易壁垒和交通障碍。

在国际工程市场,跨国承包商主要是从事当地承包商没有能力承接的一些项目。而政府对于项目的期望与当地承包商的能力之间的差距越大,项目就越为迫切。一些技术和管理难度大的项目,如核电工程项目就比一般的房屋建筑项目更为迫切。拥有核心工程技术的高科技设施项目将使得国际承包商所面临的政治风险比较低。因此,核心工程技术将会提高承包商的议价能力(Zhuang et al.,1998)和国际竞争力(Lu et al.,2008)。外国援助项目,特别是项目的资金来自于母国,将会使得东道国对于项目更为迫切,从而降低其政治风险。在苏丹从事援助工程的问卷回复者对此予以了证实。对于受困于财政预算以及主权债务的一些发展中国家,用于基础设施建设的资金极为匮乏,因此,涉及融资安排的项目,如 BOT/PFI、PPP 项目其迫切性比较高,所面临的政治风险则会降低。

(3) 政策的不确定性(B11)

政策的不确定性是指政府所制定的针对工商业界政策的变化(Ting,1988)。该变量均值为4.109,排名第三。绝大部分来源于政治的风险变量是通过改变政府政策而对项目产生不确定性影响(Ashley & Bonner,1987)。政策的不确定性将会带来项目运作的"游戏规则"的改变。许多研究也表明政策变化将会给建筑行业带来极为严重的影响,特别是在一些发展中国家以及处于转型期的市场,如中国(Zhuang et al.,1998;Shen et al.,2001)、越南(Ling & Hoang,2010)和印度(Ling & Hoi,2006)。许多从事国际工程的承包商感叹他们无法跟上这些政策的快速变化。

与国际工程承包行业密切相关的政府政策的变化主要有:金融和货币政策改革、短期的汇率管制、贸易壁垒的变化、中央和地方政府的监管规制的变化、项目收益汇回母国的障碍等(Ashely & Bonner, 1987; Miller, 1992)。Shen等(2001)研究发现税收/费用的变化也是一个很重要的政策不确定性，这将会导致承包商增加额外的支出。东道国宏观总体经济规划的频繁变化将会给外国投资者编制长期投资计划带来困难(Ling & Hoang, 2010)。需要特别指出的是，国际环境的变化，如国际贸易争端或贸易战，国际条约或协议的变化，尤其是这些变化如果恶化了东道国和母国的关系，将会导致东道国有针对性的政策变化。如母国对于东道国企业的不利行为将会直接导致针对特定行业的报复性措施，从而增加了政治风险发生的几率(Alon & Herbert, 2009)。中国南海的区域纷争的升级，将会使得中国在越南和菲律宾的承包商面临着更多的不确定性，不少问卷回复者印证了这一点。

(4) 种族歧视和仇外心理(B24)

"种族歧视和仇外心理"这个变量也非常重要，均值为4.081，排名第四。"仇外心理"这个指标也被商业环境风险评估公司(BERI)所采纳。此外，种族优势、仇外心理、民族主义、腐败、裙带关系等也会影响到政治风险的水平。

种族歧视和仇外心理是密不可分的，均起源于信仰、价值观、文化、宗教和习俗背景。其本质是个社会现象，将会带来不喜欢、害怕和敌视外国人的态度和行为(Harris, 2002)。种族歧视和仇外心理将通过以下途径影响到政治风险水平：

① 改变政府的关注方向，如加强对投资者的管制，对劳务的限制，以及导致战争、动乱等给承包商造成巨大的损失。

② 影响到项目周围的居民对于项目的态度，这对于工程项目而言影响是不可忽视的(Han & Diekmann, 2001; Bing et al., 2005)。

③ 加剧针对外国人的敌视和暴力行为，如有针对性的国际恐怖主义(Al Khattab et al., 2007)。

需要指出的是，一旦这些因素爆发出来，其影响是巨大的。如在中东地区，激进的穆斯林针对西方国家承包商的暴力行为印证了这一点。众所周知的是，有以色列背景的公司、或者和以色列合作的一些公司经常会遇到阿拉伯联盟的抵制。

由于历史的原因，在东南亚的菲律宾、越南、印度、印度尼西亚等国家存在着反华、排华势力。对于中国的承包商而言，在这些国家承接工程，将会遭遇由反华、排华情绪导致的一些政治、社会事件。不难想到，这些排华情绪将会由于中国南海的纷争升级而上升。由于在文化背景、宗教信仰和社会习俗方面的差异，在非洲的一些伊斯兰国家，一些受访者也反映所在的工程面临着当地的种族主义和仇外心理。

由表3.8所示，在这个变量上，从业界和学术界观点差异比较大。从业界将该变量的重要程度排在第2位，但在学术界眼中，该变量仅仅排名第30位。这表明从业界认为该变量对政治风险影响的重要程度要远远高于学术界。这可以归因于两点：其一，从业界在工程实践中遇到比较多的种族主义和仇外心理，尤其是在东南亚；其二，种族主义和仇外心理作为一个与社会关联的变量，是一个对于政治风险有着间接的和深层次影响的变量，而往往被学术界所忽略。

(5) 对外国企业的不友好态度(B25)

对外国企业的不友好态度意味着现有的政治体制反对外国投资和国际贸易，该变量均值为 4.081,排名第五。来自学术界和从业界的对于该项指标的看法基本一致。这个变量之所以对于政治风险的影响也非常重要,主要在于来自国外的商业极为依赖东道国的法律和政策,如会计法、税法、国际贸易和投资政策(Agarwal & Ramaswami,1992)。很显然,对于外商的友好态度,将会给国际承包商营造一个良好的商业环境,进而降低政治风险。Agarwal 和 Feils(2007)指出,东道国政府在外商直接投资(Foreign Direct Investment,FDI)中扮演着极为重要的角色。

对于外商的态度是政治风险的一个重要信号,影响到意识形态的氛围、民族主义、现政府对于市场的干扰(Toyne & Walters,1993)。Green 和 Cunningham(1975)认为,东道国政府对于外商的态度可用两个指标来度量,包括政府对于外商的限制数量和吸引外商投资的激励措施的数量。

2) 政治风险类别分析

在 10 个最关键的政治风险影响变量中,有 6 个变量是和东道国有关的,和项目及企业有关的变量都是 2 个。这意味着东道国国家层面的因素类别对于政治风险的影响是最大的。

根据每个类别的均值结果(如表 3.9 所示),在 5 个类别中,项目因素类别是最高的(均值为 3.682),其次是东道国国家层面因素类别、企业因素类别、国际环境因素类别,最低的是行业因素类别。5 个因素类别均值得分均高于 3.40,这表明所识别的 5 个因素类别对于政治风险均有不同程度的影响。

表 3.9 政治风险因素类别统计分析

| 变量类别 | 均值 | | | 排序 | | |
|---|---|---|---|---|---|---|
| | 整体 | 学术界 | 从业界 | 整体 | 学术界 | 从业界 |
| A. 国际环境因素类别 | 3.503 | 3.633 | 3.426 | 4 | 3 | 5 |
| B. 东道国国家层面因素类别 | 3.641 | 3.785 | 3.556 | 2 | 1 | 2 |
| 政府特点 | 3.708 | 3.804 | 3.650 | | | |
| 制度特征 | 3.758 | 4.049 | 3.586 | | | |
| 社会状况 | 3.475 | 3.595 | 3.404 | | | |
| 经济表现 | 3.624 | 3.692 | 3.585 | | | |
| C. 行业因素类别 | 3.419 | 3.348 | 3.461 | 5 | 5 | 3 |
| D. 项目因素类别 | 3.682 | 3.727 | 3.655 | 1 | 2 | 1 |
| E. 企业因素类别 | 3.509 | 3.632 | 3.438 | 3 | 4 | 4 |

通过对 138 份问卷的统计分析,政治风险的主要来源依排序高低分别为:东道国政府、国际环境的改变、东道国的经济发展、东道国的文化差异,以及国际承包商所在的母国、项目特性和承包商的特性,如表 3.10 所示。

表 3.10　政治风险的主要来源

| 风险来源 | | 学术界 | | | 从业界 | | | 整体 | | |
|---|---|---|---|---|---|---|---|---|---|---|
| | | 数量 | 占比 | 排序 | 数量 | 占比 | 排序 | 数量 | 占比 | 排序 |
| 东道国 | 政府 | 49 | 94.23% | 1 | 76 | 88.37% | 1 | 125 | 90.58% | 1 |
| | 经济发展 | 22 | 42.31% | 3 | 57 | 66.28% | 3 | 79 | 57.25% | 3 |
| | 文化差异 | 22 | 42.31% | 3 | 29 | 33.72% | 4 | 51 | 36.96% | 4 |
| 项目特性 | | 11 | 21.15% | 6 | 19 | 22.09% | 6 | 30 | 21.74% | 6 |
| 承包商特性 | | 7 | 13.46% | 7 | 14 | 16.28% | 7 | 21 | 15.22% | 7 |
| 母国 | | 19 | 36.54% | 5 | 25 | 29.07% | 5 | 44 | 31.88% | 5 |
| 国际环境改变 | | 33 | 63.46% | 2 | 73 | 84.88% | 2 | 106 | 76.81% | 2 |

由表 3.9 和表 3.10，我们可以得出如下一些结论：

(1) 项目因素类别对于政治风险的影响至关重要，在 5 个类别中排名第一。同时项目特性也是政治风险的主要来源之一，这是因为国际工程行业是基于项目的一种服务。项目的规模越大，工期越长，项目对于政治的敏感性就越高，对于一些不利的政治事件的脆弱性就越高。一些涉及国家经济命脉的行业（如石油、矿产等类型项目），其所受到的政治风险的可能性越大。

通过对 138 份问卷的统计分析，项目采购模式对于政治风险的影响，依整体排序高低分别为：工程总承包、EPC-交钥匙模式、DBO/PPP/BOT 模式、劳务承包、设计-施工总承包，以及国际承包商所在的母国、项目特性和承包商的特性，如表 3.11 所示。学术界和从业界大体意见是统一的，总承包模式、EPC-交钥匙模式和 DBO/PPP/BOT 模式对于政治风险的脆弱性是最高的，而管理承包、分包和咨询服务则相对较低。但在具体的排序方面也存在着一些分歧。

表 3.11　项目采购模式对于政治风险的影响

| 采购模式 | 学术界 | | | 从业界 | | | 整体 | | |
|---|---|---|---|---|---|---|---|---|---|
| | 数量 | 占比 | 排序 | 数量 | 占比 | 排序 | 数量 | 占比 | 排序 |
| 劳务承包 | 25 | 48.08% | 5 | 53 | 61.63% | 3 | 78 | 56.52% | 4 |
| 咨询服务 | 18 | 34.62% | 8 | 24 | 27.91% | 8 | 42 | 30.43% | 8 |
| 分包 | 20 | 38.46% | 7 | 38 | 44.19% | 6 | 58 | 42.03% | 7 |
| 工程总承包 | 38 | 73.08% | 2 | 72 | 83.72% | 1 | 110 | 79.71% | 1 |
| 管理承包 | 21 | 40.38% | 6 | 41 | 47.67% | 5 | 62 | 44.93% | 6 |
| 设计-施工总承包 | 34 | 65.38% | 4 | 36 | 41.86% | 7 | 70 | 50.92% | 5 |
| EPC-交钥匙模式 | 38 | 73.08% | 2 | 64 | 74.42% | 2 | 102 | 73.91% | 2 |
| DBO/PPP/BOT 模式 | 44 | 84.62% | 1 | 52 | 60.47% | 4 | 96 | 69.57% | 3 |

对于 DBO/PPP/BOT 这些项目而言，有着巨大的沉没成本，以及漫长的特许经营期，与

其他类型的工程相比,其对于政治风险的脆弱性更大。在问卷中,学术界认为这种类型的项目受政治风险的影响最大,但在从业界眼中仅仅是排第四。这是因为在发展中国家,特别是资金极其匮乏的国家中,对于由国际承包商所提供资金的 DBO/PPP/BOT 项目,能够弥补东道国的资金不足,满足其基础设施建设的要求,因此这样的项目所面临的政治风险反而会降低。

对于 EPC-交钥匙模式及设计-施工总承包,由于其技术含量高,其所面临的政治风险反而比工程总承包要低。对于劳务分包,由于会受到更多的劳务准入、劳工法等的限制,其政治风险要高于分包、管理承包和咨询服务。

(2) 在东道国国家层面因素类别中,共包含 40 个变量,虽然变量很多,易造成稀释作用,但该组变量的重要性仍然排在第 2 位。学术界认为该变量对于政治风险的影响程度要略高于从业界。东道国层面的因素在国际工程承包行业对于政治风险水平的影响扮演着一个非常重要的角色,Kennedy (1988) 和 Ting (1988) 的研究也认可这点。Han 和 Diekmann (2001) 调研发现:东道国的条件对于国际工程项目盈利的影响非常关键,并且在风险管理中应最为优先考虑。

(3) 在东道国国家层面因素这个类别中,制度特征这个子类别有着最高的均值得分(3.758),接下来是政府特点、经济表现和社会状况。91%的受访者认为东道国政府是政治风险的主要来源,无论是学术界还是从业界,均将东道国政府视为最重要的政治风险源(如表 3.10 所示)。实际上,东道国国家层面因素的子类别之间也是高度相关的。政府特点(含 10 个变量)和制度特征(含 10 个变量)这两个子类别的均值得分高于项目因素类别(含 8 个变量)。

(4) 企业因素类别影响程度居于第 3 位。由于企业所拥有的资源和能力不同,不同的企业受到政治风险的影响也会有所差异。譬如说对于征收这类政治风险,不同的企业特性,受到政治风险影响的可能性和损失就会不同。作为风险承担者的国际承包商,可以积极地通过影响政治和社会环境从而有利于自己(Frynas & Mellahi, 2003)。

(5) 对于国际环境因素类别,学术界认为其对于政治风险的影响程度要高于从业界。虽然从因素类别而言,仅仅排在第 4 位,但有 77%的受访者认为国际环境的改变是政治风险的主要来源,在政治风险的 7 个主要来源中排第 2 位,学术界和从业界于此取得共识。Torre 和 Neckar (1988) 的研究表明外部国际环境将会加剧或恶化东道国国内情况,譬如遇到国际制裁、禁运、战争等,如伊拉克、阿富汗、利比亚、埃及等国家的情况或多或少地都会受到外部环境的影响。

(6) 行业因素类别被受访者认为是最不重要的风险因素类别。然而,过往的研究表明,不同的行业,如农业、矿业、石油行业,其遭遇的政治干扰(征收、限制等)的方式和强度会有所不同。涉及国家战略行业的企业对于政治风险的脆弱性将会更加敏感(Rios-Morales et al., 2009)。需要特别指出的是,在行业或市场以及政府政策之间存在着互动关系,举例来说,当行业/市场出现恶化情况时,政府将会加强对行业/市场的干涉,如对于跨国资本流动、资本的输入和输出采取更加严格的管制措施(Butler & Joaquin, 1998)。

3) 对于政治风险影响方向有争议的因素分析讨论

所识别的变量对于政治风险的影响是积极的(意味着该变量的增加将会降低政治风险水平),还是消极的(意味着该变量的增加将会提高政治风险水平),受访者对于绝大部分变量意见趋于一致。然而,有 7 个变量(如表 3.12 所示)存在相对较大的分歧,对于其对政治风险水平的影响方向上回复者均没有过半数。这意味着,对于这些变量,问卷回复者意见不一致,或者对这些变量存在着困惑。其原因主要在于两个方面:其一,从政治风险的角度而言,问卷回复者对于这些变量不是太熟悉;其二,某些变量对于政治风险的影响在理论和实践中既存在着积极的一面,同时也存在着消极的一面。这些变量的均值排名在中间及靠后部分。下面对这些变量做些简单的分析以作澄清。

表 3.12 对于政治风险影响方向有争议的因素

| 序号 | 变量描述 | 整体 | | | 学术界 | | | 从业界 | | |
|---|---|---|---|---|---|---|---|---|---|---|
| | | P(%) | N(%) | U(%) | P(%) | N(%) | U(%) | P(%) | N(%) | U(%) |
| D03 | 项目的规模 | 27.10 | 29.87 | 43.03 | 5.77 | 42.31 | 51.92 | 40.00 | 22.35 | 37.65 |
| D06 | 技术和管理的复杂性 | 11.60 | 48.55 | 39.85 | 5.77 | 44.23 | 50.00 | 15.12 | 51.16 | 33.72 |
| E06 | 企业(当地分公司)的规模 | 48.22 | 13.89 | 37.89 | 38.46 | 9.62 | 51.92 | 54.12 | 16.47 | 29.41 |
| E07 | 分公司(项目部)的负债率 | 18.97 | 37.26 | 43.77 | 19.23 | 30.77 | 50.00 | 18.82 | 41.18 | 40.00 |
| E08 | 分公司(项目部)的股权份额 | 28.99 | 20.29 | 50.72 | 17.31 | 28.85 | 53.84 | 36.05 | 15.12 | 48.83 |
| E15 | 企业的多元化程度 | 42.03 | 13.77 | 44.20 | 40.38 | 9.62 | 50.00 | 43.02 | 16.28 | 40.70 |
| E16 | 企业的市场占有率 | 44.20 | 22.46 | 33.34 | 38.46 | 25.00 | 36.54 | 47.67 | 20.93 | 31.40 |

注:P(Positive):对政治风险的积极影响,意味着该变量的增加将会降低政治风险水平;
    N(Negative):对政治风险的消极影响,意味着该变量的增加将会提高政治风险水平;
    U(Unknown):不确定。

(1) 项目的规模(D03)

很显然,从资产暴露的角度而言,如果面临同样的政治风险事件时(如战争、征收等),项目的规模越大,其遭受的潜在损失也会越大。而且,项目的规模越大其可能面临的公众反对也会越大(Haggett,2008)。这是因为规模越大的项目,其对社会、经济和环境的影响也会越大,其涉及的利益群体更为庞大和复杂。因此,越是大型的项目,合同工期越长,其对于政治风险的敏感性就越强,对于政府方面所带来的干扰的脆弱性也会增加(Kennedy,1988)。但从另外一个角度而言,项目的规模越大,其技术含量也就越高,这超出了当地承包商的能力,东道国政府对于该项目的迫切性很高。国际承包商也就拥有了更多和东道国政府讨价还价的筹码,并且也拥有了更多的资源去改变政治环境,从而为自己营造良好的项目运行环境。

(2) 技术和管理的复杂性(D06)

一些具有很高的技术和管理复杂性的项目,如核电项目,东道国政府对于这类项目非常迫切,并且其本国的承包商难以胜任,这将会使得这些项目的政治风险水平降低(Ashley et al.,1987)。Torre & Neckar(1988)做过类似的研究:分公司的运营和管理的复杂性将会使得其免遭东道国政府的干预。但是这和大多数的问卷回复者的看法并不一样。只要11.6%的问卷回复者认为项目的技术和管理的复杂性对于政治风险会有积极的影响,项目的技术和管理的复杂性将会使项目易于成本超支和工期拖延(Shen et al.,2001),这将会扭曲问卷回复者从政治风险的角度来判断该变量。对于一般的工程项目风险(如和进度、质量和成本等关联的风险),"技术和管理的复杂性"对其影响是消极的,但对于政治风险的影响是积极的。

(3) 企业(当地分公司)的规模(E06)

既往的研究关于企业(当地分公司)的规模对于政治风险的影响是有分歧的。一方面,企业(当地分公司)的规模越大,意味着投资也更大,其为东道国所创造的就业机会也越多(Grosse,1996),其所遭遇的政治干预也会越少(Alon & Herbert,2009)。而且,分公司规模越大可以增加其与东道国政府博弈的能力(Fagre & Wells,1982)。这也为Ling和Hoang(2010)所认同:大型的跨国企业可以对政府官员施加影响,并且使得项目的各种批准手续更快。另一方面,企业(当地分公司)的规模越大,因其对于当地的经济影响会越大,并且其外商的身份更为突出,这将会更多地引起东道国政府的关注,从而招致来自政府的干预(Bradley,1977; Poynter,1985)。此外,母公司的规模也是决定跨国企业博弈能力的一个重要因素。母公司的弱小,限于其可获得的资本和管理资源有限,也会使得分公司处于博弈中的弱势地位(Lecraw,1984)。分公司的规模比母公司的规模对于政治风险的影响更大(Oetzel,2005)。

(4) 分公司(项目部)的负债率(E07)

一般而言,高的负债率(负债与总资产之比),将会使企业破产的风险增加,但子公司自有资金的减少,将会使利益相关者的政治风险暴露降低。大部分的跨国企业在高政治风险的国家中的子公司都会采取较高的负债率。Byoun et al.(2011)的研究发现:项目型公司在项目风险及所在的国家政治风险水平比较高的时候会更多地利用资金的杠杆效应。

(5) 分公司(项目部)的股权份额(E08)

分公司(项目部)的治理结构(如当地企业所占的股权份额)将会影响到其与东道国的联系(Torre & Neckar,1988)。分公司(项目部)如果没有东道国一些实体企业的参与,其受到当地企业集体抵制的风险会大大增加。分公司(项目部)中当地的股权份额将会使得当地的经济和民众受惠,从而会带来政治上的支持和对利益相关者的权益保护,这会降低源自政治的负面影响(Alon & Herbert,2009)。Kesternich and Monika(2010)对于跨国企业的股权结构的研究表明:选择合适的股权结构是应对政治风险的有效手段,与当地企业分享股权会降低政治风险水平。

(6) 企业的多元化程度(E15)

如果跨国企业的业务单一,仅仅局限在工程建设领域的某些大项目上,所在的区域也非常集中,则其多元化的欠缺将会导致企业的脆弱性增加(Olsen & Osmundsen,2005)。正如谚语所说:鸡蛋不要放在同一个篮子里。企业的多元化可以是多业务类型的多元化以及区域市场的多元化,从而降低风险(Miller,1992)。Grosse(1996)建议:跨国企业实施多元化策略,如其产品/服务的经营分散在不同的国家,或者一个国家的不同区域,其被规制的可能性将会降低。这归因于多元化会为跨国企业提供更多的选择资源和更为灵活的应对方式,从而增加跨国企业的讨价还价能力(Hitt et al.,2000),东道国政府无力去影响一个全球化的跨国企业。政治风险从而被多元化、国际化而分散(Errunza & Losq,1987)。一些受访者担忧国际承包商在进行区域多元化的过程中,新的子公司将会遭到源自政治方面的不确定性。这也导致有50%的问卷回复者不确定该项指标如何影响政治风险水平。

(7) 企业的市场占有率(E16)

现有的文献对于该项变量如何影响政治风险存在着争议。在一定范围内,外商企业的市场占有率越大,其可能招致的政治风险也越大(Torre & Neckar,1988)。同样的,Grosse(1996)的报告指出:拥有比较低的市场份额的外商企业,由于其没有支配市场并且其外商的身份被忽视,而极少被规制。与此相反的论点则指出,跨国企业拥有市场的主导地位意味着强大的市场能力,从而在与东道国博弈中处于优势地位(Brewer,1992),在与东道国政府的合同谈判中可以获得有利的合同条款,从而免除来自东道国政府的干预。

### 3.2.3 宏、微观因素分析

如果能够揭示影响政治风险水平变量之间的内在联系,将有助于国际承包商在实践中进行有效的政治风险管理。通过因子分析法对于前述识别的政治风险宏观层面的变量和微观层面的变量分别进行分析。因子分析中对于样本大小是有要求的,Gorsuch(1983)建议在因子分析时样本容量不得低于100,且是问卷中问题的5倍以上。为了满足这个要求,在变量抽取时采取了如下一些规则:变量的均值在每个因素类别的均值以上;变量的共同度(方差)不低于0.5。这样宏观变量中共包括了国际环境因素类别(A类)和东道国国家层面因素类别(B类)共26个;微观变量中包括了行业因素类别(C类)、项目因素类别(D类)和企业因素类别(E类)共17个变量。

探索性因子分析前利用SPSS软件对问卷结果进行信度检验,得出问卷总体的Cronbach's Alpha系数为0.963>0.7,表示问卷的一致性非常好,按方差最大旋转法进行旋转,取特征值大于1的主成分作为因子。因子载荷≥0.50以上的变量保留下来,内部信度采用两种方法:Cronbach's Alpha系数≥0.70(Hair et al. 1998)和系数及分项对总项的相关系数≥0.40。

1) 宏观层面政治风险因素分析

26个宏观变量进行主成分分析,KMO检验值为0.839>0.5,sig.值为0.000<0.05,Bartlett's检验($\chi^2=1\,650.211$,$df=325$,sig.$=0.000$)说明统计数据适宜做因子分析。26个变量被萃取为6大因子,解释总方差为63.65%。最终的变量分类结果如表3.13所示,表明分析结果具有较高的可靠度。

表3.13 宏观变量因子分析结果

| 变量 | 均值 | 内部信度 | 分项-总项相关系数 | 主成分 | | | | | |
|---|---|---|---|---|---|---|---|---|---|
| | | | | 1 | 2 | 3 | 4 | 5 | 6 |
| B01 | 4.551 | 0.730 | 0.620 | 0.656 | | | | | |
| B02 | 3.928 | 0.683 | 0.578 | 0.704 | | | | | |
| B09 | 3.949 | 0.555 | 0.477 | 0.680 | | | | | |

续表 3.13

| 变量 | 均值 | 内部信度 | 分项-总项相关系数 | 主成分 1 | 2 | 3 | 4 | 5 | 6 |
|---|---|---|---|---|---|---|---|---|---|
| B23 | 3.912 | 0.659 | 0.682 | 0.679 | | | | | |
| B24 | 4.081 | 0.701 | 0.718 | 0.754 | | | | | |
| B15 | 3.620 | 0.734 | 0.657 | | 0.845 | | | | |
| B16 | 3.891 | 0.789 | 0.793 | | 0.824 | | | | |
| B17 | 3.876 | 0.761 | 0.760 | | 0.736 | | | | |
| B18 | 4.007 | 0.746 | 0.709 | | 0.714 | | | | |
| B33 | 3.985 | 0.797 | 0.758 | | | 0.869 | | | |
| B34 | 3.927 | 0.731 | 0.653 | | | 0.719 | | | |
| B37 | 3.800 | 0.751 | 0.667 | | | 0.798 | | | |
| A05 | 3.746 | 0.553 | 0.472 | | | | 0.636 | | |
| A11 | 3.686 | 0.592 | 0.471 | | | | 0.651 | | |
| A12 | 3.630 | 0.673 | 0.480 | | | | 0.801 | | |
| B19 | 3.745 | 0.653 | 0.447 | | | | | 0.668 | |
| B39 | 3.745 | 0.634 | 0.447 | | | | | 0.560 | |
| A01 | 3.650 | 0.524 | 0.435 | | | | | | 0.552 |
| A02 | 3.788 | 0.667 | 0.435 | | | | | | 0.778 |
| Cronbach's Alpha | | | | 0.820 | 0.872 | 0.832 | 0.658 | 0.616 | 0.606 |
| 特征值 | | | | 8.218 | 2.909 | 1.691 | 1.407 | 1.220 | 1.102 |
| 方差（%） | | | | 13.40 | 13.06 | 11.56 | 8.76 | 8.58 | 8.29 |
| 累计方差（%） | | | | 13.40 | 26.46 | 38.01 | 46.77 | 55.36 | 63.65 |

注：表格中只显示大于 0.5 的因子载荷。提取方法：主成分分析法；旋转方法：方差最大正交旋转。旋转迭代 11 次。

影响宏观层面的政治风险水平的变量归纳为六个方面：社会政治稳定性、国内经济绩效、正式制度质量、非正式制度质量、国际交互联系和外部经济干预。

(1) 社会政治稳定性(Sociopolitical Instability，SPI)

该因子共包括 5 个变量，即：政府/政权的稳定程度(B01)、政府受欢迎和支持的程度(B02)、派系冲突(B09)、宗教和种族关系紧张(B23)，以及种族歧视和仇外心理(B24)。这些变量都涉及社会政治的稳定性。该因子总方差为 13.4%。

东道国的社会政治稳定性对于国际工程项目的政治风险水平有着极大的影响，决定了项目的政策和规制环境。社会政治稳定性直接决定了政策制定环境和政府规制，包括政治方面(如政府)和社会方面(如种族、宗教、社会偏见、仇外和文化等)。在一些发展中国家，金融危机、大选和改革进程等都会影响到其政治社会的稳定性。杨帆等(2013)通过研究刚果(布)的国际 EPC 项目，指出政局不稳定是最重要的风险因素。

(2) 正式制度质量(Formal Institution Quality，FIQ)

该因子共包括4个变量，即：低效的执法机制(B15)、法律法规的含糊不清(B16)、低效的法律体系(B17)、不利的法律规制(B18)。该因子总方差为13.06%。

制度造就社会的一般行为准则。所谓正式制度是指一些成文规定，由各级政府或立法机构所制定的各项法律、法规和政策等构成的规范体系。正式制度是明确的，通过国家的一些权力机构进行监督和强制力来保证实施。一套高质量的正式制度会保护投资者的利益，并消除官僚主义、权力寻租等现象。相反，低效的执法机制和法律体系、模糊的法律法规和不利的法律规制，则会极大地增加国际承包商所面临的政治风险。

(3) 国内经济绩效(Internal Economic Performance，IEP)

该因子共包括3个变量，即：货币的不稳定(B33)、通货膨胀(B34)、汇率波动(B37)。该因子总方差为11.56%。

东道国国内的经济绩效不仅仅会导致经济风险，也会导致政治环境的不稳定和政府政策的调整。经济气候(Economic Climate)是政治风险的重要来源之一。经济状况恶化(如货币的不稳定、通货膨胀、汇率波动)将会导致社会政治的不稳定。许多国际评级机构，如国际国家风险指数(ICRG)，商业环境风险评估公司(BERI)，以及经济学人杂志(The Economist)和欧洲货币论坛(Euromoney)都将经济绩效作为政治风险评估的重要指标。

(4) 国际交互联系(International Interactive Relations，IIR)

该因子共包括3个变量，即：东道主国和母国交往的程度(A05)、贸易保护主义的程度(A11)、自由贸易的程度(A12)。该因子总方差为8.76%。

国际交互联系涉及外交和经济方面，包括东道国和承包商的母国的交往、贸易保护主义的程度、自由贸易的程度等因素，意味着东道国与世界其他国家和地区一体化的程度。国际环境的冲突和变化，如东道国与承包商所在的母国之间的敌对行为、国际协定、贸易协定(如双边、多边自由贸易协议)，将会带来东道国对外政策的变化，从而给国际承包商带来更多的不确定性。

(5) 非正式制度质量(Informal Institution Quality，IIQ)

该因子共包括2个变量，即：司法的不可预测性(B19)和信用等级(B39)。该因子总方差为8.58%。

非正式制度，又称非正式约束、非正式规则，是指人们在长期的社会交往过程中逐步形成的，并得到社会认可的约定俗成、共同恪守的行为准则，包括价值信念、风俗习惯、文化传统、道德伦理、意识形态等。非正式制度对于正式制度发挥着支持、补充等作用。高质量的非正式制度下，社会环境会秩序化，不确定性也会降低，尤其是在一些正式制度并不完善的发展中国家，非正式制度显得尤为重要。一套良好的非正式制度将会消除外国承包商对环境的陌生感，从而降低外国承包商的政治风险水平。

(6) 外部经济干预(External Economic Interference，EEI)

该因子共包括2个变量，即：国际商业争端和贸易战争(A01)和国际性的经济不稳定(A02)。该因子总方差为8.29%。

随着全球经济一体化的加速，东道国所面临的国际经济形势，如世界范围内的经济衰退、通货膨胀或金融危机，以及国际商业争端和贸易战、经济制裁或禁运等，将会给东道国国内的政治、社会和经济带来难以预测的变化和后果。国际工程项目所处的社会、经济、政治环境面临着更多的不确定性,从而增加了政治风险发生的可能性。

2) 微观层面政治风险因素分析

17 个微观变量进行主成分分析,KMO 检验值为 0.831>0.5,sig. 值为 0.000<0.05,Bartlett's 检验($\chi^2=1\,046.734$, $df=136$, sig. $=0.000$)说明统计数据适宜做因子分析。17 个变量被萃取为 4 大因子,解释总方差为 64.89%。最终的变量分类结果如表 3.13 所示,表明分析结果具有较高的可靠度。

表 3.14 微观变量因子分析结果

| 变量 | 均值 | 内部信度 | 分项-总项相关系数 | 主成分 | | | |
|---|---|---|---|---|---|---|---|
| | | | | 1 | 2 | 3 | 4 |
| E02 | 4.044 | 0.649 | 0.615 | 0.662 | | | |
| E03 | 3.838 | 0.730 | 0.754 | 0.820 | | | |
| E04 | 3.672 | 0.641 | 0.674 | 0.732 | | | |
| E05 | 3.693 | 0.670 | 0.655 | 0.767 | | | |
| E12 | 3.963 | 0.587 | 0.612 | 0.690 | | | |
| C02 | 3.438 | 0.537 | 0.460 | | 0.607 | | |
| C04 | 3.496 | 0.678 | 0.614 | | 0.794 | | |
| C05 | 3.507 | 0.677 | 0.656 | | 0.792 | | |
| C06 | 3.456 | 0.712 | 0.644 | | 0.805 | | |
| D01 | 4.110 | 0.566 | 0.458 | | | 0.638 | |
| D07 | 3.779 | 0.723 | 0.575 | | | 0.778 | |
| D08 | 3.941 | 0.770 | 0.643 | | | 0.846 | |
| D02 | 3.978 | 0.447 | 0.493 | | | | 0.549 |
| E10 | 3.669 | 0.842 | 0.667 | | | | 0.897 |
| E11 | 3.485 | 0.821 | 0.748 | | | | 0.821 |
| Cronbach's Alpha | | | | 0.849 | 0.784 | 0.733 | 0.774 |
| 特征值 | | | | 6.333 | 1.771 | 1.600 | 1.328 |
| 方差(%) | | | | 19.92 | 16.17 | 15.11 | 13.69 |
| 累计方差(%) | | | | 19.92 | 36.09 | 51.20 | 64.89 |

注:表格中只显示大于 0.5 的因子载荷。提取方法:主成分分析法;旋转方法:方差最大正交旋转。旋转迭代 5 次。

影响微观层面的政治风险水平的变量归纳为四个方面:行业特点、项目特征、承包商的属性,以及互动参与等因素。

(1) 承包商的属性(Contractor Attributes,CA)

该因子共包括 5 个变量,即:与政府强有力的联系(E02)、与社会组织的良好关系(E03)、社会对企业的接受(欢迎)程度(E04)、本地化的程度(E05)、企业对于政治风险的相关知识和经验(E12)。该因子总方差为 19.92%。

国际承包商的属性也是影响其所面临的政治风险水平的重要因素。如美国等西方国家的承包商在中东所遭到的政治风险(如恐怖袭击)就比较高,中国的承包商在东南亚一些具有"排华"情结的国家(如菲律宾、越南、印度、马来西亚等)遭受的政治风险也会比较高。承包商自身的一些能力也决定了政治风险水平的高低,如承包商与东道国政府和强力社会组织(如工会、商业协会、环境保护组织等)的关系、企业被当地社会接受的程度、企业的本土化程度,以及承包商应对政治风险的经验和能力。

(2) 行业特点(Industry Specifics,IS)

该因子共包括 4 个变量,即:行业与国民经济目标的一致性(C02)、行业的成熟度(C04)、行业的回报率(C05)、行业在国民经济中的地位(C06)。该因子总方差为 16.17%。

许多研究指出,政治风险呈现出鲜明的行业特色,如:行业在国民经济中的地位、行业与国民经济目标的一致性、行业的收益率和行业的成熟度等因素,都会影响到一个行业所面临的政治风险水平。一个对于国家具有战略意义的行业要比其他的行业遭遇到更多的来自政治方面的规制。能够有益于促进东道国政治和社会目标的行业所受的政治风险相对较小,而一个暴利行业也会较其他行业招致更多的政府干预。此外,相对成熟的行业意味着行业的透明度高(如行业的信息披露很全面、标准化的市场操作、较少的腐败等),将使行业的政治风险水平降低。

(3) 项目特征(Project Features,PF)

该因子共包括 3 个变量,即:东道国对于项目的迫切性(D01)、项目外部资金来源的充足性和广泛性(D07)、不利的合同条件(D08)。该因子总方差为 15.11%。

国际承包商的海外业务是项目驱动型的,项目的一些特征也会影响到政治风险水平的高低,如项目的吸引力、项目的资金来源和合同条件。项目吸引力(Project Desirability)是指项目对于东道国政府的重要性,尤其是由于东道国国内的承包商能力不足,难以承担的项目将具有更高的吸引力,获得更多的政府支持和更少的政策限制。项目的资金来源不仅仅是经济方面的因素,也体现着项目的业主类型。如果项目的资金来源于承包商母国(如母国的投资或援外),其政治风险会比较低;如果是世界银行等的贷款或援助项目,政治风险也会比较低;而如果资金是东道国的政府资金,则项目的政治风险相对会较高。如果是 PPP/BOT 类型的项目,对于资金紧缺的东道国而言,则政治风险相对较低,但漫长的特许经营期也会给未来带来不确定性。此外,有利的合同条件(如来自东道国政府的保证)将会降低项目的政治风险水平。

(4) 互动参与(Interactive Participation,IP)

该因子共包括 3 个变量,即:公众对于项目的反对程度(D02)、企业对当地经济的贡献(E10)、企业对当地经济的参与程度(E11)。该因子总方差为 13.69%。

互动参与,包括公众对项目的反对或支持、项目对当地经济的贡献、项目与当地经济的联系程度等因素,也影响了项目的政治风险水平。积极的或有利的互动参与,将会降低国际承包商的"外国人"的形象、加强承包商和当地居民之间的联系、满足东道国的国家目标和增强社会福利,使得承包商和当地政府联系更为密切。这些将为承包商营造一个可持续的运营环境,从而降低政治风险水平。典型的例子如中国最大的海外投资水电项目——缅甸的密松大坝由于公众的反对而被停建。

3）实例分析

为了评价国际工程项目的政治风险，为此选取了7个典型的项目，以李克特五级量表从前述的10个方面对政治风险水平进行测度。分值越高，则政治风险水平也越高。这7个项目的所在地分别为阿尔及利亚(P1)、土耳其(P2)、新加坡(P3)、沙特阿拉伯(P4)、利比亚(P5)、阿拉伯联合酋长国(P6)、安哥拉(P7)，其政治风险水平如图3.2所示。从宏观层面来看，P5项目政治风险水平最高，而P3项目政治风险水平最低；从微观层面来看，P6项目政治风险水平最高，而P2(位于土耳其)和P3项目(位于新加坡)政治风险水平最低。

图3.2还可以体现这些项目的政治风险在具体方面的优势和劣势。P7项目的政治风险评价表明，在安哥拉的正式制度质量和非正式制度质量得分很高，意味着在这两个方面蕴含的政治风险较高。

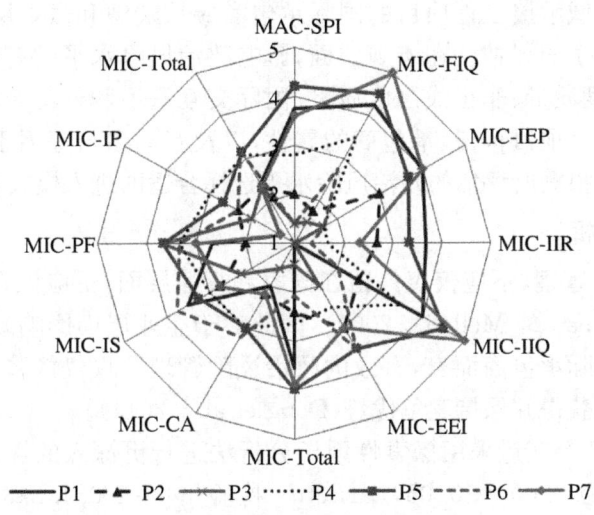

**图3.2 政治风险水平雷达图**
注：MAC代表宏观风险，MIC代表微观风险。

按照政治风险在宏观和微观层面的高低，可以分为四种状态，如图3.3所示。

在第一象限内，政治风险在宏观层面和微观层面都很高，如P5项目。这种状况对于承包商而言是非常不利的。宏观政治风险水平高，承包商应该采取低风险进入模式。移动进入模式(Mobile Entry Mode)，如联营体方式，具有较强的灵活性，是个比较好的选择。微观政治风险水平高，承包商可采取高参与策略(High Involvement Strategy)，通过与本地的一些利益相关者(如工会、社会组织、地方政府等)结成联盟，以求降低政治风险。

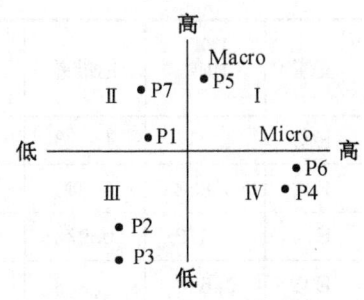

**图3.3 政治风险状态**

在第二象限内，宏观政治风险水平高，但微观政治风险水平低，如P1项目和P7项目。移动进入模式的选择可以应对宏观政治风险水平高的状况；采取低参与策略(Low Involvement Strategy)，如保险、保证等，则适合较低的微观政治风险。较高的宏观政治风险则对准备进入东道国的竞争者形成壁垒,位于此象限内的承包商据此可形成竞争优势。

在第三象限内,宏观和微观政治风险水平都比较低,其总体政治风险水平也是最低的,如 P2 项目和 P3 项目。对于承包商而言,这种状态是比较理想的。但承包商也不能掉以轻心,仍然需要对影响政治风险水平的各个变量进行监控并预警。承包商可以采取永久进入模式(如设立公司或分支机构等)和低参与模式实施这种类型的项目。

在第四象限内,宏观政治风险水平低,但微观政治风险水平高,如 P4 项目和 P6 项目。位于此象限内的国际承包商可以采取永久进入模式和高参与策略。较低的宏观政治风险水平同时也意味着较低的市场进入障碍;较高的微观政治风险水平,则意味着承包商在这种状态下不具有竞争优势,承包商应持续地积累在东道国的经验,以降低微观政治风险水平。

在高政治风险区域承接工程项目的国际承包商应从宏观和微观层面对拟实施的工程项目进行政治风险水平的评估。在宏观层面,影响政治风险水平的有社会政治稳定性、国内经济绩效、正式制度质量、非正式制度质量、国际交互联系和外部经济干预等六个方面;在微观层面,行业特点、项目特征、承包商的属性,以及互动参与等因素决定了项目的政治风险水平。承包商应根据所评估的政治风险水平选择合适的进入模式和参与策略。

### 3.2.4 企业因素分析

对于政治风险的管理,不应仅仅停留在国家和行业层面,更应该在企业层面采取有效的风险管理措施(Frynas & Mellahi, 2003),因此对于企业层面影响政治风险水平的变量值得去关注。对于国际承包商而言,有效的政治风险管理不仅仅能降低风险,而且能使企业在高政治风险区域获得并保持竞争优势(Deng et al., 2014)。

将企业层面的 17 个变量采用探索性因子分析法进行更深入的探讨。KMO 检验值为 $0.839>0.5$,sig. 值为 $0.000<0.05$,Bartlett's 检验($\chi^2=1\,084.243$,$df=136$,sig. $=0.000$)说明统计数据适宜做因子分析。17 个变量被萃取为 4 大因子,解释总方差为 $65.56\%$。最终的变量分类结果如表 3.15 所示,表明分析结果具有较高的可靠度。

表 3.15 企业层面变量因子分析结果

| 变量 | 均值 | 标准差 | 排序 | 内部信度 | 分项-总项相关系数 | 主成分 1 | 主成分 2 | 主成分 3 | 主成分 4 |
|---|---|---|---|---|---|---|---|---|---|
| E02 | 4.044 | 1.028 | 1 | 0.699 | 0.615 | 0.642 | | | |
| E03 | 3.838 | 0.845 | 4 | 0.793 | 0.754 | 0.850 | | | |
| E04 | 3.672 | 0.932 | 6 | 0.688 | 0.674 | 0.784 | | | |
| E05 | 3.693 | 0.928 | 5 | 0.702 | 0.655 | 0.781 | | | |
| E12 | 3.963 | 0.999 | 3 | 0.657 | 0.612 | 0.654 | | | |
| E01 | 3.206 | 0.944 | 13 | 0.428 | 0.464 | | 0.545 | | |
| E09 | 3.574 | 0.994 | 8 | 0.636 | 0.584 | | 0.577 | | |
| E13 | 3.372 | 0.939 | 11 | 0.549 | 0.473 | | 0.606 | | |
| E14 | 3.299 | 0.843 | 12 | 0.591 | 0.549 | | 0.682 | | |

续表 3.15

| 变量 | 均值 | 标准差 | 排序 | 内部信度 | 分项-总项相关系数 | 主成分 | | | |
|---|---|---|---|---|---|---|---|---|---|
| | | | | | | 1 | 2 | 3 | 4 |
| E16 | 3.412 | 0.890 | 10 | 0.588 | 0.553 | | 0.666 | | |
| E17 | 3.993 | 0.848 | 2 | 0.566 | 0.522 | | 0.555 | | |
| E06 | 3.169 | 0.963 | 14 | 0.669 | 0.587 | | | 0.701 | |
| E07 | 3.119 | 1.026 | 16 | 0.711 | 0.721 | | | 0.793 | |
| E08 | 3.030 | 0.925 | 17 | 0.646 | 0.629 | | | 0.787 | |
| E15 | 3.119 | 0.867 | 15 | 0.609 | 0.515 | | | 0.631 | |
| E10 | 3.669 | 0.989 | 7 | 0.808 | 0.765 | | | | 0.784 |
| E11 | 3.485 | 0.958 | 9 | 0.806 | 0.765 | | | | 0.774 |
| Cronbach's Alpha | | | | | | 0.849 | 0.784 | 0.733 | 0.774 |
| 特征值 | | | | | | 6.333 | 1.771 | 1.600 | 1.328 |
| 方差（%） | | | | | | 19.78 | 17.51 | 17.35 | 10.93 |
| 累计方差（%） | | | | | | 19.78 | 37.29 | 54.64 | 65.57 |

注：表格中只显示大于0.5的因子载荷。提取方法：主成分分析法；旋转方法：方差最大正交旋转。旋转迭代9次。

1）企业层面关键变量分析

（1）与政府强有力的联系（E02）

与政府强有力的联系（E02）是企业层面影响政治风险的最重要的因素，排名第一，均值为4.044。东道国政府是政治风险的主要来源（Al Khattab et al., 2007）。东道国政府通过规则的制定直接影响到公共建设主管部门的开发策略及签订的合同关系（Henroid, 1984），也通过营商环境的改变而间接影响到承包商项目的履行（Iankova & Katz, 2003）。东道国政府在大多数发展中国家中是作为国际工程的业主方，因此，与东道国政府的不良关系将会导致东道国政府对于项目以及国际承包商带来潜在的和现实的不确定性。

与此相反的是，如果国际承包商与东道国政府保持着良好的紧密联系，将会受益于：

① 防止东道国政府对于承包商的歧视性待遇；

② 获得一些政府的建议，以及尽快获得政府相关部门的批准和许可，熟悉政府的工作流程（Wang et al., 1999；Chan et al., 1999）；

③ 获得政府在政策及规划方面的最新信息（Ling & Hoang, 2010）；

④ 当承包商遭遇到政治风险时，可以和政府进行谈判以获取一定的补偿。

因此，对于国际承包商而言，与东道国政府之间建立一个持久的和稳定的联系将是减少政治风险的一个有效的战略措施。当然，与现政府过于密切的联系，将会使得在政局不稳定的情况下，加剧承包商的风险暴露，在一些发展中国家，新政府将会对旧政府进行秋后算账，而国际承包商难免会受到池鱼之殃（Ashley & Bonner, 1987）。

（2）承包商的错误行为（E17）

承包商的错误行为（E17）是企业层面影响政治风险的最重要的因素之一，排名第二，均值为3.993。既有的研究对于承包商的错误行为的研究主要涉及：

① 道德不当，如工程从业人员和专家的不诚实、腐败行为而导致社会资源的浪费(Fan & Fox, 2009)；

② 雇员的不当行为和错误处置而导致安全事故(Mohamed, 2002)；

③ 不良行为记录，如在健康和安全方面的重大失误而导致承包商在招投标时被排除在外(Chen & Chang, 2011)。

承包商在实施国际工程项目时，对于当地人的歧视性行为、环境污染、安全事故、对当地工人权利的侵犯、有限的社会保护措施，以及不公平的劳动分工等行为，都会招致一些暴力行为。在很多案例中，承包商的这些错误行为都是政治风险的源头。譬如，国际承包商对于当地人及当地雇工的歧视性行为，将会导致一些社会事件(如罢工)的发生，这会导致当地人对于工程项目的抵制态度、加剧种族紧张气氛，以及对于外国人的敌视行为，这在那些种族矛盾突出的地区尤为明显。Jauch(2011)的报告指出，由于某些中国承包商在赞比亚付给当地人的工资低于当地最低工资标准，而引发了当地人的罢工和抗议。

(3) 企业对于政治风险的相关知识和经验(E12)

企业对于政治风险的相关知识和经验(E12)也是影响政治风险的重要的因素，排名第三，均值为3.963。众所周知的是，跨国企业在进行全球化扩张时有赖于其在东道国所积累的经验和知识。经验知识只有通过从业人员的自身经历才能获取，这种知识比起客观知识(Objective knowledge)更具有地方性，也更为重要(Johanson & Vahlne, 1990)。企业所具备的经验知识将会有助于国际承包商在进行海外拓展时弥补其知识的不足。

经验知识的积累是非常耗时费力的，这就需要国际承包商在东道国开展业务时必须持续性积累经验。经验知识的获取可以通过如下一些途径：

① 利用集体智慧，并且对过去的经验和教训进行总结；

② 和当地的企业合作，以获得在东道国的经验(Barkema & Vermeulen, 1997)；

③ 雇佣和寻求有经验者。

在母国工程市场所获得的经验知识对于承包商在东道国承揽工程的帮助很有限，在东道国的工程经验将会形成在东道国工程市场中解决问题的经验知识。因此，在一个高政治风险区域承揽业务的国际承包商，可以凭借其丰富的工程经验和风险管理知识高效地管理所面临的政治风险，从而形成其竞争优势。

(4) 与社会组织的良好关系(E03)

与社会组织的良好关系(E03)对政治风险水平有着显著的影响，该变量均值为3.838，排名第四。社会组织是指那些游离在政府权力机构之外的一些组织，如劳工和行业工会、行业协会、环境保护组织、有组织的能对政府产生重大影响的集团，以及其他一些利益集团(如区域性的商业联盟)(Ashley & Bonner, 1987)。跨国企业将会直面东道国一些社会强力组织的反对和支持的态度和行为，与这些社会组织保持良好的关系将有助于跨国企业能借用这些组织的力量(Ashley & Bonner, 1987)。这些社会强力组织(Power Groups)将会通过以下途径来影响国际工程项目的实施：

① 影响政策的制定；

② 改变政治和社会环境；

③ 干扰行为(如额外的工程检查)。

譬如,劳工和行业工会在国际政治经济中就扮演着重要的角色,工会常会参与并组织一些抗议活动(Jauch,2011),这在一些传统工会势力比较强大的国家(如纳米比亚、南非等)中尤其明显。因此,与社会组织保持良好的关系将会有助于跨国企业与这些组织之间进行沟通和谈判。跨国企业应认真选择东道国的盟友,并且对于影响现有的社会组织的关系及社会组织的变革的时间保持高度的敏感性。

(5) 本地化的程度(E05)

本地化的程度(E05)均值为3.693,排名第五。本地化策略对于跨国企业和当地的承包商来说是个双赢的商业策略,这样会对双方所拥有的资源和能力进行有效的互补。缺少在东道国经验的跨国企业更愿意寻找一个当地的合作伙伴以弥补其所欠缺的当地市场的知识(Johanson & Vahlne,1990)。跨国企业与当地伙伴的合作将会受惠于:

① 降低进入东道国工程市场的壁垒(Low & Jiang,2004);

② 在制度限制的情况下获得经营的合法性(Chan & Makino,2007);

③ 削弱其作为外国人的身份象征(Ashley & Bonner,1987),进而降低负面的微观层面的政治活动及后果所发生的可能性(Alon & Herbert,2009)。

对于东道国而言,跨国企业的本地化策略将会给当地的经济和民众带来利益,同时也可以为当地的合作伙伴提供一个向跨国企业学习的机会。当然,国际承包商和当地伙伴的合作也会带来一系列的问题:

① 增加一些风险成本(如交易成本)(Ashley & Bonne,1987);

② 稀释国际承包商对于项目的控制权(Pak & Park,2004),项目的组织结构会更为复杂(Ashley & Bonne,1987);

③ 不期望的知识扩散以及当地合作伙伴的"搭便车"现象。

2) 企业层面影响变量因子类别分析

根据表3.15因子分析的结果,企业层面影响变量可分为四类。依据竞争优势的资源观,将这些类别分别命名为:REAL资源、GOLD资源、ROOT资源和SOIL资源。

(1) REAL资源

该因子共包括5个变量,即:与政府强有力的联系(E02)、与社会组织的良好关系(E03)、社会对企业的接受(欢迎)程度(E04)、本地化的程度(E05),以及企业对于政治风险的相关知识和经验(E12)。这些变量的核心单词分别为:Relationship, Experience, Acceptance, Localization。取这些单词的首字母缩写为REAL。该因子总方差为19.78%。

Relationship:与东道国的政府、社会组织之间以及公众之间良好的关系将为国际工程项目的实施营造一个良好的政治、社会环境。

Experience:经验包括国际化经验、在东道国的经验、类似工程的经验,以及在类似的社会政治环境下的工程经验,特别是应对政治风险的经验知识。拥有丰富而多样化的经验将有助于国际承包商提高其在东道国工程市场的管理技能,并减少由于政治风险所带来的不确定性。

Acceptance:东道国民众对于跨国企业的接受、认可的态度,取决于跨国企业的国籍、形象、文化和理念(Ashley & Bonne,1987)。东道国民众的认可、积极的态度将会为跨国企业营造一个良好的工作环境,从而降低潜在的政治风险。

Localization:跨国企业的本地化策略将会使当地的经济和民众受益,从而降低政治风险发生的概率。

依据竞争优势的资源观,REAL 资源意味着使企业拥有独有的资产,而难以被其他企业所复制和仿效,这形成企业的核心竞争优势。因此,REAL 资源是一个跨国企业所拥有的核心、真实资源,有利于跨国企业在高政治风险领域的国家和地区承揽工程业务。

(2) ROOT 资源

该因子共包括 6 个变量,即:企业组织的文化差异(E01)、企业的国际化程度(E09)、企业的技术和技术转移的水平(E13)、对于当地市场的依赖性(E14)、企业的市场占有率(E16),以及承包商的错误行为(E17)。这些变量的核心单词分别为:Recourse, Organization, Operate, Technology。取这些单词的首字母缩写为 ROOT。该因子总方差为 17.51%。

Recourse:跨国企业所凭借的是与市场关联的讨价还价能力(Bargaining power),以此与东道国政府进行博弈,外国企业将会因为其对市场的优势而拥有更多的市场权力以提升其议价地位,但与此同时,也有可能招致更多的东道国政府的政策和法律规制(Torre & Neckar, 1988; Grosse, 1996)。跨国企业对于当地市场的过度依赖将会降低其讨价还价能力,从而增加其微观层面的风险暴露(Grosse, 1996; Alon & Herbert, 2009)。

Organization:组织文化将会影响工程项目的绩效(Low & Shi, 2001)以及政治风险暴露水平(Torre & Neckar, 1988)。

Operate:项目的运作表现涉及企业的国际化和和承包商的行为(如一些不当行为)。国际化程度越高,以及企业各海外分公司在全球范围内整合得越好,则企业面临政治风险时的脆弱性就会越低(Kobrin, 1980)。建立一套海外业务指南手册将会使国际承包商减少一些错误行为。

Technology:拥有高技术含量的国际承包商将会减少其受到东道国政府的规制(Torre & Neckar, 1988; Alon & Herbert, 2009)。技术转移(如对当地工人的训练)将会减少东道国的敌意,并且从长期来说有利于当地的行业发展(Zhao et al., 2009)。

ROOT 资源是跨国企业的无形资产和独特性资源,这将会提升其讨价还价能力,使企业扎根于当地的行业市场。

(3) GOLD 资源

该因子共包括 4 个变量,即:企业(当地分公司)的规模(E06)、分公司(项目部)负债率(E07)、分公司(项目部)的股权份额(E08)、企业的多元化程度(E15)。这些变量的核心单词分别为:Growth, Ownership, Leverage, Diversification。取这些单词的首字母缩写为 GOLD。该因子总方差为 17.35%。

Growth:跨国企业的子公司或分支机构的成长(如规模的扩大)意味着:其可利用的资源就越多;其在东道国建筑市场的开拓能力就越大;其创造工作机会的能力也越大(Grosse, 1996);也意味着将会受到更少的政治干扰(Alon & Herbert, 2009)。Oetzel(2005)的研究发现:分公司的规模比母公司的规模对于企业所面临的政治风险影响更大。

Ownership:Pak 和 Park(2004)的研究认为项目公司(分公司)的所有权与政治风险存在着负相关,越是独资的公司其政治风险越大。

Leverage:国际承包商的资产负债率越大,其破产的风险也越大,但也减少了其在分公司中的股份,同时也最小化了其政治风险暴露(Kesternich & Monika, 2010)。

Diversification：多元化将会给跨国企业更多的选择，东道国对于一个全球化运作的跨国企业影响将会减少。因此，越是多元化的企业，其受制于特定规制的可能性就越小(Grosse，1996)。

(4) SOIL 资源

该因子共包括 2 个变量，即：企业对当地经济的贡献(E10)和企业对当地经济的参与程度(E11)。这些变量的核心单词分别为：Sustainable，Opportunity，Integrate 和 Long period。取这些单词的首字母缩写为 SOIL。该因子总方差为 10.93%。虽然从因子分析角度来看，该因子重要程度较低，但是它可以为跨国企业提供一个长期的可持续性竞争优势。

如果跨国企业能为当地经济带来贡献，而这些正好是当地承包商所无法提供的，则其政治风险暴露将会降低(Rice & Mahmoud，1990)。跨国企业在项目的实施过程中与当地商业实体的结合也是政治风险转移的一个有效手段(Ashley & Bonne，1987)，这会使得跨国企业与东道国的政府、社会组织以及民众之间建立一个长期的伙伴合作关系，并且会增加双方的信任和理解。而且，跨国企业可以通过其社会责任的履行(如对东道国的民众进行与工作相关的教育和训练)，获得道义上和社会上的支持，从而减少东道国政府所带来的对社会的干扰。跨国企业由此可以获得大量的市场机会，形成长期的市场存在，从而在东道国工程市场可持续性经营。

因此，SOIL 资源是跨国企业可持续性竞争优势的一个潜在的资源，这成为跨国企业在东道国工程市场中生存、繁荣的土壤，并且能与当地市场有机融合在一起。

# 4 国际工程政治风险形成机理

## 4.1 相关理论

### 4.1.1 风险传导理论

传导现象最初在自然科学中得到普遍的研究,例如电传导、热传导、神经传导等。通过借鉴自然科学中的传导原理,社会学对知识和金融现象的传导进行了研究,近年来开始关注风险传导的研究。有两种理论可以解释分析传导现象:骨牌理论和能量释放理论。

骨牌理论(Domino Theory)解释风险的发生过程如同倒塌的多米诺骨牌墙:系统和社会环境→人的过错→伴随机械和物理伤害的不安全行为事故→危险或损失(Philip et al.,2001)。该理论认为危险事故的发生是一连串事件按照互为因果的关系依次发生的结果,第一块骨牌的倒下引起后面的骨牌连锁式倒下。多米诺骨牌理论分析了事故致因的事件链这一重要概念,指明分析风险应从现象逐步分析,深入到各层次的原因。按照这一理论,只要抽取骨牌中的任意一块就可以破坏事件链,阻绝事件的传递,防止危险事故发生。

在社会科学领域的风险研究中,能量释放理论(Energy Release Theory)用能量的观点解释了事故伤亡、疾病和灾害现象(Lyles et al.,2014;Kolstad & Wiig,2012)。事故则是某种能量的异常或不期望的释放;能量释放理论强调在风险发生的各种物理因素的综合作用下,由系统所接受的能量超过其所能承受的最大限度所致(Ramasamy et al.,2012)。某种形式的能量能否造成伤害及事故,主要取决于人所接触的能量的大小、接触的时间长短和频率、能量的集中程度、受伤害的部位及屏障设置的早晚等。基于上述观点,Haddon(1963)提出了事故防范、灾害预防、疾病控制等10种措施。事故的发生总是表现为能量的突然释放,并超出系统的承受范围,而事故的发生也就是风险因素逐步演化最终发生突变造成风险结果,由此可见能量贯穿了风险的三个要素。

这两个理论的共同之处是:风险因素、风险事件和风险损失呈链式因果关系,风险因素的变化引发了风险事件,而风险事件又成为造成损失的直接原因,三者之间构成一条具有因果关系的风险作用链条;另一方面,人的过错,即项目主体的过错构成的脆弱性对风险作用效果产生影响,在能量接受程度上有所不同。因此风险的形成和传导过程多被表示为如图4.1所示。

在风险传导过程中,风险源、风险载体和风险传导路径是三个关键要素。风险的传导是沿物质流、资金流和信息流进行的,这个过程不是一个途径接一个途径依次传导的,而是同时分别沿着三条途径传导,并随时间的变化而变化,风险在传导过程中会有以下几条

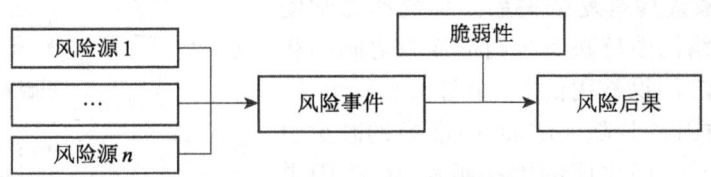

图 4.1　政治风险形成的一般过程

规律：

(1) 耦合传导

耦合在物理学上是指两个或两个以上的体系或两种运动形式之间通过各种相互作用而彼此影响以至联合起来的现象。在风险传导的过程中，风险源与传导载体存在耦合效应，使风险传导载体中的风险流发生非线性变化，最终改变了传导中的风险流量和风险性质，风险的级别也随之改变；外部威胁与工程脆弱性也存在耦合效应，对风险的最终作用效果产生影响。

(2) 跨领域传导

风险可以从一个领域向另一个领域进行传导。政治与经济、社会是无法分割的整体，各个领域相互影响与制约，风险可沿着各领域之间的相互作用进行传导。国际工程所在的环境受到政治、经济、社会、法律等的综合影响，如国家经济环境发生变化，经济危机经过政治系统可能会激发东道国的政治行为，影响工程运作的环境。

(3) 效率变化传导

当风险在一个范围内发生时，它会沿着载体进行传导，直至形成损失。传导的效率因环境不同而不同，比较完善、合理的环境会对风险的传导形成阻碍，所以风险传导就会比较困难，传导的效率较低。而在不太完善、合理的环境中，发生风险时传导就比较容易，效率也就较高。风险传导的效率决定风险爆发的程度，传导效率低的主要以渐变性风险为主，传导效率高的则会导致突发性风险的发生。

(4) 路径依赖传导

路径依赖是风险传导的机理特征之一。路径依赖是西方新制度经济学中的名词，指一个具有正反馈机制的体系，一旦在外部性偶然事件的影响下被系统所采纳，便会沿着一定的路径发展演进并形成一定的固有惯性，很难为其他潜在的甚至更优的路径或体系所取代。社会政治系统具有多重反馈机能，国际工程中风险的传导，遵循着一定的路径规律，可形成复杂的政治风险传导链和传导网络。

## 4.1.2　系统动力学理论

系统动力学是一门交叉的综合性学科，它是系统科学与计算机技术紧密结合，用以仿真、研究非线性复杂系统的结构与行为的一门科学。Forrester(1958)首先应用系统动力学揭示了美国与西方国家经济增长的内在机制。目前系统动力学被广泛应用于研究城市兴衰、工业、农业、世界范围内人口、自然资源和污染诸因素的相互联系、制约和作用以及产生的各种可能结果，从而使系统动力学的应用正在向着复杂的非线性多重反馈环组成的社会系统发展，为研究社会经济系统问题提出了新的解决方案。

系统的结构是由变量之间的关系确定的，变量之间的关系可分为正相关关系、负相关关系、无相关关系或具有复杂关系。系统动力学使用有向箭线在网络图中反映系统内部变量之间的相互影响关系，称作"因果作用链"。如图 4.2 所示，因素 A 的增加导致因素 B 随之增加，因素 C 的减少引起因素 B 的减少，它们之间的因果链称为"正因果链"，用带"＋"的箭头表示；而因素 D 的增加引起了因素 E 的减少，因素 F 的减少引起了因素 E 的增加，也就是说 D 与 E 之间的变化、F 与 E 之间的变化都是反方向的，那么它们之间的因果链称为"负因果链"，用带"－"的箭头表示。当系统较为复杂，涉及变量数目较多时，因果链错综复杂进行交织，就形成因果网络图。

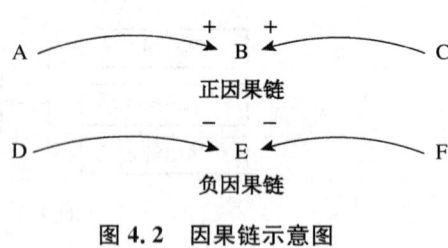

图 4.2 因果链示意图

系统动力学模型中由因果链相互连接而形成的闭合回路称为反馈回路。回路中负链的数目决定了因果循环回路的效用：如果回路有奇数条负链，则称该回路为正反馈回路；反之，如果回路中有偶数条负链，则称该回路为负反馈回路。正反馈回路能够经过变量之间的相互作用使回路中各变量的偏离程度加强，负反馈回路则能不断缩小回路中各变量的偏离程度，使变量趋于稳定，具有自我调节作用。因果关系图能够清楚地表达系统内部的非线性因果关系，系统中回路的数量反映了系统的复杂程度。

与其他方法相比，系统动力学具有以下特点：

（1）适用于解决周期性和长期性的问题

对于有些政治事件的态势涨落来说（如政权更迭、经济政治危机等），很多学者对它的发生发展规律进行了分析和定义，可以认为其具备周期性的涨落规律；由于从有些事件爆发到平息需要经过较长一段时间，所以，其态势涨落又具备长期性，那么从这方面来看，利用系统动力学分析事件的涨落规律是科学的。

（2）适用于研究数据不足的问题

政治事件由于其"突发性""渐变性"，且由于其作用系统的复杂性等，涉及的变量众多，所以在数学建模中通常会遇到历史数据不足或难以获得的现象，或者一些数据难以被量化等问题。而系统动力学能够通过各个要素之间所存在的因果关系，仅利用有限的数据及结构仍然可以对数据之间存在的数学关系进行推算及分析。

（3）适用于处理对研究结果的精度要求不太高的复杂性问题的研究

由于用于描述风险事件作用机制的方程通常是高阶非线性动态的，所以应用一般数学方法难以求解，而是借助于计算机模拟仿真技术对其运行规律进行探索，虽然精确性一般，但是通过变参分析仍能获得与作用机制相关的主要参数信息。

（4）强调有条件预测

系统动力学强调什么条件产生什么样的结果，这种思路符合事件研究的基本需求，因为在风险管理中，通常秉承"情景应对的思路"，这种思路是针对不同危机情境下，实际情况走势该如何，应对方法该如何的处置思路。所以采用系统动力学的"如果，则"的形式，能够对预测事件走势提供新手段。适用于处理时变现象和非线性问题，并且能进行动态的、长期的、战略性的系统仿真分析和研究。这种方法较适用于分析危机事件作用系统的结构与动态行为，因为风险管理也是一种动态的、长期的、战略性的研究。

### 4.1.3 贝叶斯网络理论

Jensen 和 Nielsen(2007)将贝叶斯网络(Bayesian Networks)定义为一种可以表达一组随机变量之间概率关系的概率图模型,可以充分利用变量之间的依赖信息进行预测,而动态贝叶斯网络还能够将动态时序信息和静态依赖信息有机结合。贝叶斯网络考虑了人的决策行为,充分利用专家知识和经验,根据各种风险因素之间的关联关系,来描述风险的产生机制,为风险管理决策提供科学的依据。并且贝叶斯还可以分析具有不确定性的参数因子,因此在面对不确定性较强的事件时,具有较好的风险分析和预测能力。

贝叶斯概率网络是一种数据推导,利用先验知识以及样本数据来获取对未知样本的评估。联合概率及条件概率则是先验信息以及样本数据信息的表现形式。

假设有 $n$ 个互斥、全覆盖事件 $A_1,\cdots,A_n$。若 $P(A_1)$ 表示事件 $A_1$ 的发生概率,则有 $\sum_{i=1}^{n} P(A_i) = 1$,设 $B$ 为任一事件,有:

$$P(A_i \mid B) = \frac{P(B \mid A_i)P(A_i)}{\sum_{i=1}^{n} P(B \mid A_i)P(A_i)} \tag{4-1}$$

其中 $i=1, 2,\cdots,n$

公式(4.1)即为贝叶斯公式。其中,$P(A_i)$ 为先验概率。例如在实验中,事件 $B$ 的发生,对事件 $A_i$ 的发生可能有新的认识。概率 $P(A_i|B)$ 为后验概率。后验概率不仅综合了先验信息,也综合了试验中获得的新信息,所以能对 $A_i$ 发生的可能性进行判断,而先验信息到后验信息的转化是贝叶斯统计最显著的特征。贝叶斯网络以有向无环图的形式对系统进行建模,用节点表示系统中的变量,用有向边表示变量之间的因果关系,用条件概率表示变量之间的相关程度,其可以表达和分析多源信息,进而处理不确定性问题。

贝叶斯网络也称因果网络或概率网络,这两个名称也从侧面反映了贝叶斯网络的图属性和概率属性。贝叶斯网络就是将概率关系赋值到表达因果关系的有向无环图中,形成能够表示变量间依赖关系的概率图,一般由结构和参数两部分组成,结构也就是其图形结构,即所谓的"有向无环图(Directed Acyclic Graph)"。贝叶斯网络中的节点表示因素和事件,也称作贝叶斯网络的变量。各变量之间的依赖关系,即事件之间的直接因果关系用节点间的有向弧表示,表示原因的节点称为"父节点",表示结果的节点称为"子节点"。图 4.3 中,节点 $E_1$ 直接影响到节点 $E_2$,即 $E_1 \rightarrow E_2$,建立节点 $E_1$ 到 $E_2$ 的有向弧$(E_1, E_2)$,则 $E_1$ 为 $E_2$ 的父节点,$E_2$ 为 $E_1$ 的子节点。

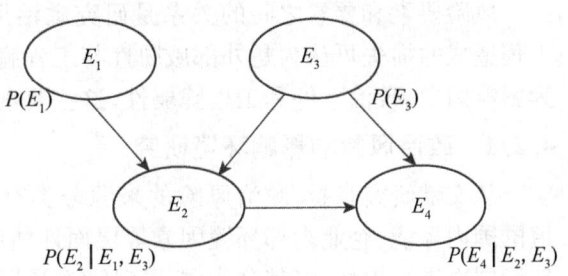

**图 4.3 贝叶斯网络示意图**

条件概率分布即是贝叶斯网络的参数。贝叶斯网络通过条件概率将变量对其父节点的依赖关系定量化,体现了变量之间的直接相关性和条件相关性。节点 $E_1$、$E_2$、$E_3$、$E_4$ 分别代表不同的事件,$E_1$、$E_3$ 属于根节点,也是 $E_2$ 的父节点,$E_4$ 是 $E_2$ 和 $E_3$ 的子节点。$E_1$

和 $E_3$ 的参数分别由其边缘分布 $P(E_1)$、$P(E_3)$ 表示；子节点 $E_2$ 的参数则通过 $P(E_2|E_1,E_3)$ 表示，即在 $E_1$、$E_3$ 发生的情况下，事件 $E_2$ 的发生概率。从这一表达方式也可以推知事件 $E_1$、$E_2$、$E_3$ 之间存在着一定的因果关系。

贝叶斯网络基于条件独立性假设，节点的条件概率如式(4-2)所示。

$$P(E_1,E_2,\cdots,E_n) = \prod kP\left[\frac{E_k}{Par(E_k)}\right] \tag{4-2}$$

式中：$P(E_1,E_2,\cdots,E_n)$ 表示状态 $(E_1,E_2,\cdots,E_n)$ 对应的概率；
$Par(E_k)$ 表示节点 $E_k$ 的父节点对应的随机变量。

由于贝叶斯网络图可以通过因果关系图与节点状态对风险事件进行概率估计，并且网络模型具有表达直观、易于计算推理等特点，贝叶斯网络模型在多个领域被广泛应用。贝叶斯网络最基本和最主要的推理形式有以下两种：

(1) 预测推理：是由原因推导出结果。贝叶斯网络可以充分利用变量之间的依赖信息进行预测，当已知一定的原因(证据)，经推理计算，可求出在该条件下结果的概率分布。根据已知政治环境中一些变量的特征，预测更有可能发生什么样的风险。

(2) 诊断推理：是由结论来推知原因。目的是在已知结果时，找出产生该结果的原因。当已知某些结果的发生，经推理计算，可得出造成该结果发生的原因及其发生的概率。根据已经发生的政治风险的特征，推理政治环境的变化，寻找风险致因。

贝叶斯网络的以上特性非常适合用于对事件的发生发展过程进行建模分析，适合于表达与事件发生发展相关的各种因素之间的复杂关联关系，适合于描述因素多态性以及因素间逻辑关系的非确定性。通过概率推理，能够对事件的整个发生发展过程进行定量的分析预测。因此本书选择贝叶斯网络作为建模工具，对因素和事件形成的链式关系进行定量分析。

## 4.2 政治风险的形成机制分析

风险要素和要素之间的关系是研究政治风险形成机理的核心内容。政治风险对国际工程造成的损失可认为是外部威胁性与工程脆弱性共同作用的结果，政治风险的要素可分为影响因素、政治事件和工程脆弱性，这些要素也组成了风险形成与传导的完整过程。

### 4.2.1 政治风险的影响环境研究

从文献研究来看，政治风险的来源分类有多种方式。大多数国内学者从国际环境、东道国国内环境、企业内部环境因素等层面评估我国的对外投资环境。本书基于政治风险的环境层次进行论述，将其分为国际环境、东道国环境和行业环境，其中国际环境和东道国环境是作为宏观环境对该国内所有的工程都产生影响，行业环境则是从微观层面影响特定的行业项目的实施和运营。

1) 国际环境的影响

国际工程由于其跨国属性往往涉及两国甚至多国，世界发展局势及国家关系从宏观层面上影响着项目的运行。在当前环境下，国际政治关系和国际经济关系的实质是国家利益之间的关系，是由国家的统治阶级通过其对外政策和对外行为来决定的。因国家利益或政治立场引起的摩擦或纠纷会影响工程所在环境的政治行为与政策,东道国的社会情绪也随着国际政治经济局势的变化而变化,国际工程可能在国家博弈的过程中成为战争和经济对抗的牺牲品。国际环境对国际工程的影响是从宏观层面展开的,并且能够通过微观层面发挥作用,具体可从以下几个方面来分析:

(1) 中国与东道国关系

东道国与母国的关系,在政治风险中起主导作用,不仅包括两国政府关系,还囊括两国经济往来贸易互通、国家战略规划、政治对经济的调控程度等。政治关系既具有相对稳定性,但也会因为权力转移、政府更迭、领土争端、极端事件而发生变化。政治关系友好是一个积极的信号,可从中预期到母国的支持和东道国的接纳。张建红和姜建刚(2012)的研究显示,双边政治制度有效地维护了对外直接投资,友好的外交活动能够克服东道国制度不完善的不利影响。Li(1999)从企业层面的调查数据进行实证研究发现,中国海外投资最可能流向与中国政治关系更友好的国家。中国投资者去这些地方不是因为他们愿意接受高风险,而是因为良好的政治关系降低了风险。这个研究也解释了中国的工程多分布在高风险地区的原因,也从实际数据上提供了证据。

对于来自关系良好国家的投资,东道国政府通常根据双方签署的正式协定引进并给予不低于其他国家的优惠待遇。当投资者受到歧视或者遭遇意外事件时,母国政府还可以施加外交影响,要求东道国政府进行干预和特别的保护。而当两国交恶时,除了降低外交关系级别之外,双方政府还会采取诸如提高关税、禁止出口、限制投资等手段进行经济制裁,对方国家的企业有时也不幸沦为报复的牺牲品。对社会态度而言,对于关系亲近国家的企业,东道国的民众持友好、和善的态度,而对于关系疏远国家的企业,则持敌视、抵制的态度,拒绝购买和使用他们的产品。

在这种国际关系战略导向下,中国的对外关系战略由意识形态导向转向了务实的国家利益导向,将经济关系作为建立政治关系的重要出发点,通过发展政治关系促进经济发展和保障经济安全,同时为实现国家战略布局,中国与世界各国通过经济手段加强往来。一些观点认为中国的跨国公司是政府塑造的,这种说法虽失于偏颇,但在一定程度上也反映出政府在企业国际化中的作用。在中国贸易促进会的"中国企业海外投资及经营状况"调查中,有72.8%的企业反映在"走出去"过程中得到了中国政府不同程度的帮助,国有企业由于承担了执行国家战略的任务,得到了更多的扶持。

国家关系一般处于动态变化之中,有积极的时候,也有消极的时候。消极的国家关系会影响东道国的对华政策和对中国工程的态度,在对华关系紧张的国家中容易散布一些关于中国的消极言论,如"中国威胁论",中国的崛起引起了他们的不安和恐慌,中国企业被贴上了政治标签,投资活动受到极大的阻碍。中国"威胁"论是中国特色地缘政治风险,中国经济迅速崛起,政治、外交趋于强硬,国防建设也不断强化,在地区事务和国际事务中扮演的角色越来越重要,致使欧美等发达国家担心中国的强大和崛起会挑战现有的以美国等西方国家为主导的世界政治经济秩序,构成对世界和平所谓的威胁,由此产生不安全感和战略恐慌,并做出一些防范和排挤中国的行为。例如,出于地缘政治安全考虑,越南在统一轨道宽度的问题上一直不肯让步,再加上近年中越之间领土纠纷不断,连接两国的高铁项目困难重重。由于历史等原因,我国与周边一些国家存在着领土争议,随着形势变化这些争议很可能上升为领土争端,引发冲突。国家关系的恶化对于中国企业的经营环境将是一种灾难性的破坏。

(2) 东道国与他国关系

东道国的国家安全、政治稳定和经济发展，都受到与邻国或者其他区域的国家关系的影响。经济全球化使任何一个国家都不能独立存在，在国与国的交往中，纠纷和战争并不鲜见。如在中东地区，民族矛盾、宗教文化纠纷、领土纷争、对石油和水资源的争夺等，都对国际贸易造成严重威胁，可能打乱区域内外资企业的经营步伐，也可能使企业的资产被强行占有或征收。

20世纪80年代以来，国际贸易的增长开始明显放慢，贸易摩擦加剧，竞争激烈，国际市场中保护主义盛行。尤其是贸易保护主义逐渐从关税壁垒转向非关税壁垒，各国繁多的非关税壁垒多达上千种，这使国际多边贸易体制越来越不起作用，也迫使各国采取区域经济联合的一体化策略，来建立更大的内部市场，抵消贸易保护主义的不利影响，缓和地区各国之间的经济摩擦，协调各国的经济利益。区域性集团国家（如东盟十国、欧盟）的结帮行动提高了它们对外抗衡的实力，使之有条件对外采取更强硬的贸易措施和行动，并且由于利益相关性与一致性，区域集团国家在对待外部国家时，易处于相同的政治立场，国家间的关系产生波及效应，使得中国与其中一国关系变化对中国与其他国家的关系产生影响。

(3) 全球经济与金融环境

全球化已使股票、债券、货币市场超越了国界，如果没有完善的政策、透明的立法制度和稳定的政治来控制全球化带来的压力，国际市场危机将越来越频繁。如2008年金融危机，肯尼亚总理就形象地比喻道："当美国打喷嚏，欧洲就感冒，亚洲得肺结核，而非洲的肺结核开始恶化。"这句话深刻描述了金融、经济危机给全世界，尤其是广大发展中国家带来的严重后果。

经济与政治之间互相制约，相互依存。国际政治和国际经济的相互关系上，首先表现为国际经济是国际政治的基础，国际经济对国际政治起着决定性的作用，但国际政治反作用于国际经济，对于其途径和机制，可归纳为：第一，国际经济关系的实质是一种政治关系；第二，国家的对外经济政策和对外经济活动只不过是实现国家对外政治目标的手段；第三，政治意识形态对国家间经济关系有制约作用。一些学者在控制经济因素之后，发现政治联系的恶化更加强了两国贸易领域的冲突。也有学者认为，经济上不对称相互依存→优势国家利用敏感性和脆弱性上的差异来迫使劣势国家屈从自己的意志→不平等的国际政治格局，以相互依存为基础分析国际政治的权力分配，从另一个视角解释了国际政治与经济互动的动力。

2) 东道国环境的影响

国际工程项目主要是在东道国进行，东道国环境是工程实施与运作的直接环境。国际工程一般牵涉广泛，包括东道国各类成员，如出口信贷机构、国际组织、政治党派或社会团体，并且各类成员间的关系也影响政治环境的状况。这些机构在社会或政治动态中相互关系的变化造成的影响可能远大于技术和工程复杂性带来的影响。

(1) 东道国的政治制度

North(1990)认为制度是用来规范人类行为且是人为制定的规则和限制。Scott(1995)则具体指出制度由认知和规范社会行为的一系列结构和行为组成。总之，制度为社会行为提供规则，无论是正式的（规则制度与法律）还是非正式的（行为守则与道德规范），都在国家或社会中构成了经济、法律与行为体系。新制度经济学认为制度是影响个人选择的关键性因素,如果制度严密,交易受到监控,易被察觉,成本等于或大于收益,寻求私利的动机将会自我抑制;反之,寻租的可能将大大增加。

民主政治的政府比独裁政府的变动性大得多,民主政治的政府倾向于减少军事政变和武装暴动的风险,但由于领导者经常改变,与政府的协议也会随之经常重新谈判和签订,如BOT特许问题,即使是时任政府,开出的条件也会根据选民需求随时变化。据世界经济论坛出版的《全球竞争力报告》显示,乌克兰、俄罗斯、厄瓜多尔和匈牙利政府经常不能实现其前任政府的承诺。而在专制国家中政府或政府人员是主要角色,对政策的干预程度更大,政府对经济的调控往往迅速、直接而且猛烈,国际工程的政治环境的变化较为剧烈,投资者更容易面临极端的政治风险。

不管是在专治国家还是在民主国家,都存在政客通过极端手段谋取一己私利的现象。强征案例既发生在属于专制国家的津巴布韦和埃及,经历民主转型不久的俄罗斯,也会发生在拥有较成熟民主体制的阿根廷和墨西哥。不过,尽管所有的国家都可能发生强征事件,但民主制度在解决方法上还是显示了相当的优势。民主国家法律制度相对健全使得大部分强征事件都能通过法律途径得到解决,跨国公司的损失可能获得部分甚至全部补偿。而在专制国家中,由于缺乏透明的法律渠道,跨国公司的投资往往无法获得任何补偿。

(2) 政府治理

在本书中政府治理主要指政府腐败和执政效率问题。工程项目往往是腐败的高发区,且项目要接受政府的批准与监管。政府的行政效率、清廉程度与项目能否顺利进行有着直接关系。尽管腐败是非法的并且影响很坏,但是在一些东道国,腐败是一种规则和文化,政府利用手中的行政权力换取个人或团体的经济利益。多年以来,国际承包商以行贿手段获得工程合同的行为屡见不鲜,工程行业存在腐败的原因有以下几点:投标过程中的过度竞争;投标人选择标准的透明度不够;对工程成本不恰当的政治干预;机构角色和功能的复杂性;项目各方的信息不对称。另一方面,繁琐的手续,低下的效率也给工程带来潜在的威胁,比如影响务工人员出入境,影响工程进度,增加工程实施的时间和成本。

政府的行为也是影响社会治安的重要因素,国际工程不仅需要政府营造良好的行政与监管环境,还需要安全稳定的社会环境,因治理不善而导致的社会阶级冲突(如工人罢工、政变、报复性袭击、绑架等)也会间接影响国际工程的正常运营和工作人员的安全。

(3) 东道国经济状况

有研究称如果一个国家的经济表现越好,则该国政府就越不可能采取行动来降低在该国内经营的公司的价值。东道国经济状况(如收入分配、国际收支平衡等)会影响政治风险是因为:

① 经济影响政策的制定,或成为政策改变的目标;

② 经济环境会导致政府发生改变;

③ 经济状况影响别的政治权利成员,如大众和特殊利益群体,从而导致政府政策的变化。

为改善国内经济情况,东道国政府可能会采取进出口限制和外汇管制等措施。比如,阿根廷在2001年遭遇金融危机时,导致外汇短缺,经济基础相当脆弱,阿根廷政府采取相当严格的外汇管理政策,进口付汇时限制外汇流通,有意拖欠或私扣跨国企业的资金,许多国家的跨国投资企业被迫从阿根廷撤出外资。

当今许多发展中国家处于经济转型期,转型经济的主要特征之一就是市场机制的不完善与效率低下,因此资源配置中还严重存在依靠政府直接分配资源以及行政机制或关系网络替代市场机制分配资源的现象。因此 Khanna et al. (2000)提出,在转型经济或在新兴市场经济国家中,企业很大程度上依赖非市场机制(如政府控制和关系网络等)来获取资源,这种渠道具有很大的不确定性,且缺乏相应的法律政策保护,对政府依赖性较高,一旦政府不稳定性增加(如政府换届、官员轮换等),工程项目的政治风险暴露度也随之增加。东道国内的经济情况下行,也会对社会态度产生不利影响,研究发现东道国的经济状况与排外主义有明显关系,经济状况较差时,社会态度更倾向于民族主义与仇外情绪,外国企业在这种情绪环境下生存就面临更大的风险。

(4) 政府对经济的干预

东道国政府对经济活动的介入是为了实现经济和政治目标,如就业、财政健康、区域发展、维护社会稳定等。但这些都会影响企业的投资行动,降低投资效益。在全球化时代,国家信誉变得更为重要。强行征收跨国公司的资产对国家形象打击太大,无疑是经济自杀。这些都是促成发展中国家态度转变的原因,1980年以后,发展中国家强征外资的事件大幅下降。不过,围绕国际投资产生的政治风险并没有消失,甚至近年来又出现了增长的趋势,特别是对于投资成本大、建设周期长、回收缓慢的能源资源和基础设施项目,仍然会不时遭到东道国政府的"蚕食式征用"。政府往往会以情况发生变化为由强迫跨国公司重签协议,以提高税率、减少优惠、缩短租期、增加租金等。尽管这些看上去相对温和的手段没有强征资产来得激烈,但这些做法反而可能对跨国公司的投资造成更大的损失。如马来西亚槟城二桥项目,由于项目融资问题转为马来西亚政府主导项目,马方政府强制要求必须在承包总价不变的条件下将大桥的建设标准调为英国标准,造成工程工期和成本的巨大增加。

(5) 社会组织的干预

社会组织也是经济生活中的重要力量,并且社会组织的发展对政治环境的影响也越来越显著。社会组织的行为从较温和的罢工与抗议,到极端的暴力打砸与冲突,对工程项目运营环境的影响程度不尽相同。O'Neill(2004)认为抗议活动一般由大规模和多样性的国内团体群体(如农民、原住民、工会)和专业的非政府组织(Non-Government Organization,NGO)发起,这些组织采用多种形式(如街头抗议、诉讼、游说、大众媒体)来反对跨国企业、国际政府组织和东道国政府。在社会生活中,人们面临的许多问题(如人口爆炸、环境污染等)越来越严重并且有整体性,当政府的控制和处理能力绝对或相对较低,以专门领域或问题为研究或处置对象的各种 NGO 有了更大的发展空间。NGO 领导的社会组织是一股强大的力量,能够攻击、改变、放大或扭曲企业和政府之间的关系。国际工程在东道国的实施中,不可避免地会对东道国的资源进行占有,对当地土地和环境造成破坏,当政府无力处理或出于种种原因袖手旁观时,NGO 即作为主要力量与承包商进行对立;或者,当 NGO 持有强烈反抗政府的观点时,与政府关系密切的承包商也易成为被攻击的对象。

(6) 东道国政策和法律

为保证国际经济正常往来,东道国设有许多涉及两国的经济开放政策、贸易与关税政策、货币与财政政策、外汇及外资政策等的法律法规。当前世界许多国家都在进行产业结构调整,国民经济重心向工业部门和服务业转变,各国都制定和适时调整产业政策、区域发展政策等。有关国家围绕产业调整的政策行动影响了国际工程运作的政策环境,如投资部门或领域变化、投资地区变化和优惠条件变化等,这类变化可能带来更好的投资机会,使已经实施的项目变得不优化,也可能使已存在的优惠条件或待遇不复存在。另一方面,面对激烈的国际竞争,东道国为保护自己的民族产业,限制国际公司的扩展和再次分配社会财富,会调整相关政策,如货币兑换政策、对外开放政策、所有权政策等。政策的变更使项目成本增加或盈利能力减弱,进而影响海外业务的整合和企业的成长。

中国承包商应该对工程所在国的立法中关于产品质量控制、价格管制与工资要求、合同监督与知识产权保护、组织与雇佣限制、国际投资及利润汇回的限制以及东道国的外汇管制等方面的内容倍加关注。完善、强大以及连续一致的法定管理制度能够为企业提供一个可以预见的、相对稳定的以及风险相对较小的政策环境。与之相反,专利权的法律保护不完善、商业法规执行不力以及不透明的司法和诉讼体系等,均有可能挤出对外直接投资,或诱发母国制度规避型的对外直接投资。

(7) 宗教主义与民族主义

宗教主义是意识形态领域的重要力量,影响着语言、社会结构、经济制度及其他大量社会经济文化成分,也影响着社会团体与个人的行为。在一些国家如伊朗、沙特等,宗教权利与国家、政府的统治权利合二为一,教权即是政权,宗教斗争可能遍布整个国家和政治系统。宗教冲突在国内表现为社会暴力、政变和内战等,而复杂的宗教问题在国际关系变动的大背景下,在宗教因素的作用下日益普遍化、国际化,激发为国际战争和民族战争。

在经济全球化浪潮中,一些国家以贸易战、投资战、金融战形式出现的经济民族主义高扬,已成为跨国经营政治风险的一大重要来源。民族主义的形式主要是:破坏国家统一;摆脱大国的控制,维护国家的独立;宗教民族主义。全球化进程中经济民族主义的原因有:全球化下国际经济体系层次的不合理性;经济收益不平衡的绝对性催生了经济民族主义。

贸易保护主义日益成为国际经贸领域经济民族主义的主要形式,国家采取一系列关税壁垒和非关税壁垒的政策措施,干预对外贸易,限制外国进口,以保护本国免受外国商品竞争的威胁,同时对本国商品出口给予各种优惠和津贴,鼓励出口。表现在政策方面,即"奖出限入"。各国在投资产业政策方面对外歧视性增强。为了避免失去市场份额,一些国家的政府以国家竞争的名义,越来越把外国公司视为敌对公司,并对外国公司予以歧视以保护其自身的工业,表现为千方百计地对外国公司和企业附加各类苛刻条件,以歧视性政策限制外来投资。

3) 行业环境的影响

国际工程涉及行业的不同,面临的风险也不相同。行业的政治风险主要受行业对外开放政策、行业规范、行业成熟度、东道国对行业的发展规划与支持力度、行业竞争中东道国对本国企业的保护等因素的影响。Mihalache(2010)研究发现企业的无形资产和地理位置的可移动性对于政治风险有着较大的影响,建筑行业由于其主要形式是有形资产和固定资产,位置具有不可移动性,所以政治风险更高。

投资项目所在的行业是决定投资是否遭受阻力的关键因素。敏感行业的政治风险显著高于一般性行业,通信、航空航天、能源、基础设施(港口、道路和水利项目等)属于敏感的投资行业,东道国政府对这些行业外来资本的态度较为谨慎。比如,相对于其他类型项目,资源型国际工程可能涉及投资敏感行业而面临更大的东道国政治风险。

Wenlee(1998)借鉴弗农模型中渐逝协议要素提出,在国家工业化发展初期,产业成熟度较低,迫切需要人力引进外资,在引入外资的同时,带动技术、培训和出口贸易的引入。伴随国家工业化的发展,对外资的需求会越来越少,而本国投资会越来越多。相对于过去,这个时候对外资的需求会逐渐减弱并变得过时,从而加速国家限制外资进入的管制。行业成熟度高的国家,行业相关的法律法规也更为完善,外国承包商面临更加复杂与具体的行业标准与规范,需要对其进行深入了解,否则很容易就触碰行业红线,受到各种惩罚与索赔。

政治行为也会因行业而异,因为在产业组织理论中,行业利润和结构存在很大差异,利润高的行业,贿赂行为频发,承包商可能遭到监管部门或权力人员的频繁索贿。行业的差异也决定了行业存在"保护国内主导权"和"提升贸易利益"的政治行为。在不同行业跨国公司现在面临的来自东道国本土企业的竞争程度也不同,当本土承包商数量较多时,这些本土承包商倾向于不平等地使用政治影响力来对待外国投资者。

### 4.2.2 国际工程中的主要政治事件

从现有文献的研究成果与中国出口信用保险公司的研究报告来看,世界不同地区面临的政治风险的表现形式很不相同,如在发达国家,政治风险多体现在歧视性政府干预与民族主义情绪引发的事件中,而在中东、非洲与拉美地区,政府不稳、社会动荡与战乱风险则更为明显。政治事件的多样性意味着风险的多样性,只有准确识别政治风险,才能采取正确有效的风险应对措施。本书根据国际工程面临的政治风险进行以下几个方面的识别:

(1) 政策不利变更

国际工程的进出口与政府政策密切相关,无论是东道国还是母国,政府或权利群体通过政策和法律对工程行业进行直接的影响,如企业的执照和许可证制度、安全卫生和建筑规范、工人最低工资、税收政策、设备出入境政策、融资条款等。对外政策法规的调整行动影响国际工程运作的政策环境,如货币兑换政策、对外开放政策、所有权政策、投资部门或领域变化、投资地区变化和优惠条件变化等,这类变化可能带来更好的投资机会,使已经实施的项目变得不优化,也可能使已存在的优惠条件或待遇不复存在,或者使项目成本增加或盈利能力减弱,进而影响海外业务的整合和企业的成长。例如,2004年加纳政府正处于改革阶段,政府不断调整对外开放政策和区域发展协议,招商投资政策经常发生变化,特别是对外资已经签订好的优惠条件和鼓励措施会频繁发生变化。

(2) 腐败与惰政

政府的腐败与惰政往往能反映一个国家的治理水平。由于东道国法治程度低下、政府管理体制不健全、官员的腐败或不作为等,致使企业的寻租成本增加,项目操作的难度增大,这种风险是隐形风险。很多国家存在着或多或少的腐败现象,在一些国家政府人员的薪酬相对较低,外国企业向政府部门行贿是一种潜规则,这种寻租成本加大了跨国投资者的经营成本和投资风险。且在一些国家政局动荡、政府更换频繁及政府行政效率低下的环境中,投资者付出的关系疏通费用除了增加成本外起到的作用很小。2010年菲律宾政府换届,中国承包商的项目陷入前届政府的贪污腐败案件中,项目被迫停工。

(3) 政府干预

没收、征用和国有化外国企业是政治风险最原始的表现,也是东道国政府干预的最直接手段,但现在许多国家都已不再采用这种方式,取而代之的是更隐蔽的方式:蚕食性征用。东道国政府采取多种方式使外国企业作为股东的权利被限制或实际上的取消,从而形成本质上的征用。在标准普尔公司对主权风险的定义中,政府的直接干预被认为包括如债务偿付的延期、外汇管制和改变税制等之类的手段,这些手段都将使政治风险上升。比如,津巴布韦议会2007年通过的本土化和经济授权法案要求在津资产超过50万美元,由外资控股的企业,必须逐步让土生土长的当地人占有主要股份。在一些国家,政府在经济活动中起到主导作用,对于国际工程项目,由于投标过程的可操作性,除了招标机构、地方众议员和省长等政客经常干预投标过程外,尤其是在选举临近时,得标者必须经过捐客承诺更高的费用给招标机构与政客,否则即使中标,项目执行的过程中也会麻烦不断。项目实施过程中,承包商同样必须与地方政客打交道,否则项目很难顺利实施。

(4) 排外和歧视行为

国际公司在东道国生存面临的语言文化差异、风俗习惯差异、国际关系及利益分配矛盾等问题,都会令东道国政府及社会民众对跨国公司和外国务工人员产生排斥情结,并采取相应的行为来表达这种排斥,如民众的游行示威、极端分子的暴力冲击、针对性的犯罪行为;而政府如果产生歧视与仇外心理,则会通过煽动误导民众、歧视性收税、政策排挤以及相应的不作为等阻碍国际工程,使项目运行的不确定性大大增加。随着中国的经济扩展与国际影响力的提升,基于历史、经济和政治等原因,在一些国家出现畏惧与仇视华人的思想浪潮,如越南、菲律宾等。据新闻报道,2014年菲律宾国内出现针对中国公民的伤害事件,占此类事件的近三分之一,从侧面证明当下菲律宾国内对中国人的敌视程度正在急剧上升;美国外国投资委员会(Committee on Foreign Investment in the United States, CFIUS)向国会递交的年度报告显示,该委员会2014年审核了24宗来自中国的收购申请,遭到审核的中国企业数量连续三年超过其他国家,中国企业已成为重点排查对象。另一方面,为了实现政府的产业目标,保护本国弱势产业或企业的发展,东道国经常会通过对外资企业做出一些限制,进行一定的区别性干预。区别性政府干预带有一定的针对性,干预较为严厉。主要方式有:只允许跨国投资者以合资的形式投资,且外商占有较小的比例;专门制定针对外资的歧视性法律;对外资企业征收额外税费;鼓励国民支持国货或鼓动外资企业工人罢工等。这些区别性政府干预的方式加大了我国企业跨国投资的风险,给我国企业带来难以预料的财产损失。

(5) 政治暴力

政治暴力风险是指由于东道国发生战争、革命、叛乱、政变、罢工、宗教冲突、民族冲突或者恐怖主义,导致投资者有形资产遭到损毁,并威胁人身安全的风险。政治暴力主要是宏观风险,是发生在东道国的可能对所有经济活动产生破坏作用的暴力事件。虽然世界对和平与发展的诉求在增加,但是局部的摩擦与冲突,甚至战争依然普遍存在。这些事件本身具有极大的破坏力,并且往往是灾难性的,波及范围广,对政局稳定和社会治安影响程度深远,国际工程可能遭受财产损失和人员伤亡的威胁。2004年阿富汗武装分子突袭中建十四局在阿富汗昆都士的公路项目工地,并向中国援建工人疯狂扫射,造成11死5伤的恐怖事件。2011年,因利比亚的武装冲突中国承包商的50个项目停工,涉及金额188亿美元。2012年,因埃及当地部族与埃及政府的冲突,25名中国工人遭到当地武装分子绑架。

(6) 违约

东道国政府违约风险是指东道国政府违反合同或协议中部分或全部条款,无故解除与投资项目相关的协议或者不经预先通知就提高税费等不合理行为,跨国企业无法按原协议或合同执行,并导致跨国企业遭受损失的风险。东道国任何政权的更迭或者政策的变化,都可能导致正式合同丧失意义。另外,当地合作企业也有可能因政治原因违约。例如,1997年,由于亚洲金融危机的爆发,印度尼西亚提前中止十几个电站的特许权合同,致使多个国家的外国投资者承受了巨大的财产损失。2002年3月,缅甸政府声称为了保护本国企业的权益及改变本国企业处于竞争劣势的形态,中止了缅境内所有驻缅外国独资贸易公司的进出口业务,并于同年8月吊销了上述公司的营业执照。2011年9月30日,缅甸吴登盛总统致函议会宣布为了顺应国内民众保护生态环境的意愿,在这届政府任期2015年届满之前搁置中缅合作的重大水电项目密松水电站。2012年在菲律宾的北吕宋铁路项目被菲律宾政府中止,且菲律宾政府拒绝承认该合同。2015年墨西哥单方面取消高铁项目致中方损失44亿美元。

(7) 项目抵制活动

项目的抵制活动主要是针对企业和项目的,对项目的运营和安全产生不利影响。国际工程项目位于东道国,要与当地政府接洽合作,与当地利益团体进行共存,国际工程与当地政府交往过密,使得对政府的反对行为转移至某些项目,爆发罢工、游行抗议等活动。与当地利益的冲突也会导致项目受到抵制。2012年,缅甸数百名当地农民、僧侣和维权人士进入中国承包商的某铜矿作业区抗议,投诉铜矿拆迁补偿不公、污染环境等,抗议者还占领了承包商在铜矿附近的营地。

以上七类风险事件不是对立关系,可能几类会同时发生。例如,当东道国对外国企业进行蚕食性征收和干预的时候,常常伴随相关进出口政策和税收政策的变更,所以研究政治风险的形成机理时,需要对事件之间的相互作用机制进行深入分析。

### 4.2.3 政治风险的形成与传导过程分析

本书认为风险因素的变化产生和汇集了风险能量,政治事件是风险能量的载体,能量通过事件的影响力传导至国际工程。在目前阶段,很多学者对风险事件的产生、形成、高涨和消亡的过程进行了深入研究。例如韩立新和霍江河(2008)将事件的发展过程定义为显现期、成长期、演变期、爆发期、降温期、长尾期等几个时期,风险能量随着事件的发生与影响不断扩大,产生"蝴蝶效应"。刘鹏飞(2009)将事件的发展过程分为引发期、酝酿期、发生期、发展期、高潮期、处理期、平息期和反馈期等不同阶段。

根据学者们对事件发生与发展过程的认识和总结,并结合政治事件与国际工程的脆弱性在风险形成过程中发挥的作用,本书将其分为酝酿阶段、初显与传导阶段、外显与破坏阶段等三个阶段(图4.4):

第一个阶段:酝酿阶段,是政治环境中风险源发生变化,激活相应政治事件的过程,这一阶段一个或多个因素共同变化,产生了风险能量;

第二个阶段:初显与传导阶段,是风险通过事件进行传导的过程,通过一个或多个事件将风险能量传递至国际工程,是风险的发展与传导阶段;

第三个阶段:外显与破坏阶段,是风险能量与工程的脆弱性相互重叠、相互作用,最终得以释放，对工程产生破坏作用的过程。

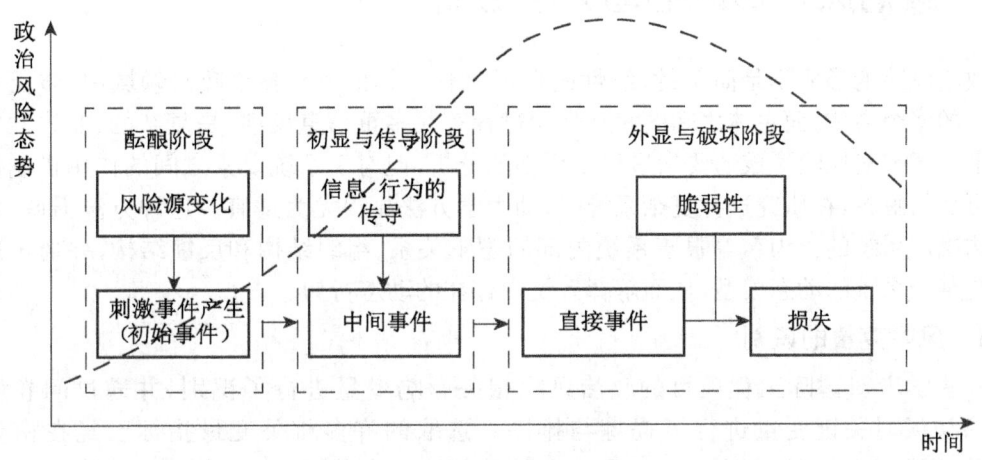

**图 4.4　政治风险演化态势**

根据政治事件在此过程中的作用，可将其分为初始事件、中间事件和直接事件，风险的态势也在直接事件中达到顶峰。但国际工程面临的政治事件具有多样性和复杂性的特点，有的事件可能既是初始事件又是直接作用事件。政治事件的形成与发展对工程的影响可从以下三个方面理解：

(1) 事件本身对工程具有破坏力

风险产生的根源事件具有本身的破坏力是指当政治事件发生时，事件本身对工程项目造成威胁，如战争、恐怖主义，使得原本安全的环境处于"失控"状态，工程项目遭到破坏，初始事件对风险后果表现为直接的因果关系。并且事件的破坏力可以从显性和隐性两方面表现，显性破坏是事件爆发造成的物理损失，包括财产的破坏和损失、人员的伤亡、间接经济损失；隐性破坏是没有造成显性损失，却对已经形成的社会既得的，普遍的价值观和秩序造成冲击，加大了事件的破坏力和影响力。

(2) 来自其他方面的推动力

初始事件本身对工程项目没有直接影响，经国际组织、东道国政治系统、社会民众和其他团体的推动与传递，产生一件或多件中间事件对工程项目造成影响，表现为间接关系。如中国在南海的领土争端问题，海上冲突与对峙使得一些东南亚国家反华情绪高涨，在政府、媒体舆论和激进分子的推动下不断激化，东道国社会抵制华人，对中国企业和人员实施极端暴力行为，使得中国企业遭受损失。

(3) 来自政府或者其他组织的调控能力

调控力是指政府或其他组织对政治事件的调控作用。对于政治和社会事件来说，政府作为公共管理机构有责任和义务对事件进行监督和处置。控制力的大小受到政府和其他机构的公信力、公关能力和控制能力等多方面因素的影响。政府的调控力不一定总是产生积极作用，若调控不当则会使事件更加恶化，激发深层次的矛盾。如宗教冲突加剧的形势下，政府采取的一系列控制与治理措施。

## 4.3 政治风险形成的动力学分析

政治风险的形成不是简单的、线性的形成过程。其根植于整个政治领域中,涉及社会系统中的多个主体,而主体之间的相互作用过程存在多重信息反馈,是复杂的、非线性的系统。上一章节对风险形成的要素进行了详细的分析,但对于系统要素之间的作用机制没有具体可靠的解释,在研究这种复杂系统时,动力学方法显得尤为适宜。这种方法强调"系统的结构决定系统的行为",着眼于系统内部的逻辑关系、组织结构和反馈结构,并通过这些来构造某个系统的动态模型,从而解释系统中存在的动态行为。

### 4.3.1 风险变量的识别

一些学者对国际工程项目的政治风险相关影响变量进行了识别,并通过问卷调查和专家访谈对关键变量进行了提炼与排序。选取的许多相关变量指标已经在衡量政治风险的研究中加以应用。本书通过文献分析和案例研究对影响政治风险的因素进行识别,并通过对相关专家访谈,从国际承包商的角度识别政治风险关键变量。按照国际环境、东道国环境、行业环境和国际工程脆弱性进行归类,提炼相关风险因素集合,见表 4.1。

表 4.1 政治风险影响因素集

| 因素类别 | | 因素名称 | 依据文献 |
| --- | --- | --- | --- |
| 国际环境 | A1 | 中国与东道国外交关系 | Nigh, 1985; Li & Liang, 2012 |
| | A2 | 国际纠纷或战争 | Nigh, 1985 |
| | A3 | 贸易自由度 | Deng & Low, 2013 |
| 东道国环境 | B1 | 政府稳定性 | Ling & Hoang, 2010 |
| | B2 | 政府治理状况 | Le et al., 2014 |
| | B3 | 法律法规质量 | Chua et al., 2003 |
| | B4 | 经济表现 | Mocan & Raschke, 2016; Khanna & Palegu, 2000 |
| | B5 | 社会稳定性 | O'Neill, 2004 |
| | B6 | 恐怖主义程度 | Howell, 2002 |
| 行业环境 | C1 | 行业成熟度 | Wenlee, 1988; Deng & Low, 2013 |
| | C2 | 行业与经济目标一致性 | Milner & Yoffiem, 1989 |
| 项目脆弱性 | D1 | 项目特性 | Ozorhon et al., 2010; Baloi & Price, 2003; Ling, 2006; Han, 2007 |
| | D2 | 东道国需求度 | Ashley & Bonner, 1987 |
| | D3 | 经济贡献度 | Alon & Martin, 2009; Grosse, 1996 |
| | D4 | 公众对项目支持度 | Han & Diekmann, 2007 |

续表 4.1

| 因素类别 | | 因素名称 | 依据文献 |
|---|---|---|---|
| 企业脆弱性 | E1 | 企业特性 | Khattab et al., 2007; Alon & Martin, 2009 |
| | E2 | 与东道国政府和团体关系 | Ashley & Bonner, 1987 |
| | E3 | 承包商被接受程度 | Khattab et al., 2007 |
| | E4 | 承包商不当行为 | 邓小鹏 等,2015 |

### 4.3.2 因果关系

客观世界的各种现象,彼此之间都有一定的因果关系,经济社会系统更是一个以因果关系为基础的系统,政治风险的生成也遵循着因果规律,正是因果关系使得风险能量的传导有了路径和方向。在本书中,因果关系确定的依据为:

第一,文献研究。通过对政治风险相关文献的研究,从理论上确定因素与因素的影响。许多文献针对某一类政治风险进行了较为全面的调查,从政治、经济、社会和法律不同方面分析其可能的风险源头,将其归类整理,绘制一果多因树。

第二,案例实证。通过收集大量新闻报道,对案例进行分析与解读。时空上的先后关系是判断因果关系的重要标准,案例研究更容易从事实上确定因果关系,将因素与事件进行归类汇总,并结合理论逻辑关系进行分析和验证,不断调整因果树图。

通过以上两步的工作,分别建立起七类政治风险的因果树,在树状图中有些变量加括号,表示该变量在此树状图中出现不止一次,属于一因多果中的因。

(1) 政策不利变更

政策变更是国际工程面临的较普遍的政治风险之一,国内外许多学者对其原因也进行了深入的探究与分析,如 Chua et al.(2003)、Khattab et al.(2007)、Alon & Herbert(2009)、Ling & Hoang(2010)、潘镇和金中坤(2015)。根据前人研究成果,绘制政策变更的原因树,如图 4.5 所示。

政策产生不利变更的原因可能是东道国政府不稳定,发生如政权更替、政治暴力等事件使政府的政策稳定性难以为继,或是国内外社会经济形势发生变化,如国家关系变化、国内经济表现等,使东道国调整对外政策和行业政策,也可能由于外国企业对本地产业的发展造成了明显或潜在的不利影响促使东道国在政策上有意做出变更。例如,承包商与政府和社团关系产生恶化,会使得东道国政府采取消极的干预措施(延长审核期、严查务工人员或暂停手续办理等行为),为使自己的干预行为合法化,东道国也会针对承包商制定一些限制性政策或惩罚性政策。多种因素作用于同一事件,或多个事件导致同一事件,就形成相关原因与结果的树形图。

(2) 政府干预

对于政府干预,根据 Chua et al.(2003)、Khattab et al.(2007)、Alon 和 Herbert(2009)、Ling 和 Hoang(2010)、潘镇和金中坤(2015)的研究绘制因果树,如图 4.6 所示。政府干预的原因众多,宏观层面的干预包括政府对经济的引导与调整、东道国对经济贸易自由度的控制、对国外资本的管控等,两国关系、政府稳定性、政府不良治理和行业特性都是东道国对经济活动

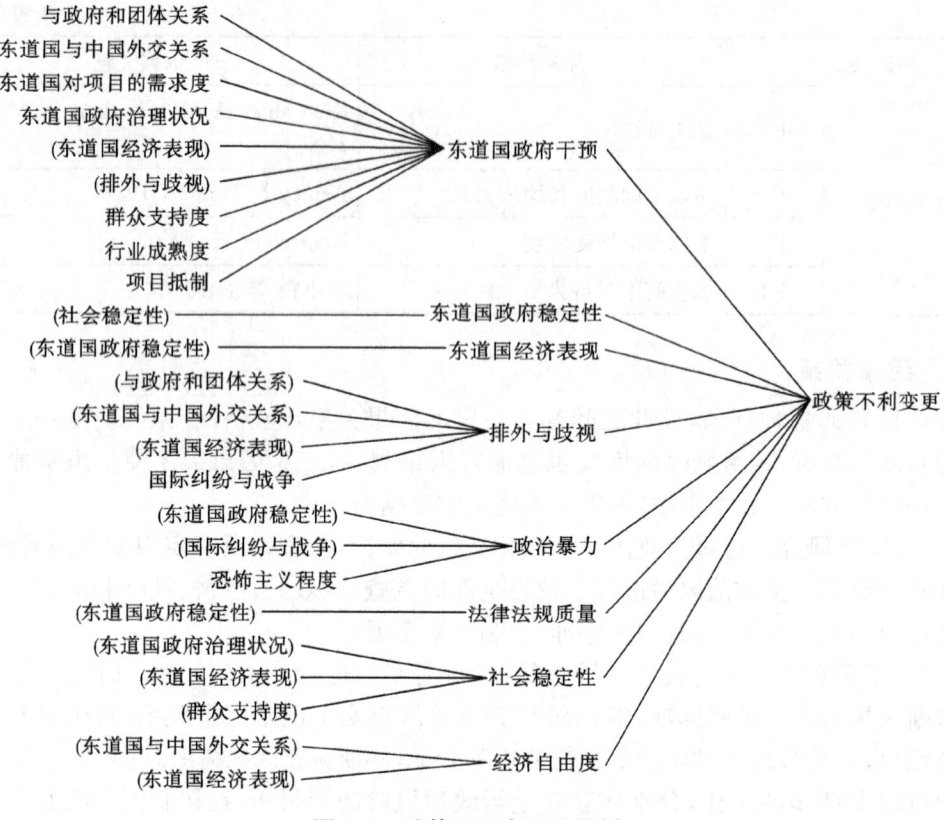

图 4.5　政策不利变更因果树

进行干预的原因。微观层面的干预包括对特定企业与项目的控制,企业与东道国政府的关系、企业的经济贡献、项目特性和企业行为都是影响政府干预程度的重要因素。

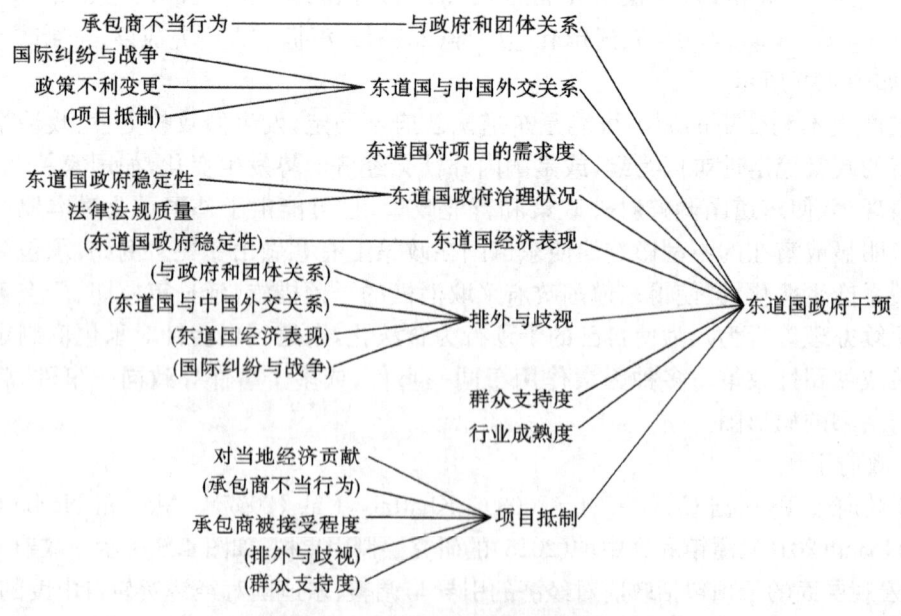

图 4.6　东道国政府干预因果树

(3) 腐败与惰政

政府稳定性被认为会影响东道国的腐败程度。不稳定的政治局面会使得投资者和政府官员更关注短期利益,往往为了私人利益而牺牲公共利益,而一个稳定的政治局面则有利于投资者和政府官员更关注长期效益,从而降低腐败程度,提高行政效率。处在政治经济转轨期的国家,经济政策的完善和市场法则的运行都有待提高,存在严重的政府官员腐败、管理水平低、工作效率差等现象。依据 Rios-Morales et al.(2009)、Le et al.(2014)的研究绘制因果树,如图 4.7 所示。

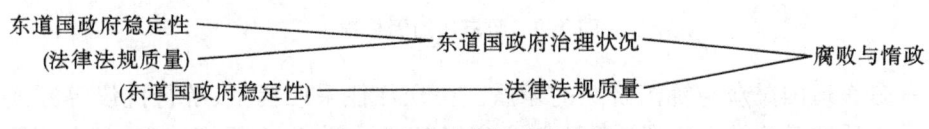

图 4.7　腐败与惰政因果树

(4) 排外与歧视

东道国对国外企业和项目的排斥与歧视,会使项目运行困难,其原因主要包括两国关系、经济保护主义和民族主义情结。两国之间政治经济差异和纠纷影响,是产生排外情绪的重要原因,经济原因是根本的、长期的原因,政治原因在一定历史条件下也发挥主导作用。根据 Nigh(1985)、Mocan & Raschke(2016)、Glaeser(2005)、Panggabean & Smith(2011)、Overland(2009)的研究绘制因果树(图 4.8)。

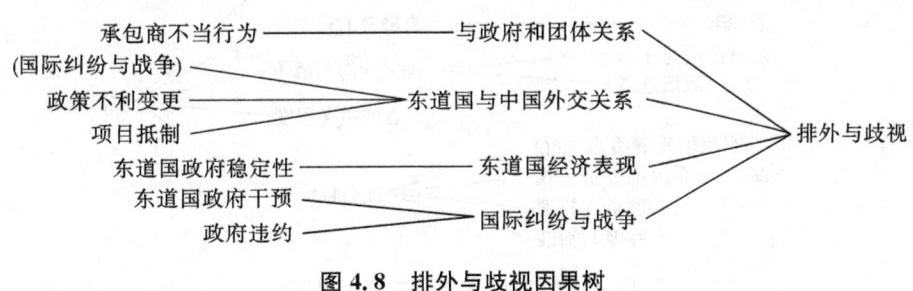

图 4.8　排外与歧视因果树

(5) 政府违约

政府违约风险来源主要有:一是由东道国政府不稳定性引起,政权交错更替、政党轮流执政导致的。新成立的国家或政府对上一届的政府与外国投资者签订的生效投资协议或合同以各种理由拒绝执行,甚至单方面中止或废除,这会给投资的跨国经营企业或项目带来难以挽回的损失,或是反对党或在野党、国内势力强大的非政府组织及外来国家的干预对执政党政府施加压力迫使其搁置或中止其与外国投资者签订的已经生效的协议或合同。二是由于国家关系恶化,导致报复性违约行为。两国政府交恶,使东道国政府搁置、废除相关项目。三是由于东道国经济状况恶化导致无力支付,或延期支付行为。根据 Deng et al.(2013)、Ashley 和 Bonner(1987)汇总因果树(图 4.9)。

(6) 政治暴力与抗议

东道国暴力行为包括政治暴力和社会暴力行为。各国存在政治暴力的原因主要体现在:一是由领土主权争夺而引起的边境冲突;二是由于国家体制改革与政局动荡而造成的风险;三是由于反政府武装、选举暴力及恐怖主义导致的恐怖事件。社会暴力的原因主要

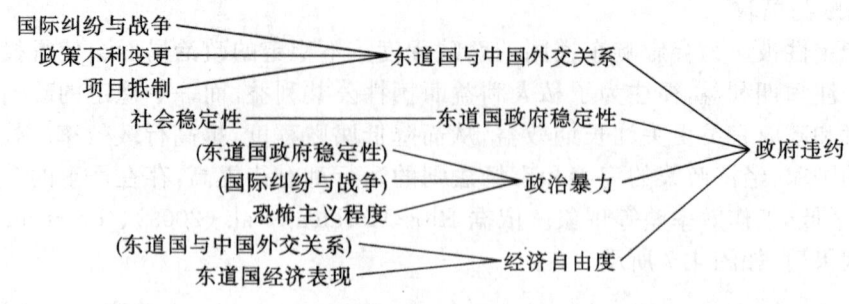

图 4.9　政府违约因果树

体现在：一是东道国民众与统治阶级的矛盾。民众往往采取罢工、游行抗议等方式表达诉求，且随着矛盾的激化社会抗议活动也随之变得激烈，如发生大规模冲突、袭击等行为。二是东道国宗教关系紧张。在东道国内部爆发的宗教斗争与冲突，会给社会治安带来严重的影响，使项目的运行环境恶化。三是东道国经济的不良表现。经济环境的破坏会扩散影响社会环境与政治环境，随着通货膨胀和失业率的升高，随之而来的是社会治安混乱与犯罪行为的增加，使社会暴力行为上升。根据 Brass(2011)、Alon 和 Herbert(2009)、Deng et al.(2013)、Horowitz et al.(2001) 的研究绘制因果树(图 4.10)。

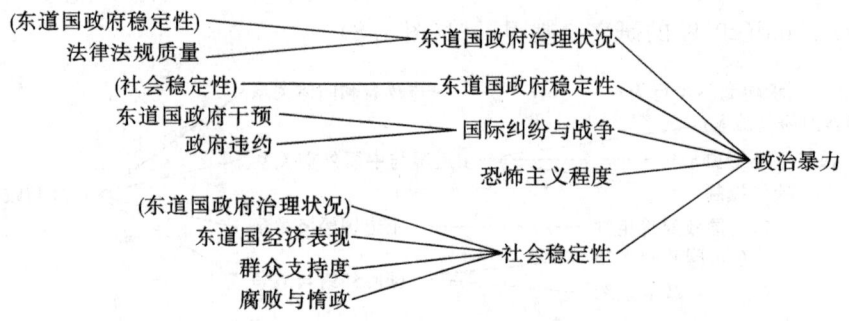

图 4.10　政治暴力与抗议因果树

（7）项目抵制

针对项目的抵制活动，包括从较为温和的罢工示威和行政阻碍，到暴力性的冲击打砸和人员伤害等行为。项目在当地的活动既受宏观因素如国家关系、民族主义、经济表现的影响，又受到微观因素如承包商的行为、项目特性、经济贡献度等影响。根据 Naderpajouh et al.(2015) 的研究绘制因果树(图 4.11)。

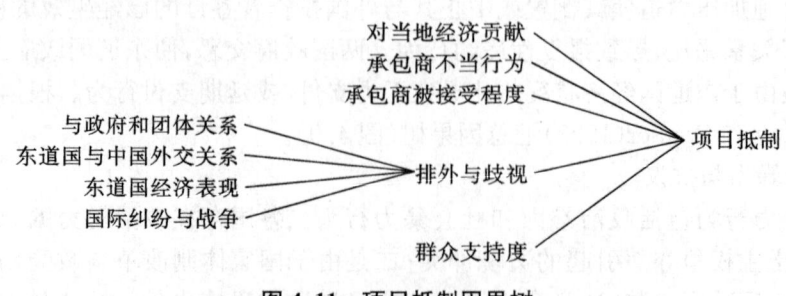

图 4.11　项目抵制因果树

### 4.3.3 模型确立与分析

通过系统动力学软件 Vensim 构建国际工程政治风险的系统动力学模型,主要包括两个过程:①确定变量。以上研究中识别了9个宏观变量、10个微观变量和7种政治事件,将其作为模型的节点。②确定因果关系。基于上节7种政治事件的因果树,确定节点间的因果关系。对其进行整合,可得到复杂的网络结构图(图 4.12)。

图 4.12 不仅可以表示因素与因素之间,因素与事件之间的因果关系,还可以从中观察到包含因果关系的反馈回路。反馈是系统动力学中的一个核心概念。反馈是指当系统或者系统中的子系统输出的全部或者一部分返回至系统或其子系统的输入的整个过程就称为反馈。当系统中多个变量($n>3$)能够构成一个有因果关系、闭合的环路时,那么此时就形成了一个反馈环。正反馈回路能够不断循环,具有强化作用;负反馈回路通过不断循环,进行自我调节。由此可见,一些政治风险发生后能够在一定程度上进行自我调节,减弱风险影响,但通过复杂反馈的自我强化,政治风险也会进一步增大。通过基于系统动力学的风险反馈模型,可以直观观察到风险因素对政治风险的作用路径,以及各风险因素之间的相互关系。

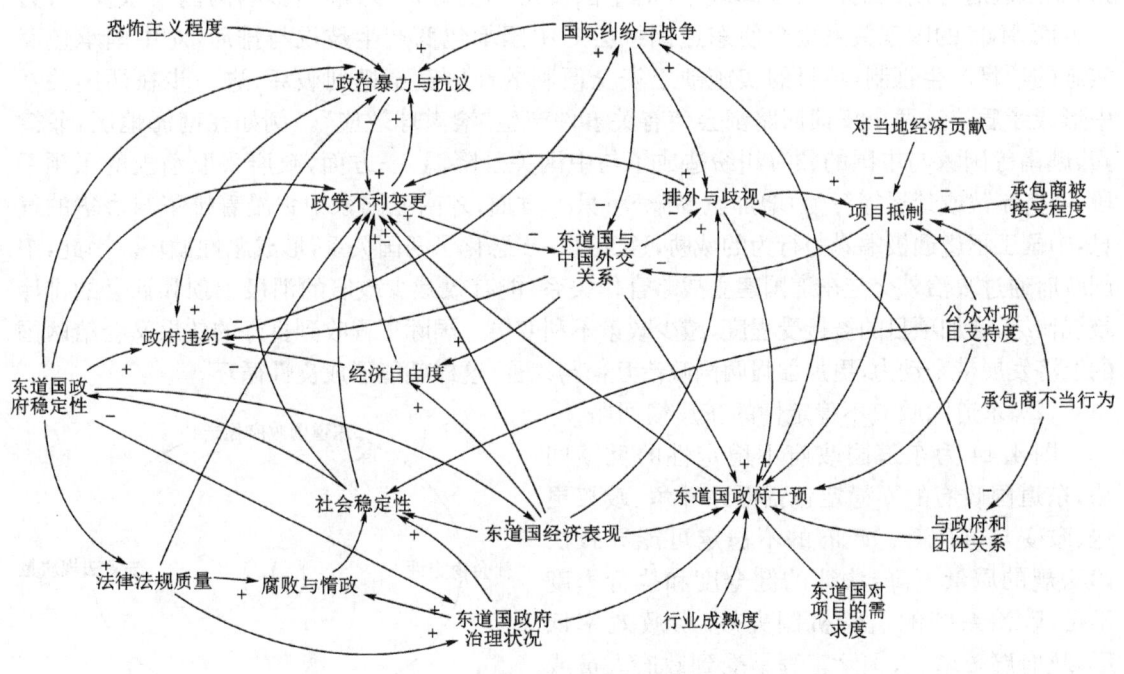

**图 4.12 政治风险网络结构图**

一般情况下,系统中的正、负反馈环之间存在相互约束的关系。正、负反馈环能够在系统演化中的不同阶段交替地起到主导作用,从而推动系统向不同状态发展。所以,通过反馈环分析有助于我们厘清在一个系统中各个变量之间的反馈关系,特别是在研究复杂的反馈系统时,能够对关键变量的变化原因、变化趋势等进行分析。本模型中因果反馈回路多且复杂,下面介绍几个重要的反馈环:

(1) 东道国政府干预——东道国与中国不良关系的正反馈回路

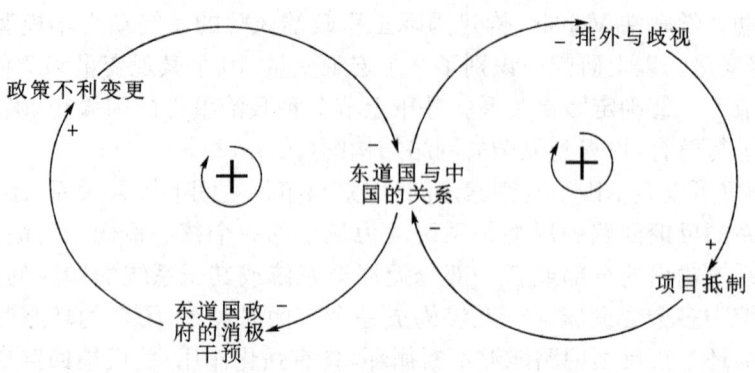

图 4.13　东道国政府干预——东道国与中国不良关系的正反馈回路

图 4.13 中有两个反馈环,分别命名为政策变更反馈回路与项目抵制反馈回路,在政策变更反馈回路中,东道国与中国的国家关系的恶化会使东道国政府增加对工程的消极干预,刺激政府定制区别性的法律政策,对中国发出不友好信号,继续影响两国关系发展;另一方面,不良的国家关系也会使东道国社会对中国承包商产生歧视与排斥,对中国承包商实施的项目产生抵制,项目的实施缺乏安全便利的环境甚至遭到破坏,进一步在两国关系中形成矛盾。这两个反馈回路都会使有关事件产生"滚雪球效应"。例如在南海地区,菲律宾、越南等国家与中国的领海纠纷造成了与中国关系降温,一方面,政府采取消极的干预手段(经济制裁或禁运等行为)增加贸易障碍;另一方面,东南亚国家中弥漫着排华与仇华的气息,中国工程遭遇极端暴力行为的威胁,这又进一步恶化了两国关系,形成恶性循环。因此,中国政府通过政治外交与东道国建立战略合作关系,能有效减少政府的消极干预和社会的排斥歧视情绪,增加项目的被接受程度,减少政策不利变更。国际工程收到良好的效果又会给两国的经济发展带来动力,更加加强两国政治互信与来往,这样就能形成良性循环。

(2) 东道国政府不稳定性的正反馈回路

图 4.14 为东道国政府不稳定性的反馈回路,东道国政府的不稳定包括派系斗争、政权更迭、政变与革命等。政府的不稳定可能导致法律法规的质量下降,法律的健全度和执行力度不足,政治系统的监管机制失效,行政效率低下,政府腐败增长,国际工程易受到政府人员或团体的索贿与敲诈,甚至遭到恶意破坏。由于腐败与效能低下,社会正常运作与秩序被破坏,由此引发社会对政府的不满,加深阶级矛盾,发

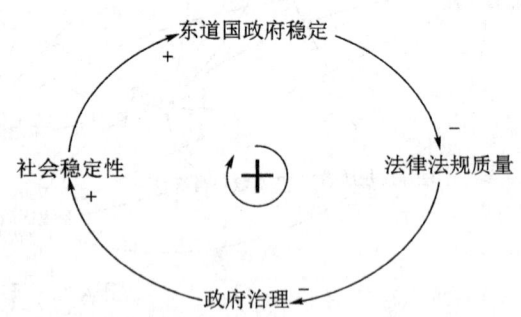

图 4.14　东道国政府不稳定性的正反馈回路

生罢工与抗议甚至上升为政治暴力或政变,进而影响政府稳定性。例如,在利比亚战争中,长期的战乱局面使法律形同虚设,政府无力对该地区进行有效的治理,社会暴乱与犯罪行为攀升,政局更加复杂与危险。

(3) 国际贸易自由度的正反馈回路

图 4.15 为国际贸易自由度的反馈回路,贸易自由度反映两国进行贸易活动的便利程

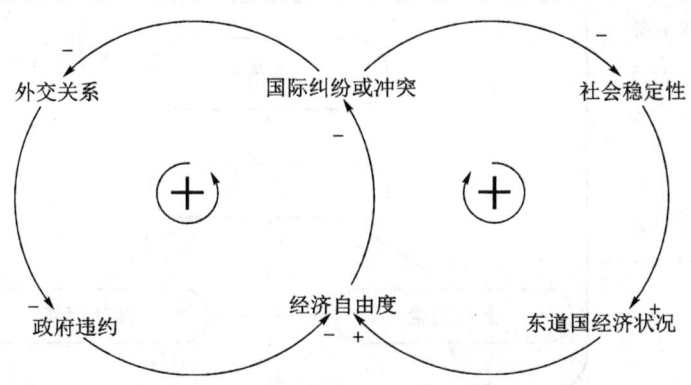

图 4.15　国际贸易自由度的正反馈回路

度,两国政府通过定制双边政策,或降低关税等行为来促进自由度,而当某一国在竞争中处于劣势地位,造成国际收支不平衡、对外贸易逆差严重等情形时,政府则采用各种手段来保护本国经济,降低国际贸易的自由度,这一行为往往增加国际纠纷,催生民族主义情结,影响国际工程面临的社会环境的稳定;外资陷入困境也反过来会影响东道国的经济发展,特别是对依赖 FDI 的发展中国家,会大大降低对外资的吸引力,对本国经济产生负面影响。另一方面,国际纠纷有时也会成为政治矛盾的导火索,使两国外交关系降温甚至恶化,双方都可能产生违约,通过政治手段制裁对方,进一步导致贸易自由度下降,牵连更多产业。在当前国际社会,贸易自由度在不断扩大,但也随着双方政治关系和自身经济状况的变化,一些区域国家通过组建自贸区来促进经济共同发展,也有区域以自贸区形成贸易保护圈,对圈外的国家持排斥态度,此时就容易陷入贸易恶化的循环中,导致诸多政治风险。

反馈环更加深入和全面地解释了政治风险的形成和发生,国际工程所面临的政治环境系统是处于动态变化之中的,风险因素和风险事件互相影响和促进,政治事件的发生促使当前的政治环境发生质变,系统中各种状态随之改变,而各种状态的变化,又酝酿着政治事件的生成。系统动力学模型是从整个政治、经济和社会系统对政治风险的形成路径进行了解释和分析。

## 4.4　政治风险贝叶斯网络的仿真和应用

### 4.4.1　贝叶斯网络模型建立

政治事件的破坏力作为工程损失的直接原因,是政治风险的根本性决定力量和内涵力量,宏观和微观因素的改变是促使政治风险形成的根本原因。由于政治风险各影响因素之间的复杂交互关系,简化宏观政治因素与微观因素之间的联系,从政治风险预测的角度出发,将政治风险形成过程理解为图 4.16。

贝叶斯网络结构可设置为三层:结果层、结构层和数据层。结果层表示贝叶斯网络建立的目标,即输出的结果。由于结果是对政治风险水平的衡量,所以将结果层变量设定为风险造成的损失;结构层表示贝叶斯网络的核心结构,主要由风险形成与传导阶段中的影响因素、风险事件和国际工程脆弱性组成;数据层表示通过哪些数据输入最终得到测量目

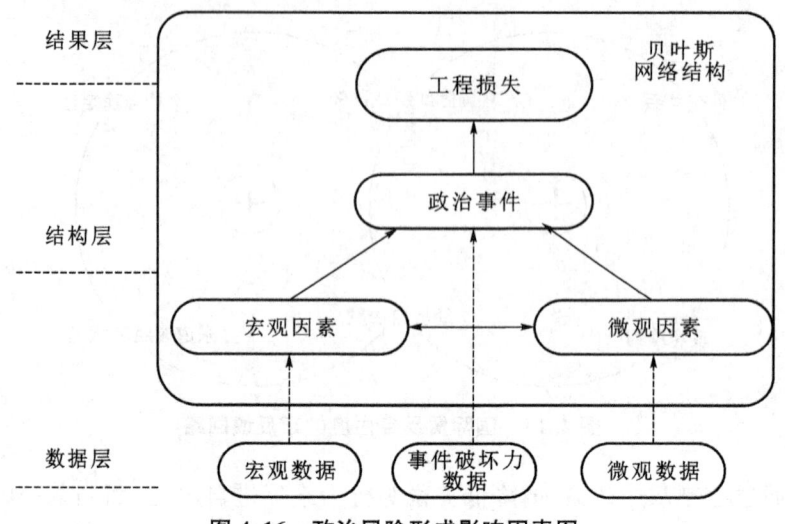

图 4.16 政治风险形成影响因素图

标,数据层包括宏观和微观因素状态相关数据、反映政治事件的相关数据、风险释放造成损失的相关数据,通过对这些数据的学习得到先验概率分布。

1) 网络结构确立

贝叶斯网络结构的确立主要包括以下两个步骤:

(1) 确定网络节点变量。在网络节点变量的选择中,选择与实际问题有关的,能够将问题清晰表述的变量。对于政治事件来说,重点是选择能够描述事件在发生、发展、演化的整个过程中的各个相关要素,并以此作为贝叶斯网络中的节点,同时确定节点变量的取值集合,该集合应该包含节点变量中的所有可能取值。根据前期研究,变量节点包括9个宏观变量、10个微观变量和7种政治事件。

(2) 建立能够表示节点之间关系的有向无环图。在选择了节点变量之后,要根据节点之间的相互作用关系利用有向边将各个节点相连接。对于政治事件而言,贝叶斯网络之中的有向边代表一种因果关系,这种关系描述了事件从酝酿、传导和外显过程中,各个相关节点之间存在的一种相互作用、相互影响的关系。

为表述方便,对相关变量进行缩写,如表 4.2 所示。

表 4.2 变量名称及缩写

| | 变量名称(中文) | 变量名称(英文) | 缩写 |
|---|---|---|---|
| | 损失 | Loss | LOSS |
| 事件 | 政策变更 | Law and regular change | LRC |
| | 腐败和惰政 | Corruption | CORR |
| | 排外和歧视 | Xenophobia | XEN |
| | 违约 | Default | DEF |
| | 政府干预 | Government intervention | GOVI |
| | 项目抵制 | Anti project | ANTP |
| | 政治暴力 | Violence of politic | VIOP |

续表 4.2

| | 变量名称(中文) | 变量名称(英文) | 缩写 |
|---|---|---|---|
| 宏观 | 中国与东道国外交关系 | Relationship with China | RWC |
| | 国际纠纷或战争 | International war | INTW |
| | 贸易自由度 | Economic freedom | ECOF |
| | 政府稳定性 | Government stability | GOVS |
| | 政府治理状况 | Government governance | GOVG |
| | 法律法规质量 | Laws and regulations | LAWR |
| | 经济表现 | High economic growth | HECO |
| | 社会稳定性 | Social stability | SOCS |
| | 恐怖主义程度 | Terrorism | TERR |
| 微观 | 行业成熟度 | Industry maturity | INDM |
| | 行业与经济目标一致性 | Consistency with economic objective | CWO |
| | 项目特性 | Project nature | PRON |
| | 东道国需求度 | Desirability | DES |
| | 经济贡献度 | Economic contribution | ECOC |
| | 公众对项目支持度 | Support | SUPP |
| | 企业特性 | Enterprise nature | ENTN |
| | 与东道国政府和团体关系 | Relationship with government | RWG |
| | 承包商被接受程度 | Acceptability | ACC |
| | 承包商不当行为 | Dis-conduct | DISC |

通过对政治风险的系统动力学研究建立了风险路径网络模型,系统动力学模型中存在环状反馈回路,是从动态角度解释风险的形成机理,但是贝叶斯网络不能存在环状回路,根据事件是导致损失的直接作用力,提取风险因素及其因果关系网络,并对概念模型中的一些关系进行补充或取消。确定贝叶斯网络模型结构,见图 4.17。

要确立贝叶斯网络模型,还要确定条件概率。在确立了节点与节点之间的网络拓扑关系之后,其中的每一个节点都需赋予相应的条件概率,用以描述网络中子节点与其父节点之间的关联关系。没有父节点的节点则必须要给定先验概率,需要对各节点进行量化分析。

2) 数据来源与处理

在网络结构的确定中,本书根据文献综述和专家知识确立的系统动力学网络为依据,在一定程度上增加了研究的主观性,所以在确定节点的概率分布时,采用从数据中通过数据学习的方法获得概率分布,也就是通过算法确定节点条件概率分布,在一定程度上确保了结果的客观性。研究根据前文对变量和事件的识别进行归类,确定变量数据类型及来源,为了在实际应用中体现科学性、简便性与高效性,采用客观数据与主观数据相结合的

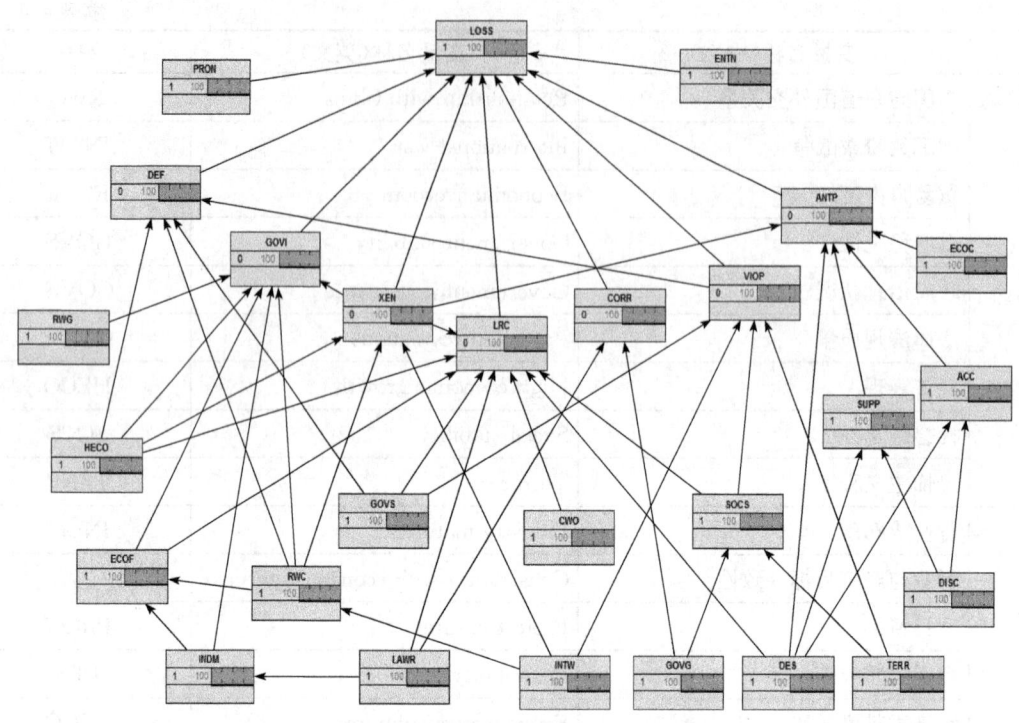

图 4.17 贝叶斯网络结构图

方法。

第一,客观数据的获得。客观数据主要是宏观数据,反映国际环境和东道国环境的变量数据,主要采用商业搜索引擎;借助世界银行数据库、中国外交部数据、PITF 数据库等。在本书中,9 个客观数据均为连续型数据,采用数据离散化方法将连续型数据区分为五个等级,经过大量实际数据观察,同时结合专家意见制定数据离散化标准,如表 4.3 所示。

表 4.3 客观数据分级标准

| 变量名称 | 缩写 | 原始数据描述 | 等级 | | | | |
|---|---|---|---|---|---|---|---|
| | | | 1 | 2 | 3 | 4 | 5 |
| 中国与东道国外交关系 | RWC | 根据中国外交部对国家关系的定义分为五种等级 | 无建交 | 单纯建交 | 友好 | 伙伴 | 战略伙伴 |
| 国际纠纷或战争 | INTW | 范围 1~10;数值越大,纠纷和战争程度越大 | (0, 2] | (2, 4] | (4, 6] | (6, 8] | (8, 10] |
| 贸易自由度 | ECOF | 范围 1~100;数值越大,贸易自由度越大 | (0, 20] | (20, 40] | (40, 60] | (60, 80] | (80, 100] |
| 政府稳定性 | GOVS | 范围 1~100;数值越大,政府稳定性程度越大 | (0, 20] | (20, 40] | (40, 60] | (60, 80] | (80, 100] |
| 政府治理状况 | GOVG | 范围 1~100;数值越大,政府治理水平升高 | (0, 20] | (20, 40] | (40, 60] | (60, 80] | (80, 100] |

续表 4.3

| 变量名称 | 缩写 | 原始数据描述 | 等级 | | | | |
|---|---|---|---|---|---|---|---|
| | | | 1 | 2 | 3 | 4 | 5 |
| 法律法规质量 | LAWR | 范围 1~100；数值越大，法律法规质量提高 | (0, 20] | (20, 40] | (40, 60] | (60, 80] | (80, 100] |
| 经济表现 | HECO | 范围 -10~15；数值越大，GDP 表现越好 | (-10, 0] | (0, 3] | (3, 6] | (6, 9] | (9, 15] |
| 社会稳定性 | SOCS | 范围 1~100；数值越大，社会稳定性越好 | (0, 20] | (20, 40] | (40, 60] | (60, 80] | (80, 100] |
| 恐怖主义程度 | TERR | 范围 1~10；数值越大，恐怖主义程度越高 | (0, 2] | (2, 4] | (4, 6] | (6, 8] | (8, 10] |

第二，主观数据的获得。对于微观层面的行业环境，项目和企业脆弱性等数据主要由所获得的案例数据进行打分。对于 10 个微观变量，具体赋值情况见表 4.4。

表 4.4 微观变量的数值意义

| 变量名称 | 缩写 | 数据意义 |
|---|---|---|
| 行业成熟度 | INDM | 取值范围 1~5；数值越大，行业成熟度越高 |
| 行业与经济目标一致性 | CWO | 取值范围 1~5；数值越大，行业与经济发展目标越一致 |
| 项目特性 | PRON | 取值范围 1~5；数值越大，对风险的抵抗力越弱 |
| 东道国需求度 | DES | 取值范围 1~5；数值越大，东道国对项目的需求度越高 |
| 经济贡献度 | ECOC | 取值范围 1~5；数值越大，项目对当地的经济贡献度越高 |
| 公众对项目支持度 | SUPP | 取值范围 1~5；数值越大，公众对项目的支持度越高 |
| 企业特性 | ENTN | 取值范围 1~5；数值越大，企业抗风险能力越强 |
| 与东道国政府和团体关系 | RWG | 取值范围 1~5；数值越大，企业与东道国政府和团体的关系越好 |
| 承包商被接受程度 | ACC | 取值范围 1~5；数值越大，承包商被接受程度越高 |
| 承包商不当行为 | DISC | 取值范围 1~5；数值越大，承包商不当行为程度越高 |

本书将政治事件识别为政策变更（LRC）、腐败和惰政（CORR）、排外和歧视（XEN）、违约（DEF）、政府干预（GOVI）、项目抵制（ANTP）、政治暴力（VIOP）等七类，将事件状态选择定义为两种：state0 和 state1。其中 state0 状态表示事件没有发生或发生程度很小，对工程不造成影响；state1 状态表示事件发生，对工程造成影响。

风险造成的损失（LOSS）从人员伤亡、工期延误和经济损失三个方面进行量化（见表4.5），将三者的平均值作为风险损失水平（1—损失非常小；2—损失较小；3—损失一般；4—损失较大，5—损失非常大）。

表 4.5  损失量化标准

| 名称 | 单位 | 等级 | | | | |
|---|---|---|---|---|---|---|
| | | 1 | 2 | 3 | 4 | 5 |
| 人员伤亡 | 人 | (0, 3] | (3, 10] | (10, 20] | (20, 50] | >50 |
| 工期延误 | 周 | (0, 1] | (1, 4] | (4, 16] | (16, 30] | >30 |
| 经济损失 | 合同额 | (0, 1%] | (1%, 5%] | (5%, 10%] | (10%, 20%] | >20% |

采用本书第二章所收集的案例中的 343 个样本进行参数学习,另选 5 个样本进行模型可靠性验证。

3)确定变量的条件概率

目前在许多研究中,条件概率由学者们直接给出,再通过相应案例不断更新,以这种方式计算最终的概率值。但是,在贝叶斯网络复杂的关联关系之下,专家很难根据经验制定其中的条件概率。一旦节点非常多,在关联关系复杂的情况下,预设条件概率就变得更难实现了。所以,在本书中,通过网络参数学习的方式确定各节点的条件概率。

贝叶斯网络参数学习算法主要有三种方式:计数算法,梯度下降算法,以及期望最大算法(Expectation Maximization Algorithm,EM)。其中计数算法用于没有缺失值的情况下,而后两种算法通常用于存在缺失值的算法中。在贝叶斯网络参数学习中,一般情况下,期望最大算法是优于梯度下降算法的,因为在计算中其拥有更强的鲁棒性(Robustness),所以采用 EM 算法进行参数学习。

EM 算法属于迭代算法,其每次迭代都包括两个步骤,分别是 E 步(求期望的过程)和 M 步(极大化的过程)。假设有一组数据 $Y$,存在 $\theta$ 为 $Y$ 的后验概率分布,那么以 $P(\theta|Y)$ 来表示 $\theta$ 的基本观测数据后验概率分布的密度函数,称之为观测的后验分布。假定有一些没有被观测到的潜在数据 $Z$ 是已知的,以 $P(\theta|Y,Z)$ 来表示在添加数据 $Z$ 后所得到关于 $\theta$ 的后验分布的密度函数,称之为添加的后验分布。用 $P(Z|\theta,Y)$ 来表示在给定 $\theta$ 以及观测数据 $Y$ 后潜在数据 $Z$ 的条件分布的密度函数。最终目标是去计算观测后验分布 $P(\theta|Y)$ 的众数。令 $\theta^{(i)}$ 为第 $i+1$ 次迭代开始时后验众数估计值,那么第 $i+1$ 次迭代的 $E$、$M$ 两步为:

$E$ 步(求期望的过程):将 $P(\theta|Y,Z)$ 或者 $\log P(\theta|Y,Z)$ 关于 $Z$ 的条件分布求期望,把 $Z$ 积掉:

$$Q(\theta|\theta^{(i)},Y) \triangleq E_2[(\log P(\theta|Y,Z)|\theta^{(i)},Y)] = \int \log[P(\theta|Y,Z)]P(Z|\theta^{(i)},Y)\mathrm{d}Z \tag{4-3}$$

$M$ 步(极大化过程):将 $Q(\theta^{(i+1)}|\theta^{(i)},Y)$ 极大化,也即找到一个点 $\theta^{(i+1)}$,得到:

$$Q(\theta^{(i+1)}|\theta^i,Y) = \max_{\theta}\theta(\theta|\theta^i,Y) \tag{4-4}$$

从而形成一次迭代 $\theta^{(i)} \to \theta^{(i+1)}$。整个过程就是将上述 $E$ 步以及 $M$ 步进行迭代直至 $|\theta^{(i+1)} - \theta^{(i)}|$ 趋向于无限小的时候迭代过程停止,就完成了计算的整个过程。

采用 NETICA 软件通过 EM 算法对收集的案例进行参数学习,参数学习的结果将反映中国承包商在全球面临的政治风险的一般条件概率分布状况。举例来说,经过参数学习之后,中国承包商遭遇东道国的政治暴力与抗议(VIOP)风险的条件概率分布为:state 0 是70.4%,state 1 是29.6%。

### 4.4.2 贝叶斯网络的可靠性检验和关键路径分析

采用 NETICA 软件对贝叶斯网络进行仿真,仿真结果即是对收集到的案例进行学习的结果。根据一因多果或一果多因的形成与发展机制,风险形成的路径很多,在众多路径中对关键的、发生概率更高的路径进行识别与分析,能够为制定更加有针对性的管理对策提供重要依据,提高管理效率。

1) 贝叶斯网络的可靠性

利用 NETICA 软件进行仿真,贝叶斯网络的条件概率表能够通过数据学习自动获得。为了测试模型的可靠性,将随机选取的 5 个案例作为测试集,将序号为 14 的相应数据输入后,政治风险造成的损失等级及其可能性分别为 1(46%)、2(30.9%)、3(14%)、4(9.04%)、5(0.06),基本可以肯定此政治环境给工程造成的损失程度处于等级 1 的可能性最大,而在原始数据中,损失程度确实为 1,所以根据仿真结果与真实值的比照可以认为模型是有效的。同理,进行案例 14、114、198、267、336 的损失可能性计算,所得结果如表 4.6 所示。

表 4.6 可靠性验证结果

| 序号 | 损失程度(LOSS)(%) | | | | | 测试结果 | 实际值 |
| --- | --- | --- | --- | --- | --- | --- | --- |
| | 1 | 2 | 3 | 4 | 5 | | |
| 14 | 46.00 | 30.90 | 14.00 | 9.04 | 0.06 | 1 | 1 |
| 114 | 30.00 | 50.00 | 5.00 | 15.00 | 0.00 | 2 | 2 |
| 198 | 20.00 | 20.00 | 20.00 | 0.00 | 40.00 | 5 | 5 |
| 267 | 15.50 | 32.90 | 31.00 | 10.30 | 10.30 | 2 | 3 |
| 336 | 0.00 | 33.30 | 66.70 | 0.00 | 0.00 | 3 | 3 |

由表 4.6 可见,测试结果和实际值比较符合。但是例如在事件 267 中,测试结果为 2 的条件概率为 32.9%,测试结果为 3 的条件概率为 31.0%,这两者测试结果非常接近。造成这个问题的原因可能有两个:第一,样本值数量较少且分布不均,一些国家样本量较多,而一些国家样本量很少,收集到的案例基本符合大样本(样本数>30)的统计学规定,但是更多的样本势必能够让模型更加精确。第二,节点划分模糊。本书中将损失定为工期、人员安全与经济成本三个项目的集合,这就使得结果较为粗糙。在允许的情况下,如果将各个指标分割得更加精确,并赋予权重进行加权平均,那么测试结果将会更精准,也更具指导意义。

2) 关键路径与节点的识别与分析

贝叶斯网络推理是指利用贝叶斯网络的结构及其条件概率表,在给定证据变量后,计算部分变量或者所有变量的边缘概率(或者最大概率)状态等问题。相比传统的统计推断,贝叶斯网络更向前迈近了一步,它为多个变量之间复杂的因果依赖关系提供了统一的表示模型,这是比相关关系更本质、更重要的一个概念。

风险传导的路径依赖性使得风险在各相应事件间传导时,各事件发生的条件概率是不同的,影响程度比较大的,条件概率偏高。本书利用贝叶斯网络具有预测和诊断的功能,以风险传播过程中的节点的概率变化水平为衡量标准,识别风险传导的关键节点和路径。

(1) 预测推理

是由原因推导出结果。当政治环境变量状态已知时,根据贝叶斯网络模型的学习推理各个政治事件发生的条件概率,概率变化较高的事件表明在该政治环境下,此事件发生的可能性最大,则作为关键的节点进行分析。然后在该事件发生的条件下,推理其他可能性增加最大的事件,依次找出关键节点,进行关键路线的分析与构建。

(2) 诊断推理

是由结论来推知原因。目的是在已知结果时,找出产生该结果的原因。针对具体案例,如在某一地区政策变更的风险较高,经推理计算,可得出造成该事件发生的原因(父节点)及其条件概率,将概率高的原因作为关键节点,并推理在该父节点处于激活状态时,更高层次的原因及概率,依次对节点进行诊断,确定关键因素节点及风险传导的关键路径。

各风险发生的条件概率分布如表4.7所示,由表可知,中国承包商面临较多的是XEN(排外和歧视)、LRC(政策变更)、VIOP(政治暴力与抗议风险)。

表4.7 世界水平风险事件条件概率分布(%)

| state | LRC | CORR | GOVI | XEN | VIOP | DEF | ANTP |
|---|---|---|---|---|---|---|---|
| 0 | 56.3 | 71.9 | 81.8 | 37.4 | 70.4 | 78.1 | 79.5 |
| 1 | 43.7 | 28.1 | 18.2 | 62.6 | 29.6 | 21.9 | 20.5 |

因XEN的条件概率最高,将其作为关键节点。其父节点为HECO,RWC和INTW,其子节点为GOVI,LRC和ANTP,因此XEN在其父节点和子节点的一般状态下,条件概率分布情况为:

$$P(XEN=0 \mid HECO, RWC, INTW, GOVI, LRC, ANTP) = 37.4\%$$
$$P(XEN=1 \mid HECO, RWC, INTW, GOVI, LRC, ANTP) = 29.6\%$$

为寻找关键父节点和子节点,需要对比XEN在不同情况下,各父节点和子节点的概率分布变化情况,如当XEN=0时,HECO在一般状况下的条件概率分布情况为:

$$P(HECO=1 \mid XEN=0, K_i) = 11.8\%$$
$$P(HECO=2 \mid XEN=0, K_i) = 34.7\%$$
$$P(HECO=3 \mid XEN=0, K_i) = 23.3\%$$
$$P(HECO=4 \mid XEN=0, K_i) = 17.3\%$$
$$P(HECO=5 \mid XEN=0, K_i) = 12.9\%$$

其中,$K_i$表示HECO的其他相关节点。当XEN=1时,HECO在一般状况下的条件概率分布情况为:

$$P(\text{HECO} = 1 \mid \text{XEN} = 1, K_i) = 8.9\%$$
$$P(\text{HECO} = 2 \mid \text{XEN} = 1, K_i) = 17.8\%$$
$$P(\text{HECO} = 3 \mid \text{XEN} = 1, K_i) = 47.4\%$$
$$P(\text{HECO} = 4 \mid \text{XEN} = 1, K_i) = 22.7\%$$
$$P(\text{HECO} = 5 \mid \text{XEN} = 1, K_i) = 3.2\%$$

在 XEN 不发生的情况下，HECO 最可能处于等级为 2 的状态；在 XEN 发生的情况下，经济表现的等级分布出现降低趋势，最有可能处于等级为 3 的状态。这说明排外和歧视行为更容易分布在东道国经济增长较快的国家。

为方便查看与分析，列表表示 XEN=0 和 XEN=1 的情况下各相关节点的变化情况。XEN 的父节点概率分布变化情况如表 4.8 所示，XEN 的子节点概率分布变化情况如表 4.9 所示。

表 4.8 XEN 的父节点条件概率变化情况(%)

| 父节点 |   | XEN=0 | XEN=1 | 变化值 |
|---|---|---|---|---|
| HECO | 1 | 11.8 | 8.9 | −2.9 |
|  | 2 | 34.7 | 17.8 | −16.9 |
|  | 3 | 23.3 | 47.4 | 24.1 |
|  | 4 | 17.3 | 22.7 | 5.4 |
|  | 5 | 12.9 | 3.2 | −9.7 |
| RWC | 1 | 0 | 0 | 0 |
|  | 2 | 0 | 0 | 0 |
|  | 3 | 12.7 | 5.4 | −7.3 |
|  | 4 | 0 | 0 | 0 |
|  | 5 | 87.3 | 94.6 | 7.3 |
| INTW | 1 | 53.3 | 68.2 | 14.9 |
|  | 2 | 17.6 | 23.5 | 5.9 |
|  | 3 | 21.1 | 4.8 | −16.3 |
|  | 4 | 8.0 | 3.5 | −4.5 |
|  | 5 | 0 | 0 | 0 |

表 4.9 XEN 的子节点条件概率变化情况(%)

| 子节点 | GOVI | | ANTP | | LRC | |
|---|---|---|---|---|---|---|
|  | 0 | 1 | 0 | 1 | 0 | 1 |
| XEN=0 | 78.9 | 21.1 | 85.1 | 14.9 | 58.1 | 41.9 |
| XEN=1 | 83.6 | 16.4 | 76.1 | 23.9 | 55.2 | 44.8 |
| 变化值 | 4.7 | −4.7 | −9 | 9 | −2.9 | 2.9 |

在三个父节点中,变化程度最大的是HECO(东道国经济表现),可将其作为关键父节点;在三个子节点中,变化程度最大的是ANTP(项目抵制),可将其作为关键子节点。HECO没有父节点,ANTP只有LOSS一个子节点,所以推理结束。

经过对XEN相关父节点和子节点进行推理,可知影响XEN的关键路线为:HECO→XEN→ANTP→LOSS。这表明中国承包商在海外展开业务时,常常遭遇的风险是排外和歧视风险,且该风险多是由东道国的经济表现引起的,通过对经济表现条件概率分布的变化进行分析发现,当东道国经济发展比较落后,经济水平比较低时,歧视与排外事件会减少,这是因为当东道国致力于经济发展时,普遍对外资持欢迎态度;在当今世界,经济比较落后的大部分是发展中国家,发展中国家也是FDI的主要流向地;东道国排外和歧视事件发生的概率增加,多导致东道国制定或修改相关的歧视性政策,这也在一些发达国家中较为常见,歧视性的政策增加了工程实施与运行的困难,使工程往往达不到预期的目标。

风险预测和诊断是政治风险应对中非常重要的一环,在事件发生之前,决策者能够根据已提取的规律或通过观测得到事件发生的可能性前兆,在风险爆发前获得紧急信号,避免在无准备或准备不足的情况下制定相应对策,将风险的传播阻断或转移,最大限度地降低风险造成的损失。

### 4.4.3 区域政治风险关键路径分析

中国承包商的业务在世界各地均有分布,其中东南亚、西亚、北非、撒哈拉以南的非洲等地区较为集中,且这些区域本就属于政治风险高发区域,对该区域的关键路径进行推理分析,更具有代表性和普遍性;南美洲的问卷较少,对该地区进行路径分析,具有特殊性和个别性。将路径结果与世界时事政治和中国商务部发布的信息进行对比,以此验证模型的可靠性和有效性。

1) 东南亚地区

东南亚地区主要是指东盟十国,东南亚不同国家和地区间经济发展水平差异较大,对外资的开放度也有所不同。根据世界银行《全球营商环境报告》,东南亚各个国家和地区的营商环境排名差距较大,排名靠前的有新加坡、马来西亚等国家和地区,其中新加坡连续多年位居第一,而缅甸、老挝、泰国等国家则排名靠后。东南亚与中国地理位置接近,文化差距也比较小,是中国海外工程的重要市场,中国承包商在此也有着大量的业务。在东南亚国家共收集案例59个,通过先验知识学习得到各政治事件发生概率与世界平均水平的对比情况如表4.10所示。

表4.10 东南亚地区和世界平均水平的政治事件条件概率对比(%)

| 事件 | LRC | CORR | GOVI | XEN | VIOP | DEF | ANTP |
| --- | --- | --- | --- | --- | --- | --- | --- |
| 世界平均水平 | 43.7 | 28.1 | 18.2 | 62.6 | 29.6 | 21.9 | 20.5 |
| 东南亚地区 | 48.3 | 45.4 | 35.2 | 40.3 | 40.4 | 25.1 | 30.7 |
| 差值 | 4.6 | 17.3 | 17 | −22.3 | 10.8 | 3.2 | 10.2 |

在东南亚地区,政策变更、腐败与惰政、政治暴力与排外行为的条件概率均比较高,应被工程管理者重点关注,其中腐败与惰政和政府干预都高于世界平均水平。根据贝叶斯网络推理,可知对政策变更影响较大的是政府治理情况;对政治干预影响较大的是与政府的

关系和行业成熟度;对政治暴力影响较大的是政府稳定性。

将政策变更作为关键节点,对其变化最敏感的父节点为贸易自由度,将贸易自由度作为关键节点,依次推理关键父节点为中国与东道国的外交关系,然后是国际纠纷与冲突。得出在东南亚地区政治风险的关键路径是:**国际纠纷与冲突→中国与东道国外交关系→贸易自由度→政策变更→损失**。

近年来,中国与东南亚国家纠纷的焦点聚集到南海问题上,领土争议刺激着东南亚的反华情结,同时对中国经济的快速扩张产生恐惧与防备心理。东南亚国家在对华态度上多有矛盾,既希望搭乘中国快速发展的列车,又要在政治上进行多方面的抵制与防范,中国承包商在此区域面临的政治形势更加复杂,宏观政治环境对项目的影响力处于主导地位。该关键路径能较好地解释当前东南亚政治风险的主要形势。

2) 撒哈拉以南的非洲

撒哈拉以南的非洲主要包括南非、纳米比亚、赞比亚、坦桑尼亚、埃塞俄比亚、苏丹、尼日利亚、加纳和几内亚等国家,撒哈拉以南地区是中国对外承包工程的主要市场。近年来,尽管非洲的整体局势趋稳,但局部动荡时有发生。在该地区共收集问卷32份,通过先验知识学习得到各政治事件发生概率与世界平均水平的对比情况如表4.11所示。

表4.11 撒哈拉以南地区和世界平均水平的政治事件条件概率对比(%)

| 事件 | LRC | CORR | GOVI | XEN | VIOP | DEF | ANTP |
|---|---|---|---|---|---|---|---|
| 世界平均水平 | 48.1 | 20.5 | 25.1 | 52.4 | 36.1 | 33.8 | 18.6 |
| 撒哈拉以南地区 | 48.5 | 45.3 | 30.3 | 38.2 | 40.6 | 19.8 | 33.5 |
| 差值 | 0.4 | 24.8 | 5.2 | −14.2 | 4.5 | −14 | 14.9 |

由表4.11可知,撒哈拉以南地区风险较高的是政策变更、腐败、政治暴力和排外行为,其中腐败大大高于世界平均水平。将政策变更作为关键节点,推理关键路径为:**东道国政府治理→社会稳定性→政策变更→损失**。

对撒哈拉以南的非洲而言,当部分国家的腐败问题已经成为常态时,投资企业因非洲国家腐败而造成的经济损失便成为确定的成本费用,而不是不确定的风险。以腐败与惰政为主的政府不良治理催生了近年来的民主化浪潮,并且部族或民族冲突尤为重要,许多对非洲宗教问题的争论都是围绕着部族或民族问题进行的,包含着某种民族主义思想。社会状况动荡不安,国家支柱产业在民族和特定国家外资之间的高度集中,则从经济上进一步增加了部族与民族冲突的风险。同样,固定的法律制度与低效的行政机构不能称为风险,使法律变动和行政效率改变的政策导向才是风险。所以,与法律、腐败等风险相比,政策的易变性才是投资企业所面临的基本政治事件。该路径反映的政治风险的形成态势与当前该区域的政治风险关注焦点较为一致。

3) 西亚和北非地区

西亚和北非处于三洲两洋的交通要冲,由25个国家和地区组成,在该地区共收集问卷103份,通过先验知识学习得到各政治事件发生概率与世界平均水平的对比情况如表4.12所示。

表 4.12　西亚、北非地区和世界平均水平的政治事件条件概率对比(%)

| 事件 | LRC | CORR | GOVI | XEN | VIOP | DEF | ANTP |
|---|---|---|---|---|---|---|---|
| 世界平均水平 | 43.7 | 28.1 | 18.2 | 62.6 | 29.6 | 21.9 | 20.5 |
| 西亚和北非地区 | 48.1 | 20.5 | 25.1 | 52.4 | 36.1 | 33.8 | 18.6 |
| 差值 | 4.4 | −7.6 | 6.9 | −10.2 | 6.5 | 11.9 | −1.9 |

在西亚和北非地区,发生条件概率最高的依次是排外、政策变更、政治暴力风险,其中违约、政府干预和政治暴力等风险的条件概率高于世界平均水平。对于排外风险,通过贝叶斯推理获得其关键风险路径为:**国际纠纷与冲突→排外→项目抵制→损失**。违约风险在该地区发生的概率高于世界平均水平,也对其进行风险路径分析,违约受政府稳定性影响最大,所以识别关键政治风险路径为:**政府稳定性→违约→损失**。

自 2010 年以来,西亚和北非地区动荡不断,突尼斯、埃及政府相继垮台,利比亚、也门内战爆发,巴林、约旦、阿尔及利亚、沙特、伊朗等国出现了程度不同的社会震荡,西亚和北非地区进入了 30 多年来罕见的政治动荡期。中国在该地区的国际工程数量众多,受损程度往往是灾难性的,宗教问题、资源问题都成为该地区纠纷与冲突的焦点,政府与反政府军的冲突使当局极为不稳定性。本模型对该地区的评估较符合地区的实际情况,也是对本模型有效性与准确性的验证。

4) 南美地区

南美地区收集问卷 9 份,由于数量太少,对此地区风险主要根据客观数据进行预测,对南美地区国家的宏观环境进行统计平均,得到南美地区各政治事件发生的条件概率分布如表 4.13 所示。

表 4.13　南美地区各政治事件发生的条件概率分布

| 事件 | LRC | CORR | GOVI | XEN | VIOP | DEF | ANTP |
|---|---|---|---|---|---|---|---|
| 发生的条件概率(%) | 34.2 | 0.01 | 21.0 | 39.3 | 0.1 | 34.4 | 18.4 |

由表 4.13 可知,在客观情况下,南美地区发生条件概率较高的为政策变更、排外和违约风险。对于政策变更风险影响最为敏感的父节点是对项目的需求度和行业与东道国经济目标的一致性,因此关键路线为:**东道国对项目的需求度→政策变更→损失**。

根据中国商务部的新闻纪录,南美部分国家国内经济衰退,一些国家法令、法规繁多复杂,且经常会颁布一些临时措施,使外资企业难以很快适应,国家投资政策环境尚存一些不利因素,如税收种类多、税率高;传统政治格局有所改变,影响了经济政策的持续性与稳定性,违约事件也有增高。在南美地区外企人员难以获得工作签证,雇用和解聘雇员困难,劳资纠纷时有发生。东道国的政府治理水平低下,办事时间长。这与推理结果较为吻合。

# 5 国际工程政治风险评价

由于政治风险难以预测,危害极大,因此评价跨国建筑企业对外承包业务中的政治风险,是为企业政治风险管理提供决策的直接依据。

## 5.1 主流的政治风险评价体系

政治风险评估体系种类繁多,从其评估的角度不同可以分为宏观政治风险评估和微观政治风险评估,定性政治风险评估和定量政治风险评估。定性评估主要包括对政治风险的内涵和特征进行描述和分析,定量评估是指将政治风险发生的可能性或者损失进行量化(姚凯和张萍,2012)。

现有的对于政治风险的评估多集中在宏观层面,主要通过发布相应的政治风险指数来反映某个国家整体的政治风险水平。宏观政治风险的评估方法大多出自20世纪70年代,这些评价尽管在指标的选取和设置上不尽相同,但计算方法一般都采用风险因素加权打分法。风险因素加权打分法的好处在于,可以将难以定量的风险量化,从而解决了不同国别、地区风险难以进行比较的难题。影响力较大的评估体系包括:宏观政治模型、政治系统稳定指数、国家征收倾向模型、BERI富兰德指数、意大利政治风险概念框架模型、国家风险指南的政治风险指数、欧洲货币的国家风险指数、经济学人的国家风险模型与运营风险模型等。

### 5.1.1 著名研究机构的政治风险评价体系

1) 国际国别风险指南

国际国别风险指南(International Country Risk Guide,ICRG)是目前较为权威的风险评级体系,由美国国际报告集团发布,每月对全球140个国家和地区的政治、金融、经济风险进行预测和分析,并对26个国家进行年度风险评估(Michel et al.,2003)。其评级结果广泛被作为其他评级参考的标准(王琛,2008)。其提供的18个月短期和5年中长期的国家风险预测,广泛用于跨国企业的跨国经营决策中。

ICRG的风险评级体系十分庞大,也较为完整。其基本方法是将国家风险细分为22个变量,分别归入政治风险、经济风险和金融风险三个风险类别,并封闭进行政治风险评级、经济风险评级和金融风险评级,然后得到综合风险评级。其中政治风险指数采用百分制,指标包括政府稳定性、社会经济环境、投资情况、内部矛盾、外部矛盾、腐败、军队干预政治、宗教关系紧张程度、法律和社会秩序、种族关系紧张程度、民主问责制、行政机构;经济和金融风险指数基础分别为50分制,指标包括人均GDP、GDP增长率、汇率的稳定性、外债比例等 10 个指标。综合风险指数是这三种指数分值的线性组合,三者相加的总分数的一半即是国家风险综合得分。

ICRG 的用户包括国际货币基金组织、世界银行、联合国和许多其他国际机构。其主要优点是能量化某国的整体政治风险水平以及指标数据的变化趋势,其指标覆盖的范围很全面,其缺点是没有描述指标与风险之间的关系,也没有相应的政治风险应对措施。

2) 英国经济学人的国家风险模型

英国的经济学人(Economist Intelligence Unit,EIU)是经济学人集团(EIU, The Economist Group)的子公司,经济分析智囊部门。其长期从事针对国家、产业、管理领域的经济预测分析与咨询服务。EIU 发布的国家风险模型(Country Risk Model)分析了全球 120 个国家的六大类风险领域(主权风险、货币风险、银行业风险、政治风险、经济结构风险、国家总体风险)。每类风险内部包含 10 个变量,兼具定性与定量分析。用户可在模型内自行调整六大类风险领域和 61 个指标的权重,以使用不同风险的关注程度,最后确定风险评级和分数。

EIU 模型的数据以季度、月度动态更新,各指标的历史数据始于 1997 年,并提供每个国家的风险总结报告(Risk Overview)以分析各种风险假设,是监测海外国家信贷风险,开展海外交易业务中规避风险的工具。国家风险模型主要为金融机构风险管理部与国际部、企业财务部或资金部、基金与证券公司的分析部等提供风险分析支持,其核心的功能包括:

(1) 评测政治、经济和流动性风险;
(2) 评估货币投资,主权债务,政治和经济结构,或银行业的风险;
(3) 利用 EIU 的每月风险评估掌握最新情况;
(4) 跨国比较风险,可以比较多达四个国家或地区的评级,通过历史评级和风险概述了解走势;
(5) 查看一个国家的风险摘要,自定义数据以创建自己的风险评分;
(6) 修改权重,保存自定义的评分设置。

3) 英国经济学人的运营风险模型

英国经济学人的运营风险模型(EIU Operational Risk Model)分析了全球 180 个国家市场内影响国外企业在当地从事投资与生产经营活动的 66 个风险因素,如当地货币稳定性、社会治安、政府更替、国际恐怖活动、知识产权保护、政治动荡因素、法律法规的健全性、外贸与支付配套设施、劳动力市场、基础设施、政府有效性等。

数据回溯至 2002 年,此外提供各国 10 个风险大类的分析报告,使企业可以随时监控有业务的海外市场的总体商业运行环境,识别风险的变化,及时有效地采取相应的防范措施和投资决策。

4) 欧洲货币指数

《欧洲货币(Euro Money)》被称为世界上最权威的有关国际银行业和资本市场的趋势分析的信息来源。其每年会选取 100 位来自全球不同国家的经济学家、政治风险家和银行家,对全球一百多个国家和地区的国家风险进行综合评估和测评,从而形成对国家风险判定的欧洲货币指数(柳玉平,2001)。《欧洲货币》杂志社发布的国家风险指数于 1979 年第一次出版,当时主要是针对债务期望利率高于伦敦银行同业往来贷款利率的欧洲国家,并且是以这种市场的差价为基础来确定的,随着债务发行额和到期日的不同而调整。但近年来,出现了一种新的指数,这种新的指数每六个月出版一期,它取代了原有的欧洲货币指数。新的评估方式采用9种经济指标:经济性数据、债务指标、资信等级、政治风险、银行财务状况、短期融资状况、债务违约或延期情况、资本市场指数,这些经济指标又可分为三个大的指标种类,即分析性指标、信用指标和市场指标。

《欧洲货币》杂志衡量的国别风险范畴包括政治风险、经济风险(其中包括人均GNP)。《欧洲货币》专家以投票形式对各国经济情况进行评价,包括政治风险、经济风险、债务指标(其中包括总债务存量占GNP的比例、债务占出口的比例、当前债务余额占GDP的比例)、违约债务或重新安排的债务情况、信贷评级、获得银行融资的能力、获得短期融资的能力、进入国际资本市场的能力、福费廷的折扣等九项内容。《欧洲货币》的欧洲货币指数总分为100分,各指标根据重要性的不同被赋予不同的分数。排名的结果是经过计算后的加权最后得分,综合得分越高表明国家风险越小,反之越大。其中政治和经济风险的权重各为0.25,债务指标占0.10的权重,违约债务或重新安排的债务情况占0.10的权重,信贷评级的权重占0.10的权重,获得银行融资的能力占0.05的权重,获得短期融资的能力占0.05的权重,进入资本市场的能力占0.05的权重,福费廷的折扣占0.05的权重,每个指标打分结果从最好的满分到最差的零分。调查结果会在杂志的每年3月和9月上刊登。

5) 世界市场研究中心的国家风险评级

世界市场研究中心(World Markets Research Center,WMRC)对国家风险的评级办法考虑六个方面,即政治风险、经济风险、法律风险、税收风险、运作风险和安全风险。政治风险评级要估计国家全面的政治状况,如政府机构是否稳定和政治的民主性,政府是否能够实施政治计划而没有经常性政治僵局,国家的政治生活是否安定;经济风险评级主要关注国家宏观状况和稳定性,如市场的稳定性、政府决策的科学性;法律和税收风险评级主要评估投资者遇到法律障碍的程度和未曾预料到的税收情况;运作和安全风险评级主要评估官僚主义和物质方面的障碍以及人员在工作中可能面临的情况,如是否有良好的基础设施或是否有恐怖主义的威胁。WMRC的分析方式是对每个国家六项考虑因素中的每一项都给出风险评分,根据风险评分划分为1~5五个风险级别,最低风险表示为1级,最高风险表示为5级。国别风险的最终衡量根据6个方面得分及所占风险权重的比例来确定,其中政治风险、经济风险、法律风险、税收风险、运作风险和安全风险分别占到国家风险权重的25%、25%、15%、15%、10%、10%。

## 5.1.2 著名学者提出的政治风险评价体系

1) 宏观社会政治模型

宏观社会政治模型(Macro-Socio Political Model,MSP)的主要观点是政治的不稳定性是由各种经济的、意识形态的、社会力量的综合作用而引起的。宏观社会政治模型全面地解释了引起政治风险的宏观环境因素:意识形态、宗教信仰、社会环境、文化环境和经济环境,以及这些宏观因素导致政治不稳定的过程(图5.1)。

宏观社会政治模型的优点在于从宏观的角度对政治风险进行分析,着重于考察东道国的经济理论、意识形态、社会力量,并且分析了它们与政治不稳定之间的动态因果关系。缺点在于无法量化各种政治事件发生的概率以及其对企业造成的具体影响是什么样的(胡承志,2010)。

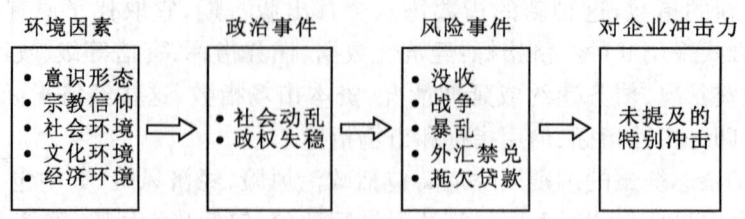

图 5.1 MSP 模型的总体结构

2) 政治体制稳定指数

政治体制稳定指数(Political System Stability Index，PSSI)是政治风险分析领域最具盛名的分析工具之一,提供了定量分析的框架(Heandel et al.，1975)。如图 5.2 所示,该模型由三个重要的指数构成:国家的社会政治经济特征指数、社会冲突指数和政府干预指数,其中社会冲突指数又由三个分量:政治不稳定指数、内部骚乱指数和骚乱指数构成。PSSI 共包含了 10 个政治风险因素:人口异质指数、人均 GDP、增长速度、人均能源消耗、骚乱、游行、政府危机、武装冲突、暗杀、游击战;每一百人的内部安全人员;政治竞争指数、法律效应、每年法律变动、不规则的领导人变动,每个因素的相关数据可以从年鉴、政府文件和政治资料等处获得。

政治体制稳定指数模型的优点是,可以利用客观数据来进行风险的衡量,而不是依靠主观判断,较为圆满地解决了"如何衡量一国的政治稳定性"这一问题。主要缺点是其只能当作是一种政治风险评估的方法,并不能分析政治风险为什么会产生以及产生后的结果是什么,没有说明政治制度的稳定性与跨国企业所面临的政治风险之间的关系,也没有提供衡量政治风险之后该做什么投资决策。

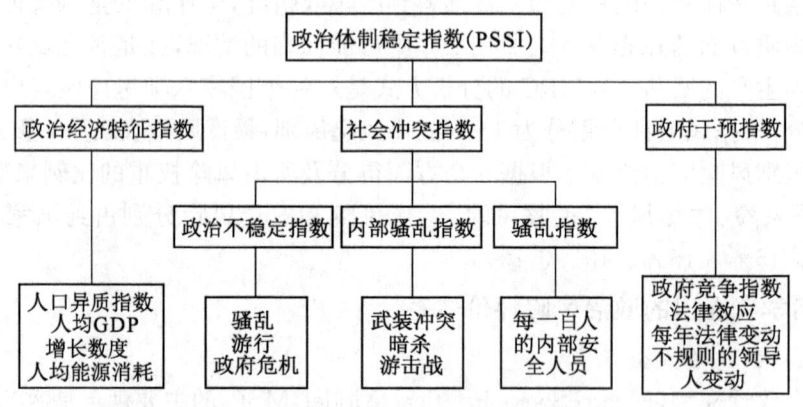

图 5.2 政治体制稳定指数模型(PSSI)

3) 国家征收倾向模型

国家征收倾向模型(The National Propensity Expropriate Model)是由 Knudsen (1979)根据拉丁美洲国家的样本统计资料提出,其基本内涵为:某国的受挫折水平和大量外国投资的相互作用能够解释该国的没收倾向。某国的挫折水平由该国福利水平、期望水平和该国的抱负水平决定。某国的挫折水平是理想水平与该国福利及预期水平的差。当一个国家的福利与经济期望低于其抱负水平时,该国的挫折水平就高,此时如果该国存在外国投资,那么外国投资很可能被该国政府征收成为其国家挫折的替罪羊。

国家征收倾向模型同失衡发展与国家实力模型一样,优点是直观、容易理解,缺点是较为主观、片面。国家征收倾向模型的另一个缺点是其实证资料仅来源于拉美国家,不具有普遍适应性。国家征收倾向模型的具体内容如图 5.3 所示。

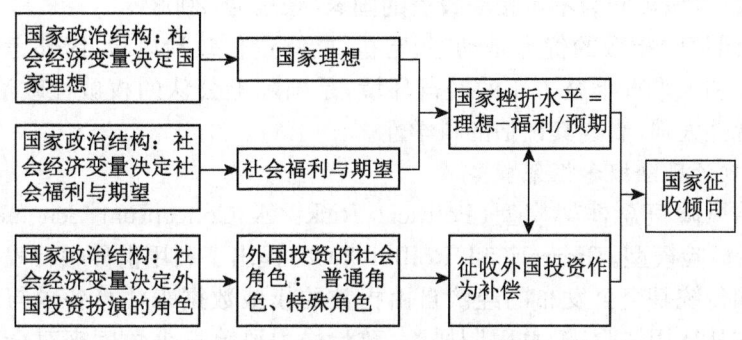

图 5.3　国家征收倾向模型

4) Forlend 指数

Forlend(富兰德)指数是由美国商业环境风险情报研究所的 Haner (1975)设计的反映国家风险大小的一种评价指数。富兰德指数包括了经济、社会和政治在内的各因素的指标。富兰德指数是三个定性、定量评级体系的总和指标。其中定量评级体系侧重评估一国的外债偿付能力,包括外汇收入、外债数量、外汇储备状况及政府融资能力等 4 个方面的评分;定性评级体系主要考察该国的经济管理能力、外债结构、外汇管制状况、政府贪污渎职程度以及政府应付外债困难的措施等 5 个方面;环境评估体系包括三个指数系列:政府风险指数、商业环境指数及社会政治环境指数(罗旖等,2013)。

商业环境指数是 Forlend 指数中环境评估体系的一项指数,该指数从跨国企业的角度评估了 50 个样本国家的投资环境,可以作为评估一国投资环境优劣的评判依据。商业环境指数包含营运风险指数、政治风险指数和汇兑风险指数三项指标,每项指标满分 100 分。这个指数从动态的角度考察了不同国家和地区在未来 5 到 10 年之内的经营环境情况。政治风险指数是商业环境指数的重要构成要素,占商业环境指数指标比重的 40%。该政治风险指数通过设定多个影响因素(图 5.4),并对关键影响因素灵活赋予权重的方法评估一国社会政治环境。

该政治风险指数使用了一套可以灵活加权关键因素的方法,首先通过基本分的计算,而后再由那些专长于政治学而非商务领域的专家,对被评估国家的多项因素和情况,以跨国公司经营的视角而非个别私营企业的视角加以评分,最后综合各方面的得分,来确定某国的政治风险水平:70 分以上的政治风险较低,即该国

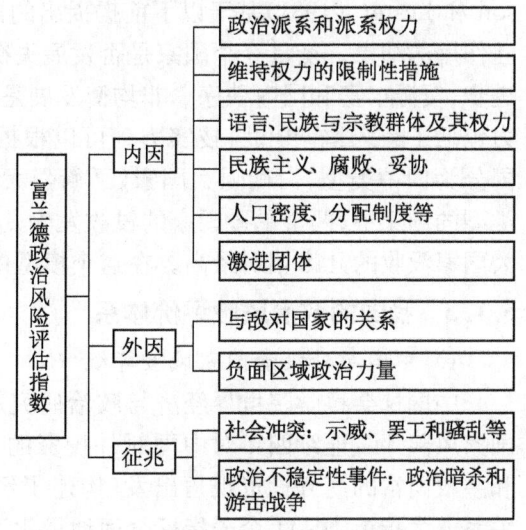

图 5.4　富兰德政治风险评估指数

的政治变化不会对企业经营造成不利影响,也不会引发社会动乱;55～69 分为中度的政治风险,说明该国有对企业严重不利的政治变化,或者有可能发生动乱;40～54 分为高度风险,也就是说已经存在或者在不远的将来会发生严重影响企业经营的政治趋势,或者出现周期性的大政治动乱;39 分以下为风险极高,这种情形下政治环境严重限制企业的经营,直接导致财产损失,应该被归为不可接受投资的国家(张素芳,2008)。

Forlend 政治风险指数的优点是动态、定量,能够量化政治风险,能够考察衡量不同国家或地区在现在和未来五年至十年的经营环境,是国际上公认的权威性政治风险指数;其缺点是评分主观性太强,影响其评估的科学性。

5) 意大利政治风险概念框架模型

意大利政治风险概念框架模型(Political Risk:A Conceptual Scheme)又称意大利 SACE 集团政治风险模型。Ferrari 和 Rolfini(2008)提出了利用世界银行发布的全球政府治理指数和美国传统基金会发布的经济自由指数的权威数据来估算各国与地区的政治风险。此模型旨在从征用风险、汇兑限制风险、政治暴力风险三个角度来对全球范围的国家和地区进行政治风险评估。

该测评模型优点突出:第一,此模型运用官方数据,权威可靠,数据基本能覆盖世界主要投资国家和地区;第二,此测评模型是 2008 年提出的,是距离现在较近的测评模型,其中设计的指标比较符合现代经济背景;缺点是此测评模型的设计理论依据不足,虽然在一定程度上反映了常见的三类政治风险情况,但其涵盖的风险类型不足。意大利政治风险概念框架模型具体内容如图 5.5 所示。

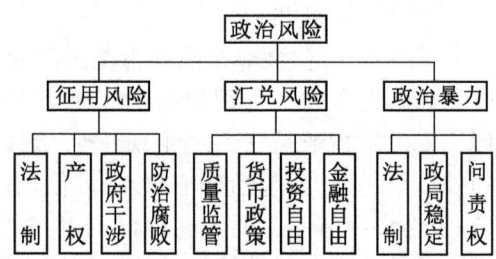

图 5.5 意大利政治风险概念框架模型

6) 失衡发展与国家实力模型

失衡发展与国家实力模型(Uneven Development/National Power Model)是由 Johnson 和 Lester(1981)基于以下前提提出的:政治风险(没收)是某国发展失衡和该国势力相互作用的结果。衡量一个国家是否发展失衡的因素有五个方面:政治发展、社会成绩、技术进步、资源丰富和国内秩序。非均衡发展是源于五个方面的非持续性和差异性。国家的势力包括了经济、军事和科技实力。可以根据一个国家的实力和平衡发展的状况,将世界各国分为四种类型:失衡强大国家、平衡强大国家、失衡弱小国家、平衡弱小国家。在这四种类型的国家中,两个平衡国家的没收发生几率很低,失衡小国存在中度的几率,而失衡的强大国家没收的几率相对最高。在这个模型中,非均衡发展是与政治不稳定相关的因素。

### 5.1.3 我国的政治风险评价体系

1) 中国海外投资国家风险评级

中国社会科学院世界经济与政治研究所(社科院世经政所)发布的年度中国海外投资国家风险评级连续四年对中国对外投资的主要国家的风险进行评级。该评级从中国企业和主权财富的海外投资视角出发,构建了经济基础、偿债能力、社会弹性、政治风险和对华关系五大指标,共 41 个子指标全面地量化评估了中国企业海外投资所面临的战争风险、国有化风险、政党更迭风险、缺乏政府间协议保障风险、金融风险以及东道国安全审查等主要风险。该评级体系通过提供风险警示,为企业降低海外投资风险、提高海外投资成功率提供了参考。

该评级体系纳入了57个评级国家进入样本,全面覆盖了北美洲、大洋洲、非洲、拉丁美洲、欧洲和亚洲,占到中国全部对外直接投资存量的85%。这57个评级样本中还包括了35个"一带一路"沿线国家,占中国对所有"一带一路"沿线国家海外直接投资规模的97.14%。

2) 国际贸易投资风险指数

《国际贸易投资风险指数》报告由北京工商大学世界经济研究中心编制。该指数自2005年之后每年发布一次,重点分析某个国家政治经济环境及政策变化产生的国际贸易投资风险特征及趋势,为国际贸易投资提供了晴雨表、方向标和政策指南。

实践表明,国际贸易投资风险主要来自世界和不同国家的政治风险、经济风险、政策风险和支付风险等系统性风险。因此,报告在综合指数下设政治风险、经济风险、政策风险、支付风险四大类指标,每一项大类指标下分别设四个分项指标。其中,政治风险主要源于国际和平、国内稳定、法律效力和社会安全,经济风险主要在于经济增长、价格变化、就业变化与经济环境,政策风险则主要涉及关税税率、企业税率、政策扭曲和是否加入世界贸易组织,支付风险主要考察贸易差额占GDP比重、外汇储备、汇率波动和信用等级变化。相比较而言,政治风险对国际贸易投资影响最大,如果一个参与国际战争,失去国际和平,或者由于某种原因国内失去稳定,贸易投资就会失去根本的保障。如果一个国家法律失去效力,社会安全不稳定,也会影响国内经济活动有序进行。经济风险涉及经济增长水平、价格变化、就业变化与经济环境,进而影响国际贸易投资效率和稳定性。政策风险中的关税税率、企业税率关系企业的经营成本,政策扭曲反映一个国家贸易政策倾向,是否加入WTO则可以在一定程度上反映国际贸易投资是否纳入确定性的国际法律秩序轨道。一个国家的贸易差额、外汇储备、汇率波动和信用等级变化都可能影响一个国家的对外支付能力。

报告样本采集充分考虑数据的可得性、系统性、连续性、权威性,兼顾世界不同地区的代表性和均衡性,最终选择的75个国家占世界经济总量(GDP)的94%,占全球出口贸易总额的91%,占全球国际直接投资的89%。选择样本包括了欧洲、北美、亚洲、拉丁美洲、非洲、大洋洲不同地区高、中、低收入不同层次的国家和经济体,具有较强的代表性和均衡性。报告指标采用0—1分制和赋值方法,分值越高,风险越小。

## 5.2 国际工程政治风险评估体系的建立

从评价的指标上来看,虽然现有的政治风险评价体系可以涵盖大多数的国际商务,但没有涉及对国际工程的政治风险评价,因此其评估结果对我国承包商认识和了解项目所在国的政治风险水平的帮助是有限的。

对国际工程项目而言,当项目的外在威胁和项目系统的脆弱性重叠时就产生了风险(邓小鹏等,2015)。项目系统的脆弱性是由项目和承包商自身的属性所决定的,每个跨国建筑企业的企业性质不同,企业实力不同,企业文化不同,所承揽项目的特性不同,其对应的项目系统的脆弱性也千差万别(常腾原等,2017)。相对来说,中国承包商所处的外部环境是客观的,项目系统的外在威胁来自其外部环境中的政治、经济、社会、法律、行业等因素。因此,该政治风险评估体系主要从宏观的角度来评价项目系统的外部环境的威胁性。

## 5.2.1 指标和数据选择

如图 5.6 所示,该政治风险评估体系从国家环境、东道国与母国的交互作用、行业环境三个角度,共 28 个指标来衡量国际承包商所在东道国的政治风险水平。与宏观经济数据相比,政治、社会和建筑业等方面的一些数据很难直接测量。因此,在本指标体系中的指标数据全部采用世界银行、美国传统基金会、联合国犯罪调查网、海德堡大学国际冲突研究所、中国外交部和商务部、国际权威机构所公开的国别数据(表 5.1)。最终,某个国家的政治风险指数等于该国家三类二级指标得分的加权平均值,三类二级指标的得分则等于其包含三级风险指标得分的平均值。根据 Deng 和 Low(2013)的研究结果,三类二级指标的重要性分别为 3.697、3.483、3.359。在指标的重要性评价中,3 表示该指标是重要的,比 3 高的部分反映了该类变量的相对重要程度,因此三类二级指标在该评价体系中的权重可以由公示(5-1)计算得出:

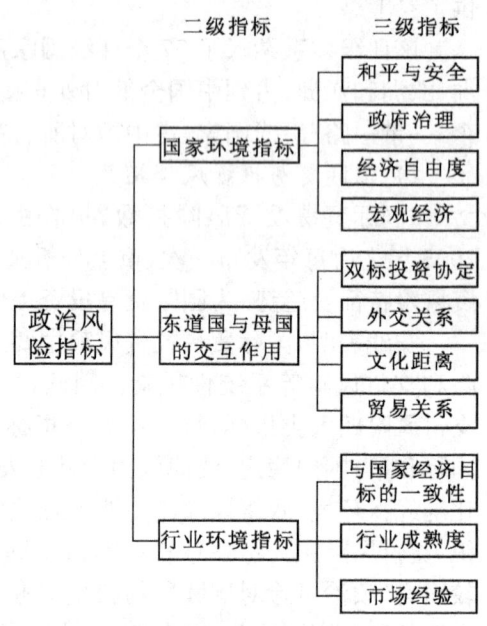

图 5.6 政治风险评估体系

$$Y_i = \frac{X_i - 3}{\sum_{i=1}^{3}(X_i - 3)} \tag{5-1}$$

其中,$Y_i$ 表示第 $i$ 项指标的权重;$X_i$ 表示第 $i$ 项指标的重要性。通过计算,国家环境的权重近似为 50%,东道国与母国的交互作用的权重近似为 30%,行业环境的权重为 20%。

表 5.1 数据来源

| 指标 | | 数据来源 |
| --- | --- | --- |
| 和平与安全 | 政治暴力 | 政治恐怖规模 |
| | 谋杀率 | 联合国犯罪调查网 |
| | 国家冲突指数 | 海德堡大学国际冲突研究所 |
| 政府治理 | 政治的稳定性 | 世界银行 |
| | 政府的有效性 | 世界银行 |
| | 监管质量 | 世界银行 |
| | 法制 | 世界银行 |
| | 腐败 | 世界银行 |
| | 民主 | 世界银行 |

续表 5.1

| 指标 | | 数据来源 |
| --- | --- | --- |
| 经济自由度 | 财政自由 | 美国传统基金会 |
| | 政府开支 | 美国传统基金会 |
| | 商业自由 | 美国传统基金会 |
| | 劳动力自由 | 美国传统基金会 |
| | 货币自由 | 美国传统基金会 |
| | 贸易自由 | 美国传统基金会 |
| | 投资自由 | 美国传统基金会 |
| | 财务自由 | 美国传统基金会 |
| 宏观经济 | GDP 增长率 | 世界银行 |
| | 人均 GDP | 世界银行 |
| | 通货膨胀率 | 国际货币基金组织 |
| | 公共债务 | 美国传统基金会 |
| | 失业率 | 世界银行 |
| 双边投资协定 | | 中国外交部 |
| 外交关系 | | 中国外交部 |
| 文化距离 | | Kogut & Singh |
| 贸易关系 | | 中国商务部 |
| 与国家经济目标的一致性 | | 中国商务部 |
| 行业成熟度 | | 中国商务部 |
| 市场经验 | | 中国商务部 |

### 5.2.2 数据的处理

在获得原始数据后，采用 0-1 标准化的方法将原始数据进行线性变换，使转换后的数据分布在 0-1 的区间内，分数越高表示风险越高。由于原始数据的特点不同，数据转换成函数共有三种，分别适用三种不同类型的原始数据：①公式(5-2)适用于那些按级别划分的数据，这些数据的特点是级别越高表示风险越高；②公式(5-3)适用于那些值越高表示风险越低的离散型数据；③公式(5-4)适用于那些值越高表示风险越高的离散型数据。

其中，$X_i$ 表示国家 $i$ 的等级或值；$X_{\min}$ 表示所有国家中的数据最低值；$X_{\max}$ 表示所有国家中的数据最高值。

$$\text{Index} = \frac{X_i - 1}{N - 1} \tag{5-2}$$

$$\text{Index} = \frac{X_{\max} - X_i}{X_{\max} - X_{\min}} \tag{5-3}$$

$$\text{Index} = \frac{X_i - X_{\min}}{X_{\max} - X_{\min}} \tag{5-4}$$

## 5.3 国家环境指标

不同国家间的经济、政治、社会状况不同,其政治风险水平和发生政治风险事件的类型也不同。以往的研究发现,政治风险事件的特点与当地政府的行为与政策密切相关。东道国在安全、经济、政府治理等方面的表现可以从侧面反映该国的政治风险水平。为了使海外的中国承包商更好地了解其项目所在国家或地区的安全、政治、经济、法律方面的情况,该政治风险评估体系选取了和平与安全、政府治理、经济自由度、宏观经济四个指标来评估东道国的国家环境。

### 5.3.1 和平与安全指标

联合国前任秘书长安南曾说过:和平对维护全球公共利益至关重要,安全是投资环境的基本保证。安全风险已经成为国际商务活动中最关注的因素。战争、恐怖主义、社会动荡以及来自一些非政府团体(反叛组织、恐怖组织和当地社区利益相关者)的政治暴力都可能为外商投资和国际工程项目带来严重的阻碍(Jakobsen,2010)。因此该政治风险评价体系选取了三个变量来衡量东道国的和平与安全水平,包括:政治暴力指数、谋杀率、国家冲突指数。

1) 政治暴力指数

该变量和数据来自政治恐怖规模(Political Terror Scale,PTS)评估项目,该项目采用5个级别来衡量某个国家在一年内所经历的政治暴力和政治恐怖的水平,级别越高,表示国家的政治暴力水平越高。PTS评估自1980年开始,基础数据选用国际特赦组织每年统计的数据以及美国国务院发表的年度人权报告。

在该评估项目中,政治暴力是指政府对民众的人身权利带来损害的政治行为,例如非法虐杀、酷刑、失踪、政治监禁。PTS项目的五个级别划分标准如下:

级别1表示国家在健全的法制之下,人民的观点不受禁锢,酷刑和政治谋杀极其罕见;级别2表示东道国有少数的非政治暴力性质的监禁活动,少部分人受到其影响,虐待和殴打行为少见,政治谋杀极其罕见;级别3表示东道国有大量的政治监禁行为,政治谋杀和酷刑是很普遍的,东道国政府常采取无限期的囚禁使其政治观点被反对派接受;级别4表示在东道国,政治谋杀、酷刑、政治监禁、虐待和殴打等政治事件发生得更频繁,谋杀、失踪、酷刑是民众生活的一部分;级别5表示在东道国,政治暴力事件已经扩展到整个国家,民众都受到其影响,国家的领导人或政客为追求个人私利不择手段。

2) 谋杀率

该变量和数据来自于联合国犯罪调查网(United Nations Office on Drugs and Crimes,UNODC)发布的关于全球谋杀事件的研究报告,报告通过图表详细描述了全球每个国家和地区从2000年到2012年每年每10万人的谋杀数。报告将各国谋杀率划分为6个级别,级别越高表示该国的谋杀率越高。其中,级别1表示谋杀率小于1%,级别2表示谋杀率在1%至2%之间,级别3表示谋杀率在2%至5%之间,级别4表示谋杀率在5%至10%之间,级别5表示谋杀率在10%至20%之间,级别6表示谋杀率在20%之上。

3) 国家冲突指数

该变量和数据来自海德堡大学政治科学系国际冲突研究所发布的国家冲突晴雨表。

该机构对国家冲突的定义为"有着不同利益诉求的两个以上组织（国家、政党、民间团体），在一定时间和范围内为追求自己的利益而产生的相互之间的对抗行为或活动"。冲突的起因主要包括：领土争端、分裂主义、殖民化影响、意识形态、国家权力、区域优势、资源分配等。

该研究所从武器和军队的部署、冲突所造成的伤亡人数、冲突的毁坏情况和难民的数量4个方面来衡量各个冲突事件的影响，并最终根据冲突的权重和特点将冲突事件分为5个规模：1表示潜在的冲突，2表示冲突，3表示危机，4表示严重危机，5表示战争。每个国家一年内发生过的所有冲突事件的规模综合得分代表着其国家冲突程度，得分越高表示冲突情况越严重。

### 5.3.2 政府治理指标

该指标和数据来自世界银行（World Bank Institution，WBI）的全球治理报告，该报告从政治稳定、政府的有效性、制度的质量、法制、腐败、民主问责制六个方面来衡量全球215个国家的政府治理能力，均采用0至100的得分来反映某个国家在六个方面的表现，得分越低意味着该国的政治风险水平越高。世界银行把政府治理的概念描述为政府当局在一个国家执政的传统和制度，包括：①政府被选举、监督和改选的过程；②政府有效制定和实施良好政策的能力；③政府尊重公民以及支配他们之间经济和社会活动的制度状态。

政府治理是指在市场经济条件下政府对公共事务的治理。西方国家理论界所说的"政府治理"，是指由政府治理理念、治理结构和运作方式与过程所构成的三位一体的有机框架或网络。从根本上讲，政府治理主要从制度上解决三个问题，即：一腐、二假、三肿。腐败来源于体制，体制的缺陷是产生腐败的土壤和根源。说假话、做假账、干假事，欺上瞒下坑害百姓，利欲熏心造假贩假，政府机构臃肿，扯皮内耗严重，人浮于事，文山会海会严重危害社会机体和商业行为。

1) **政治的稳定性**

政府的稳定性和政权的连续性是政治风险的直接来源（Kobrin，1978）。政治稳定是指社会的政治系统保持动态的有序性和连续性。具体说来，它是指没有全局性的政治动荡和社会骚乱，政权不发生突发性质变，公民不是用非法手段来参与政治或夺取权利，政府也不采用暴力或强制手段压制公民的政治行为，以此维护社会秩序和商业秩序。简而言之，政治稳定是把社会冲突和商业纠纷控制在一定的秩序之内。东道国政治的稳定性与法律制度的质量也有着密切关系，政治的不稳定会对建筑市场的政策环境带来不利影响，从而影响到在建的工程项目（Hastak et al.，2000）。

2) **政府的有效性**

东道国政府的有效性在国际商业活动中扮演着重要的角色，政府的行为可以直接对建筑业的各项制度以及工程项目合同的执行产生影响（Henroid & Wells，1985）。该变量衡量的是东道国政府公共服务的质量，包括三个方面：在政治压力下公共服务的质量和其独立有效性，政府制定政策的能力和执行政策的效率，以政策为基础的政府信誉。政府的有效性反映了政府的配置效率、制度效率及动态效率。配置效率是指该政府是否以社会需求为导向，是否有针对性地提供高质量的公共服务。良好的制度效率可以广泛地获取社会的支持,取得社会高水平的信任。在良好的制度平台的基础上,政府就会有动力节约使用其合法性能力,谨慎使用社会对政府的信任,并有积极性通过政府的活动,进一步提高政府的合法性水平,从而提高政府的政治能力,使政府更具有政治效率。动态效率是指政府能够适应不断变化的世界,相应于不断变化的技术、需求及人心状况,分别实现配置效率以及制度效率。

3）监管质量

监管指政府通过政策、法规、法律对国家的管理。监管质量低下,会引发官僚主义并产生企业可以加以利用的寻租空间。

该变量衡量东道国政府是否能制定合理的政策和法规来促进国家私营部门的发展。国家政权机关、政党组织和其他社会政治集团往往为了实现自己所代表的阶级、阶层的利益与意志,以制定相关制度的形式规定在某段时间内,社会成员应该达到的奋斗目标、遵循的行动原则、完成的明确任务、实行的工作方式、采取的一般步骤和具体措施,其直接关系到社会成员的利益。东道国的监管质量会对跨国企业的经营产生巨大的影响。由于利益集团的干预或执政者对自身利益的考虑,当政府出台不利于市场自由发展的政策时,如发布市场指导价格或者对外贸领域施加额外管制时会直接影响到跨国企业生产运营投入的成本(Delios & Henisz,2000)。

4）法制

该变量衡量政府治理下东道国的法制环境,即各项社会规则的执行情况,特别是司法体系的独立性和有效性,合同执行的质量,条约的批准情况,对产权的保护程度,警察局和法院的有效性,以及在法治环境下发生犯罪和暴力的可能性。良好的法制环境有助于保障国际承包商的利益,有利于商业争端发生时得到公正的处理和裁决。健全的法律制度体系不仅可以维护承包商的正当利益,而且可以减少因官僚主义增加的经营成本。在一些非健全的法律制度体系下,比如薄弱的法律机制,薄弱的合同执行机制,经常改变的法律法规以及政府不透明的运行机制不仅会对工程承包带来阻碍,而且会导致国家政治的不稳定,从而产生政治风险。东道国健全制度体系往往意味着该国政治风险水平较低(Aron,2000)。

5）腐败

该变量衡量东道国政府的腐败程度。政府的腐败会破坏社会大局,导致官民对立,社会矛盾突出,最终导致社会黑暗。腐败行为盗窃东道国国家和人民的财产,危害东道国的政治安全、社会稳定、百姓利益,是政治风险的主要来源之一。腐败包括由经济社会引起的官员在职位上作风不正,行为不正当引起的政治和社会问题,由作风不正进而产生的结党营私、绚私枉法、颠倒黑白等各种犯罪,以及利用出身背景、政治地位、经济权利、熟人关系进行贪赃枉法、吃喝享乐。东道国政府的腐败程度越低,合同执行能力越强,跨国企业所获得的收益也越高(Gastanaga et al.,1998)。

6）民主

该变量衡量东道国民众参与政治选举的权利以及言论自由、结社自由、新闻自由的程度。言论自由是公民按照自己的意愿自由地发表言论以及听取他人陈述意见的基本权利。结社自由,是公民按一定宗旨,依照法定程序组织或者参加具有持续性的社会团体的自由。新闻自由,或称新闻自由权,通常指政府通过宪法或相关法律条文保障本国公民言论、结社以及新闻出版界采访、报道、出版、发行等的自由权利。以往的研究发现跨国企业更喜欢在民主的国家和地区开展商业活动(Busse & Hefeker，2007)。民主被认为能够保护财产和契约权利，降低国内社会冲突，以及刺激投资，且可以通过收入分配和政治稳定来影响经济增长。高水平的民主问责制可以降低跨国企业海外投资的不确定性。

### 5.3.3 经济自由度指标

该指标选自《华尔街日报》和美国传统基金会发布的年度报告。经济自由是指政府在生产、收入分配、商品和服务上没有超过必需以外的强制和限制，从而保障公民的权利和自由。该报告涵盖全球 155 个国家和地区，是全球权威的经济自由度评价指标之一，该指标的分数越高，表示政府对经济的干涉水平越高，因此经济自由度越低。美国传统基金会的观点是，具有较多经济自由度的国家或地区与那些较少经济度的国家或地区相比，会拥有较高的长期经济增长速度和更繁荣的市场。

东道国的经济自由度决定了国际承包商商业活动的政策环境。经济自由度低的国家，政府对经济的控制多，跨国企业越容易遭受政治风险(Alon & Herbert，2009)。东道国的贸易保护主义政策，包括通过关税限制进口，要求购买国产商品，要求企业具有较高的本地化程度都是跨国企业面临的巨大阻碍(Rice & Mahmoud，1990；Agarwal & Feils，2007)。跨国企业为规避贸易壁垒增加营商成本常会选择经济相对开放的国家或地区。除此之外东道国政府对待外商的态度(意识形态、民族主义，政府介入市场的倾向)常是政治风险的信号。为了衡量东道国的经济自由度，该政治风险评价体系选取了财政自由、政府开支、商业自由、劳动力自由、货币自由、贸易自由、投资自由、财务自由八个变量来衡量东道国的经济自由水平：

1) 财政自由

该变量衡量在东道国的税收负担，以各级政府的直接税收和间接税收占 GDP 的比例来反映东道国的边际税率和税收的总体水平。税收过高增加了跨国企业的成本，直接影响到国际承包商的投资回报率。

2) 政府开支

该变量衡量东道国政府的支出负担，支出包括政府的消费以及在公众福利上的各项支付。其中政府的消费对市场物价、有关产业发展具有重要调控作用。一般而言，发展中国家社会生产力水平低，基础设施落后，国民经济面临工业化的繁重任务，在政府财政开支中，购买消费支出占较大比重。而在经济发达的国家，市场发育程度高，社会基础设施比较完善，政府一般不直接参与经济活动，财政分配政策重点倾向于体现社会公平。所以政府开支高的国家经济政策的不确定性较多。

3) 商业自由

该变量通过衡量东道国创建、运营和关闭企业的能力，从而来反映东道国政府对企业监管的程度及政府执行管理流程的效率。商业的本性在于自由竞争，但自由不是没有限度的，在商业活动中有成熟的法律和规范，较少的政府干预，可以确保商业环境的稳定。

4) 劳动力自由

该变量衡量东道国劳动力市场相关的法律和制度体系的质量，包括最低工资规定、裁员制度、劳动派遣制度以及在劳动雇佣和工作时间上的监管和规定。人工费是国际工程项目的主要成本之一，东道国政府对国际承包商劳动力的国籍、工作时间等要求都直接决定了人工费的高低，国际承包商在劳动力自由度低的国家更容易受到政府的干预和劳务限制。

5) 货币自由

该变量衡量东道国政府对物价的控制程度，以及东道国的物价稳定情况。通常认为，通货膨胀和价格控制会扭曲市场经济活动，微观经济干预下的价格稳定是自由市场的理想状态。

6) 贸易自由

该变量衡量东道国关税和非关税的贸易壁垒对该国进出口贸易的影响。非关税的贸易壁垒包括：数量限制、价格限制、监管限制、海关限制及政府的直接干预。贸易自由的理想状态是自由贸易，国家会取消本国进出口商品的各种优待和特权，对进出口商品不加干涉和限制，使商品自由进出口，在国内市场上自由竞争的贸易政策。这并不意味着完全放弃对进出口贸易的管理和关税制度，而是根据外贸法规即有关贸易条约与协定，使国内外产品在市场上处于平等地位，展开自由竞争与交易，在关税制度上，只是不采用保护关税，但为了增加财政收入，仍可征收财政关税。

7) 投资自由

该变量衡量东道国在外商投资方面的各种管制，包括：对待外商的态度、外商投资限制、土地所有权的限制、行业限制、没有合理补偿情况下的征收、外汇管制、资本管制。

8) 财务自由

该变量衡量东道国银行部门的独立性，受政府控制的水平。国有银行以及其他国有的金融机构，例如保险企业和证券企业，对政府来说是一种负担。

### 5.3.4 宏观经济

不良的经济表现是政治风险的主要来源之一，衰退的经济会诱发一些反对政府的社会暴动事件(Rice & Mahmoud, 1990; Asiedu et al., 2006)。东道国不良的经济表现（汇率的不稳定、高通货膨胀、高失业率、低或负的 GDP 增长率或国民收入增长率等）和东道国社会政治的不稳定有着极强的联系(Butkiewicza & Yanikkaya, 2005)。该政治风险评价体系选取了 GDP 增长率、人均 GDP、通货膨胀率、失业率以及公共债务这 5 个变量来衡量东道国的宏观经济环境。

1) GDP 增长率

经济增长率高的国家更容易吸引外商投资，经济的增长意味着国民生活水平的提高，以及对商品和服务需求的增大，这些将会为外商提供更大的市场空间。该变量的数据来自世界银行。国内生产总值(Gross Domestic Product, GDP)是指一个国家（国界范围内）所有常住单位在一定时期内生产的所有最终产品和劳务的市场价值。GDP 是国民经济核算的核心指标，也是衡量一个国家或地区总体经济状况的重要指标，GDP 增长率常被用来衡量该国或地区的经济发展速度以及市场空间。参照国家风险指南(ICRG)对 GDP 增速分级的方法，在该政治风险评价体系中，GDP 增长率被分为 21 个级别，增速越高对应的级别越低，具体分级方法如表 5.2 所示。

表 5.2 GDP 增长率等级

| 增速(%) | 等级 | 增速(%) | 等级 |
| --- | --- | --- | --- |
| 6.0 以上 | 1 | −0.5 至 −0.9 | 12 |
| 5.0 至 5.9 | 2 | −1.0 至 −1.4 | 13 |
| 4.0 至 4.9 | 3 | −1.5 至 −1.9 | 14 |
| 3.0 至 3.9 | 4 | −2.0 至 −2.4 | 15 |
| 2.5 至 2.9 | 5 | −2.5 至 −2.9 | 16 |
| 2.0 至 2.4 | 6 | −3.0 至 −3.4 | 17 |
| 1.5 至 1.9 | 7 | −3.5 至 −3.9 | 18 |
| 1.0 至 1.4 | 8 | −4.0 至 −4.9 | 19 |
| 0.5 至 0.9 | 9 | −5.0 至 −5.9 | 20 |
| 0.0 至 0.4 | 10 | −6.0 以下 | 21 |
| −0.1 至 −0.4 | 11 | | |

2) 人均 GDP

该变量和数据来自世界银行。人均 GDP 常作为发展经济学中衡量经济发展状况的指标,是最重要的宏观经济指标之一,它是人们了解和把握一个国家或地区宏观经济运行状况的有效工具。将一个国家核算期内(通常是一年)实现的国内生产总值与这个国家的常住人口(或户籍人口)相比进行计算,得到人均国内生产总值。它是衡量各国人民生活水平的一个标准。根据国家风险指南(ICRG)对人均 GDP 的分级方法,各国人均 GDP 以占世界平均水平的百分比表示,并分为 11 个级别,具体分级方法如表 5.3 所示。

表 5.3 人均 GDP 等级划分

| 占平均值的比重(%) | 级别 | 占平均值的比重(%) | 级别 |
| --- | --- | --- | --- |
| 250.0 以上 | 1 | 40.0 至 49.9 | 7 |
| 200.0 至 249.9 | 2 | 30.0 至 39.9 | 8 |
| 150.0 至 199.9 | 3 | 20.0 至 29.9 | 9 |
| 100.0 至 149.9 | 4 | 10.0 至 19.9 | 10 |
| 75.0 至 99.9 | 5 | 9.9 以下 | 11 |
| 50.0 至 74.9 | 6 | | |

3) 通货膨胀率

该变量和数据来自国际货币基金组织(International Monetary Fund,IMF),其是按消费者价格指数衡量的。高的通货膨胀常是宏观经济不稳定性的表现(Buckley et al.,2007)。通货膨胀被定义为:在信用货币制度下,流通中的货币数量超过经济实际需要而引起的货币贬值和物价水平全面而持续的上涨。用更通俗的语言来说就是:在一段给定的时间内,给定经济体中的物价水平普遍持续增长,从而造成货币购买力的持续下降。通货膨胀直接使纸币贬值,如果居民的收入没有变化,生活水平就会下降,造成社会经济生活秩序混乱,不利于经济的发展。IMF 对通货膨胀率的级别划分如表 5.4 所示。

表 5.4 通货膨胀率等级划分

| 通货膨胀率 | 级别 | 通货膨胀率 | 级别 |
| --- | --- | --- | --- |
| 1 以下 | 1 | 7.0 至 9.9 | 5 |
| 0 至 1.9 | 2 | 10.0 至 14.9 | 6 |
| 2.0 至 3.9 | 3 | 15.0 至 29.9 | 7 |
| 4.0 至 6.9 | 4 | 30.0 以上 | 8 |

4)失业率

该变量和数据来自世界银行。失业率是指一定时期满足全部就业条件的就业人口中仍未有工作的劳动力数字,旨在衡量闲置中的劳动产能,是反映一个国家或地区失业状况的主要指标。通过该指标可以判断一定时期内全部劳动人口的就业情况。一直以来,失业率数字被视为一个反映整体经济状况的指标,是资本市场的重要指标。失业率增加是经济疲软的信号,可导致政府放松银根,刺激经济增长;相反,失业率下降,将形成通货膨胀,使央行收紧银根,减少货币投放。

5)公共债务

该变量和数据来自美国传统基金会,衡量东道国各级政府总债务占当年 GDP 的比例,其可反映出东道国国内公共部门的债务水平。债务总额高的国家需要花费大量的精力去管理这些债务,例如要经常和一些国际机构如国际货币基金组织和银行谈判。在谈判过程中,东道国的政策会发生难以预测的变化,甚至产生不稳定的政治、不良的社会经济后果。跨国企业常常难以对这些改变进行预测,从而遭受损失。如果一国爆发债务危机,包括直接投资和财务投资在内的各种投资安全将会受到影响,甚至会引发政府违约,为国际承包商带来巨大的损失(陈西果和陈建宇,2011)。根据欧盟统计局对公共外债的分级方法,各国的公共债务水平被分为 11 个级别(表 5.5),公共债务所占 GDP 的比例越高,级别越高,爆发政治风险的可能性就越大。

表 5.5 公共债务等级划分

| 外债比例 | 级别 | 外债比例 | 级别 |
| --- | --- | --- | --- |
| 0 至 9.9 | 1 | 60.0 至 69.9 | 7 |
| 10.0 至 19.9 | 2 | 70.0 至 79.9 | 8 |
| 20.0 至 29.9 | 3 | 80.0 至 89.9 | 9 |
| 30.0 至 39.9 | 4 | 90.0 至 99.9 | 10 |
| 40.0 至 49.9 | 5 | 100 以上 | 11 |
| 50.0 至 59.9 | 6 | | |

## 5.4 东道国与母国的交互作用指标

东道国与国际承包商的母国之间的交互作用,包括外交关系、贸易关系、文化距离都是关系到国际承包商国际承包业务成败的关键因素(Rios-Morales et al., 2009)。母国与东道国关系的恶化是跨国企业海外经营政治风险的主要来源之一(Yaprak & Sheldon, 1984)。跨国企业的身份与母国密不可分,如果母国同东道国的关系好,就会得到更多的机会和优势(Alon & Herbert, 2009)。中国在发展中国家的建设项目往往具有重要的社会价值和影响,从而可以获得东道国政府在部分领域的支持。该政治风险评估体系选取了外交关系、双边投资协定、贸易关系以及文化距离四个变量来衡量东道国与母国的交互作用程度。

### 5.4.1 外交关系

该变量和数据来自中国外交部。在中国的外交话语体系中,有 54 个国家被冠以"伙伴关系"来形容国家关系。不过伙伴关系也有三六九等,有着外交关系的丰富内涵。中国实行不结盟政策,外交体系中没有更高于"伙伴关系"的双边关系。那么不论"伙伴"之前的形容词是什么,只要有"伙伴"两字,就意味着双方已经达到一定的信任度,并且在重大问题上没有根本分歧。而除此之外的 119 个建交的"非伙伴"类国家则意味着这些双边关系没有那么密切。在发展"伙伴关系"时,战略、安全、经济、地区问题等都是需要考量的地方。此外,世界上还有 21 个国家尚未与中国建交,包括:不丹、海地、圣卢西亚、巴拉圭、萨尔瓦多、多米尼加、危地马拉、洪都拉斯、圣文森特和格林纳斯丁、圣基茨和尼维斯、伯利兹、尼加拉瓜、斯威士兰、布基纳法索、瑙鲁、图瓦卢、所罗门群岛、马绍尔群岛、帕劳、基里巴斯、梵蒂冈。这些国家大多与中国台湾建立了所谓的"外交"关系。"伙伴"按关系的密切程度和力度一般可以分为:合作伙伴、全面合作伙伴、战略(合作)伙伴和全面战略(合作)伙伴。"全面"指的是合作领域更广,包括政治、经济、文化、军事等;"战略"则意味着合作层次更高,从整体上、全局上、核心利益上都具有一致性。除中国台湾、中国香港、中国澳门三个地区之外,其余的国家同中国的外交关系分为 6 个级别(表 5.6),级别越高,关系越差,越容易爆发政治风险。

表 5.6 中国外交关系级别

| 外交关系 | 级别 | 外交关系 | 级别 |
| --- | --- | --- | --- |
| 全面战略合作伙伴 | 1 | 合作伙伴 | 4 |
| 战略合作伙伴 | 2 | 一般建交 | 5 |
| 全面合作伙伴 | 3 | 未建交 | 6 |

### 5.4.2 双边投资协定

该变量衡量东道国政府是否与中国政府签订了双边投资协定(Bilateral Investment Treaty, BIT),共分为两个级别,级别 1 表示东道国与中国签订了双边协定,级别 2 表示尚未与中国签订 BIT 协议。根据中华人民共和国商务部条约司公布的数据显示,目前共有

104个国家和地区同中国签订了双边投资协定。

双边投资协定为东道国创设了良好的投资环境。在双边投资协定中，既含有关于缔约方权利和义务的实体性规定，又有关于代位权、解决投资争议的程序性规定，为缔约国双方的海外投资者预先规定了建立投资关系所应遵循的法律规范结构和框架，可以避免或减少法律障碍，保证投资关系的稳定性，促进国际私人投资活动的发展(Egger & Pfaffermayr, 2004)。两国政府在约定下必须信守已成为各国普遍接受的国际法原则，若当事国一方不遵守条约义务，就会产生国家责任。所以，较之国内法对外国投资者及其投资所提供的保护，双边投资协定要强有力得多。双边投资协定因其缔约国只有两方，较之谋求多国间利益平衡的多边投资条约，它易于在平等互利的基础上顾及双方国家的利益而达成一致，所以双边投资协定已为许多国家广泛采用，成为保护投资的最为重要的国际法制度。现今许多国家，特别是发达国家都建立有本国的海外投资保险或保证制度，他们通常将双边投资协定作为实施其国内海外投资保险或保证制度的法定前提，使双边投资协定成为加强国内海外投资保险或保证制度的重要国际法手段。双边投资协定不仅规定了缔约国之间因条约的解释、履行而产生争议的解决途径与程序，而且规定了外国投资者与东道国政府间因投资而产生争议的解决途径与程序，特别是大多数协定尚约定通过"解决投资争议的国际中心"来解决这类争议，这就为投资争议的妥善解决提供了有力的保障。

### 5.4.3 贸易关系

该变量的数据来自中国商务部。以东道国同中国的全年贸易总额占东道国全年贸易总额的比例来衡量东道国在经济上对中国的依赖性。对中国经济依赖高的国家爆发针对中国企业的较大规模的政治风险事件的可能性不大。比如中国同日本以及东盟在经济贸易上的关系密切，使得双方在民间敌对情绪很难上升到像战争这般较大的冲突事件。国际市场上的一些政治风险事件常具有报复性的特点，政治风险的爆发一定会给东道国和母国双方都带来不必要的损失。

### 5.4.4 文化距离

文化距离反映了东道国与跨国企业母国在价值观念、行为准则、生活习惯上的不同。与东道国的文化距离越大，看待事物的标准以及处理事情的态度之间的差异也越大(田晖等，2012)。承包商具有适应性的组织文化，将会获得更多的道义和社会的支持。该变量采用Kogut et al. (1988)中的方法来衡量东道国同中国的文化距离。该方法以霍夫斯泰德的文化维度理论为基础，从权力距离、不确定性的规避、个人主义/集体主义、男性化与女性化四个维度来分析不同国家的文化差异。其中权力距离指某一社会中地位低的人对于权力在社会或组织中不平等分配的接受程度。各个国家由于对权力的理解不同，在这个维度上存在着很大的差异。欧美人不是很看重权力，他们更注重个人能力。而亚洲国家由于体制的关系，注重权力的约束力。不确定性的规避是指一个社会受到不确定的事件和非常规的环境威胁时是否通过正式的渠道来避免和控制不确定性。回避程度高的文化比较重视权威、地位、资历、年龄等，并试图以提供较大的职业安全，建立更正式的规则，不容忍偏激观点和行为，相信绝对知识和专家评定等手段可以避免这些情景。回避程度低的文化对于反常的行为和意见比较宽容，规章制度少，在哲学、宗教方面他们容许各种不同的主张同时存在。个人主义/集体主义,是衡量某一社会总体是关注个人利益还是关注集体利益。个人主义倾向的是社会中人与人之间的关系是松散的,关心大家庭,牢固的族群关系可以给人们持续的保护,而个人则必须对族群绝对忠诚。男性化与女性化,主要看某一社会代表男性的品质如竞争性、独断性更多,还是代表女性的品质如谦虚、关爱他人更多,以及对男性和女性职能的界定。男性度指数的数值越大,说明该社会的男性化倾向越明显,男性气质越突出;反之,则说明该社会的女性气质突出。中国与世界各国的文化距离计算公式如下:

$$CD_j = \sum_{i=1}^{4} \frac{(I_{ij} - I_{iN})^2}{V_i} \qquad (5-5)$$

其中,$CD_j$ 表示第 $j$ 个国家同中国的文化距离;$I_{ij}$ 表示第 $j$ 个国家第 $i$ 个文化维度值;$I_{iN}$ 表示中国第 $i$ 个文化维度值;$V_i$ 表示所有国家第 $i$ 个文化维度值的方差。但由于缺少部分国家的文化维度值,本书采用与该国家相邻的并具有相同民族特点的国家的值代替。

## 5.5 行业环境指标

不同的行业面临的政治风险也有差异,以往的研究表明政治风险的类型多与商业活动的行业属性相关(Ashley & Bonner, 1987)。国际承包业务与常见的跨国商业活动不同,主要以提供一定的服务换取相应的报酬,所以受到征收的概率较小,但更容易受到政府政策影响。该政治风险评估体系选取了与国家经济目标的一致性、行业成熟度以及市场经验等 3 个指标来衡量东道国的建筑业行业环境。

### 5.5.1 与国家经济目标的一致性

一般来说,国家支柱型产业更容易受到政治的干预和政治行为的影响(Rios-Morales et al., 2009)。与政府在社会政治目标上的一致程度决定了该行业遭遇政治风险的可能性,不符合国家发展战略的行业遭受政治风险的可能性极大(Oetzel, 2005)。该变量的数据来自调查问卷,采用 5 个级别来衡量东道国建筑业与国家战略的一致性。级别越低意味着东道国社会对建筑业的需求越高,建筑业的发展与东道国政治经济目标的一致性也越高。

### 5.5.2 行业成熟度

行业的成熟度越高意味着该行业的商业环境越透明,商业环境透明的行业有成熟的规范,健全的制度,以及少的腐败,使企业能够获得公平的信息,行业内的秩序较好,从而政府的干预少(Lee, 2011)。该变量的数据来自商务部发布的国别报告,采用 5 个级别来衡量。其中,级别 1 表示东道国建筑市场极其规范,信息透明,无暗箱操作;级别 2 表示东道国建筑市场信息透明,无暗箱操作,但有些规范或规定不符合国际惯例;级别 3 表示东道国建筑市场存在些许弊端,但并不严重;级别 4 表示东道国建筑市场潜规则较多,存在一定的不公平现象;级别 5 表示东道国建筑市场腐败严重,暗箱操作行为普遍,不按规定和合同办事。

### 5.5.3 市场经验

市场经验可以帮助国际承包商更好地了解东道国的商业环境和行业规则,从而帮助其更好地应对政治风险。市场经验不仅可以从自己公司以往的项目中获取,也可以从中国商务部和大使馆所公开的信息中查询。一般来说,中国承包商在东道国承揽过的项目数量越多,种类越丰富,他们能获取的市场经验也会越多。该变量的数据来自于商务部发布的国别报告,采用5个级别来衡量。其中,级别1表示中国承包商在东道国承揽过多量的多类型的工程项目;级别2表示中国承包商在东道国承揽过多量的,但类型单一的工程项目;级别3表示中国承包商在东道国承揽过少量的,但涉及多种类型的工程项目;级别4表示中国承包商在东道国承揽过少量的且类型单一的工程项目;级别5表示中国承包商没有在东道国承揽过工程项目。

## 5.6 评估结果

### 5.6.1 政治风险指数

根据完整性和有效性原则,本书选取了世界银行、美国传统基金会、联合国犯罪调查网、海德堡大学国际冲突研究所、中国外交部和商务部等权威机构在2014年发布的数据,以及作者所在的研究团队收集并计算的相关数据,计算出了全球151个国家的政治风险指数。政治风险指数越高的国家表示其政治风险水平越高。其中,韩国的政治风险水平最低,其政治风险指数为0.181,非洲的中非共和国的政治风险水平最高,其政治风险指数为0.683。151个国家的政治风险指数平均值为0.408,中位数为0.404,近似服从正态分布,且该正态分布呈低峰态和偏正态(图5.7)。

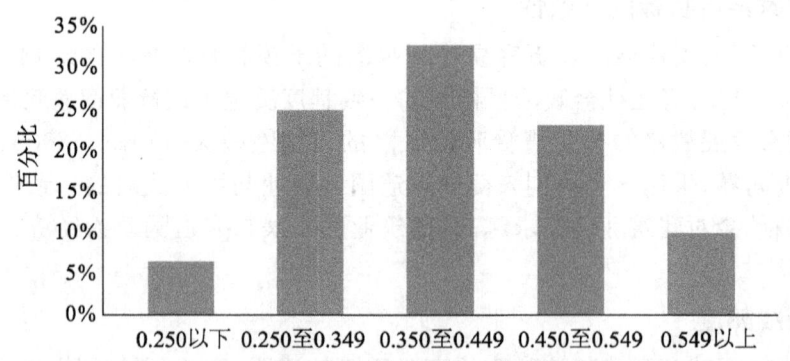

图5.7 政治风险指数柱状图

从统计结果可以看出(表5.7),在151个国家或地区中,16个国家或地区(占总体的10.6%)的政治风险指数高于0.549,政治风险等级为非常高;35个国家或地区(占总体的23.18%)的政治风险指数在0.450至0.549之间,政治风险等级为高;51个国家或地区(占总体的33.77%)的政治风险指数在0.350至0.449之间,是数量最多的一组,该组的政治风险等级为较高;39个国家或地区(占总体的25.83%)的政治风险指数在0.250至0.349之间,该组政治风险等级为适中;10个国家或地区(占总体的6.62%)政治风险指数低于

0.250，该组的政治风险等级为低。

表 5.7 政治风险指数分布及对应的政治风险等级

| 政治风险指数 | 数量(N) | 比例(%) | 政治风险等级 |
| --- | --- | --- | --- |
| 0.549 以上 | 16 | 10.60% | 非常高 |
| 0.450 至 0.549 | 35 | 23.18% | 高 |
| 0.350 至 0.449 | 51 | 33.77% | 较高 |
| 0.250 至 0.349 | 39 | 25.83% | 适中 |
| 0.250 以下 | 10 | 6.62% | 低 |

### 5.6.2 各区域政治风险水平排名

依据世界银行对区域的分类方法，以上 151 个国家被分为 11 个区域。每个区域的政治风险指数等于该区域包含的所有国家的政治风险指数的平均值。如表 5.8 所示，共有 5 个区域的政治风险指数高于 151 个国家的平均值，6 个区域的政治风险指数低于 151 个国家的平均值。

1）中美洲地区

中美洲是指墨西哥以南、哥伦比亚以北的美洲大陆中部地区，范围北起危地马拉，南至巴拿马的地区，面积约 50 多万平方公里。该地区的民族大部分为印欧混血种人，余为印第安人、白种人和黑种人。中美洲曾经是西欧各国的前殖民地（王素，2017）。根据统计结果显示，中美洲是世界上政治风险水平最高的区域，政治风险指数为 0.527，政治风险评价体系中的三类指标的平均值都很高，其中东道国与母国的交互作用指标得分高达 0.729，远超 151 个国家的平均水平 0.457。在中美洲的六个国家中，多米尼加共和国、洪都拉斯共和国以及尼加拉瓜的政治风险等级为很高，墨西哥与萨尔瓦多的政治风险等级为高，哥斯达黎加的政治风险等级为较高。

中美洲的六个国家均未与中国签订双边投资协定，与中国的外交关系较差，其中萨尔瓦多、多米尼加共和国、洪都拉斯尚未与中国建交，哥斯达黎同中国只是普通的外交关系，仅墨西哥是中国的战略合作伙伴。政府和党派的连续性也是中美洲最严重的问题，在很多的基础建设项目上，都是由政府来主导的，如果政府没有连续性或者党派没有连续性的话，有时候这些项目就会被推迟甚至取消。因此中国承包商在中美地区比较容易发生的政治风险事件有：法律、法规和政策的变化以及合作方违约。

2）撒哈拉以南非洲地区

撒哈拉以南非洲地区，又称亚撒哈拉地区，泛指撒哈拉大沙漠中部以南的非洲。撒哈拉以南非洲地区是黑种人的故乡，以低收入或较低收入国家为主，是世界上最贫困的区域，经济水平较低，教育水平低，文化低，几乎处于原始人状态，有的部落甚至靠打猎为生，有多种信仰（赛格等，2010）。撒哈拉以南非洲地区是世界上政治风险水平第二高的区域，其政治风险指数为 0.486，各项分指标的平均值都高于 151 个国家的平均水平。该地区的政府治理水平较低，安全形势、政治稳定性和法制环境差，贪污腐败，难以审批，法律、法规和政策变化，恐怖袭击，治安犯罪，以及来自各类官方机构的"合法伤害"是中国承包商经常遇到的政治风险事件。

当年西方殖民者在非洲随意划分国界,为该地区留下了矛盾和冲突的种子,一些国家原本就存在复杂的民族、部落、地域或宗教矛盾,而不同党派之间的选举竞争,往往演变为背后支持力量的权力争夺,甚至酿成大规模冲突,中非共和国的局势动荡和苏丹的派别斗争是近几年来该地区较为突出的问题(汪段泳,2014)。2012年1月,中国水电股份公司在苏丹的乌姆—阿布公路工程项目因苏丹反政府军和政府武装发生武装冲突,项目主营地被苏丹反政府军控制,公司项目部共有29人被苏丹反政府军劫持,18人被困,项目暂时停工。2013年12月,南苏丹首都朱巴爆发军事冲突,总统基尔指挥的政府军和前副总统马沙尔领导的反政府武装发生枪战。中国水利水电第十三工程局有限公司承建的南苏丹赤道大厦工程驻地附近发生爆炸,项目的进行受到了阻碍。2007年4月24日,中原油田勘探局在埃塞俄比亚的Abole营地被不明身份的武装分子包围,并被占领。该营地的当地员工几乎全部死亡,35名中国员工中9人死亡,1人失踪,7人被绑架。该营地本来有100多个地方保卫人员保护,但是该武装分子持有重型武器,保卫中国营地的人员溃败了。

除此之外,传染病和失业是撒哈拉以南非洲地区防范最薄弱的两大风险。尽管预计非洲经济会出现增长,但事实上由于人口迅速增加将在未来几年加剧失业,再加上最近发生的一系列事件,这两大风险都可能造成地区不安和社会动荡。但值得庆幸的是,撒哈拉以南非洲地区的国家具有庞大的基础设施需求,21世纪以来这些国家政府致力于城市化建设,大力发展经济,吸引外商投资,且本国承包商能力较弱,为国际承包商提供了广阔的市场。

3) 南亚地区

南亚是世界上政治风险水平第三高的区域。南亚包括印度、斯里兰卡、巴基斯坦、尼泊尔、马尔代夫、不丹、孟加拉国、阿富汗8个国家,其政治风险指数为0.473,其中孟加拉国和阿富汗的政治风险等级为非常高,其余国家的政治风险等级为较高或者高,没有政治风险水平较低的国家。

南亚是世界上人口最密集的区域,但同时也是继撒哈拉以南非洲地区后全球最贫穷的区域。由于多种种族和团体在政治及宗教上的摩擦和冲突,使得南亚国家的政局都不太稳定(江荣卿,2010;王炜,2001)。印度和巴基斯坦亦因为这些理由而曾多次开战,中国承包商也曾受过其影响:2006年2月,中国建筑材料集团总公司所属安徽合肥水泥工业设计研究院6名在巴基斯坦俾路支省工作的工程技术人员,从工地返回驻地途中遭不明身份歹徒突然袭击。歹徒从路旁突然窜出并持冲锋枪扫射,导致中方2人当即死亡,3人受伤,另有1人在送往医院途中死亡。巴基斯坦官员表示,武装分子枪杀中国工程师的这次野蛮行动,是想打击穆沙拉夫的中国之行。2009年1月,由于印度和巴基斯坦在克什米尔地区的主权争议问题,印度敦促中国停止在巴基斯坦控制范围下克什米尔地区的工程。

孟加拉、尼泊尔和斯里兰卡境内也因宗教冲突和政治斗争而不平静,整体来说该区域只有不丹和马尔代夫政局比较稳固,两国的民主演变也较其他南亚国家成功。"9·11事件"将南亚地区推到了国际反恐的前沿,然而十余年来南亚地区的恐怖主义不仅未能被有效遏制,相反却陷入了"越反越恐"的怪圈。近年来南亚成为发生恐怖袭击最多和恐怖袭击造成死亡人数最多的地区,印度、巴基斯坦和阿富汗都已被列为遭受恐怖袭击最为严重的国家。中国人也成为恐怖袭击的目标(陈玉祥等,2014)。2004年6月,阿富汗当地时间凌晨1时,武装分子突袭中建十四局在阿富汗昆都士公路项目工地,向睡梦中的中国援建工人疯狂扫射,造成11死5伤的恐怖事件,令世界震惊。2010年1月16日,中国一家筑路工程公司的两名中国工程师在阿富汗被绑架。2012年7月23日,中国驻巴基斯坦卡拉奇领事馆外发生一起摩托车炸弹案,造成两人受伤,领事馆方面称无中国人受伤。除此之外南亚是世界上政府腐败最严重的区域,整个南亚腐败丑闻四处飞扬,政权处于风雨飘摇之中。一些领导人被赶下台,其他人则摇摇欲坠。

南亚的大多数国家将经济社会发展作为国家中长期计划的主要政策目标,将发展基础设施建设和地区间的互联互通作为推动经济发展的重要支柱,但现实是,该地区存在资源争端、银行业不稳定、通货膨胀、交通基础设施缺乏、能源短缺、巨额的投资缺口、有限的财政与金融资源等矛盾。斯里兰卡从2009年结束内战后,开始振兴经济,中斯双边政治关系发展势头良好。中国和巴基斯坦两国人民的深厚情谊也促使巴基斯坦非常欢迎中国的建筑企业去开展港口、铁路、电站等基础设施的建设。

4) 北非地区

北非是世界上政治风险水平第四高的区域,其政治风险指数为0.437。该区域位于非洲大陆北部,人口约1.5亿,70%以上为阿拉伯人。阿拉伯文化与伊斯兰教为北非的重要人文特征,包括埃及、利比亚、突尼斯、阿尔及利亚、摩洛哥、苏丹等国家。北非地区主要使用的语言为阿拉伯语,民族也为阿拉伯民族,宗教为伊斯兰教。所以在很多地方,这里通常称为阿拉伯世界,人们称为阿拉伯人,国家称阿拉伯国家(贾志杰,2012)。

北非的政治动荡,政治稳定性较差,法律、法规政策缺乏连续性,政府腐败严重。近年爆发了突尼斯、埃及、利比亚的政权更迭以及叙利亚的内乱,中国承包商都深受其害(李亚超,2014)。2011年3月,中国铁建股份有限公司因利比亚动荡,在利比亚部分营地受到冲击,大型设备被抢、工程陷入瘫痪,承担的沿海铁路、南北铁路、西线铁路项目全部暂停。北非政局动荡的原因可以归结为四大类:第一,经济问题长期存在(如经济增长缓慢、产业结构不合理、贫富分化严重、失业率高、经济全球化带来的冲击);第二,政治民主化进程迟缓(强人政治或威权政治、权力集中、政权家族化趋势、政治腐败);第三,外部因素(西方国家打压;西方长期鼓吹民主自由,资助反对派;阿拉伯国家外交缺乏主动性);第四,民众价值观混乱(对西方认识的转变、受其他阿拉伯国家政变的影响、借助网络表达不满)。这四大类"原因",可以解释利比亚或埃及或叙利亚单个国家的变局,反映出的问题也是两年来发生政治危机的多个国家的"通病"。此外,北非地区的基础设施非常落后,建筑市场容量大,由于历史原因,北非地区的国家从感情上更加青睐与中国合作。

5) 南美洲地区

排名第五的是南美洲,其政治风险指数为0.423。15个南美国家中并没有政治风险等级非常高的国家。南美洲拥有多样的环境资源,但受殖民地式经济与大地主制影响,独立后并未出现经济起飞的现象,多为发展中国家。南美洲的文化原以印第安人的文化为主,欧洲殖民者于印第安人大量死亡后引进黑奴以补充劳力,使本区域血统复杂(宋玮,2013)。因西班牙及葡萄牙带来的拉丁文化长期居主导地位,故南美洲常被称为拉丁美洲,但印第安文化并未消失,且融入非洲黑人文化,文化间彼此冲突与融合,形成合成文化,使南美洲的文化更加丰富,因此中国同南美国家的文化距离较小。但需要注意的是,南美的部分国家与中国的交互作用程度较差:巴西、巴哈马、巴拉圭、哥伦比亚、苏里南、委内瑞拉以及伯利兹尚未与中国签订双边投资协定;圭亚那与伯利兹尚未与中国建交;大部分的国家同中国的贸易额占本国的贸易总额的比例不大。南美居民绝大多数信天主教,少数信基督教新教,宗教冲突较少。但南美洲国家的治安较差,谋杀率较高,巴西、牙买加、巴哈马、哥伦比亚、委内瑞拉与伯利兹的谋杀率都处于评估报告中的最高水平。南美洲存在一定的经济和社会危机,乏力的经济增长和较高的通货膨胀率可能在未来引起政府违约和政策变化风险。

6) 中亚地区

中亚的政治风险指数为0.394,排名世界第六,低于世界平均水平。中亚包括前苏联的五个加盟共和国哈萨克斯坦、吉尔吉斯斯坦、乌兹别克斯坦、塔吉克斯坦、土库曼斯坦。中亚人口密度较小,是以伊斯兰教为主的多宗教地区。在经济方面,中亚国家除哈萨克斯坦外,经济发展水平仍然较低,仍有许多人失业,生活处于贫困线以下(苏畅,2013)。但在世界经济复苏步伐加快的前提下,中亚国家经济出现大幅度增长,人民生活水平提高,购买力增强,主要工业品产量大幅度增加,对外贸易迅速扩大,外汇储备增加,外资投入明显增加。中亚国家对基础设施建设有着大量的需求,几乎所有的国家都把机场、交通、水利设施建设作为国家未来发展的主要战略目标。中国建筑企业在中亚有着丰富的工程经验,承揽的项目涉及多个领域,其光辉的业绩也获得了中亚各国政府和民众的称赞。

在政治方面,中亚国家的政府治理水平是所有区域中最差的,该指标得分高达0.822。由于独立才二十多年,中亚各国的法律制度尚不完善,政府行政效率低下,政府腐败严重,各派别之间长期存在内斗行为(纪沿光等,2016)。在哈萨克斯坦和吉尔吉斯斯坦,由于总统、议会、政府常常因不承认彼此的权力合法性而相互掣肘,致使两国政局一直处于斗争与妥协的交割之中。就未来的趋势来说,哈萨克斯坦的反对派在可预见的未来不会有太大的作为,政局不会出现较大的动荡,而吉尔吉斯斯坦的反对派仍处于政治活跃期,仍面临新的政治危机的威胁。乌兹别克斯坦和土库曼斯坦的政局相对稳定,自两国独立之初选择了总统集权制,没有发生类似于哈萨克斯坦或吉尔吉斯斯坦的那种总统与反对派之间长期对峙的情况。而塔吉克斯坦在独立之初就爆发了内战,后经多方努力才实现了民族和解。

7) 非欧盟的欧洲国家

非欧盟的欧洲国家的政治风险指数同样为0.394,并列世界第六。评估结果中涉及的非欧盟的欧洲国家包括俄罗斯、阿尔巴尼亚、瑞士、丹麦、冰岛、挪威、罗马尼亚、克罗地亚、白俄罗斯、立陶宛、乌克兰、土耳其。其中作为夹杂在美国与俄罗斯间的东欧国家,瑞士、丹麦、挪威、克罗地亚四国的政治风险水平很低。俄罗斯近年来经济严重恶化,外部冲突较多,但其与中国关系较好,建筑业发展需求和潜力巨大,政治风险等级为较高。白俄罗斯、乌克兰、土耳其等国在如何平衡与俄罗斯、美国的关系上面临着巨大的挑战。受大国博弈的影响,东欧各国和巴尔干地区的局势一段时间内会较为动荡,移民和民族矛盾引起的安全问题仍在。大多数非欧盟的欧洲国家法律执行不严,存在腐败和文化差异,国家政府为保护本国产业利益也会限制中国建筑企业的进入和对部分项目的开发。

8) 中东地区

中东地区是指地中海东部与南部区域,从地中海东部到波斯湾的大片地区。在该政治风险评估体系中,包括阿联酋、卡塔尔、沙特阿拉伯、巴林、阿曼、科威特、伊拉克、以色列、黎巴嫩、约旦、伊朗和叙利亚12个国家。中东地区的政治风险指数为0.376,其各项指标的得分大多略微低于151个国家的平均水平,在该区域的国家中,只有伊拉克的政治风险等级为非常高。

中东地区民族众多、宗教林立、各区域之间历史遗留问题多,导致社会动荡、暴力冲突不断,地区持续性动荡使得建筑市场充满变数(范鸿达和洪正,2010)。但由于丰富的石油资源和宽松的经济环境,地区较为富裕,12个国家全部为高收入国家或较高收入国家。近20年来,中东国家开展大规模基础设施建设,建筑市场充满活力,虽然部分时间受到过地区动荡影响,给经济和投资带来一些阻碍,但巨大的市场需求一直存在,建筑业快速的发展趋势在近期内是不变的。恐怖主义威胁需引起在中东国家的国际承包商的高度重视。中东地区的人们主要信仰伊斯兰教、犹太教和基督教,主要民族包括阿拉伯人、波斯人、土耳其人、库尔德人。历史上,东西方文化在这里频繁交流,文化上的差异是导致中东不安定的重要原因之一。近些年来由于内部斗争和西方介入造成中东地区局势动荡不安,滋生了基地组织、IS等恐怖组织,叙利亚、伊拉克、以色列安全问题较为突出(刘中民,2014)。中东地区部分国家的货币与人民币不能直接兑换,外汇无法自由出入,金融体系尚未融入全球金融体系的国家,存在巨大的金融风险。中国同中东地区的关系良好,经过多年艰苦创业,部分中国集团公司在中东地区的业务发展快速,已形成一条完整的产业链。

9) 欧盟国家

欧盟国家的政治风险指数平均值为0.344,其国家环境指数为0.247,是世界上国家环境第二好的区域,但该区域的东道国与母国间的交互作用指数与建筑业环境指数高于世界平均水平,分别为0.464和0.405。中国同欧盟国家在经贸领域的关系较好,但文化距离较大,没有在相互信任和相互尊重的基础上建立有效的战略关系。欧盟采取的对华武器禁运政策,以及在达赖问题上不统一、不配合的态度,使欧盟对华地位下降,各成员国也被中国所轻视(刘华平,2009)。欧盟国家经济发展水平领先全球,工业、交通运输、商业贸易、金融保险等在世界经济中占重要地位。随着经济一体化和区域经济集团化浪潮的推动,欧盟市场一直保持着较好的发展态势。但欧盟市场基本被发达国家的承包商垄断,中国在该区域的市场份额小,市场进入面临着很大困难和障碍。目前欧盟国家最薄弱的风险是高企的结构性失业和不充分就业,以及随之而来的大规模非自愿性移民。未来,该地区的失业问题和移民流入问题仍会保持严峻态势,是社会不稳定的驱动因素。

10) 东亚太地区

东亚太地区包括东亚、东南亚和太平洋地区,是世界上政治风险水平第二低的地区,其三个政治风险评价指标的得分均低于世界平均水平,特别是东道国与母国的交互作用得分仅有0.284,东亚太是世界上与中国交互作用程度最深的区域。中国同东亚太地区的国家关系较好,经贸联系密切,在历史上,该区域中的绝大多数国家与中国有着友好往来,在政治、经济、文化上关系密切。在未来的历史进程中,随着中国和东南亚国家经济建设的飞速发展、社会进步,双边和多边关系的升温,合作也将进入一个不断发展、更加密切的历史时期。

东亚太地区的国家大都采用了适宜的外资政策,国际金融机构和发达国家对该地区的投资力度很大,其也是主要的国际承包市场之一。东亚包括中国、日本、韩国、朝鲜和蒙古共五个国家,在东亚的中国国际承包商尚未遭遇严重的政治风险事件。澳大利亚是中国在太平洋地区主要的承包市场,其政治风险等级为较低。目前中国在该区域的承包业务主要集中在东南亚,一些潜在的政治风险仍需中国承包商注意。首先,东南亚国家政府的腐败问题较为严重,比较典型的国家有泰国、印尼和菲律宾(吴喜和方天建,2016);其次,马来西亚、越南、菲律宾、印尼国内社会中存在反华情绪,反华事件偶有发生;然后,东南亚一些国家的政局不稳定,政治暴力水平较高,柬埔寨政党斗争严重,泰国的政治稳定性和连续性较差,缅甸中央与地方分权部分地区局势动荡,印尼政策不稳定和连续性较差(赵姝岚和孔建勋,2016);最后,由于美国重返亚太,未来该地区的外交战略存在较大的不确定性,中国同东亚太的关系易受美国的影响。

11) 北美地区

北美地区包括加拿大和美国两个发达国家,是世界上政治风险水平最低的区域,其政治风险指数,除了指标东道国与母国的交互作用得分高达0.526外,其他各项指标的得分都低于世界平均水平。加拿大是一个高度发达的资本主义国家,其政治风险等级为低,具有良好的国际承包环境。加拿大在政府的透明度、社会自由度、生活品质及经济自由的国际排名都名列前茅。同时,其也是八国集团、北约、联合国、法语圈国际组织、世界贸易组织等国际组织的成员。美国的政治风险等级为较高,主要原因是指标东道国与母国交互作用得分较高,美国同中国并未签订双边投资协定,在外交关系上只是中国的合作伙伴。该地区的工程项目的技术含量较高,市场多被发达国家的大型工程承包公司所垄断,就目前中国企业的技术和资金而言,在一段时间内还很难大规模进入该市场。

表5.8 各地区的政治风险指数

| 地区 | 国家环境指数 | | | | | 东道国与母国的交互作用 | 行业环境指数 | 政治风险指数 | 排名 |
| --- | --- | --- | --- | --- | --- | --- | --- | --- | --- |
| | 宏观经济 | 经济自由度 | 政府治理 | 和平与安全 | 指数 | | | | |
| 中美洲地区 | 0.391 | 0.288 | 0.558 | 0.513 | 0.438 | 0.729 | 0.450 | 0.527 | 1 |
| 撒哈拉以南非洲地区 | 0.422 | 0.389 | 0.675 | 0.416 | 0.475 | 0.510 | 0.476 | 0.486 | 2 |
| 南亚地区 | 0.467 | 0.387 | 0.694 | 0.431 | 0.495 | 0.452 | 0.450 | 0.473 | 3 |
| 北非地区 | 0.492 | 0.469 | 0.722 | 0.290 | 0.493 | 0.404 | 0.348 | 0.437 | 4 |
| 南美洲地区 | 0.373 | 0.347 | 0.530 | 0.428 | 0.420 | 0.510 | 0.299 | 0.423 | 5 |
| 中亚地区 | 0.384 | 0.339 | 0.822 | 0.373 | 0.480 | 0.307 | 0.312 | 0.394 | 6 |
| 非欧盟的欧洲国家 | 0.382 | 0.341 | 0.421 | 0.202 | 0.337 | 0.504 | 0.371 | 0.394 | 6 |
| 中东地区 | 0.320 | 0.340 | 0.571 | 0.290 | 0.380 | 0.414 | 0.308 | 0.376 | 8 |
| 欧盟国家 | 0.368 | 0.330 | 0.193 | 0.099 | 0.247 | 0.464 | 0.405 | 0.344 | 9 |
| 东亚太地区 | 0.338 | 0.364 | 0.464 | 0.257 | 0.336 | 0.284 | 0.276 | 0.318 | 10 |
| 北美地区 | 0.330 | 0.254 | 0.113 | 0.228 | 0.231 | 0.526 | 0.171 | 0.308 | 11 |
| 全球平均 | 0.385 | 0.358 | 0.513 | 0.306 | 0.391 | 0.457 | 0.376 | 0.408 | |

### 5.6.3 分项指标得分较高的区域

从国家环境指标的得分来看,南亚、北非、中亚、撒哈拉以南的非洲地区以及南美的得分较高,国家环境指数在0.420至0.495之间,说明位于这些区域的国家的政治环境较差,经济水平较低,社会问题突出,部分国家内忧外患,表现较为突出的是非洲和中亚不稳定的政治系统以及南亚国家的内部斗争。

从东道国与母国交互作用程度这项指标的分值来看,整个美洲、欧洲,以及撒哈拉以南非洲地区的得分较高。说明这些区域的大部分国家与中国的交互作用程度不深。中美的一些国家尚未与中国建交,也缺乏与中国在经济贸易上的合作与联系。中国同北美的文化距离较大,生活习惯、意识形态上都有诸多差异,并且美国尚未与中国签订双边投资协定。许多位于撒哈拉以南非洲地区和南美洲的国家与中国只是普通的外交关系,且双边贸易也不是很密切。欧洲国家特别是欧盟国家同中国的文化距离也很大,除此之外,虽然欧洲国家同中国的贸易额很高,但是中国并不是大多数国家的主要贸易伙伴。

从行业环境指标来看,撒哈拉以南非洲地区的该指标得分为0.476,中美和南亚该项得分高达0.450。这些区域的一些国家建筑业问题较为严重,行业成熟度较低,行业腐败、非法招投标、难以审批、暗箱操作、合同违约情况时有发生。特别是印度建筑业的腐败十分严重,成为国际承包商的最大阻碍。除此之外,在一些发达国家,基础设施较为完善,行业制度成熟,政府对建筑业的重视程度较低,市场主要以自由竞争为主。

### 5.6.4 不同收入水平的国家政治风险表现情况

根据世界银行对国家收入水平的分类,把151个国家分为低收入国家、中低等收入国家、中高等收入国家以及高收入国家,如表5.9所示。

表5.9 不同收入水平的国家政治风险水平

| 收入水平 | 国家环境指标 | 东道国与母国的交互作用 | 行业环境指标 | 政治风险指数 | 政治风险水平排名 |
| --- | --- | --- | --- | --- | --- |
| 低收入国家 | 0.511 | 0.483 | 0.527 | 0.509 | 1 |
| 中低等收入国家 | 0.482 | 0.446 | 0.402 | 0.459 | 2 |
| 中高等收入国家 | 0.424 | 0.480 | 0.338 | 0.408 | 3 |
| 高收入国家 | 0.257 | 0.437 | 0.330 | 0.330 | 4 |
| 全球平均 | 0.306 | 0.457 | 0.380 | 0.408 | |

从收入水平的角度来看,大多数收入水平高的国家相对来说政治风险水平较低,大多数收入水平低的国家政治风险水平较高。一般来说,高收入水平的国家法律体系相对健全,社会政治相对稳定,国家实力较强,外部压力较小,能为国际承包商提供较好的投资环境。相反,低收入国家社会政治问题较多,常陷入贫困、债务、失业、通货膨胀等严重的经济危机之中,爆发政治风险的可能性较大。在全球化经济角逐中,发达国家与发展中国家的经济收益有着巨大的差异,发展中国家的经济发展面临着严峻挑战。在收入水平较低的国家,由于经济发展的严重失衡,常会导致经济民族主义情绪的增长。东道国政府为了抵制经济全球化对本国经济发展带来的不利影响,会采取自我保护,甚至非理性的破坏性行动,以追求本民族、本国家的利益最大化。民族主义越强烈,跨国公司承担的风险就越大。但需要注意的是,东道国与母国的交互作用与东道国的收入水平的关系不大,从数据上来看,中国同高收入国家在经贸上的联系密切,文化距离较大,外交关系一般,但低收入的国家经贸联系较少,文化距离较小,外交关系较好。

除了个别国家,那些政治风险指数高的国家在各项指标上的得分也较高,这是出乎意料的结果,但也有助于我们识别那些政治风险高的国家的政治风险类型。统计结果显示,中非共和国是世界上政治风险水平最高的国家,这个国家发生过大多数类型的政治风险事件,内战、暴力、贫穷事件频发。2012年12月到2013年1月在中非共和国发生的政府军和反政府武装联盟"塞雷卡"之间的冲突,最终造成50多人死亡。南苏丹事实上是政治风险水平第二高的国家,其国家环境指数与行业环境指数也均为154个国家中的第二高。苏丹经历了50年内战,多达210万人在南北冲突中丧命,最终换来南苏丹的独立,但是独立后的南苏丹困难重重。南苏丹有1000多万人口,但有近四成的人民需要获得粮食援助才能生存下去。另外,南苏丹的安全问题也成为一大隐患,以致南苏丹政府必须花费7亿美元在同安全相关的事务上,这比政府拨给教育、医药、电力、工业和基础设施等领域的总预算还要高。除此之外,政治风险指数排名前几位的国家还有利比亚、布隆迪、尼加拉瓜、洪都拉斯、多米尼加共和国、民主刚果和塞拉利昂。因此政治风险水平较高的主要都是一些发展中国家。

### 5.6.5 评估结果与ICRG的比较

通过将该政治风险评估结果与其他权威机构发布的政治风险评估结果的对比,既可以检验该政治风险评估结果的可靠性,又可以发现其中的异同。前文已经介绍过国际上主要的宏观政治风险评估体系,根据我们掌握的知识来看,现存的政治风险评估体系在评价政治风险时没有涉及东道国与母国交互作用方面的指标,也没有针对建筑业的政治风险评估。因此我们选取了最具代表性的国家风险指南(ICRG)的各国政治风险得分来与该政治风险指数比较。国家风险指南(ICRG)测量了140多个国家的政治风险情况,其对国家政治风险的评估包括以下12个指标:政府的稳定性、社会经济状况、内部冲突、投资情况、外部冲突、腐败、军队在政治中的作用、宗教矛盾、种族紧张、法律和秩序、官僚主义、民主问责制。

为了更方便地比较两者之间的异同,采用0-1标准化的方法,分别将两组政治风险评估结果转化为0-1的规模,其中1表示该国家的政治风险水平最高,0表示该国家的政治风险水平最低。通过对两组评估结果中共同包含的124个国家得分的比较,可以发现,两组评估结果的皮尔森相关系数为0.662,具有较强的相关性(0.6~0.8)。因此可以证实,该政治风险评估结果与国家风险指南(ICRG)的评估结果在趋势上是一致的。由图5.8可以看出124个国家两种评估体系下的政治风险得分情况。

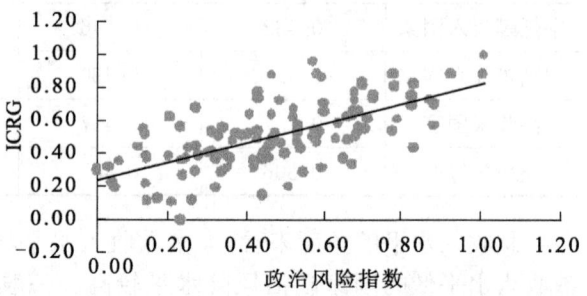

图5.8 两种评估体系下各国政治风险得分散点图

然而,如表5.10所示,部分国家在两组评估结果中的排名差异较大。

ICRG对政治风险的评估是站在国家的角度,而我们的政治风险评估综合考虑了东道国与母国的交互作用因素、国家环境因素以及行业环境因素。根据附表中各指标的得分表现可以看出,造成差异的主要原因有两个:(1)一些国家的国家环境指标的得分较高,但其行业环境指标以及东道国与母国的交互作用指标的得分较低。例如,东南亚的印度尼西亚和泰国虽然其政府治理水平不好,政治稳定性较差,但同中国的经济贸易联系密切,外交关系较好,且两国政府致力于基础设施建设,建筑业环境良好,因此在我们的政治风险评估体系中政治风险水平较低,在 ICRG 的政治风险评估体系中排名较高。(2)一些国家的国家环境指标的得分较低,但其行业环境指标以及东道国与母国的交互作用指标得分较高。例如,欧洲的爱尔兰属于高收入水平的发达国家,国内有良好的政治、经济环境,但同中国的贸易联系较少,文化差距较大,建筑业与国家经济目标的一致性较低,因此在我们的评估体系中,其政治风险水平排名较高,而在 ICRG 的评估体系中排名较低。

这也可以证实我们对政治风险的评估是具有中国特色和行业特色的。

表 5.10 部分国家在两种评估体系中的排名比较

| 国家 | ICRG 中的排名 | 该评估体系中的排名 | 差别 |
| --- | --- | --- | --- |
| 巴哈马 | 110 | 34 | 76 |
| 纳米比亚 | 99 | 26 | 73 |
| 文莱 | 118 | 47 | 71 |
| 爱尔兰 | 108 | 44 | 64 |
| 萨尔瓦多 | 73 | 14 | 59 |
| 印度尼西亚 | 30 | 104 | 74 |
| 泰国 | 38 | 108 | 70 |
| 埃塞俄比亚 | 9 | 79 | 70 |
| 土耳其 | 33 | 96 | 63 |
| 尼加拉瓜 | 55 | 116 | 61 |

# 6 工程项目面临政治风险的脆弱性

## 6.1 脆弱性的概念及内涵

脆弱性的概念源自自然灾害的研究,随着人类社会的进步和发展,脆弱性与越来越多的研究对象相结合,如公共健康、生态学、金融、计算机、气候变化等领域。由于学科之间的差异及研究视角的不同,对脆弱性概念的理解也不同,因此与脆弱性相关名词的意思很多,也很混乱,例如脆弱性(Vulnerability)、敏感性(Sensitivity)、弹性(Resilience)、适应性(Adaptation)、适应能力(Adaptive Capacity)、风险(Risk)、危险因素(Hazard)等,这些术语之间的关系往往不清晰,就算是同一个术语在不同环境下或不同作者的意思也不一样。下面是对已有的脆弱性定义的分类:

1) 脆弱性是系统固有的特性

脆弱性的存在不取决于系统是否暴露于外部干扰中,只有在外部干扰的作用下才会显现出来。Gallopin(2003)认为脆弱性是系统的属性,这种观点认为脆弱性是系统与生俱来的,无论风险发不发生,这些属性都存在。Agarwal 和 Feils(2007)认为脆弱性是一种特殊形式的风险,是系统固有的、内在的。李鹤等(2008)认为脆弱性是由于系统缺乏应对能力从而使系统的结构和功能容易发生改变的一种属性,并且认为脆弱性是源于系统内部的,是一种与生俱来的属性。

2) 脆弱性是遭受损害的可能性和影响程度

有些学者认为脆弱性是指系统暴露于不利影响或遭受损害的可能性,如 Cutter et al. (2000)认为脆弱性是指个体或群体暴露于灾害中及其不利影响的可能性。Zapata 和 Caballeros(2000)认为脆弱性是指由于强烈的外部扰动事件和暴露组分的易损性,导致生命、财产及环境发生损害的可能性。这种概念中脆弱性与自然灾害中"风险"的概念相似,但更关注对灾害潜在影响的分析。有的学者认为脆弱性是指系统受到外部扰动时被影响的程度。Timmerman(1981)提出脆弱性是系统或其一部分在灾害事件发生时所受影响的程度;Tunner 和 Kaspersonb(2003)认为脆弱性是指系统或系统的组分由于暴露于扰动或压力中而可能遭受损害的程度。政府间气候变化专门委员会(Intergovernmental Panel on Climate Change,IPCC)将脆弱性定义为系统在因气候变化扰动而产生不利影响的程度,是气候变异特征、变化幅度和速率以及系统的敏感性和适应能力的函数。

3) 脆弱性是遭受扰动后的恢复能力

很多研究中指出脆弱性是扰动程度和恢复能力相较结果的表现。Dow(1992)认为脆弱性是社会个体或社会群体抵抗灾害事件的恢复能力;Vogel et al.(2002)认为脆弱性是指社会个体或社会群体预测、处理、抵抗不利影响,并从中恢复的能力。Brooks(2003)指出社会科学家经常使用脆弱性来代表决定人们应对压力或变化的能力的一系列社会经济因素。周劲松(1997)指出系统状态在机制作用下,遭遇变动后缺乏恢复到初始状态的能力,说明这个系统存在脆弱性。刘燕华和李秀彬(2007)认为一个系统如果受到扰动后仍能恢复到原来的状态,则这个系统是稳定的;若系统不具备恢复到原来状态的能力,则其稳定性会遭到破坏,系统就开始走向脆弱性。

4) 脆弱性是一个相对的概念

脆弱性是一个相对的概念,多与敏感性、适应能力相关。一般会用一个标准来确定系统演变为好或者坏的可能性,这样就会涉及比较,通常与"正常"的演变相比较,也就是脆弱性具有相对性,系统暴露在某些干扰下就是脆弱的,而暴露在其他干扰下则可能是稳定的。Johnston(2005)认为:没有绝对安全的系统也没有绝对不安全的系统,但系统的脆弱性总是存在的。学者们普遍认为,脆弱性与系统内部的不稳定性和对外界干扰的敏感性密切相关。张平宇等(2011)认为,系统对外界干扰不敏感,则该系统对这种干扰就是不脆弱的,不是所有的干扰暴露都能成为系统脆弱性的构成要素,具体要看其是否引发系统敏感性响应。孙芳(2005)指出一个适应力弱而对扰动敏感度高的系统,其脆弱性高;而一个对扰动敏感但适应力强的系统不一定脆弱。

此外,还有学者在上述定义的基础上进行了综合,指出脆弱性最终都可归为三层含义:

(1) 它表明该系统或个体存在的内在不稳定性;

(2) 该系统或个体对外界的干扰和变化(自然的或人为的)比较敏感;

(3) 在外来和外部环境变化的胁迫下,该系统或个体易遭受某种程度的损失或损害,并且难以复原。

在本书中,"脆弱性"可以理解为:

(1) 系统中已经存在的"伤口";

(2) 系统特性固有的性质;

(3) 独立存在的,但是与外部威胁相互作用会导致风险后果;

(4) 系统应对政治风险事件的能力或程度。

脆弱性和风险是经常混淆的两个概念。风险来源于人们认知的不确定性,脆弱性则源于系统本身的不协调或者不和谐,这是风险与脆弱性的本质区别。风险经常用来表示某一特定情况发生后结果的严重性。它是指风险事件发生的可能性及产生的不利后果。因此,风险的管理主要在于对其可能性和潜在后果的管理。Cristina 和 Marta(2010)将风险定义为损失的可能性,主要取决于三个要素:灾害事件、脆弱性和暴露程度,其中任何一个要素的改变都会影响风险结果,例如地震是灾害事件,房屋所处位置决定了暴露程度,而房屋的设计、建造及维护情况则决定了脆弱性的大小,脆弱性和灾害事件共同导致了风险结果。脆弱性则与系统所处的环境和其本身特点有关。它在风险事件发生前就存在了,但是直到风险事件发生后才显得重要并被重视。例如,合同中有关价格调整的条款不会被重视直到发生通货膨胀,在这里通货膨胀就是风险事件,合同条款的规定就是脆弱性。脆弱性是系统所处环境或内在属性,它将会影响风险后果的大小。例如,项目规模不会产生任何风险,但是假如发生材料数量的变化,项目规模会影响其对于成本的变化大小。

## 6.2 项目系统脆弱性

### 6.2.1 项目系统

系统的概念来源于人类社会长期的实践,随着人们对世界认知的不断深入,系统的思想慢慢地深入各个学科的研究当中,最终将系统作为一个单独的重要科学概念加以研究。一个系统应具有三个要素:第一,一个系统必须由两个或两个以上组分(要素或子系统)构成,单独的一个要素不能成为系统,且系统不是各要素简单的相加,而是由要素有机组织起来的。要素是构成系统的最基本单位,也是系统存在的基础和载体。第二,系统各要素之间存在着有机联系或者影响关系,从而在系统的内部和外部形成一定的结构或秩序。要素之间的联系或影响关系既可能是单向的,又可能是双向的,还可以是通过第三者传递的。第三,任何系统都有其独特的作用或功能,这种作用或功能是由系统内部要素间的联系和结构决定的,使系统能够在特定的环境中发挥其作用或能力。

系统论总结出所有系统的共同基本特征是有整体性、关联性、层次性、平衡性等,其核心思想是系统的整体观念。系统中某一元素的变化对其他元素造成的影响是不成比例的,元素之间的作用可能会让系统出现无序和有序之间的动态转化,体现出系统的非线性特征。系统中各子系统之间相互作用、相互影响,在各元素之间形成复杂的关系网。同时脆弱性是复杂系统的一个基本特性,无论系统发生怎样的变化或者外界环境产生怎样的干扰,始终伴随着系统存在。

国际工程项目可以看作是一个极为复杂的、临时性的系统,在有限资源的约束下,为了完成特定的目标需要接触协调大量的相互联系的元素,这些元素包括不同的组织单位以及各种各样的人(Ogunlana et al., 2002;Turner, 2006)。国际工程项目的政治风险与项目的特点和承包商的特点密切相关(Khattab et al., 2007),因此可以把复杂的、不同的项目系统简化和概念化成两个元素:项目和承包商。邓小鹏等(2015)提出了项目系统的概念,构建了一个由项目和承包商组成的二元系统,如图6.1所示。

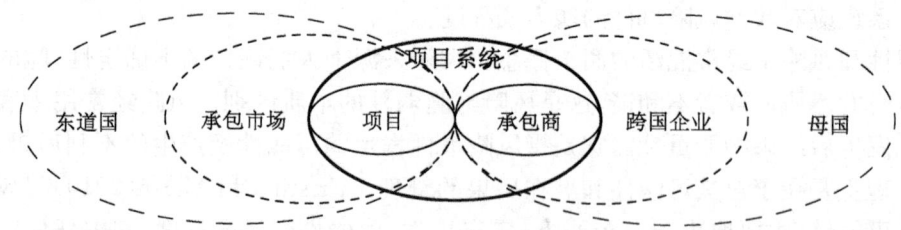

图 6.1 项目-承包商二元系统

在项目系统中,项目和承包商可以看作是该系统的两个子系统,每一个子系统又包含诸多元素,国际工程项目本身的一些内在特性,如项目的规模大小、工期长短、资金来源、合同条件、技术和管理的复杂性等都可能是影响其政治风险水平的重要因素。承包商企业的一些特性,如企业的国籍、背景和文化、企业及其子公司的规模和技术水平、企业的资本结构、国际化程度和本地化程度,以及企业与东道国政府、社会组织及当地民众之间的关系等都是影响企业政治风险水平的因素。承包商抵抗风险的能力与其所属公司的特性息息相关,因此在考量承包商政治风险管理能力的时候必须充分考虑到其母公司的特性。

## 6.2.2 项目系统脆弱性的概念及内涵

学者们对脆弱性进行描述和界定时,往往会把敏感性(Sensitivity)、弹性(Resilience)、适应性(Adaptation)、适应能力(Adaptive Capacity)、风险(Risk)、危险因素(Hazard)等与之联系在一起,尽管不同学科、不同领域和不同角度的研究使得学者们对脆弱性概念的界定存在差异,但对于脆弱性的认识是趋于一致的,认为脆弱性是包含"暴露""敏感性""应对能力"等多个要素构成的集合。

项目系统脆弱性是指工程项目系统在受到项目内部或者外部风险因素或者其相互关系的影响下,应对政治风险事件的能力和程度。一般来说,不同的项目系统在相同程度的风险事件干扰下,风险后果越严重即损失越大,对应的项目系统脆弱性就越高;反之,损失越小的项目系统,其脆弱性就越低。项目系统的风险暴露(Exposure)、处理能力(Capacity)以及各因子的敏感性(Sensitivity)共同形成项目系统的脆弱性(Vulnerability),即 $V = f(E, C, S)$。对项目系统脆弱性的理解应该包含以下三个方面:

1) 项目系统脆弱性影响因子包括项目系统的内外部因素

项目系统脆弱性产生的直接、主要原因是项目系统的内在结构,而非外界因素的干扰,外界干扰只是项目系统脆弱性产生的催化剂,是引发项目系统发生风险的导火线。系统内部因素和外部干扰因素之间的相互作用对项目系统脆弱性有着增强或者减弱的功能,其中内部因素是项目系统脆弱性的本质源头,外界干扰因素可以促使项目系统脆弱性的增加或减缓。

2) 项目系统脆弱性表现为干扰工程项目的正常运行

项目系统脆弱性作为工程项目正常运行的反问题,二者是相互对立、此消彼长的关系,项目系统脆弱性被激发必定会影响工程项目的正常发展。也可以理解为,工程项目在其生命周期中,项目系统的脆弱性是项目正常运行在冲击下的绩效,即在内外部因素的影响干扰下,项目的正常运行受到影响甚至产生巨大的损失。

3) 项目系统脆弱性的实质是项目对其内外部风险的处理能力

只要影响项目系统的正常运行、干扰其功能正常发挥就存在脆弱性,这其中隐含着项目系统脆弱性是项目内外部风险因素与保证其正常运行、正常发展因素两者相互角力的结果。在本书中,将后者称为项目系统在面对内外部风险因素时的处理能力,对风险因素有冲抵作用,通过处理能力与内外部风险影响因素相较结果的度量也称作是项目系统脆弱性。

## 6.2.3 项目系统脆弱性的形成机理

当项目系统遭受到外界的干扰时,都会有一个潜在的风险暴露与之契合进而产生风险,如果可以对干扰进行及时响应,根据干扰对暴露进行处理,及时调整其结构和发展方向,降低系统响应的敏感性,提高干扰的抵抗力,增强自身的恢复力,对外界的干扰进行有效的释放,项目系统发生脆弱性风险的概率就会降低;相反的,如果项目系统受到外界的干扰时,没能及时对风险暴露进行处理或者处理能力比较差,不能够有效地切断外界干扰与风险暴露的作用,其发生脆弱性风险的可能性就会变大。在现实中,国际工程项目的建设受到国际经济环境,国家政治关系,工程所在地地理、气候、当地风俗习惯和相关法律法规等众多因素的综合影响。对于项目承包商来说,要面对陌生的合作伙伴,不同的行业标准,参差不齐的劳动力水平,这些本身就是一项严峻的考验,同时,国际工程项目长期依托当地材料市场和劳动力市场,奉行当地的政策法规和劳动合同,处于相对被动的地位,这就造成了国际工程项目系统本身就存在不稳定性,并且项目在受到内外部干扰的影响时,通过调整、适应需要一个过程,这样就会造成项目系统在受到干扰时,从开始调整到恢复稳定具有滞后性,以至于当某个风险暴露正好与外界干扰契合时,就会引发风险事件的产生,使项目的正常运行受阻甚至遭受损失。在外界干扰的影响下,项目系统风险暴露与处理能力的非匹配状态就滋生了项目系统脆弱性,如图 6.2 所示。

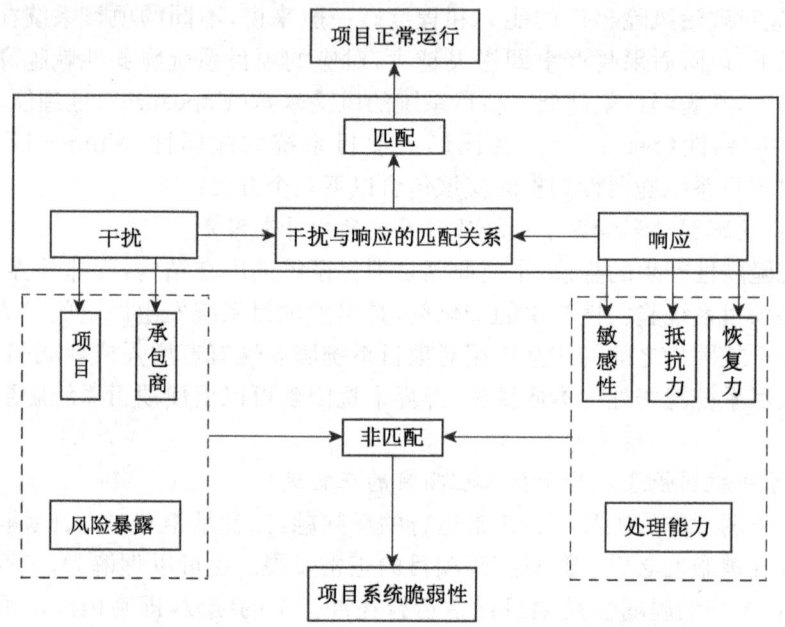

图 6.2　基于风险暴露-处理能力的项目系统脆弱性形成过程

### 6.2.4　基于项目系统脆弱性的政治风险形成过程

风险和脆弱性总是与某种形式的不确定性相关联(Han et al.,2007)。例如,扰动事件发生概率的不确定性、造成后果大小的不确定性等。不确定性可能会由自然的随机性、偶然的不确定性、缺少数据或认知的不确定性引起。偶然的不确定性是指知道可能的后果,但是具体会产生哪一种后果是不确定的。这是由被研究系统的性能变化引起的,因此这种类型的不确定性无法降低。认知的不确定性是由于对所研究系统的相关知识了解不足,当有足够数据时,这种不确定性可以降低甚至可以消除。

传统的风险理论中,风险多被表征为风险事件所造成的潜在后果的严重程度与发生的可能性之乘积(即:Risk=Severity×Possibility),但忽视或低估了受灾体(如工程项目系统)本身的特征及受灾体的能动性作用。实际上,当外在的威胁和内在的脆弱性重叠时才会产生风险,风险是突发的危险和系统环节中各种脆弱性共同作用的结果(Birch & Mcevoy,1992)。其中,脆弱性反映了系统的内在特征,不依赖于外在威胁,但却被外在威胁所利用,体现了系统在外在威胁下的易损性(Cutter et al.,2000),如同计算机病毒利用系统漏洞、细菌侵袭伤口。这个概念也揭示了风险内在的和外在的方面：内在方面如对脆弱性的预知、应对、抵制和从影响中恢复的能力，外在方面特指危害的类型及强度。

一般认为，风险的进程是由一个风险事件引发的并且导致了一个风险后果。通过脆弱性和风险的结合分析，可以将国际建设工程中的政治风险路径（如图 6.3 所示）扩展为：来源、事件、风险（威胁和脆弱性）、结果。

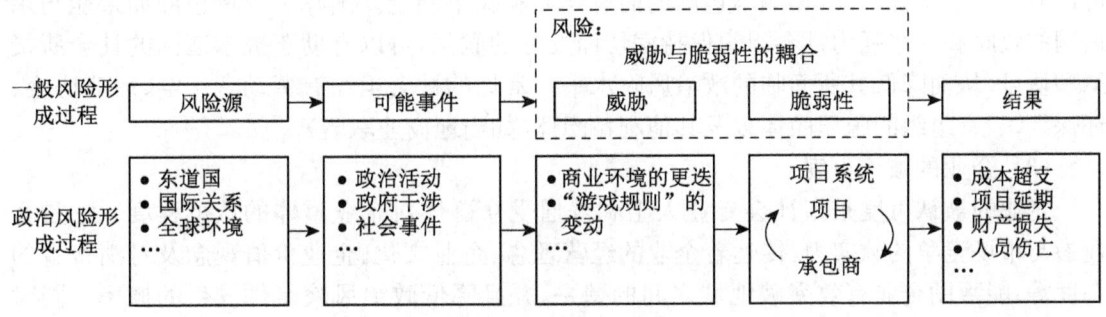

图 6.3　政治风险形成过程

在实际的国际工程项目中，政治风险的风险源一般源自东道国，可能是东道国自身的原因，可能是东道国与母国关系变化的原因，也有可能是受全球大环境影响的原因。这些原因会引发一些政治事件，而这些政治事件会成为工程项目正常运行的威胁，如因东道国政府的更迭导致新政府拒绝履行与承包商的相关合同；因两国关系突发紧张使得之前的优惠税收政策被取消；因全球经济的变化导致当地货币的汇率发生大幅度变动等。项目系统因存在脆弱性没能承受这些事件的威胁就会发生政治风险事件，其结果可能是项目延期、成本超支严重，甚至造成生命财产的损失。这样连续的进程提供了一个追踪政治风险来源和发展的路径。

## 6.3　项目脆弱性的影响因素

### 6.3.1　能力维度

能力维度反映了国际承包商相对于竞争对手、东道国政府、社会政治风险所具有的能力。项目系统的能力越强，政治风险造成的损害越小，脆弱性越低。项目系统的能力强弱取决于三个方面：核心竞争能力、相对议价能力和综合适应能力。

1) 核心竞争能力（Core Competitive Capacity，CCC）

形成承包商所具有的核心竞争能力，使得承包商能够在激烈的竞争环境中获取超级竞争地位。核心竞争能力（友好的关系、社会认可、经验知识）是无形的、独特的，且不易被竞争者所模仿。综合来看，核心竞争力可以由以下 5 个指标来衡量：承包商与政府、社会组织之间的关系，企业的被认可度，企业的本地化程度，以及承包商所具有的对政治风险的管理经验和知识。

（1）承包商与政府的关系

国际工程的进出口与政府政策密切相关，无论是东道国还是母国，政府或权力机构通过政策和法律对工程行业进行直接的影响，如企业的执照和许可证制度、安全卫生和建筑规范、工人最低工资、税收政策、设备出入境政策、融资条款等。东道国对 FDI 的限制政策主要体现为"当地股权要求""出口业绩要求""技术转移要求"等方面,如果企业与当地政府或企业存在良好的合作关系,可有效增加自身抵御风险的能力。

（2）承包商与社会组织之间的关系

国际承包商的海外经营不仅与政府政策紧密相关,还受到社会组织的影响。社会组织可以通过一些干扰活动,影响承包商的商业环境和决策制定。国际工程承包商如果能与东道国的政府和一些强力社会组织保持密切而友好的联系,可以有助于被东道国的社会所接纳和认可,从而降低其所面临的政治风险水平。常见的社会组织有劳动者工会、商业协会、环保组织、有组织的施压团体以及其他利益团体(如当地商业联盟)。

（3）企业的被认可度

企业的被认可度是指社会专业人士和普通受众群体对企业整体的认可程度。它是企业参与市场竞争的软实力,传达着企业的经营理念、企业文化、企业价值观念及对消费者的态度等,能帮助企业有效突破地域之间的壁垒,并且降低政治风险事件发生的概率。同时企业的被认可度象征着企业的综合实力,综合体现了企业产品及服务的质量、产品信誉等。高认可度有利于企业赢得更多的合作资源与发展机遇,吸引更多的高素质专业人才,培养企业管理者及员工对企业的归属感,提高企业的管理水平与国际影响力,从而从侧面提高企业抵抗风险的能力。

（4）企业的本地化程度

一般对于承包商来说,本地化程度越高,对当地法律法规和风土人情了解越深,越有利于项目的顺利实施。企业实现本地化的途径有:与当地企业形成联合体、在当地成立子公司等,其中与当地企业组成联合体最常被采用。因为这种方式不仅能够快速满足东道国对于投标企业归属地的要求,还可以使投标企业选择良好的合作伙伴,形成战略联盟,从而创造出更有价值的资源组合。而对于本地化程度的衡量可以分为多个方面,比如文化相近程度、当地员工的占比等。

（5）承包商管理政治风险的经验和知识

丰富的政治风险管理经验不仅有助于承包商开拓国际市场,也有助于项目后期的顺利建设和运营维护。具备丰富的政治风险管理经验和知识的承包商,在承揽新项目时可以及时提供项目所需的人、材、机等条件,并精准预测该项目面临的潜在风险以及提出相关的应急预案。即使发生了政治风险事件,如果国际工程承包商拥有丰富的针对政治风险的管理经验和知识,也能将损失降低到最小。

2）相对议价能力(Relative Bargain Capacity,RBC)

相对议价能力是跨国企业通过与东道国政府的互动,实现的"讨价还价的结果"。承包商与东道国之间的相对议价能力决定了政治风险水平的高低。那些相对议价能力较强的国际承包商,比如具有独立技术或者可以提供技术转移的国际承包商,在与东道国谈判时,通常可以获得更多的保证和承诺,从而降低其政治风险。综合来看,相对议价能力可以由以下 4 个指标来衡量:企业的国际化程度、企业的多元化程度、企业的技术和技术转移水平、承包商对当地市场的依赖程度。

（1）企业的国际化程度

企业的国际化程度是指企业进军国际市场,采用国际通用的技术规范和合同规范等标准,进而在国际市场上发展的程度。国际建筑行业在法规政策、文化风俗、市场进入模式和风险等级方面都与国内不同,国际化管理经验有助于企业调节不同文化风俗的员工之间的协作关系。若企业有丰富的国外市场经验,可以更全面地识别出影响企业经营的潜在因素,并提出相应的解决方案,创造出类似国际市场之间的协同作用。企业可以通过全球子公司网络,保障建设施工的各种资源供给,减少供应商之间的治理和协调成本。

(2) 企业的多元化程度

企业的多元化程度越高,面临风险的概率越低。特别是在多个国家有多个项目的承包商企业,公司对某一个项目的依赖性小。对于承包商企业来说,目前的项目只是他们业务中的一小部分,在与东道国相关机构谈判时会有较强的主动权,就算遭遇风险受到损失也能接受。对于一个大型的跨国企业而言,东道国政府的干预措施将会影响到多国利益相关者,实施干预的代价也会变大。

(3) 企业的技术和技术转移水平

技术是企业在国际贸易竞争中最为重要的竞争力。当东道国很难找到相关技术的替代者时,企业在当地就会具有独特的市场优势。如果承包商提供高水平的技术转移,有助于东道国的行业技术水平提高,那么承包商的谈判能力也会提高,并且承包商技术越高,解决问题的能力越强,政治风险发生的概率越低。

(4) 承包商对当地市场的依赖程度

承包商对当地市场的依赖程度越大,其议价能力也就越低,其遭受政治风险的可能性也就越大。反之,企业对当地市场依赖程度低,可以减少当地风险事件袭击的可能性,并且大量的进口资源,可以帮助东道国平衡出口支出,可能获得相应的支持政策。但若需要大量进口资料时,会受到汇率变化、贸易壁垒等影响。

3) 综合适应能力(Integrate Adaptive Capacity,IAC)

综合适应能力描述了国际建筑企业用于接受、模仿和遵守社会规范、标准的能力,综合反映了跨国企业在东道国的生存能力。国际工程承包环境不同于国内,承包商要能持续地经营,必须要能适应东道国的经营环境。承包商的综合适应能力将会使得其获得更多的业务机遇和持续性的经营。综合来看,综合适应能力可以由以下3个指标来衡量:企业的组织文化、企业对当地经济的贡献、企业对当地商业的参与程度。

(1) 企业的组织文化

国际公司在东道国生存面临着语言文化差异、风俗习惯差异等问题,此时企业的组织文化对国际工程项目的顺利进行显得十分重要。如果本公司的企业文化不懂得如何进行有效沟通,识别和解决跨文化冲突,企业可能会陷入到对外贸易的困境中。并且企业组织文化与当地文化习俗的契合程度,直接影响到其在当地寻找战略伙伴的难易程度及战略伙伴间合作关系的质量。组织文化还会影响组织间及组织内部的信息分享和知识传递。组织文化可以直接导致风险事件,增加项目脆弱性的暴露程度,也可以间接影响项目化解风险的能力。

(2) 企业对当地经济的贡献

企业对当地经济的贡献越大,在当地的社会地位越高,随之获得的政府优惠和社会支持就越多,从而可以降低项目本身的风险暴露度,并且降低政治风险发生的概率。企业对当地经济的贡献主要表现在履行社会责任、遵循当地社会的行为准则、增加地方财政、提高当地的技术水平和劳动生产率等。

(3) 企业对当地商业的参与程度

企业对当地商业的参与度高,将会获得更多的道义和社会支持,生存的时空范围也会扩大,尤其对于那些政治风险暴露严重的项目(如 BOT、EPC、PPP 项目等),高参与度对政治风险环境的改变效果最为显著。

### 6.3.2 风险暴露维度

风险暴露的尺度决定了项目系统遭受政治风险的程度、持续时间和影响范围。通常情况下,项目系统的暴露程度越高,它面临政治风险时的脆弱性就越高。项目的风险暴露体现在三个方面:基于属性的暴露、基于战略的暴露、基于交易的暴露。

1) 基于属性的暴露(Attribute-based Exposure,ABE)

基于属性的暴露,作为国际承包商经营的因果关系和条件,从项目和承包商的特点本身出发,确定了项目系统的暴露度。基于属性的暴露可以归结为:公众对于该项目的反对程度、项目的规模、项目的持续时间、项目所在区域、项目实施的技术和管理的复杂性、企业的市场占有率、承包商的错误行为 7 个方面。

(1) 公众对于该项目的反对程度

公众对项目的态度直接影响到项目进展的难易。如果东道国民众对国外企业和项目存在排斥与歧视,会使项目运行困难,甚至会产生一些针对项目的抵制活动,如罢工示威、行政阻碍、冲击打砸和人员伤害等。公众对项目的态度会受到两国关系、经济保护主义和民族主义情绪的影响。其中,两国之间政治经济差异和纠纷影响,是产生排外情绪的重要原因,经济原因是根本的、长期的原因,政治原因在一定历史条件下也发挥主导作用。

(2) 项目的规模

国际工程项目的规模越大,遭遇政治风险的概率会增加,政治风险事件发生后的损失也会越大。如海外 EPC 总承包项目的风险暴露性就很大。

(3) 项目的持续时间

项目建设时间越长,项目所面临的不确定性就越大,风险事件实现的概率也就越高。而一些 PPP/BOT 项目,由于涉及融资和大量的沉没成本,在漫长的特许经营期内将会遭遇更多的政治风险。有些时候在较长的建设期内,项目自身的战略目标或者项目存在的环境也有可能发生变化,这些因素都能够影响到项目的成功与否。但是应该看到的是,项目较长的建设期并不能直接导致项目的失败,而是使得项目暴露于更多的风险事件之下,从而提高了项目的脆弱性。

(4) 项目所在区域

每个地区所面临的政治风险、经济风险、法律风险和社会风险都不相同,项目所在地的风险暴露程度决定了项目在执行过程中遭受风险事件袭击的概率大小,进而先天性地影响了项目的脆弱性。如在中东地区,美国的承包商与其他国家的承包商相比更易遭受基地组织的恐怖袭击;而在东南亚地区(如马来西亚、菲律宾、印度尼西亚),中国承包商的经营更易受到当地排华势力的干扰。

(5) 项目实施的技术和管理的复杂性

项目复杂性是项目系统客观上所具有的特性。项目的技术和管理越复杂,东道国的承包商就越不能胜任,项目的政治风险暴露就越低(Ashley et al.,1987;Torre et al.,1988)。一般来讲,项目复杂性包含两个方面:技术复杂性和管理复杂性。面对技术复杂性高的项目,技术人员可能不能精确地制定技术参数,或者相关的项目配套设施得不到合理的安排。这些因素都有可能直接导致项目失败。管理复杂性通常来源于两个方面:一方面是项目的组成部分多;另一方面是各个组成部分之间的关系错综复杂。管理复杂性能够阻碍项目管理者收集和理解信息,使得收集到的信息数量不足或者信息不准确进而增加项目的脆弱性。

(6) 企业的市场占有率

相比其他因素而言,企业的市场占有率最有可能在内部触发政治风险。它可以通过确定项目体系的曝光度,或者作为曝光的发生器,来影响项目系统的脆弱性。

(7) 承包商的错误行为

承包商自身的行为也决定了政治风险水平的高低(Torre & Neckar,1988;Grosse et al.,1996;Jauch,2011)。当激烈的市场竞争延伸到国际市场后,一些中国企业采用不正当的竞争手段,扰乱市场秩序;一些企业在东道国破坏环境、不承担社会责任等行为,严重损害了中国企业的形象,使中国企业利益受到损失;还有一些企业不了解东道国法律,没有维权意识,消极对待工会,处理不善直接导致工人罢工等严重影响。同时,中国承包商自身的不当行为,如过于高调、侵犯风俗等行为,都将加剧工程与东道国社会的矛盾。

2) 基于战略的暴露(Strategy-based Exposure,SBE)

涉及这一因素的变量与国际建筑企业国际扩张的战略活动有关,例如入门模式的选择。承包商可以依据自己规模大小,通过获取、释放、整合、重组或凭借战略惯例不断更新资源配置,以满足环境变化的需要。承包商的所有权结构和资产负债率不仅影响到政治风险的暴露程度,也是承包商降低项目系统脆弱性的战略选择。企业属性的暴露可以归结为:企业(子公司)的规模、所有权结构、资产负债率3个方面。

(1) 企业(当地分公司)的规模

企业(子公司)的规模大意味着船大抗风浪。不同规模的企业与政府的谈判能力、自身承担政策摩擦成本的能力存在差异,因此企业规模的差异使其海外投资受到东道国政府行为的影响也可能存在不同,规模大的企业也更有能力通过政治活动以加强自己与政府的良好关系。另外东道国法律政策的效率、透明度及政府廉洁程度对不同规模企业投资决策的影响也呈现出差异,大规模实力雄厚的企业常常有能力利用东道国的制度缺陷通过一定方式和途径有效地避开管制和抵消法律体制的缺陷而进入该国市场,而小企业实力较弱,东道国法律政策执行效率低下、政府腐败行为会增加其经营成本,对其经营活动产生负面影响。

(2) 分公司(项目部)的负债率

公司的负债率从某种程度上反映了企业融通资金的规模大小和持续获取长期优质资本的能力。国际工程项目造价往往很高,需要投入大量的资金,而政府投资预算又十分有限,经常需要承包商进行垫资。承包商良好的融资能力可以保证项目实施过程中的资金持续供给,从而提高项目抵抗风险的能力。并且企业的融资能力强,对企业与东道国和社会团体的关系也会产生正面影响,东道国更容易采取配合的态度。

(3) 分公司(项目部)的所有权结构

传统国际经济理论认为,企业在对外投资的所有权优势是企业"走出去"的一个必要条件,发展中国家,尤其是中国民营企业一般缺乏所有权优势这一国际投资的必要条件,并且天然抗风险能力弱,而国际市场风险往往高于国内市场,因此"走出去"可能面临更高的风险。而一些国有大型企业的所有权结构,以及其带有国家背景的特殊性,使得其在国际市场经营投资时具有较强的抗风险能力。

3) 基于交易的暴露(Transaction-based Exposure,TBE)

国际工程承包业务体现了国际承包商和东道国的一种利益交换。交易属性的暴露可以归结为:东道国对项目的期望程度、有利的合同条件、项目外部资金来源的充足性和广泛性3个方面。东道国对项目的期望程度,可以被描述为政府期望与当地承包商能力之间的巨大差距(Ashley & Bonner,1987),意味着国际建筑企业与东道国政府之间需要进行合作互补的交易关系。项目资助方案和合同安排确定了项目利益相关方积极参与项目进程的性质和程度。

(1) 东道国政府对项目的期望程度

公众的态度会影响到项目进展的难易,但东道国政府对项目的期望程度直接影响项目的成败。在一些国家,政府在经济活动中起到主导作用,如果东道国政府期望值较低,那么他们对该项目不仅不会提供各种有利的政策环境支持,甚至会采取一些干预手段,比如债务偿付的延期、外汇管制和改变税制等,这些手段都将使政治风险上升。而东道国政府对项目的期望程度较高,会降低对项目的干预,并且在项目遭受风险事件后给予积极的支持与帮助,从而提高项目承受风险的能力。

(2) 项目外部资金来源的充足性和广泛性

项目外部资金充足可以保障项目的顺利进行。项目在一个外部资金充足的环境里,可以购买更多的劳动力、施工设备等,具有更强的抵抗外部环境变化的能力。同时,面对风险事件时,具有更多的策略选择,可以最大程度地避免风险后果的发生。相反,当外部资金匮乏时,项目容易受到风险事件的攻击,表现出较强的脆弱性。同时,项目的资金来源反映了项目的业主类型。按照风险暴露的高低,依次为:项目的资金来源于东道国的政府、东道国的民间资本、世界银行等的贷款或援助项目,承包商母国的投资或援外项目。

(3) 有利的合同条件

有利的合同条件也会极大地降低项目的风险暴露。承包商应在合同谈判中争取到一些有利的条款,如合同中有关政治风险的保证或担保、合理的风险分担、国际仲裁条款等。在国际工程中,可能会出现东道国政府违反合同或协议中部分或全部条款,无故解除与投资项目相关的协议或者不经预先通知就提高税费等不合理行为,导致承包商无法按原协议或合同执行并遭受巨大的损失。如在签订合同时,针对各种违约行为及其他风险事件,明确双方的责任分担,选择让最有能力承担风险的一方来控制风险,可以将风险事件带来的不良后果降到最低。另一方面,建造成本的增加是实际金额与合同金额之间存在的差异导致的,如果承包商拥有有利的合同条件,可以通过合理的变更和索赔来保证自身的利益,从而降低项目的脆弱性。

能力和暴露是项目系统中不可分割的两部分,它们对项目系统的脆弱性可能起到相互协同的作用,也可能会出现相互对立的情况。比如,相对议价能力较强的国际承包商可以直接与东道国政府进行谈判,获得有力的合同安排(比如获得担保条款、稳定条款和国际仲裁条款),减少基于交易的风险暴露。

通常来说,能力维度的因子有助于国际承包商获得优越的、可持续的竞争优势。较强的核心竞争能力使得国际承包商在与东道国的议价过程中占据主导地位,并且有助于承包商应对多变的国际商业环境,培养自身的综合适应能力。而综合适应能力可以提高国际承包商的议价能力,显著提升可持续竞争优势。而项目系统的风险暴露度则可能会因为各种暴露因子之间的相互作用而加剧项目系统的脆弱性。但恰当的经营战略和交易活动不仅可以减少基于战略的暴露和基于交易的暴露,还可以减少基于属性的暴露。

相对于能力维度的因素而言,风险暴露维度的因素在决定项目系统脆弱性方面更重要(Deng et al.,2014)。因此,国际承包商在高风险区域生存的关键在于减少项目系统的暴露度。比如选择合适的竞标项目降低基于属性的暴露;制定适当的策略减少基于战略的暴露;谈判有力的合同条件降低基于交易的暴露。

项目脆弱性是多维度的。除了能力维度和风险暴露维度外,还可以依据变量的本身属性,将其分为内在因素和外在因素两种。内在因素是指项目系统本身潜在和固有的因素,包括基于属性的暴露、核心竞争能力和综合适应能力3个因子。外在因素是项目系统与外界的互动表现,包含基于战略的暴露、基于交易的暴露和相对议价能力3个因子。一般情况下,项目系统的脆弱性是由内在因素决定的,但受外在因素的影响(Deng et al.,2014)。

项目系统的脆弱性并不是一成不变的,它具有流动性特质。基于此观点,以上6个因子依据流动的方向不同,可以被分为三类:由外及内式流动、跨越式流动和由内及外式流动。由外及内式流动可以被看作是对政治不确定性的主动投入和敏感性,而由内及外式流动是项目体系对政治风险的反映和产出。跨越式流动的因子通过整合核心资源和制定投资组合策略,成为外部因素和内在因素之间的桥梁。这三类因子对项目系统脆弱性的影响程度不相上下,但由外及内的因子比其他两类稍微重要一些。图6.4为6个因子的内在关系图。

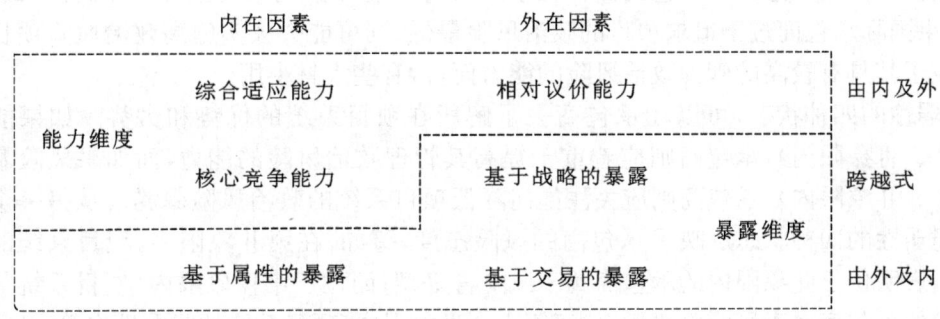

图6.4 6个因子的内在关系图

### 6.3.3 脆弱性状态评价

承包商在每个项目系统上的风险暴露水平和能力都不相同。根据能力和风险暴露的高低可以将项目系统的脆弱性状态分成四类:高能力-高暴露、低能力-高暴露、低能力-低暴露、高能力-低暴露(如图6.5所示)。

在第Ⅰ象限内,承包商的能力高,风险暴露也高,项目系统相应于政治风险的脆弱性状态属于中等。有经验的国际承包商也愿意承接风险暴露很高的一些项目,以获得丰厚的利

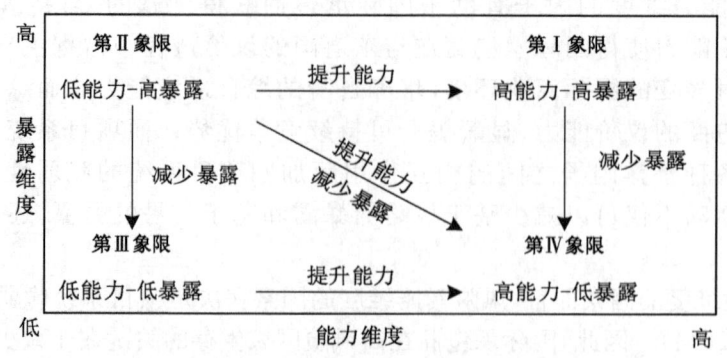

图 6.5 脆弱性状态的四象限分类

润,这就是所谓的"艺高人胆大"。在基础设施领域,如电力和交通,越来越多的国际顶级承包商参与进入具有漫长的特许经营期和巨大沉没成本的 PPP/PFI/BOT 项目中。

在第Ⅱ象限内,承包商的能力低,而风险暴露高,项目系统相应于政治风险的脆弱性最高,意味着此种状态下,极易发生政治风险,发生后的后果也会相当严重。项目系统的高脆弱性将恶化国际承包商的经营环境,进而影响其经营绩效。承包商投标决策时,应力求避免处于这种状态。

在第Ⅲ象限内,承包商的能力低,风险暴露也低。项目系统相应于政治风险的脆弱性状态属于中等。这种状况比较多地出现于新进入国际工程市场的承包商。刚开始进入国际工程市场的承包商,由于经验和知识不足,尚未与东道国的政府和社会组织建立良好的关系,其能力也有限,承接与其能力相匹配的低风险暴露的项目(如规模小、工期短的项目,或一些援助项目)将是一个可行的选择。

在第Ⅳ象限内,承包商的能力高,而风险暴露低。在这种状态下,项目系统相应于政治风险的脆弱性最低,意味着承包商面临较小的政治风险,但并不是说这种状态就是最优的,因为如果国际承包商过于追求项目的政治风险最低,则可能失去实施高政治风险项目的机会,相应于其具有较高的管理政治风险的能力而言,有些大材小用。

脆弱性的四种状态,可以让承包商去了解所在项目系统的优势和劣势。如果能力低(如在Ⅱ、Ⅲ象限内),承包商则应着重于提高其管理政治风险的能力,而如果风险暴露高(如在Ⅰ、Ⅱ象限内),承包商则应关注如何降低项目系统的政治风险暴露。从另一个角度而言,脆弱性的四种状态反映了承包商的风险态度,譬如,在第Ⅱ象限内,项目系统的脆弱性最高,表明位于此象限内的承包商属于风险喜好型;而位于第Ⅳ象限内(项目系统的脆弱性最低)的承包商属于风险厌恶型;位于第Ⅰ、Ⅲ象限内(项目系统的脆弱性中等)的承包商的风险偏好则属于中立型。

### 6.3.4 实例分析

为了评价国际工程项目系统相应于政治风险的脆弱性,为此选取了 6 个典型的项目,以李克特五级量表从能力与风险暴露维度的 6 个因子(每个因子还有若干指标,总计 25 个指标)对项目系统的脆弱性进行测度。所选取的 6 个项目的所在地分别为乌干达(P1)、坦桑尼亚(P2)、安哥拉(P3)、尼日利亚(P4)、哥斯达黎加(P5)和斐济群岛(P6)。

在进行指标测量时,"项目的规模(D03)""项目的持续时间(D04)""企业或当地分公司的规模(E06)""分公司的负债率(E07)"四个指标以相对的方式进行测量。"分公司的负债率(E07)"和"项目的持续时间(D04)"可以直接获取。对于"项目的规模(D03)"和"企业或当地分公司的规模(E06)"分别使用项目合同额和分公司雇员的数量进行度量。比如项目合同额最大得5分,最小得1分;分公司雇员数量最少得1分,最多得5分。

其余指标通过定性描述进行评价。为了保证被访者能充分理解指标的含义,对于每个指标都进行了解释和具体的评价度量准则描述。比如"项目外部资金来源的充足性和广泛性(D07)"得分越低代表其外部资金越充足,其中获得母国资助得1分,获得世界银行援助或国际银行贷款得2分,获得东道国内私人机构的资助得3分,由东道国政府和私营机构联合资助得4分,由东道国政府资助或者项目资金来源不足得5分。

能力维度和风险暴露维度对于项目系统脆弱性的贡献方向是不一样的,能力分值越高,系统脆弱性越低,暴露分值越高,则系统脆弱性也越高。在将能力维度得分及风险暴露维度得分综合成脆弱性得分时,将能力维度的得分进行反转(用最高分5减去所得分),从而保持衡量脆弱性水平的一致性,采取简单平均的方法合并成项目系统总的脆弱性水平。

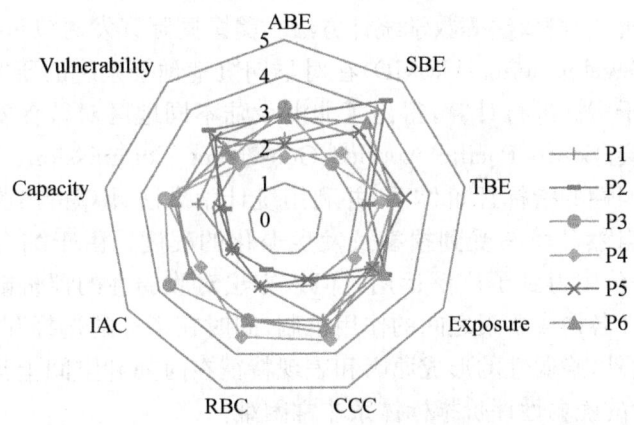

图6.6 政治风险脆弱性状态蜘蛛图

其政治风险脆弱性状态如图6.6所示。从风险暴露维度来看,P2项目(位于坦桑尼亚)的政治风险暴露水平最高,而P4项目(位于尼日利亚)的政治风险暴露水平最低;从能力维度来看,P3项目(位于安哥拉)应对政治风险的能力最高,而P2项目(位于坦桑尼亚)应对政治风险的能力最低。从项目系统的脆弱性来看,P2项目的政治风险脆弱性最高,而P4项目的政治风险脆弱性最低。

图6.6还可以体现这些项目面临政治风险时其脆弱性在具体各方面的优势和劣势。从能力维度来看,P4项目在CCC、RBC上得分最高,意味着该项目在面临政治风险时,其在核心竞争力、相对议价能力上具有相对优势;P3项目则在综合适应能力(IAC)上具有优势,而P2项目在相对议价能力上则处于劣势。从风险暴露维度来看,P3项目的基于项目属性的暴露(ABE)最高,P2项目的基于企业战略的暴露(SBE)最高,P5项目的基于交易属性的暴露(TBE)最高。这些项目的管理者应该从项目的实际情况出发,采取相应的降低风险暴露的措施,以求降低整个项目系统相应于政治风险的脆弱性水平。

## 6.4 项目脆弱性的评估与测度

### 6.4.1 脆弱性的评估方法

脆弱性评估方法一直是脆弱性研究的焦点,其中大部分都是关于地学领域风险和灾害方面的研究,如地下水脆弱性、信息系统的脆弱性、生态脆弱性、承灾体的脆弱性等。由于不同领域对脆弱性的理解不同,对于脆弱性的评估也是结合具体领域而言的,也没有形成共识,也有很多不同的研究评估方法,一些关于脆弱性的定量或半定量的评价方法已经被提出并得到应用。

1)综合指数法

综合指数法从脆弱性的影响因素、形成机理和表现特征等方面建立评价指标体系,利用统计学等数学方法将指标体系综合成脆弱性指数,来表示评价对象脆弱性程度的相对大小,是脆弱性评价中比较常用的一种方法。在综合指数法中常用层次分析法(Analytic Hierarchy Process,AHP)、加权平均法、主成分分析法(Principal Component Analysis,PCA)、模糊综合评价法、熵值法等数学统计方法。美国国际开发署(United States Agency for International Development,USAID)在对早期饥荒预警系统的研究中,运用综合指数法通过对选取的若干指标进行计算,得出了非洲大陆不同地区对粮食安全的脆弱性;南太平洋应用地学委员会(South Pacific Applied Geoscience Commission,SPAGC)通过50个指标构建了环境脆弱性的指标评价体系,并利用统计学方法计算得出脆弱性的相对大小,用来反映某一国家自然环境易受到损害及发生退化的程度。由于综合指数法简单、易操作,使其在脆弱性评价中得到了广泛运用。但该方法对脆弱性的评价缺乏系统的观点,不能很好地解释脆弱性各构成要素之间的作用机制;同时在指标的选择和权重的确定上缺乏科学有效的方法;此外,脆弱性的形成原因和表现特征在时间和空间上具有较强的差异性,建立跨区域、跨时段的脆弱性评价指标体系非常困难。

2)图层叠置法

随着地理信息系统(Geographic Information System,GIS)技术的日益完善和普及,越来越多的脆弱性评估开始和GIS技术相结合,图层叠置法就是基于GIS技术发展起来的一种脆弱性评价方法,根据其评价思路的不同可分为两种叠置方法:一种是脆弱性构成要素图层间的叠置,另一种是针对不同扰动的脆弱性图层间的叠置。前者能够很好地反映区域脆弱性的空间差异,还能反映出区域受灾害影响的风险性、敏感性和适应性的空间差异,比较适合在极端灾害事件干扰下的脆弱性评价。后者为多重干扰作用下的脆弱性评价提供了研究思路,但没能考虑各种干扰对系统脆弱性影响的差异,很难反映出影响脆弱性的主要原因。

3)函数模型评价法

运用函数模型评价法首先要基于对脆弱性的理解对其各构成要素进行定量评价,然后在分析各构成要素之间作用关系的基础上建立脆弱性评价模型。系统的脆弱性是由系统内各因素在扰动下的敏感程度和这些因素与风险临界值贴近程度构成的函数,脆弱性可以用二者比值的期望来度量。

函数模型评价法较上述方法更强调系统内部脆弱性影响因素之间的作用关系,有利于对脆弱性的决定因素及特征的评估和认识,评价结果既能反映系统整体的脆弱性状况,也可以了解脆弱性构成要素的具体情况。但不同学科对脆弱性的概念和构成要素以及其相互作用关系有着不同的认识,即使对于同一领域的研究,不同学者所选取的要素指标和作用关系也会有所差别,使其定量表达比较困难。

4) 模糊物元评价法

模糊物元评价法是指依据选定的参照状态,计算研究区域与参照状态的相近程度来反映研究区域的相对脆弱程度。在实际应用中,往往选用脆弱性的最高或最低的状态为参照状态。祝云舫(2006)曾运用模糊集贴近理论构建了城市风险排序中"最差序城市""中序城市""最优序城市"三种状态模型,通过计算待评价城市与三种状态的贴近程度来反映城市环境的脆弱性程度。该方法对脆弱性评估的角度与其他的方法不同,不是将众多指标合成一个综合指数,不必考虑变量间的相关性问题,原始变量信息可以得到充分利用。但该方法的评价结果反映的信息量较少,只能得出研究对象脆弱性的相对大小,很难反映出脆弱性的决定因素和脆弱性特征等信息。

### 6.4.2 项目系统脆弱性测度

1) 项目系统脆弱性测度方法

TOPSIS(Technique for Order Preference by Similarity to Ideal Solution)是一种多目标决策方法,又称为优劣解距离法,由 Yoon 和 Hwang(1981)最先提出,TOPSIS 法是对现有的对象进行相对优劣的评价方法,其评价依据是评价对象与理想化目标的接近程度,并根据接近程度的不同进行排序。

TOPSIS 法的基本原理是通过计算评价对象靠近最优解、最劣解的距离来进行排序,其中最优解指各评价指标都达到最优值,最劣解指各评价指标都达到最差值,根据各评价对象与最优解的相对贴近程度进行排序,并以此作为评价对象优劣的依据。该方法只要求指标效用函数具有单调性特征,从而选取各方案中最优效用函数值构成理想方案,各方案中最劣效用函数值构成负理想方案。

项目系统脆弱性研究指标体系中既含有正向指标,也有负向指标,因此需要先对原始数据进行预处理,处理后的数据适合用 TOPSIS 法进行研究。

根据 TOPSIS 法的基本计算原理,首先需要根据原始数据得到各指标的权重,并据此计算各比较对象与最优解和最劣解间的距离,并对它们进行排序比较。

项目系统脆弱性涉及众多因素,并且各因素的贡献大小不同,因此需要对各因素赋予权衡轻重作用程度的数值,即权重,用于反映不同因素的相对重要性程度。由于因素的贡献在重要和不重要之间没有明显的分界线,一些描述权重的术语如不重要、重要、很重要等都是模糊概念,在指示重要性程度的实数区间[0,1]内没有明确的起止点,即没有明确的划分界限,因此带有明显的不确定性。因素的量化就是要解决各评价指标的相对重要性的问题。因此确定权重的过程也就是对不同因子间重要性程度的分析过程。

评价准则的权重反映决策者对评价准则间相对重要性的认识,对于评价结论具有重要的影响,确定指标权重有主观赋权和客观赋权两类方法。主观赋权法是根据决策分析者对各属性的主观重视程度而赋权的方法,反映了决策者的意向,包括层次分析法、功效系数法、模糊评价法、专家调查法等。客观赋权法是指单纯利用属性的客观信息而确定权重的方法,决策结果具有较强的数学理论依据,包括因子分析、熵值、聚类分析、变异系数、灰色关联分析法等。主观赋权法主观随意性较大,在运用过程中无法避免由主观经验造成的误差,与客观赋权法相比科学性较差。在众多客观赋权法中,熵值法既能反映指标信息的效应价值,又能克服指标间的信息重叠,可充分利用原始数据客观地得出指标的权重,被社会经济等研究领域广泛应用。熵(Entropy)基本概念源于热力学,是对系统状态不确定性的一种度量,熵值越大,状态的不确定性也就越大。在信息论中,熵是系统有序程度的一个度量,某个指标的信息熵越大,表明其指标值的变异程度越大,提供的信息量越大,在综合评价中所起的作用就越大,则该指标的权重也应越大;反之,某个指标的信息熵越小,表明其指标值的变异程度越小,提供的信息量越小,在综合评价中所起的作用就越小,则该指标的权重也应越小。可根据各个指标值的变异程度,利用信息熵这一工具计算各指标的权重。熵值法是一种客观赋权法,为多准则综合评价提供了可靠的依据。熵值法的原始信息直接来源于客观环境,根据各指标所提供信息量的大小来确定相应指标的权重系数,有效克服了主观确定权重的缺陷。

假设有 $m$ 个项目系统 $S_1, S_2, \cdots, S_m \in S$,每个项目系统对应含有 $n$ 个指标元素 $C_1, C_2, \cdots, C_n$,$x_{ij}$ 表示第 $i$ 个项目 $S_i$ 的第 $j$ 个指标元素 $C_j$ 的得分数值,$\omega_j$ 指第 $j$ 个指标元素 $C_j$ 的权重。运用熵值法求取项目系统脆弱性评价指标权重系数的步骤如下:

$$X = X_{ij} = \begin{matrix} S_1 \\ S_2 \\ \vdots \\ S_m \end{matrix} \begin{bmatrix} x_{11} & x_{12} & \cdots & x_{1n} \\ x_{21} & x_{22} & \cdots & x_{2n} \\ \vdots & \vdots & \vdots & \vdots \\ x_{m1} & x_{m2} & \cdots & x_{mn} \end{bmatrix} \quad (6-1)$$

$$\quad\quad\quad\quad\quad C_1 \quad C_2 \quad \cdots \quad C_n$$

① 原始数据的预处理

由于各项原始数据指标值的量纲不同,会产生数量级相差悬殊、不可直接比较的现象,需要对数值进行预处理,使各项数据指标具有可比性,在主成分分析法中常用正态标准化。这种标准化方法不仅计算麻烦,而且标准化后的变量取值范围不确定,不能很好地反映变量的意义。在项目系统中,暴露维度指标和能力维度指标分别是正向指标和负向指标,其数值代表不同的含义,暴露维度指标数值越高表明脆弱性越强,能力维度指标数值越高表明脆弱性越弱。由于各指标数值取值范围为 $[1, 5]$,可以利用公式 $x_{ij} = 6 - x'_{ij}$(其中 $x'_{ij}$ 为能力维度指标的原数值)对所有能力维度指标数值进行处理,这样使得所有指标的值都具有正向指标的意义,然后再对各指标进行标准化处理,其具体方法如下:

设指标因素集 $S = \{S_1, S_2, \cdots, S_m\}$,$S_i$ 为指标,$m$ 为指标数量,$n$ 为样本数目,

$$\widetilde{X}_{ij} = \frac{x_{ij} - \underline{x}}{\bar{x} - \underline{x}} (i = 1, 2, \cdots, m; j = 1, 2, \cdots, n) \quad (6-2)$$

其中,$\bar{x} = \max(x_j)$,$\underline{x} = \min(x_j)$。这种标准化方法不仅计算简单,而且标准化后变量在 $[0, 1]$ 之间取值,方便控制综合指标的取值范围。

$$\boldsymbol{x} = \boldsymbol{x}_{ij} = \begin{matrix} S_1 \\ S_2 \\ \vdots \\ S_m \end{matrix} \begin{bmatrix} \widetilde{X}_{11} & \widetilde{X}_{12} & \cdots & \widetilde{X}_{1n} \\ \widetilde{X}_{21} & \widetilde{X}_{22} & \cdots & \widetilde{X}_{2n} \\ \vdots & \vdots & \vdots & \vdots \\ \widetilde{X}_{m1} & \widetilde{X}_{m2} & \cdots & \widetilde{X}_{mn} \end{bmatrix} \\ \quad C_1 \quad\; C_2 \quad \cdots \quad C_n \qquad (6-3)$$

② 计算无量纲化处理后数据的比重或概率

基于无量纲化处理后的数据 $\widetilde{X}_{ij}$，计算第 $i$ 个样本数据第 $j$ 项指标的比重或概率，计算公式为：

$$P_{ij} = \frac{\widetilde{X}_{ij}}{\sum\limits_{i=1}^{m}\widetilde{X}_{ij}} (i=1,2,\cdots,m;\ j=1,2,\cdots,n) \qquad (6-4)$$

$$\boldsymbol{P} = \boldsymbol{P}_{ij} = \begin{matrix} S_1 \\ S_2 \\ \vdots \\ S_m \end{matrix} \begin{bmatrix} P_{11} & P_{12} & \cdots & P_{1n} \\ P_{21} & P_{22} & \cdots & P_{2n} \\ \vdots & \vdots & \vdots & \vdots \\ P_{m1} & P_{m2} & \cdots & P_{mn} \end{bmatrix} \\ \quad C_1 \quad\; C_2 \quad \cdots \quad C_n \qquad (6-5)$$

③ 计算第 $j$ 项指标的信息熵值

指标熵值计算公式为：

$$e_j = -\frac{1}{\ln m} \sum_{i=1}^{m} P_{ij} \ln P_{ij} (i=1,2,\cdots,m) \qquad (6-6)$$

④ 求第 $j$ 项指标的差异性系数 $g_j$

对第 $j$ 项指标，指标值的差异越大，对方案评价的作用就越大，熵值就越小，定义差异性系数为：

$$g_j = 1 - e_j \qquad (6-7)$$

其中，$0 \leqslant g_j \leqslant 1$，$\sum\limits_{j=1}^{n} g_j = 1$。$g_j$ 越大指标重要性越高。

⑤ 确定指标权重

指标权重公式为：

$$\widetilde{\omega}_j = \frac{g_j}{\sum\limits_{j=1}^{n} g_j} \ (j=1,2,\cdots,n) \qquad (6-8)$$

### 2) 脆弱性测度模型及等级标准构建

根据上一节建立的项目脆弱性评价指标体系,将每个比较对象(本书中即每一个项目)作为一个系统,从下至上逐层计算贴近度;然后依据所得贴近度的结果,对所有比较对象进行排序、比较和评价分析,具体步骤如下。

① 无量纲化决策矩阵

基于公式(6-1)、(6-2)无量纲化的数据得到无量纲化决策矩阵。

② 形成加权决策矩阵

$$\widetilde{X}_{ij}^k = \widetilde{\omega}_j x_{ij} \tag{6-9}$$

$$\boldsymbol{X}^k = \widetilde{\boldsymbol{X}}_{ij}^k = \begin{matrix} S_1 \\ S_2 \\ \vdots \\ S_m \end{matrix} \begin{bmatrix} \widetilde{X}_{11} & \widetilde{X}_{12} & \cdots & \widetilde{X}_{1n} \\ \widetilde{X}_{11} & \widetilde{X}_{22} & \cdots & \widetilde{X}_{2n} \\ \vdots & \vdots & \vdots & \vdots \\ \widetilde{X}_{m1} & \widetilde{X}_{m2} & \cdots & \widetilde{X}_{mn} \end{bmatrix}, \ k=1, 2, \cdots, K \tag{6-10}$$

$$\quad\quad\quad\quad\quad C_1 \quad\ C_2 \quad\cdots\ C_n$$

③ 确定标的正理想解 $\widetilde{\boldsymbol{X}}^+$ 和负理想解 $\widetilde{\boldsymbol{X}}^-$

$$\widetilde{\boldsymbol{X}}^+ = (\widetilde{X}_1^+, \widetilde{X}_2^+, \cdots, \widetilde{X}_n^+) \tag{6-11}$$

$$\widetilde{\boldsymbol{X}}^- = (\widetilde{X}_1^-, \widetilde{X}_2^-, \cdots, \widetilde{X}_n^-) \tag{6-12}$$

其中,
$$\widetilde{\boldsymbol{X}}_k^+ = \max\{x_1, x_2, \cdots, x_n\}$$
$$\widetilde{\boldsymbol{X}}_k^- = \min\{x_1, x_2, \cdots, x_n\}$$

④ 计算脆弱度与正负理想解之间的欧式距离

$$d_i^+(\widetilde{\boldsymbol{X}}_i, \widetilde{\boldsymbol{X}}^+) = \sqrt{(\widetilde{X}_{i1}^k - \widetilde{X}_1^+)^2 + (\widetilde{X}_{i2}^k - \widetilde{X}_2^+)^2 + \cdots + (\widetilde{X}_{in}^k - \widetilde{X}_n^+)^2} \tag{6-13}$$

$$d_i^-(\widetilde{\boldsymbol{X}}_i, \widetilde{\boldsymbol{X}}^-) = \sqrt{(\widetilde{X}_{i1}^k - \widetilde{X}_1^-)^2 + (\widetilde{X}_{i2}^k - \widetilde{X}_2^-)^2 + \cdots + (\widetilde{X}_{in}^k - \widetilde{X}_n^-)^2} \tag{6-14}$$

⑤ 计算贴近度

令 $\tau_i^j$ 表示第 $i$ 个项目第 $j$ 个指标因素与理想解的相对贴近度,则

$$\tau_i^j = \frac{d_i^-}{d_i^+ + d_i^-}, \ i=1, 2, \cdots, n \tag{6-15}$$

将项目系统脆弱性状态在[0,1]的框架下划分为五个等级,V={Ⅰ级(脆弱性很低),Ⅱ级(脆弱性低),Ⅲ级(脆弱性一般),Ⅳ级(脆弱性高),Ⅴ(脆弱性很高)},如表6.1所示。

表 6.1　脆弱性等级划分

| 脆弱性指数 | $0 \leqslant \tau < 0.2$ | $0.2 \leqslant \tau < 0.4$ | $0.4 \leqslant \tau < 0.6$ | $0.6 \leqslant \tau < 0.8$ | $0.8 \leqslant \tau < 1$ |
|---|---|---|---|---|---|
| 脆弱性等级 | 很低 | 低 | 一般 | 高 | 很高 |

3) 建立影响项目系统脆弱性指标的测度标准

项目系统脆弱性测度模型确定后,就需要明确各项指标的等级标准,才能对项目系统脆弱性状况进行评价。目前学术界尚没有统一认可的项目系统脆弱性标准,按照项目系统脆弱性的内涵和要求,借鉴相关研究成果,建立起一套衡量项目系统脆弱性状况的尺度和标准。由于不同的项目系统具有不同的脆弱性属性,不同项目中的相同指标对项目系统的脆弱性影响效果和大小也不尽相同,因此需要将这些影响项目系统脆弱性的指标进行测量,同时符合标准化和客观性。

(1) 测量的尺度

测量是进行数据分析之前的主要工作,数据的性质则决定于测量所使用的尺度或层次,因此测量尺度的判断与选用,可以说是决定量化研究质量的先行因素。Stevens(1951)依据不同测量方法的数学特性,将测量尺度分成四种类型:名义尺度、顺序尺度、等距尺度和比率尺度。

① 名义尺度

名义尺度的测量,是针对被观察者的某一现象或特质,评估所属类型种类,并赋予一个特定的数值。由于名义尺度所处理的数据已分立的类别为单位,又称为类别尺度,是一种具有分类功能的测量工具。以名义尺度测量得到的名义变量中,每一种类别以一个数字代表,变量的数值代表不同的类别。名义尺度必须符合两个原则,第一个是互斥,不同类别之间必须完全互斥,没有交集或重叠;第二个是完整,测量尺度的分类必须包括所有的可能性。因此在进行测量工作之前,建立一套适当的分类架构是使测量顺利进行的重要工作。

② 顺序尺度

顺序尺度的测量,是指对于被观察者的某一现象的测量内容,除了具有分类意义外,各名义类别间存在特定的大小顺序关系。以顺序尺度测量得到的变量称为顺序变量,如大学教授层级(教授、副教授、助理教授、讲师)等,皆属于以顺序尺度所测得的顺序变量。以顺序尺度来进行测量,互斥与完整两原则仍需遵循,否则仍将造成数据调查者或被调查者的困扰。值得注意的是,由于顺序变量与名义变量所处理的数据以分立的类别为主,在统计分析过程中,两者均因不具备特定单位,而需要以类别变量的方式来处理,适用的统计分析为列联表分析等。

③ 等距尺度

等距尺度(或称间距尺度)的测量,是针对被观察者的某一现象或特质,测定程度上的特性。等距尺度测量得到的数值,除了具有分类、顺序意义以外,数值大小反映了两个被观察者的差距或者相对距离。以等距尺度测量得到的变量,称为等距变量,其数值兼具分类、次序和差距的意义。等距尺度是一种具有标准化单位的测量工具,因为具备了标准化的单位,才能确定不同的测量值的差距。

④ 比率尺度

当一次测量尺度使用了某个标准化的单位,同时又具有一个绝对零点时,称为比率尺度。比率层次的测量,可以说是具有真正零点的等距尺度。如身高(厘米)、年龄(岁)、受教育年数等变量,都是以比率尺度来测量得到的比率变量。在社会科学研究中,许多变量与特定的社会现实有关,无关乎主观判断,无需人为方式调整改变,而有一定的绝对零点,因此比率变量在社会科学研究中被广泛使用。

(2) 建立指标的测度标准

由于项目系统脆弱性的测度模型指标体系的特殊性,很难用单一的测量方法进行测量,因此要根据不同指标的不同特性选择不同的测量方式。常综合采用封闭式测量与开放式测量,类别性测量与连续性测量等测量方法,对项目信息进行搜集,然后针对搜集到的各测度指标信息按照特定的测度标准进行打分,获得各指标的得分情况。建立全面、科学的测度标准是客观反映各项目系统脆弱性的前提,以下我们将逐一介绍各指标的测度标准。

① 开放式测量指标分级

项目的大小、项目持续时间、企业规模、资产负债率这四个指标的信息通过开放式测量获得,即由受访者直接填入数字。问卷中项目的大小通过合同额的大小来反映,企业规模通过营业收入来反映。由于这几个指标的数据范围和单位均不相同,需要对各指标进行标准化和归一化,采用公式(6-16)对相关指标进行趋同化和无量纲处理。

$$N = \frac{T - T_{\min}}{T_{\max} - T_{\min}} \times (5 - 1) + 1 \qquad (6\text{-}16)$$

式中,$T$ 为原始数据;$T_{\max}$ 和 $T_{\min}$ 分别为其中的最大值和最小值;$N$ 为标准化后的值,其取值范围为[1,5]。

② 类别性测量指标分级

类别性测量是问卷调查中最简单且常被使用的测量格式,对选项的选择模式,也可以有多种不同的使用方式。比如,可以针对不同指标给出若干条关于公司或项目的描述,通过对公司或项目负责人的调查,让其选择符合该公司或项目的描述,符合的选项越多,其对应的指标得分也就越高。以下面几个指标为例,介绍此测量方法。

关于企业国际化程度的衡量和比较,可以采用海外分支机构创造的销售额占总公司销售额的比例与海外资产占总公司资产的比例两项指标,也可以从企业海外子公司的数量、进入国家的数量、管理层或股东的国际化程度等三个方面作为衡量企业国际化程度的指标。综合考虑确定了五个可以反映企业国际化程度的选项,各选项的描述及分级情况如表6.2所示。

表6.2 企业国际化程度分级标准

| 选项描述 | 分级标准 | 赋值 |
| --- | --- | --- |
| 海外上市 | 五条描述符合 | 5 |
| 有大量外籍员工 | 四条描述符合 | 4 |
| 在不同国家设立子公司 | 三条描述符合 | 3 |
| 公司进入国际市场十年以上 | 两条描述符合 | 2 |
| 与外国企业有良好的合作关系 | 一条描述符合 | 1 |

本地化是跨国公司在东道国开展经营业务,扎根东道国的重要战略之一,对于国际工程承包商来说,本地化的主要内容是人才本地化和经营管理本地化。企业生产本地化的好

处:一是可以占有当地市场;二是可以利用当地廉价的资源和劳动力。综合考虑,总结归纳出五个与企业本地化程度相关的描述,各描述和分级标准如表6.3所示。

表6.3 企业本地化程度分级标准

| 选项描述 | 分级标准 | 赋值 |
| --- | --- | --- |
| 经营管理本地化 | 五条描述符合 | 5 |
| 人力资源本地化 | 四条描述符合 | 4 |
| 供应商/分包商本地化 | 三条描述符合 | 3 |
| 在项目所在国成立公司 | 两条描述符合 | 2 |
| 与当地企业合资/组成联合体 | 一条描述符合 | 1 |

对于企业多元化程度的测量可从三个维度进行,即产业多元化、地域多元化、职能多元化,每一个维度又有若干测量指标。结合国际工程承包商的实际情况,从三个维度中选取五个可以反映企业多元化程度的选项,分级标准如表6.4所示。

表6.4 企业多元化程度分级标准

| 选项描述 | 分级标准 | 赋值 |
| --- | --- | --- |
| 在5个以上国家或地区设有分公司 | 五条描述符合 | 5 |
| 企业与多种行业的企业有良好的合作关系 | 四条描述符合 | 4 |
| 工程涉及房屋建筑、交通、电力、水利等多个行业 | 三条描述符合 | 3 |
| 企业涉及制造、物流、营销、服务等多种业务 | 两条描述符合 | 2 |
| 企业经营的各个业务在市场中都占据较大的份额 | 一条描述符合 | 1 |

通过大量国际工程政治风险案例研究,如中国中铁在波兰的高速公路项目,因拖欠工程款而被解除工程承包协议;中国工人在吉尔吉斯斯坦因不遵守当地风俗习惯而与当地居民爆发冲突等,总结归纳出九类承包商可能出现的不当行为,有些案例中只出现某一种不当行为,而有一些案例中承包商会同时出现多种不当行为,因此依据之前的案例研究总结,给出承包商不当行为的具体描述和分级标准如表6.5所示。

表6.5 承包商不当行为分级标准

| 选项描述 | 分级标准 | 赋值 |
| --- | --- | --- |
| 道德/宗教上的失误 | 有1条描述符合得1分,9条描述符合得5分,其他情况用插值法进行计算得出分值 | 1~5 |
| 违背当地风俗习惯 | | |
| 劳资关系紧张 | | |
| 发生安全事故 | | |
| 施工偷工减料 | | |
| 与工会敌对 | | |
| 侵犯工人权利 | | |
| 劳动环境恶劣 | | |
| 对当地劳工待遇不公平 | | |

跨国公司与东道国政府的关系会越来越透明和可预期,并且最好的发展方向是更加的合作与和谐。因此,企业与东道国政府有合作关系,表明关系良好,赋值 5 分;反之,赋值 1 分。同理,与当地权力机构的关系、企业被认可程度、应对政治风险经验、企业对当地商业参与度这四个指标也按照这种方法赋值。通过给出五个与这些指标相关的公司或项目描述,受访者只能选择符合其所在公司或项目情况的唯一描述,每一个描述都有其对应的分数。通过此方法得出指标的测度标准基于两条假设:其一,各选项除了有分类意义外,还存在特定的顺序大小关系;其二,相邻选项之间的差距是相等的。各指标分级标准如表 6.6 所示。

表 6.6 各指标选项描述赋值

| 指标(能力维度) | 选项描述 | 赋值 |
| --- | --- | --- |
| 与东道国政府的关系 | 合作伙伴 | 5 |
| | 良好 | 4 |
| | 一般 | 3 |
| | 不良 | 2 |
| | 有纠纷 | 1 |
| 与当地权力机构的关系 | 合作伙伴 | 5 |
| | 良好 | 4 |
| | 一般 | 3 |
| | 不良 | 2 |
| | 有纠纷 | 1 |
| 企业被认可程度 | 非常受欢迎 | 5 |
| | 比较欢迎 | 4 |
| | 一般 | 3 |
| | 受到抵制 | 2 |
| | 受到严重抵制 | 1 |
| 应对政治风险经验 | 在项目所在国有大量项目经验 | 5 |
| | 在项目所在国有少量项目经验,但有大量其他国家国际工程经验 | 4 |
| | 在项目所在国有少量项目经验,且有少量其他国家国际工程经验 | 3 |
| | 首次进入项目所在国家市场 | 2 |
| | 首次进入国际市场 | 1 |
| 企业对当地商业参与度 | 与当地公司结成联盟 | 5 |
| | 与当地公司长期合作 | 4 |
| | 与当地公司有交易关系 | 3 |
| | 与当地公司无合作 | 2 |
| | 与当地公司有冲突 | 1 |

③ 连续性测量指标分级

连续性测量主要是进行程度的测量,以测定某些概念或现象的强度大小。该测量方法中每一个指标的测度包含了一个描述项目情况的陈述句与一套量尺。陈述句会描述出指标得分最高和得分最低的两种极端情况,这种方法要求接受问卷调查的人员根据自己所在公司或项目的实际状况以及对项目基本情况的了解,客观地对每一个指标进行评分,量尺由 1 到 5 这五个数字组成,每一个数字代表一定的程度,其中 1 和 5 表示指标基本符合陈述句的极端情况,3 表示处于两种极端状态中间,2 和 4 表示有点符合陈述的两种极端状态。通过连续性测量格式度量的各指标,其得分由受访者直接给出,不需要对其进行进一步的处理。

公司所有权结构、有利的合同条件、项目技术和管理复杂性、项目外部资金是否充足、东道国对项目的期望程度、承包商技术和转移水平、企业对当地经济贡献度、承包商对当地市场依赖等指标可通过此方法进行度量,如表 6.7 所示。

表 6.7　连续性测量指标分级标准(暴露维度)

| 脆弱性因素 | 陈述句描述 | 赋值 |
| --- | --- | --- |
| 公司所有权结构 | 承包商企业是国有大型企业得 1 分;<br>中外合资企业得 3 分;<br>小型民营独资企业得 5 分 | 5 |
| | | 4 |
| | | 3 |
| | | 2 |
| | | 1 |
| 有利的合同条件 | 政治风险相关的条款清晰明确得 1 分;<br>有相关的条款但不全面得 3 分;<br>没有政治风险相关的条款得 5 分 | 5 |
| | | 4 |
| | | 3 |
| | | 2 |
| | | 1 |
| 项目技术和管理复杂性 | 技术复杂性很大,中国技术输出,<br>当地承包商无法完成的项目得 1 分;<br>常规小型项目得 5 分 | 5 |
| | | 4 |
| | | 3 |
| | | 2 |
| | | 1 |
| 项目外部资金是否充足 | 项目资金充足,各种款项支付及时到位得 1 分;<br>资金紧张,材料供应不及时,经常拖欠得 5 分 | 5 |
| | | 4 |
| | | 3 |
| | | 2 |
| | | 1 |

续表 6.7

| 脆弱性因素 | 陈述句描述 | 赋值 |
| --- | --- | --- |
| 东道国对项目的期望程度 | 该项目是社会急需的,高度符合社会需求和国家经济政治目标得1分;<br>反之得5分 | 5 |
| | | 4 |
| | | 3 |
| | | 2 |
| | | 1 |
| 承包商技术和转移水平 | 为项目所在国引进先进技术、设备、培训人才促进当地技术进步得5分;<br>无任何技术转移得1分 | 5 |
| | | 4 |
| | | 3 |
| | | 2 |
| | | 1 |
| 企业对当地经济贡献度 | 促进当地经济发展,增加大量税收、就业得5分;<br>挤出本土企业,对当地经济产生负面影响得1分 | 5 |
| | | 4 |
| | | 3 |
| | | 2 |
| | | 1 |
| 承包商对当地市场依赖 | 原材料、设备、人工完全来自中国得5分;<br>原材料、设备、人工完全依赖当地市场供应得1分 | 5 |
| | | 4 |
| | | 3 |
| | | 2 |
| | | 1 |

## 6.5 案例分析

### 6.5.1 实证对象介绍

中国承包商经过多年的拼搏和积累,业务遍布全球各个地区和国家,但中国承包商在不同的区域市场的表现却大不相同,中国承包商的主要战场是非洲市场,收入占中国承包商海外总收入的一半,其次是在中国周边的亚洲市场和中东市场。近年来,中国承包商在拉丁美洲市场的表现也越来越抢眼,承包额及新签合同额都在快速增长。而在欧美市场,欧美承包商借其地缘优势占据了较高比例的份额,但中国企业也在积极向欧洲开进,试图打开欧洲市场。结合中国承包商项目在全球的分布特点,从本书第2章中收集的案例中选取了50个信息完整清晰的项目进行实证分析,通过构建项目系统脆弱性测度模型,运用MATLAB编程实现,判定各项目系统脆弱性等级。在选取的50个案例中,处于非洲的有10个、中东10个、东南亚10个、美洲10个、南亚5个、欧洲5个,涉及房屋建筑、交通、电力、水利等多个行业，项目基本信息如表 6.8 所示。

通过调查问卷对实证对象进行信息的搜集。为了保证问卷中的项目信息能够完全准确地获得，问卷的发送对象仅为对项目非常熟悉且能够完整完成问卷的高层管理人员。问卷首先对调查内容和调查意图进行了一个简要的介绍，使各调查对象对本次问卷有一个清晰的认识，然后是问卷的主体部分，主体部分分为两部分内容，第一部分是项目概况，用于搜集各项目脆弱性评价的指标体系的信息；第二部分是项目政治风险事件，用于统计各项目系统受到风险事件干扰和遭受损失的情况。

选取了若干具有丰富国际工程经验的海外项目经理或高层管理人员，邀请他们作为调查对象，要求他们根据自己实际经历过的项目情况填写问卷，并对问卷有任何疑问的地方进行详细的解释。

表 6.8 项目基本信息

| 项目编号 | 国家名称 | 区域 | 项目行业 | 项目编号 | 国家名称 | 区域 | 项目行业 |
| --- | --- | --- | --- | --- | --- | --- | --- |
| P1 | 利比里亚 | 非洲 | 交通 | P26 | 卡塔尔 | 中东 | 交通 |
| P2 | 赞比亚 | 非洲 | 电力 | P27 | 沙特阿拉伯 | 中东 | 电力 |
| P3 | 纳米比亚 | 非洲 | 交通 | P28 | 沙特阿拉伯 | 中东 | 交通 |
| P4 | 苏丹共和国 | 非洲 | 水利 | P29 | 迪拜 | 中东 | 房屋建筑 |
| P5 | 安哥拉 | 非洲 | 房屋建筑 | P30 | 科威特 | 中东 | 房屋建筑 |
| P6 | 埃塞俄比亚 | 非洲 | 交通 | P31 | 新加坡 | 东南亚 | 房屋建筑 |
| P7 | 阿尔及利亚 | 非洲 | 房屋建筑 | P32 | 老挝 | 东南亚 | 水利 |
| P8 | 安哥拉 | 非洲 | 交通 | P33 | 越南 | 东南亚 | 电力 |
| P9 | 阿尔及利亚 | 非洲 | 房屋建筑 | P34 | 新加坡 | 东南亚 | 房屋建筑 |
| P10 | 肯尼亚 | 非洲 | 交通 | P35 | 新加坡 | 东南亚 | 房屋建筑 |
| P11 | 委内瑞拉 | 拉丁美洲 | 电力 | P36 | 泰国 | 东南亚 | 房屋建筑 |
| P12 | 洪都拉斯 | 拉丁美洲 | 电力 | P37 | 印度尼西亚 | 东南亚 | 交通 |
| P13 | 阿根廷 | 拉丁美洲 | 房屋建筑 | P38 | 马来西亚 | 东南亚 | 水利 |
| P14 | 墨西哥 | 拉丁美洲 | 交通 | P39 | 马来西亚 | 东南亚 | 水利 |
| P15 | 委内瑞拉 | 拉丁美洲 | 房屋建筑 | P40 | 泰国 | 东南亚 | 房屋建筑 |
| P16 | 巴西 | 拉丁美洲 | 交通 | P41 | 印度 | 南亚 | 其他 |
| P17 | 墨西哥 | 拉丁美洲 | 交通 | P42 | 巴基斯坦 | 南亚 | 水利 |
| P18 | 牙买加 | 拉丁美洲 | 房屋建筑 | P43 | 孟加拉国 | 南亚 | 交通 |
| P19 | 巴哈马 | 拉丁美洲 | 房屋建筑 | P44 | 巴基斯坦 | 南亚 | 交通 |
| P20 | 厄瓜多尔 | 拉丁美洲 | 水利 | P45 | 斯里兰卡 | 南亚 | 交通 |
| P21 | 阿联酋 | 中东 | 房屋建筑 | P46 | 马其顿 | 欧洲 | 交通 |
| P22 | 卡塔尔 | 中东 | 交通 | P47 | 葡萄牙 | 欧洲 | 房屋建筑 |
| P23 | 科威特 | 中东 | 交通 | P48 | 德国 | 欧洲 | 房屋建筑 |
| P24 | 沙特阿拉伯 | 中东 | 水利 | P49 | 克罗地亚 | 欧洲 | 房屋建筑 |
| P25 | 沙特阿拉伯 | 中东 | 交通 | P50 | 西班牙 | 欧洲 | 房屋建筑 |

### 6.5.2 项目系统脆弱性评估

首先对收集的问卷进行信息提取和整理,然后按照构建的指标测度标准对影响项目系统脆弱性的指标进行打分,形成测度矩阵,最后运用 MATLAB R2015a 和脆弱性测度模型对 50 个案例的项目系统脆弱性进行评估,具体过程如下:

① 原始数据的预处理

② 计算第 $j$ 项指标的信息熵值

$e_j = (0.838\ 5,\ 0.938\ 1,\ 0.774\ 6,\ 0.971\ 3,\ 0.752\ 0,\ 0.840\ 6,\ 0.979\ 5,\ 0.477\ 9,$
$0.976\ 5,\ 0.977\ 3,\ 0.965\ 4,\ 0.979 7,\ 0.973\ 0,\ 0.937\ 0,\ 0.978\ 4,\ 0.850\ 8,\ 0.968 5,$
$0.918\ 1,\ 0.962\ 7,\ 0.960\ 9,\ 0.874\ 6,\ 0.954\ 9)^T$

③ 计算第 $j$ 项指标的差异性系数

$g_j = (0.161\ 5,\ 0.061\ 9,\ 0.225\ 4,\ 0.028\ 7,\ 0.248\ 0,\ 0.159\ 4,\ 0.020\ 5,\ 0.522\ 1,$
$0.023\ 5,\ 0.022\ ,\ 0.034\ 6,\ 0.020\ 3,\ 0.027\ 0,\ 0.063\ 0,\ 0.021\ 6,\ 0.149\ 2,\ 0.031\ 5,$
$0.081\ 9,\ 0.037\ 3,\ 0.039\ 1,\ 0.125\ 4,\ 0.045\ 1)^T$

④ 指标权重值

$\tilde{\omega} = (0.075\ 1,\ 0.028\ 8,\ 0.104\ 8,\ 0.013\ 4,\ 0.115\ 4,\ 0.074\ 1,\ 0.009\ 5,\ 0.242\ 9,$
$0.010\ 9,\ 0.010\ 5,\ 0.016\ 1,\ 0.009\ 4,\ 0.012\ 6,\ 0.029\ 3,\ 0.010\ 0,\ 0.069\ 4,\ 0.014\ 6,$
$0.038\ 1,\ 0.017 4,\ 0.018\ 2,\ 0.058\ 3,\ 0.021\ 0)^T$

⑤ 形成加权决策矩阵

⑥ 确定指标的正理想解 $\tilde{X}^+$ 和负理想解 $\tilde{X}^-$

$\tilde{X}^+ = (0.075\ 0,\ 0.028\ 8,\ 0.104\ 6,\ 0.013\ 3,\ 0.115\ 2,\ 0.074\ 0,\ 0.009\ 5,\ 0.242\ 4,$
$0.010\ 9,\ 0.010\ 5,\ 0.016\ 1,\ 0.009\ 4,\ 0.012\ 5,\ 0.029\ 2,\ 0.010\ 0,\ 0.069 3,\ 0.014\ 6,$
$0.038\ 0,\ 0.017\ 3,\ 0.018\ 1,\ 0.058\ 2,\ 0.020\ 9)^T$

$\tilde{X}^- = (0.000\ 2,\ 0.000\ 1,\ 0.000\ 2,\ 0,\ 000\ 2,\ 0.000\ 1,\ 0,\ 0.000\ 5,\ 0,\ 0,\ 0,\ 0,$
$0.000\ 1,\ 0,\ 0.000\ 1,\ 0,\ 0.000\ 1,\ 0,\ 0,\ 0.000\ 1,\ 0)^T$

⑦ 计算各项目各指标与正负理想解的欧式距离 $d_i^+(\tilde{X}_i, X^+)$、$d_i^-(\tilde{X}_i, X^-)$ 和贴近度 $\tau_i^j$,如表 6.9 所示。

**表 6.9 正负理想解和贴近度**

| 项目编号 | 地区 | $d_i^+(\tilde{X}_i, X^+)$ | $d_i^-(\tilde{X}_i, X^-)$ | $\tau_i^j$ | 排名 | 脆弱性等级 |
|---|---|---|---|---|---|---|
| P1 | 非洲 | 0.293 7 | 0.090 0 | 0.234 6 | 23 | 低 |
| P2 | 非洲 | 0.317 3 | 0.053 1 | 0.143 3 | 1 | 很低 |
| P3 | 非洲 | 0.315 1 | 0.053 4 | 0.144 9 | 2 | 很低 |
| P4 | 非洲 | 0.288 4 | 0.090 7 | 0.239 2 | 26 | 低 |
| P5 | 非洲 | 0.296 3 | 0.072 9 | 0.197 4 | 14 | 很低 |

续表6.9

| 项目编号 | 地区 | $d_i^+(\widetilde{X}_i, X^+)$ | $d_i^-(\widetilde{X}_i, X^-)$ | $\tau_i^j$ | 排名 | 脆弱性等级 |
|---|---|---|---|---|---|---|
| P6 | 非洲 | 0.307 5 | 0.071 9 | 0.189 5 | 11 | 很低 |
| P7 | 非洲 | 0.309 6 | 0.066 6 | 0.177 0 | 5 | 很低 |
| P8 | 非洲 | 0.273 6 | 0.158 1 | 0.366 3 | 43 | 低 |
| P9 | 非洲 | 0.311 1 | 0.072 2 | 0.188 4 | 10 | 很低 |
| P10 | 非洲 | 0.300 9 | 0.075 8 | 0.201 1 | 15 | 低 |
| P11 | 拉丁美洲 | 0.291 6 | 0.100 8 | 0.256 9 | 32 | 低 |
| P12 | 拉丁美洲 | 0.300 3 | 0.093 6 | 0.237 6 | 24 | 低 |
| P13 | 拉丁美洲 | 0.301 8 | 0.088 1 | 0.225 9 | 21 | 低 |
| P14 | 拉丁美洲 | 0.303 8 | 0.095 8 | 0.239 7 | 27 | 低 |
| P15 | 拉丁美洲 | 0.290 1 | 0.136 0 | 0.319 2 | 41 | 低 |
| P16 | 拉丁美洲 | 0.279 0 | 0.094 2 | 0.252 3 | 30 | 低 |
| P17 | 拉丁美洲 | 0.315 1 | 0.057 8 | 0.154 9 | 4 | 很低 |
| P18 | 拉丁美洲 | 0.226 8 | 0.160 4 | 0.414 4 | 46 | 一般 |
| P19 | 拉丁美洲 | 0.308 7 | 0.085 5 | 0.216 9 | 17 | 低 |
| P20 | 拉丁美洲 | 0.300 9 | 0.102 9 | 0.254 8 | 31 | 低 |
| P21 | 中东 | 0.210 0 | 0.152 8 | 0.421 2 | 47 | 一般 |
| P22 | 中东 | 0.279 4 | 0.132 9 | 0.322 3 | 42 | 低 |
| P23 | 中东 | 0.294 1 | 0.113 7 | 0.278 7 | 39 | 低 |
| P24 | 中东 | 0.289 6 | 0.102 3 | 0.261 1 | 33 | 低 |
| P25 | 中东 | 0.299 9 | 0.071 4 | 0.192 3 | 13 | 很低 |
| P26 | 中东 | 0.260 9 | 0.158 0 | 0.377 2 | 44 | 低 |
| P27 | 中东 | 0.293 9 | 0.104 0 | 0.261 5 | 34 | 低 |
| P28 | 中东 | 0.292 2 | 0.106 3 | 0.266 8 | 35 | 低 |
| P29 | 中东 | 0.296 9 | 0.087 2 | 0.227 0 | 22 | 低 |
| P30 | 中东 | 0.287 5 | 0.108 2 | 0.273 4 | 37 | 低 |
| P31 | 东南亚 | 0.298 7 | 0.077 4 | 0.205 7 | 16 | 低 |
| P32 | 东南亚 | 0.283 9 | 0.114 1 | 0.286 7 | 40 | 低 |
| P33 | 东南亚 | 0.302 1 | 0.083 9 | 0.217 3 | 19 | 低 |
| P34 | 东南亚 | 0.307 4 | 0.067 4 | 0.179 9 | 6 | 很低 |
| P35 | 东南亚 | 0.307 5 | 0.067 9 | 0.180 8 | 7 | 很低 |
| P36 | 东南亚 | 0.309 2 | 0.098 2 | 0.241 0 | 28 | 低 |
| P37 | 东南亚 | 0.293 3 | 0.112 1 | 0.276 5 | 38 | 低 |

续表 6.9

| 项目编号 | 地区 | $d_i^+(\widetilde{X}_i, X^+)$ | $d_i^-(\widetilde{X}_i, X^-)$ | $\tau_i^j$ | 排名 | 脆弱性等级 |
| --- | --- | --- | --- | --- | --- | --- |
| P38 | 东南亚 | 0.305 6 | 0.070 3 | 0.187 0 | 9 | 很低 |
| P39 | 东南亚 | 0.309 3 | 0.085 8 | 0.217 2 | 18 | 低 |
| P40 | 东南亚 | 0.174 8 | 0.259 3 | 0.597 2 | 50 | 一般 |
| P41 | 南亚 | 0.303 5 | 0.094 6 | 0.237 6 | 25 | 低 |
| P42 | 南亚 | 0.307 3 | 0.072 5 | 0.190 8 | 12 | 很低 |
| P43 | 南亚 | 0.313 2 | 0.053 5 | 0.145 8 | 3 | 很低 |
| P44 | 南亚 | 0.303 4 | 0.069 4 | 0.186 2 | 8 | 很低 |
| P45 | 南亚 | 0.303 2 | 0.085 5 | 0.219 9 | 20 | 低 |
| P46 | 欧洲 | 0.302 3 | 0.110 6 | 0.267 8 | 36 | 低 |
| P47 | 欧洲 | 0.294 7 | 0.094 3 | 0.242 5 | 29 | 低 |
| P48 | 欧洲 | 0.212 7 | 0.137 8 | 0.393 1 | 45 | 低 |
| P49 | 欧洲 | 0.195 8 | 0.252 8 | 0.563 5 | 48 | 一般 |
| P50 | 欧洲 | 0.188 9 | 0.255 6 | 0.575 0 | 49 | 一般 |

为了更直观地反映各项目系统的脆弱性,图 6.7 给出了不同区域中的各项目系统脆弱性等级分布情况,其中:0.8~1.0 非常高;0.6~0.8 较高;0.4~0.6 一般;0.2~0.4 低;0~0.2 很低。

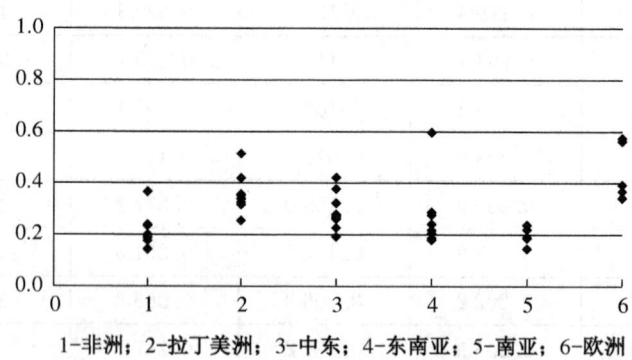

1—非洲;2—拉丁美洲;3—中东;4—东南亚;5—南亚;6—欧洲

图 6.7　不同区域各项目脆弱性分布图

由表 6.9 可以看出,用于实证分析的 50 个案例的项目系统脆弱性水平总体处于低级别,平均贴近度为 0.262 9。同时还可以看出,除了个别项目,同一区域案例中的项目系统脆弱性水平比较接近,其中非洲、东南亚、南亚这三个区域的项目系统脆弱性都集中在低和很低这两个级别;中东的 10 个项目系统脆弱性在很低、低和一般这三个级别都有分布,并且都趋于聚集在脆弱性低这个级别;拉丁美洲和欧洲这两个区域的项目系统脆弱性较其他项目较高,都处于低和一般这两个级别。从整体来看,不同区域的项目系统脆弱性等级具有差异性,相同区域的项目系统脆弱性具有一致性;从单个项目来看,每个项目都有其特殊性,如在东南亚区域大部分项目系统脆弱性等级都处于低和很低这两个级别,但有一个项目系统脆弱性却异常的高,几乎达到高这个级别。这是因为每一个项目都是独一无二的,各个影响项目系统脆弱性的指标情况都不尽相同,所以各项目系统脆弱性的差别也是必然的。

### 6.5.3 项目系统脆弱性实证分析

在之前的研究中已经提出:几个项目在相同程度的风险事件干扰下,遭受损失越小的项目其项目系统的脆弱性就越低,反之损失越大的项目其项目系统脆弱性就越高。在实际项目中,外部风险事件干扰源众多,同一个干扰源的事件也会因为各种因素而对项目有不同程度的影响,且不同干扰源之间也有不同的相关性,具有复杂的形成机理。在本书中,为了方便实证分析的操作,对风险事件干扰程度基于以下假设:

(1) 同一个风险事件对不同项目的干扰程度是一样的;
(2) 不同风险事件对项目的干扰都是独立的、等效的。

通过案例分析,尽可能列出所有项目运行期间可能遇到的风险事件,项目进行过程中每遭受一个风险事件,该项目受到的干扰程度就加1。同时,项目损失的大小通过经济损失和时间延误这两个指标来衡量,经济损失这个指标通过风险事件导致的经济损失占合同额的比例来反映,将该比例分成五个级别来反映经济损失的大小;同理,时间延误这个指标通过项目延误占总工期的比例来反映。这两个指标得分之和即为该项目遭受损失的程度。

上一节中通过项目系统脆弱性测度模型计算得出各个项目系统的脆弱性等级,然后需要得到各项目系统在政治风险事件干扰下的损失程度来进行实证分析。通过对案例相关数据的处理,得到各项目系统政治风险事件干扰程度及损失程度如表6.10所示。

表6.10 各项目系统政治风险干扰程度和损失程度表

| 项目编号 | 脆弱性贴近度 $\tau$ | 脆弱性等级 | 风险事件干扰程度 | 时间延误 | 经济损失 | 损失程度 |
|---|---|---|---|---|---|---|
| P1 | 0.234 6 | 低 | 3 | 1 | 2 | 3 |
| P2 | 0.143 3 | 很低 | 3 | 0 | 1 | 1 |
| P3 | 0.144 9 | 很低 | 3 | 0 | 0 | 0 |
| P4 | 0.239 2 | 低 | 0 | 0 | 0 | 0 |
| P5 | 0.197 4 | 很低 | 2 | 0 | 1 | 1 |
| P6 | 0.189 5 | 很低 | 1 | 0 | 1 | 1 |
| P7 | 0.177 0 | 很低 | 5 | 0 | 2 | 2 |
| P8 | 0.366 3 | 低 | 4 | 2 | 5 | 7 |
| P9 | 0.188 4 | 很低 | 1 | 0 | 0 | 0 |
| P10 | 0.201 1 | 低 | 0 | 0 | 0 | 0 |
| P11 | 0.256 9 | 低 | 1 | 2 | 1 | 3 |
| P12 | 0.237 6 | 低 | 1 | 0 | 1 | 1 |
| P13 | 0.225 9 | 低 | 1 | 0 | 1 | 1 |
| P14 | 0.239 7 | 低 | 1 | 0 | 1 | 1 |

续表 6.10

| 项目编号 | 脆弱性贴近度 τ | 脆弱性等级 | 风险事件干扰程度 | 时间延误 | 经济损失 | 损失程度 |
|---|---|---|---|---|---|---|
| P15 | 0.319 2 | 低 | 1 | 0 | 3 | 3 |
| P16 | 0.252 3 | 低 | 2 | 0 | 1 | 1 |
| P17 | 0.154 9 | 很低 | 3 | 0 | 2 | 2 |
| P18 | 0.414 4 | 一般 | 3 | 0 | 4 | 4 |
| P19 | 0.216 9 | 低 | 5 | 0 | 1 | 1 |
| P20 | 0.254 8 | 低 | 0 | 0 | 0 | 0 |
| P21 | 0.421 2 | 一般 | 2 | 1 | 3 | 4 |
| P22 | 0.322 3 | 低 | 1 | 0 | 2 | 2 |
| P23 | 0.278 7 | 低 | 1 | 0 | 0 | 0 |
| P24 | 0.261 1 | 低 | 2 | 0 | 1 | 1 |
| P25 | 0.192 3 | 很低 | 3 | 2 | 2 | 4 |
| P26 | 0.377 2 | 低 | 2 | 3 | 0 | 3 |
| P27 | 0.261 5 | 低 | 2 | 4 | 2 | 6 |
| P28 | 0.266 8 | 低 | 2 | 1 | 1 | 2 |
| P29 | 0.227 0 | 低 | 1 | 0 | 1 | 1 |
| P30 | 0.273 4 | 低 | 5 | 1 | 2 | 3 |
| P31 | 0.205 7 | 低 | 8 | 0 | 5 | 5 |
| P32 | 0.286 7 | 低 | 1 | 0 | 2 | 2 |
| P33 | 0.217 3 | 低 | 1 | 0 | 0 | 0 |
| P34 | 0.179 9 | 很低 | 3 | 0 | 2 | 2 |
| P35 | 0.180 8 | 很低 | 0 | 0 | 0 | 0 |
| P36 | 0.241 0 | 低 | 0 | 0 | 0 | 0 |
| P37 | 0.276 5 | 低 | 1 | 1 | 1 | 2 |
| P38 | 0.187 0 | 很低 | 3 | 0 | 2 | 2 |
| P39 | 0.217 2 | 低 | 4 | 1 | 2 | 3 |
| P40 | 0.597 2 | 一般 | 3 | 0 | 5 | 5 |
| P41 | 0.237 6 | 低 | 6 | 0 | 0 | 0 |
| P42 | 0.190 8 | 很低 | 2 | 0 | 1 | 1 |
| P43 | 0.145 8 | 很低 | 1 | 0 | 0 | 0 |
| P44 | 0.186 2 | 很低 | 2 | 0 | 0 | 0 |
| P45 | 0.219 9 | 低 | 2 | 0 | 0 | 0 |

续表 6.10

| 项目编号 | 脆弱性贴近度 τ | 脆弱性等级 | 风险事件干扰程度 | 时间延误 | 经济损失 | 损失程度 |
|---|---|---|---|---|---|---|
| P46 | 0.2678 | 低 | 2 | 0 | 2 | 2 |
| P47 | 0.2425 | 低 | 2 | 0 | 1 | 1 |
| P48 | 0.3931 | 低 | 3 | 1 | 3 | 4 |
| P49 | 0.5635 | 一般 | 2 | 1 | 2 | 3 |
| P50 | 0.5750 | 一般 | 1 | 0 | 0 | 0 |

注：其中"0"表示没有发生。

从表 6.10 中项目 P3、P4、P50 等可以看出，不管项目系统脆弱性处于哪个级别，无论是否有风险事件干扰，项目都有可能没有损失，这说明了脆弱性是项目系统的固有特性，与项目是否有风险事件干扰和遭受损失无关。

为了验证项目系统脆弱性的等级与损失程度是否具有相关性，分别对政治风险事件干扰度为 1、2、3 的项目系统分组进行实证分析，干扰度为其他值的项目系统数量较少，不适合做实证分析。政治风险事件干扰程度为 1 的项目系统，其对应的脆弱性贴近度 τ 与损失程度如表 6.11 所示。

表 6.11 政治风险事件干扰度为 1 时项目系统的脆弱性贴近度和损失程度

| 项目编号 | 脆弱性贴近度 τ | 脆弱性等级 | 损失程度 |
|---|---|---|---|
| P43 | 0.1458 | 很低 | 0 |
| P9 | 0.1884 | 很低 | 0 |
| P6 | 0.1895 | 很低 | 1 |
| P33 | 0.2173 | 低 | 0 |
| P13 | 0.2259 | 低 | 1 |
| P29 | 0.2270 | 低 | 0 |
| P12 | 0.2376 | 低 | 1 |
| P14 | 0.2397 | 低 | 1 |
| P11 | 0.2569 | 低 | 3 |
| P37 | 0.2765 | 低 | 2 |
| P23 | 0.2787 | 低 | 0 |
| P32 | 0.2867 | 低 | 2 |
| P15 | 0.3192 | 低 | 3 |
| P22 | 0.3223 | 低 | 2 |
| P50 | 0.5750 | 一般 | 0 |

根据表 6.11 中的数据画出脆弱性贴近度 τ 和损失程度的折线图，如图 6.8 所示。

从图 6.8 中可以看出，除了第 11 个和第 15 个项目系统外，其他各项目系统的脆弱性贴

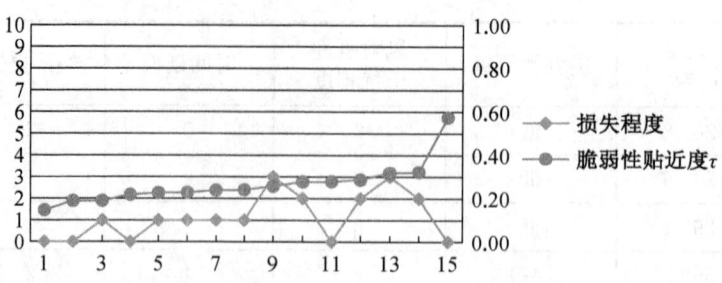

图 6.8　脆弱性贴近度 τ 和损失程度的折线图

近度和损失程度的趋势具有一定的一致性。在实际情况下,确实可能存在一个脆弱性程度比较高的项目在风险事件的干扰下并没有产生一个风险后果,是因为这个项目系统遭受的干扰与其自身的脆弱性没有契合效果,也就没有产生风险后果,造成损失,这种特殊情况可忽略不计。为了探究脆弱性贴近度和损失程度是否具有相关性,在去掉第 11 个和第 15 个数据后,用 SPSS 软件进行相关性分析,结果如表 6.12 所示。

表 6.12　相关性分析结果

|  |  | 贴近度 τ | 损失程度 |
|---|---|---|---|
| 贴近度 τ | Pearson 相关性 | 1 | 0.819** |
|  | 显著性(双侧) |  | 0.001 |
|  | N | 13 | 13 |
| 损失程度 | Pearson 相关性 | 0.819** | 1 |
|  | 显著性(双侧) | 0.001 |  |
|  | N | 13 | 13 |

注：** 表示在 0.01 水平(双侧)上显著相关。

计算得出的显著性系数为 0.001,在 0.01 的水平上显著相关,说明脆弱性贴近度 τ 和损失程度具有显著的相关性。

同理,进行政治风险事件干扰度为 2 和 3 时项目系统的脆弱性贴近度和损失程度相关性检验。政治风险事件干扰程度为 2 的项目系统,其对应的脆弱性贴近度 τ 与损失程度如表 6.13 所示。

表 6.13　政治风险事件干扰度为 2 时项目系统的脆弱性贴近度和损失程度

| 项目编号 | 脆弱性贴近度 τ | 脆弱性等级 | 损失程度 |
|---|---|---|---|
| P44 | 0.186 2 | 很低 | 0 |
| P42 | 0.190 8 | 很低 | 1 |
| P5 | 0.197 4 | 很低 | 1 |
| P45 | 0.219 9 | 低 | 0 |
| P47 | 0.242 5 | 低 | 1 |

续表 6.13

| 项目编号 | 脆弱性贴近度 $\tau$ | 脆弱性等级 | 损失程度 |
|---|---|---|---|
| P16 | 0.252 3 | 低 | 1 |
| P24 | 0.261 1 | 低 | 1 |
| P27 | 0.261 5 | 低 | 6 |
| P28 | 0.266 8 | 低 | 2 |
| P46 | 0.267 8 | 低 | 2 |
| P26 | 0.377 2 | 低 | 3 |
| P21 | 0.421 2 | 一般 | 4 |
| P49 | 0.563 5 | 一般 | 3 |

根据表 6.13 中的数据画出脆弱性贴近度 $\tau$ 和损失程度的折线图，如图 6.9 所示。

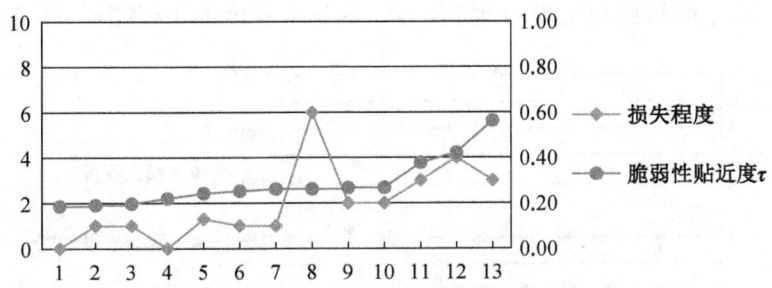

图 6.9 脆弱性贴近度 $\tau$ 和损失程度的折线图

从图 6.9 中可以看出，第 8 个项目系统属于特殊情况，去掉该数据后进行相关性分析，结果如表 6.14 所示。结果显示显著性系数为 0.001，在 0.01 的水平上显著相关，说明脆弱性贴近度 $\tau$ 和损失程度具有显著的相关性。

表 6.14 相关性分析结果

| | | 损失程度 | 贴近度 $\tau$ |
|---|---|---|---|
| 损失程度 | Pearson 相关性 | 1 | 0.823** |
| | 显著性（双侧） | | 0.001 |
| | N | 12 | 12 |
| 贴近度 $\tau$ | Pearson 相关性 | 0.823** | 1 |
| | 显著性（双侧） | 0.001 | |
| | N | 12 | 12 |

注：** 表示在 0.01 水平（双侧）上显著相关。

政治风险事件干扰程度为 3 的项目系统，其对应的脆弱性贴近度 $\tau$ 与损失程度如表 6.15 所示。

表 6.15 政治风险事件干扰度为 3 时项目系统的脆弱性贴近度和损失程度

| 项目编号 | 脆弱性贴近度 $\tau$ | 脆弱性等级 | 损失程度 |
|---|---|---|---|
| P2 | 0.143 3 | 很低 | 1 |
| P3 | 0.144 9 | 很低 | 0 |
| P17 | 0.154 9 | 很低 | 2 |
| P34 | 0.179 9 | 很低 | 2 |
| P38 | 0.187 0 | 很低 | 2 |
| P25 | 0.192 3 | 很低 | 4 |
| P1 | 0.234 6 | 低 | 3 |
| P48 | 0.393 1 | 低 | 4 |
| P18 | 0.414 4 | 一般 | 4 |
| P40 | 0.597 2 | 一般 | 5 |

根据表 6.15 中的数据画出脆弱性贴近度 $\tau$ 和损失程度的折线图,如图 6.10 所示。

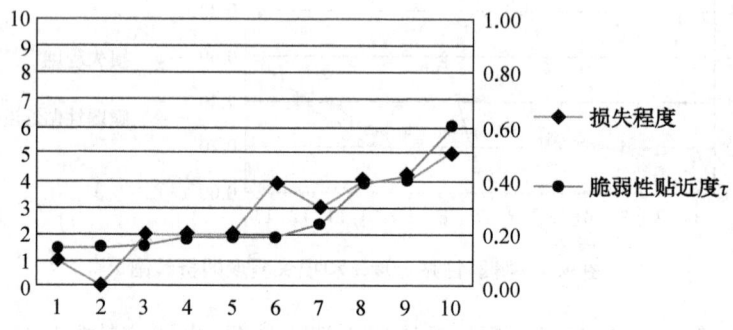

图 6.10 脆弱性贴近度 $\tau$ 和损失程度的折线图

进行相关性分析结果如表 6.16 所示,结果显示显著性系数为 0.005,在 0.01 的水平上显著相关,说明脆弱性贴近度 $\tau$ 和损失程度具有显著的相关性。

表 6.16 相关性分析结果

| | | 损失程度 | 贴近度 $\tau$ |
|---|---|---|---|
| 损失程度 | Pearson 相关性 | 1 | 0.809** |
| | 显著性(双侧) | | 0.005 |
| | $N$ | 10 | 10 |
| 贴近度 $\tau$ | Pearson 相关性 | 0.809** | 1 |
| | 显著性(双侧) | 0.005 | |
| | $N$ | 10 | 10 |

注:** 表示在 0.01 水平(双侧)上显著相关。

通过以上三组项目系统的实证分析,可以看出,除个别特殊情况外,其余项目系统在相同程度的政治风险事件干扰下,其遭受损失的程度与自身的脆弱性程度具有显著的相关性。验证了前文提到的:不同的项目系统在相同程度的风险事件干扰下,风险后果越严重即损失越大,对应的项目系统脆弱性就越高;反之,损失越小的项目系统,其脆弱性就越低。

  研究表明,50个案例的项目系统脆弱性水平总体为低级;从整体来看,不同区域的项目系统脆弱性等级具有差异性,非洲、东南亚、南亚这三个区域的项目系统脆弱性总体低于美洲和欧洲这两个区域的项目系统脆弱性,并且相同区域的项目系统脆弱性具有一致性。分别对三组政治风险事件干扰程度相同的项目系统脆弱性程度和损失程度进行相关性分析,结果表明,除个别项目系统外,其余项目系统脆弱性程度与损失程度具有显著相关性,说明构建的项目系统脆弱性测度模型具有一定的实际意义。

# 7 国际工程政治风险应对策略

## 7.1 政治风险事件分析

### 7.1.1 政治风险事件的识别

政治风险来源广泛,分类标准较多,通过对政治风险表现形式的文献整理,根据众多学者的研究成果,结合国际工程的行业特征,最终总结为两大类、17种政治风险事件类型。第一大类为政府相关的政治风险事件,包括项目所在国政府违约,合作方违约,征收和国有化,法律、法规、政策变化,行业限制,审批困难,贪污腐败,歧视对待;第二大类为社会相关的政治风险事件,包括政治暴力,民族冲突,种族、宗教关系紧张,恐怖主义,环境保护组织的抗议、阻挠,冲突和战争,工会抗议,公众反对,反华活动。

表 7.1 列出了常见的 17 种政治风险事件类别,从近 10 年来看,这些政治风险事件在国际工程项目中屡有发生。从政治风险事件的来源来看,上述 17 类政治风险事件产生的根源主要来自于东道国政府、合作方、东道国社会和外资企业内部矛盾,由于东道国政府经常也是国际工程承包商的合作方之一,而外资企业内部政治矛盾往往多由于雇佣当地员工导致,与当地社会密切相关。

表 7.1 政治风险事件类型

| | 编号 | 政治风险事件 | 案例来源及发生时间 |
|---|---|---|---|
| 政府<br>(含合作方) | 1 | 项目所在国政府违约 | 缅甸密松大坝(2009) |
| | 2 | 合作方违约 | 中石油渤海钻探项目(2015) |
| | 3 | 征收和国有化 | 帕尔斯天然气田项目(2013) |
| | 4 | 法律、法规、政策变化 | SEASTRAND 项目(2012) |
| | 5 | 行业限制 | 莫桑比克纳卡拉走廊铁路项目(2014) |
| | 6 | 审批困难 | 印度氧化铝项目(2007) |
| | 7 | 贪污腐败 | 加蓬公路项目(2012) |
| | 8 | 歧视对待 | 丘克机场项目(2011) |
| 社会<br>(含企业内部) | 9 | 政治暴力 | Mongla 疏浚工程(2014) |
| | 10 | 民族冲突 | 越南高岭桥(2014) |
| | 11 | 种族、宗教关系紧张 | 印尼公主港项目(2010) |

续表7.1

| | 编号 | 政治风险事件 | 案例来源及发生时间 |
|---|---|---|---|
| 社会<br>（含企业内部） | 12 | 恐怖主义 | 索马里州项目(2007) |
| | 13 | 环境保护组织的抗议、阻挠 | 土瓦火电站项目(2012)；密松大坝(2009) |
| | 14 | 冲突和战争 | 利比亚战乱(2011) |
| | 15 | 工会抗议 | 委内瑞拉社会住房项目(2011) |
| | 16 | 公众反对 | 斯拉夫石油(2002) |
| | 17 | 反华活动 | 印尼暴力反华(1998) |

针对这17类政治风险事件，学者做了很多的研究和探讨（如表7.2所示），其中为学者最为关注的政治风险事件有：法律、法规、政策变化，征收和国有化，以及贪污腐败。

表7.2 政治风险事件文献来源

| 文献 \ 事件 | 1 | 2 | 3 | 4 | 5 | 6 | 7 | 8 | 9 | 10 | 11 | 12 | 13 | 14 | 15 | 16 | 17 |
|---|---|---|---|---|---|---|---|---|---|---|---|---|---|---|---|---|---|
| Ashley et al. 1987 | | | √ | √ | | | | | √ | √ | | | √ | | | | |
| Howell et al. 1994 | | √ | √ | | √ | | √ | √ | √ | √ | √ | | | | | | |
| Radujkovic 1997 | | | | √ | | | | | √ | √ | | | | | | | |
| Li et al. 1999 | | | | √ | √ | | | | | | | | √ | | | | |
| Wang et al. 1999 | | | √ | √ | | | √ | √ | | | | | | | | | |
| Hastak et al. 2000 | | √ | √ | | √ | | | | √ | | √ | | | | | | |
| Li et al. 2005 | | | | | | | | | | | | | | | √ | | |
| Khattab et al. 2007 | | √ | √ | | | | | | | | | | √ | | | | |
| Han et al. 2007 | | | | √ | | | √ | √ | | | | | | | | | |
| Sachs et al. 2008 | | √ | √ | √ | | | | √ | | √ | | | | | | | |
| El-Sayegh 2008 | | | | | | | | | | | | | | | | | |
| Ling et al. 2010 | | | | | | √ | √ | √ | | | | | | | | | |
| Moreira 2013 | √ | | √ | √ | | | √ | | | | √ | | | √ | | | |
| Hilton 2013 | | | | | | | | √ | | | | | √ | | | | √ |
| 合计 | 1 | 4 | 8 | 9 | 6 | 4 | 8 | 6 | 7 | 3 | 5 | 3 | 4 | 1 | 1 | 1 | 1 |

## 7.1.2 政治风险事件的特性

1) 来源为政府（含合作方）的政治风险事件

（1）项目所在国政府违约

Al Khattab et al.（2007）认为东道国政府是政治风险的主要来源。东道国政府可以通过制定发展政策和契约关系直接影响公共建设部门（Henroid et al.，1984），也可以由于创建了问题环境间接影响到国际工程业务的进行（Iankova & Katz，2003）。项目所在国政府违约是指东道国政府单方面拒绝履行或者非法违反其与国际工程承包商签订的协议,而导致国际工程承包商遭受经济损失的可能性。项目所在国政府违约一般发生在政府政权交错更迭、政党轮流执政、执政党与在野党之间存在分歧、国内非政府组织过于强大,以及容易受到第三国影响的国家。

2002年3月,缅甸政府为了改变缅甸企业在竞争中处于劣势的情况、保护缅甸企业的权益,中止了缅甸境内所有的国外独资企业的进出口业务,并于同年8月吊销上述外资企业的营业执照。2009年12月开工建设的中资巨型水电工程"密松大坝"在舆论压力下被缅甸总统吴登盛宣布强行停工,截至目前,密松大坝项目仍然未重新开工,这给中国电力投资集团造成了多达36亿美元的损失。项目停工的舆论压力主要来自于非政府组织、反对派和西方国家。克钦独立组织、反对派领导人昂山素季公开声称密松大坝建成后会破坏当地的生态环境,加之缅甸内部民族矛盾的激化和西方国家对中国发展的遏制。

(2) 合作方违约

中国国际承包商在海外承接工程项目往往需要与甲方、代理商、设计单位、材料供应商、分包商等合作。合作方违约是指公司在项目融资、建设和运营的过程中,出现合作方欺诈、违背合同等行为,而对项目和企业造成不利的影响。

2015年上半年,中国石油、中国石化、中国海油的海外钻探项目都遭遇了不同程度的违约。由于油价持续下行、低位徘徊,资源国大量压缩油气勘探投资,中国石油、中国石化、中国海油的多个已签订的海外钻探项目被要求降价,并且出现违约现象。比如2015年5月,中国石油渤海钻探公司在伊拉克就遭遇了"短期困难",由于合作方违约,大约一半的钻机停运,项目人员大多处于等停的状态,工作量下降,公司的海外收益受到了很大影响。

(3) 征收和国有化

Ashley 和 Bonner (1987) 指出政治风险事件中比较极端的两个事件就是征收和国有化。征收是政府对外资企业中的特定企业或者业务活动采取的歧视性行为,被征用的财产一般会改变原来的用途。征收是一个公认的权力政府的合法权利,它包括给受影响的外资企业的"及时、充足且有效的补偿"(Robock, 1971),然而实际中这个补偿往往既不充分也不及时且远不能弥补投资者所遭受的财产损失。相对征收而言,国有化的规模更大,它往往针对特定的行业,它会将一个行业的所有业务和财产收回国家所有,不会针对任何单个的企业(Ashley & Bonner, 1987),国有化后的财产一般保持原有用途。

征收和国有化是一个国家的失衡发展和综合力量相互作用的结果。Howard(1981)提出了失衡发展和国家实力模型。由于发展程度的差异性和非持续性,一个国家可能在政治发展、社会成就、资源丰富度和国内秩序这些方面出现失衡发展,而一个国家的实力主要体现在经济、科技和军事等方面。当失衡发展与国家实力相互作用时就会表现出:平衡强大、失衡强大、平衡弱小和失衡弱小这四种情况。如若东道国是失衡强大的国家,则其征收和国有化的概率最高;失衡弱小的国家概率其次;而平衡强大和平衡弱小的国家发生征收和国有化的概率最低。

征收和国有化也是一个国家的挫折水平和大量外国投资相互作用的结果。Harold(1979)基于拉丁美洲国家的样本统计资料提出了国家征收倾向模型。一个国家的福利水平、期望水平和抱负水平形成了该国的挫折水平。当国家的福利水平或经济预期低于其抱负水平时,该国就会具有较高的挫折水平,而此时如若有大量外国企业在该国投资,东道国政府就很有可能对这些外国企业进行征收或国有化。

（4）法律、法规、政策变化

法律、法规、政策变化包括政府解决通货膨胀的方法、货币兑换、税率和征税方式、电费等费用的收取办法(Wang et al.，1999)的变化。法律、法规、政策变化不仅会影响公共部门，也会影响私营部门。Bing et al. (1999)研究表明东南亚国家的政府通过设置开发和合同关系的规则能直接影响公共建设部门。Henroid (1984)则指出政府会通过在执照、许可证、卫生、建筑规范、最低工资率、公司税、材料和零部件的进口规则、建设融资的条款和可用性方面制定新的政策，给私营部门造成影响，国际工程承包商在东道国属于私营部门的范畴，必然会受到政策变化的影响。

法律、法规、政策变化的经典案例就是吉利公司在马来西亚所遭遇的"政策壁垒"。2005年5月，吉利与马来西亚IGC公司签订汽车生产销售合作协议，按计划吉利公司将在马来西亚生产和销售吉利汽车。然而出于保护本土汽车制造商宝腾（Proton）原有的市场份额，同年11月，马来西亚政府突然宣布新进入的汽车品牌在当地生产组装汽车但不能在马来西亚当地销售，必须100％出口。经过中国商务部与马来西亚政府的交涉，2006年3月，马来西亚政府将政策调整为吉利公司可以在马来西亚生产组装汽车，但只能将20％的汽车在当地出售，剩余依然必须出口。这种政策壁垒严重限制了中国企业吉利公司在马来西亚的战略发展，使得吉利公司在海外的首个组装厂项目不得不暂时搁浅。

（5）行业限制

行业限制会采取限制进口、或出口、或金融贸易的形式(Khattab et al.，2007)。

在通信、新闻、电力、交通等关乎国计民生的公共事业，以及涉及国家安全，可能会危害到自然资源、生态环境方面的投资项目，绝大多数国家都有着严格的行政审批程序，甚至有部分国家完全禁止外资企业插手。在建筑材料、工程施工、勘察、能源、采矿等行业，很多国家对外资企业都有着不同程度的限制。比如：文莱鼓励外国投资者投资建筑材料，但规定外资企业进入方式为合资的，文莱本国资本不低于51％；泰国规定外资企业投资勘探、采矿业时，外资股权比例不得超过49％；印度尼西亚禁止投资者投资公路基础设施，投资海港、机场的外资股权比例不得超过49％；菲律宾规定建筑行业的外资比例不得超过25％。

（6）审批困难

审批困难意味着中央或者地方政府不及时批准项目相关的文件，甚至撤销已经批复的文件(Wang et al.，1999)。国际工程项目的立项批复一般要经过一套复杂的政府机构、政府部门的审核程序，从市级到省级再到中央政府，这是一个非常耗时的过程，如若审批困难就可能会影响项目的工期和财务可行性。

2007年8月，由于印度政府相关部门的批准环节出现了问题，由我国宁夏青铜峡铝业集团与印度阿沙布拉矿业化学公司（Ashapura Minechem）（各占50％股份）在印度西部地区合作的氧化铝项目被搁浅。一方面，由于日益加大的中印贸易逆差引起了印度的高度警惕，印度全面收紧了对矿业的外来投资；另一方面，印度的汽车、航空等产业发展势头迅猛，对铝材的需求也迅速增加，因而，印度政府相关部门在氧化铝的审批环节上拒绝批准项目建设，使得项目被搁浅。项目合同额约6亿美元，由于项目被搁浅，给中国企业以及宁夏的发展造成了巨大的损失。

(7) 贪污腐败

Wang et al.(1999)认为贪污腐败的本质现象是使用政治、法律或者监管的手段私下获得额外的钱物,并且这些钱物永远都不会归还项目开发商。这意味着政府官员或者政府代表索取或直接接受非法的报酬、礼金,并在对项目开发商授权或者签订协议中施加非法的影响力。贪污腐败可能会导致要么花费太多的钱财在腐败官员身上,要么把钱财花费在了错误的地方或错误的时间——这些又都可能使得某个政府机构反过来反对项目开发商或者其项目(Macdonald,1997)。

贪污腐败是反映东道国政治体制腐败程度的指标。贪污腐败行为会降低从事工程建设活动的效率,甚至造成中国承包商投资的延滞或者撤离,其内容包括:为了获取特别款项的金融腐败,与进出口、征税定额、外汇管制、警察保护或者贷款相关的腐败,以及超额赞助、职位预留、裙带关系、互恩互惠、官商之间的勾结行为和政党秘密资金来源等。贪污腐败到处都有,只不过各个国家、各个地区的腐败程度不一样,根据国际透明组织(Transparency International)的世界主要国家腐败程度指数(Corruption Perceptions Index),非洲、亚洲、南美洲的腐败程度基本高于大洋洲、北美洲和欧洲。一旦外国投资商的意识甚至能力不能适应东道国的腐败状况时,腐败就会扭曲企业经济的发展(Howell & Chaddick,1994)。

(8) 歧视对待

由于对企业或者项目有偏见的认识和态度,东道国往往会将这个企业与其他企业进行有区别的对待,而使得此企业在东道国的地位、权力和利益受到不良的影响。歧视的表现方式主要为:鼓励国民支持国货,排挤企业的产品,东道国相关机构组织对企业办理建设程序时的故意回避和拖延,专门制定针对此类企业的歧视性法律,对企业征收额外的税费等。与排外行为相区别,这里的歧视对待是对这个企业所在行业或者对这个企业或项目的有区别的不良对待。

2) 来源为社会(含企业内部)的政治风险事件

(1) 政治暴力

政治暴力是指政治行为体出于特定的政治目的,针对统治关系实施有组织的行为力量,对自我、他人、群体或者社会进行威胁和伤害,因而产生重大政治后果的活动。引起政治暴力的原因很多,包括恐怖主义、民族主义、文化冲突、劳工权益等。本书中的政治风险事件包含了恐怖主义、民族冲突、工会抗议、公众反对等,而这里的政治暴力事件是指由这些原因综合作用或者难以辨明具体由哪种原因导致的政治暴力事件。

(2) 民族冲突

民族主义的浪潮与全球化发展趋势相伴相随,各种复杂的民族问题在国际关系变动的大背景下,日益普遍化、国际化。

民族冲突具有民族化的特征,比如苏东民族运动和德国的重新统一,多民族国家内的民族区域自治、分离运动凸显了民族主义的复杂性。民族冲突常常与资源控制、领土争端、民族跨界居住、派别斗争和宗教分歧交织在一起,这就导致了民族冲突问题的多质化趋势,充满多样和庞杂、进步和消极。民族冲突在全球的分布并非均衡化,在发达国家比较罕见,而在发展中国家,由于历史遗留积怨、全球化挑战等民族冲突持续不断。民族冲突也日渐呈现跨国化的特征,由于民族的政治地图和文化地图一直很难完全一致,因而关于民族问题的多国纠纷也是冲撞跌宕,比如"图西家园"的构想、库尔德人的运动等就带来了跨国民族之间的矛盾,引发了地区和世界局势的紧张。

(3) 种族、宗教关系紧张

从宏观层面来看,种族、宗教影响着社会结构、语言、经济制度及其他社会经济文化成分;从微观层面来看,种族、宗教影响甚至决定着个人或者团体在社会中的行为表现。种族、宗教对人类的影响作用已经降低,但是宗教组织、宗教机构在社会活动中仍扮演着重要的角色。

种族和宗教一般不直接对跨国企业施加影响,而是通过影响政府决策者或者政治、文化、社会的渗透间接地引发政治风险的发生。一方面,Howell & Chaddick (1994)认为种族、宗教关系紧张会改变政府决策者的主意,引发政府对投资商的限制(比如雇佣这个群体而不是那个群体),限制劳动力资源,或者导致公开的冲突。另一方面,宗教动机可能会引发文化或者社会的变化,而这就会给国际项目带来巨大的风险(Khattab et al., 2007)。比如在一个穆斯林强大的地区,穆斯林激进分子会极大地影响形势,尤其是当外来投资者不是穆斯林时,外来投资商就会面临很高的政治风险。

(4) 恐怖主义

Czinkota et al. (2005)认为恐怖主义的核心意思是通过恐怖行动进一步发展政治目的。本书将恐怖主义更详细地定义为极端分子对非武装人员有组织地使用暴力手段(绑架、暗杀、爆炸、空中劫持、扣押人质等)相威胁,将一定的对象置于恐怖之中,从而实现其政治目的的行为。例如,2009年11月1日,中国紫金矿业在秘鲁的Rio Blance铜矿项目遭遇不明武装分子袭击,一伙大约有15~20名持枪者组成的武装分子强行闯入矿区并向安保人员开枪射击。负责该项目安保工作的两名保安人员和另一名营地主管在遇袭中身亡。武装分子还在矿区纵火,给该铜矿区造成了大量财产损失。

当代恐怖主义越来越呈现"区域化"和"全球化"的特征;恐怖主义的袭击目标进一步"软化",越来越倾向于攻击经济性和文化性的目标,威胁和滥杀无辜的公民;得益于科学技术的高速发展,如今的恐怖组织在保留传统结构的基础上,同时呈现网络化和分散化的特征;恐怖主义的袭击行为往往经过周密策划,时间、地点、手段和方式的选择都旨在制造最大程度的震慑和心理恐惧,追求效应的最大化,力图最大限度地影响社会进程。恐怖主义会威胁企业的业务,主要表现在:降低购买者需求、中断价值链和供应链、恶化国际关系进而影响贸易(Czinkota et al., 2005)。

(5) 环境保护组织的抗议、阻挠

当地的环保组织抗议或阻挠一般是由于国际承包商在项目建设的过程中破坏环境,或者施工行为引发了当地民众对环境的担忧,进而引起当地环保组织抗议或阻挠项目进行的现象。

2012年1月,泰国的意大利泰公司在缅甸土瓦特别工业区的土瓦(Dawei)火电站项目被强行叫停,原因就是由于当地的民众和环保组织认为该项目会引发当地的环保问题,环保组织抗议并阻挠项目继续施工。缅甸电力部长听取了环保组织的意见,叫停了该火电站项目的建设,并改用其他燃料类型。对于泰国公司而言,400万千瓦发电项目付之东流,遭受了巨大的人力、物力和财力损失。2009年12月,缅甸的中资巨型项目密松大坝的建设被缅甸政府强行宣布停止建设,也是由于当地民众坚持认为密松大坝的建设会破坏环境,反对者在工地附近投掷炸弹,项目建设无法进行。截至目前,历经磨难的密松大坝项目仍然处于搁置中。

（6）冲突和战争

战争是一种传统的政治风险,相比政治暴力、恐怖主义而言,涉及的规模和范围更大。除了显而易见的物理设施的破坏,冲突和战争会以多种方式扰乱经济并造成损失,比如,材料和物资的供应会被延迟甚至转向供战争使用(Howell & Chaddick,1994)。Khattab(2007)还提到,冲突和战争事件会使得一个企业面临收入损失、运营中断、股权投资损失或者实物资产的损坏。

2011年2月利比亚发生的战争内乱,给中资企业造成了极大的损失。一方面由于卡扎菲政权利用部族之争以维持统治,改组政府提拔自己的部族,加之剥夺利比亚东部石油收入实行经济遏制;另一方面由于法国及一些西方国家意图扩大在非洲的影响力,利比亚爆发了一场由反政府的抗议活动演变为军队与示威者武装冲突事件。根据我国商务部的统计,当年在利比亚投资的中国企业共计75家、大型项目共计50个,涉及合同金额约188亿美元,多达3.3万中国公民分布在利比亚的东部、西部、南部和首都地区,战争事件导致中资项目全部停滞,27家企业在战乱中遭受袭击抢劫,排除预付款损失、固定资产损失等,预计损失高达15亿美元(程燕,2011)。

（7）工会抗议

工会在许多国家是非常强大的政治力量,能够通过给政府施压迫使外资企业做出特别的让步,比如外资企业的利润必须与当地工人分享;外资企业不能临时解雇当地工人;外资企业必须为当地人民提供更多服务等。

比如法国工会运动历史悠久且实力强大,目前在法国写入《劳动法典》的工会就有5个,即法国总工会、法国工人力量总会、法国工人民主联合会、法国干部总会和基督教工会联盟,法律赋予了这些工会与政府对话和谈判的权利。在法国,工会将任何规模的工人解雇,尤其是外资企业的解雇行为,视为国家危机,进而进行一系列的抵制和对抗活动。因此,中国企业在诸如法国这些工会强大的国家就必须要谨慎行事,防范工会的不满,避免工会的抗议。

（8）公众反对

公众反对往往是东道国当地针对项目的一种排斥或抵制现象。公众反对项目一般是由于各种原因导致公众利益得不到保障、受损,或者公众主观上认为自己利益受损,从而引起公众反对项目的风险。

2002年12月,作为中国最大和资格最老的石油公司中石油参与俄罗斯斯拉夫石油公司的拍卖竞标,然而就在拍卖会举行的前两天,俄罗斯国家杜马通过了一项决议,不允许任何外国政府控股的实体参与竞拍斯拉夫石油的股权。显而易见,这一决议对于中石油而言已经意味着此次收购行为的结束。究其原因,由于俄罗斯民众强烈反对中国石油企业控股俄罗斯石油企业,进而俄罗斯通过紧急立法的渠道禁止了国有股权超过25%的企业竞拍俄罗斯国有资产,中石油只能抱憾而归。

（9）反华活动

反华活动往往是有针对性地反对华人和中国企业。一旦爆发,其往往会对正在当地投资的中国企业和中国公民造成毁灭性的灾难。众所周知的是,东南亚地区存在着比较严重的反华排华情绪,尤其是印度尼西亚、菲律宾、马来西亚和越南。在这些国家,华人屡遭当地人迫害,每隔几年就会发生一次反华活动。

以印度尼西亚为例,华人总数约占其总人数的4%。自荷兰殖民主义以来,居住在印尼的华人就一直以经商为主,凭借着勤俭节约的美德,善于理财的能力,华人经营着从资产上亿的超级财团到街头巷尾的零售小铺,控制了巨大的财产。生活在印尼的华人在经济上非常富有,然而在政治上经常受到排挤和打压。只要印尼国内的矛盾激化到一定程度,矛盾的矛头就会转向华人,华人就成为了替罪羊备受迫害。1998年印尼发生了一起震惊世界的暴力反华事件,据不完全统计,仅印尼首都雅加达,暴力事件就造成了5 000多家华人店铺、住宅被烧毁,约170名华人妇女被强暴,多达1 200名华人被屠杀,经济损失更是难以估量。反华活动对中国企业在这些国家和地区的经营活动造成非常大的影响。

### 7.1.3 政治风险管理的原则

基于风险管理理论和权变理论的分析,结合国际工程项目政治风险管理的特点,总结得出了政治风险管理的权变机制,主要有以下四点:政治风险管理措施和策略服从战略的原则、政治风险管理原则性和灵活性相结合的原则、政治风险管理定性技术和定量技术相结合的原则、政治风险的全面统筹规划和具体政治风险管理相结合的原则。

1) 政治风险管理措施和策略服从战略的原则

在国际工程项目政治风险管理中,政治风险管理的措施和策略属于具体操作层面的范畴,而战略属于远景规划层面。有效实施政治风险管理的措施和策略,能够为政治风险管理提供良好的支持和保障。但与此同时,国家和企业的政治风险管理战略在很大程度上决定了国际工程项目政治风险管理的有效性。Levine(2013)指出不论战略目标能否实现,也不管战略目标无法实现是否会影响企业价值,战略都非常重要。战略目标是长期的,有效的政治风险管理战略远远不止是通过规避潜在的政治风险来保护国际工程项目的价值,而是充分利用不确定性和波动性,去实现收益的最大化,并提高母国和跨国企业的核心竞争力。因此,政治风险管理的措施和策略必须服从政治风险管理的战略。

2) 政治风险管理原则性与灵活性相结合的原则

国际工程项目政治风险管理需要遵循一定的原则,不能任意突破,但是在管理的思路和方法上也要保持一定的灵活性。"原则性"表明政治风险管理具有坚定的一面,是对管理的矛盾运动及其规律的理性认识的坚持,强调按章行事;"灵活性"则强调在政治风险管理的过程中不死搬、不拘泥,能随机应变,变通处理。由于国际工程项目政治风险的不确定性和复杂性,很难确定一个完美无缺的政治风险管理对策体系。在实际的国际工程项目中,每个项目都处于自己特定的环境中,每个国际工程承包商都有自己特定的目标、任务和资源。从风险管理理论中很难找到一个适合所有项目的政治风险管理模式。项目管理者、跨国企业以及本国政府都需要结合具体的情况,灵活调整和使用对策体系中的对策建议。

3) 政治风险管理定性技术和定量技术相结合的原则

政治风险的形成有一个过程。按照政治风险形成过程中各个因素的衡量指标是否可以量化,可以将政治风险分为可量化的政治风险和不可量化的政治风险。对于不可量化的政治风险,主要通过非量化的对策来进行管理;对于可量化的政治风险,主要通过直接以数据表示的政治风险管理技术进行管理。非量化的定性的手段和量化技术的运用不能相互隔离单独使用，需要相互结合，综合运用，才能有效地发挥作用。当然，一些政治风险管理对策本身的综合性比较强，同时含有定量分析和定性分析的成分，比如企业的资金结构。在实际的国际工程项目政治风险管理中，国际承包商需要尽可能运用当地资金、股权多国化、合理配置融资结构、利用资金杠杆等。这个过程既包含了定性的分析，也包含了大量的定量计算。

4）政治风险的全面统筹规划和具体政治风险管理相结合的原则

按照全面风险管理的思想，在对所有风险进行管理时，分析风险之间的交互影响关系，是区别于传统风险管理的地方。全面统筹管理国际工程项目政治风险，需要研究各项政治风险之间的交互影响、政治风险与项目投资之间的交互影响，以及国际工程项目各利益相关者之间的交互影响。德国安联保险集团 Allianz(2012)在其风险报告中披露，企业内部的风险资本模型在集团层面上要考虑风险相关性和风险集中度，以反映风险的实际情况。考虑政治风险集中度就是要求集中于某一区域、某一项业务、某一个具体项目阶段的政治风险不能高于公司既定的风险界限。事实上，所有的重大损失不会同时出现，一部分政治风险和另一部分政治风险对国际工程项目的影响能够在一定程度上互相重叠甚至可能抵消。比如由于东道国政策变更给项目在建设规范上提出了更高的标准，与此同时，正在发生的东道国公众对项目的反对声很有可能有所降低。坚持政治风险的全面统筹规划和具体政治风险管理相结合的原则需要管理主体具有相当高的协调力。

## 7.2 政治风险可行策略的识别及分析

一旦项目开始施工，就几乎没有方法来管理难以控制的政治风险（Akinci & Fischer，1998），因此，在项目的策划决策阶段，政治风险就需要得到充分重视。政治风险是固有的，而且通常超出了正常的业务范围，因此，它需要用系统化和结构化的方式来应对。

政治风险管理的基本思想就是切断政治风险的来源或者阻挡其形成和发展的过程。但由于政治风险来源的多样性，应从国家、项目和企业的角度综合考虑影响政治风险的变量。相应的风险策略也应该考虑到不同层次：项目层次、企业层次和国家层次。只有承包商及其母公司，以及母国政府的通力合作共同应对面临的东道国的政治风险才是最有效的手段。比如，在一些超出承包商可控范围内的极端政治事件中，承包商可以寻求母国政府的干涉（如双边和多边贸易谈判）（Lai，2002）。按照这一思路，本书从政治风险发生前后的不同阶段、政治风险不同的管理主体出发，按照风险管理流程提炼出了政治风险各阶段的应对策略。

### 7.2.1 项目层面的可行对策

海外投资项目是政治风险的直接冲击对象。政治风险可能会给海外投资项目带来停建、成本超支、工期延误等后果，进而给项目参与各方带来非常大的损失。政治风险的管理和应对对于海外投资项目来说可谓是至关重要。项目层面的政治风险管理流程如图 7.1 所示。

识别出的项目层面的政治风险可行策略如表 7.3 所示。

# 7 国际工程政治风险应对策略

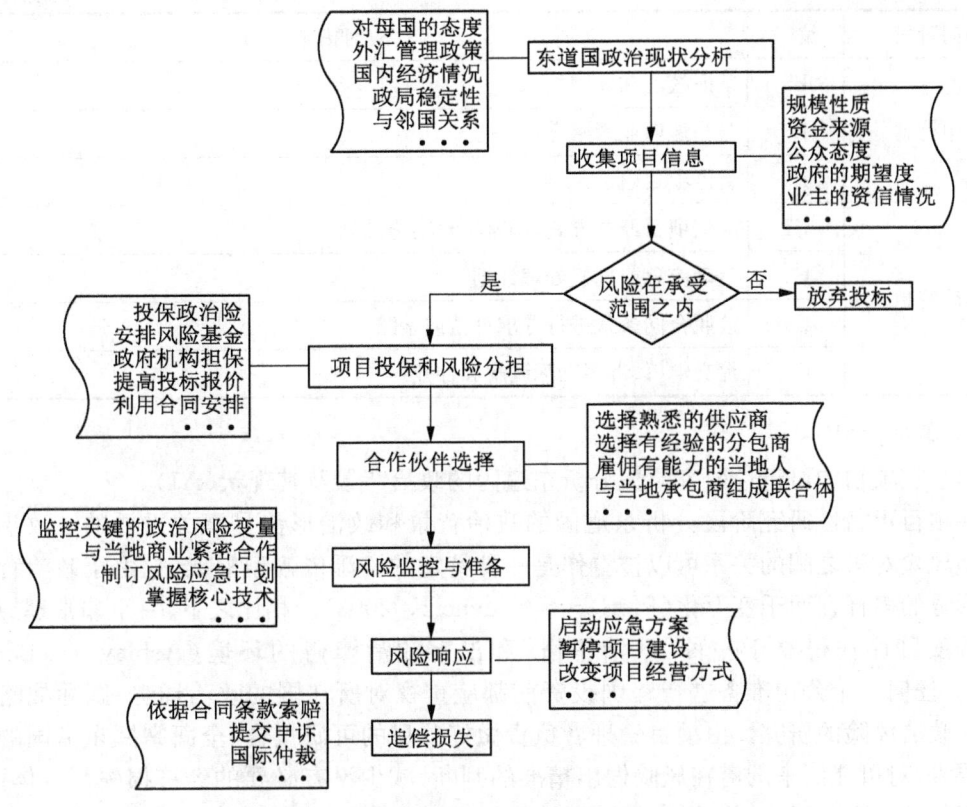

图 7.1　项目层面的政治风险管理流程图

表 7.3　项目层面的政治风险可行对策

| 控制阶段 | 编码 | 应对措施 |
| --- | --- | --- |
| 事前控制 | A1 | 在项目的可行性研究阶段分析东道国的政治背景及其现状 |
|  | A2 | 放弃或终止政治风险大的项目 |
|  | A3 | 与项目东道国政府签订协议以获得政府机构的担保 |
|  | A4 | 制订合理的风险应急计划及危机处理预案 |
|  | A5 | 为项目安排风险基金,利用金融工具 |
|  | A6 | 投保政治险 |
|  | A7 | 通过合理的合同安排 |
|  | A8 | 与当地的承包商组成联合体 |
|  | A9 | 增加报价,提高企业的风险承受能力 |
| 事中控制 | B1 | 监控社会政治因素的变动 |
|  | B2 | 利于保护生态环境 |
|  | B3 | 雇佣有能力的当地人(如代理人、保安人员、法律和财务顾问) |
|  | B4 | 使用有经验和熟悉的分包商和供应商 |

189

续表 7.3

| 控制阶段 | 编码 | 应对措施 |
|---|---|---|
| 事中控制 | B5 | 掌握核心和关键技术 |
| | B6 | 与当地商业紧密合作 |
| | B7 | 暂停项目建设 |
| 事后控制 | C1 | 改变项目经营方式,调整项目实施计划 |
| | C2 | 启动应急或危机处理计划 |
| | C3 | 按照合同条款进行寻求补偿或索赔 |
| | C4 | 提交申诉、诉诸国际调解和仲裁 |

1) 事前控制

(1) 在项目的可行性研究阶段分析东道国的政治背景及其现状(A1)

在项目可行性研究阶段分析东道国的政治背景和政治形势是至关重要的。政治风险和政治风险对策之间的关系可以被看作是一种特定的资源依赖型框架,它由于政治背景和政治形势的多样性而千变万化(Pfeffer & Salancik, 2003)。相比之下,一个非常理想的国际工程项目往往得益于一种"政治平滑"和没有政治障碍的环境(Ashley & Bonner, 1987)。任何一个公司准备进行跨国投资前都应重视对所在国的政治局势、国际战略环境等潜在政治风险的研究。由项目管理者负责做好项目的可研报告,全面掌握东道国的政治环境要素,对可能到来的潜在风险做出精准的判断,减少没有必要的经济损失。具体而言,需要了解的要素包括:整体的政治稳定性、项目东道国与本国政府的关系亲疏、东道国与世界大国的关系、东道国与周边邻国的关系、以往的政府类型、国内政治派别和各党派的政治实力及其政治理念、发生局部战争的概率、民族/宗教情况、政权和政策的稳定性、经济政策、政府对外资进入政策及其变动趋势等。项目管理者要对政治风险进行评估,可以通过设立专家组来实现,但由于政治风险评估是一项专业性要求高、复杂程度大的工作,因此可以借助专业机构来完成政治风险的评估。

(2) 放弃或终止政治风险大的项目(A2)

国际承包商的业务是基于项目型的(Chen, 2008),项目因素类别的一些政治风险变量,如东道国对于项目的迫切性、公众对于项目的态度、项目资金来源和合同条件必须考虑,行业因素类别的一些变量也必须考虑到,如行业的竞争强度、成熟度、行业收益率、行业与国民经济目标的一致性。这些变量在项目层面评价政治风险水平非常重要。在承接项目之前,国际工程承包商需要认真研读招标公告,通过自身的社会网络关系充分了解项目的基本信息,识别出该项目可能面临的政治风险事件。比如某些地区的政府财务资金短缺,大部分建设资金将来源于联合国开发署、世界银行等机构的供给,那么在项目建设过程中就可能会出现因投资资金不到位而引起的政府违约情形。通过前期的情报收集,国际工程承包商可以判断政府违约、公众抵制等政治风险发生的可能性。

国际承包商可以根据目标项目的潜在政治风险水平去选择合适的项目,或者放弃、终止一些高政治风险的项目。在衡量继续实施和放弃实施两种情况的得失后,一旦预测到这个项目的政治风险超出了能够承受的范围、得不偿失,项目管理者就必须立即放弃或终止这个项目。如果一个国家想要在公司的业务领域内发展一个本土产业,它就会通过关税和非关税壁垒的方式来保护这个行业,而且通常会给这个产业冠以"新生产业""国家级优先权"等美名(Alon & Herbert,2009),如此情形下,项目就很可能会受到排挤。因此,如果不利条件已经存在,项目管理者和企业就可以决定不进入这个市场或者退出这个市场(Mortanges & Allers,1996)。

(3) 与项目东道国政府签订协议以获得政府机构的担保(A3)

从风险分散和化解的角度看,政府机构的担保是项目顺利建设的生命线。主权风险的管理策略包括:①通过政府机构进行股权或债券融资;②通过合同条款绑定东道国政府,当其违约时要求其支付违约金(Lee & Schaufelberger,2013)。政府机构的违约金可以在一定程度上弥补国际工程承包商遭受的损失。

(4) 制订合理的风险应急计划及危机处理预案(A4)

制订合理的风险应急计划及危机处理预案在项目前期阶段是必不可少的步骤。Lee 和 Schaufelberger(2013)提出了建立一个争议解决程序来管理主权风险。这还远远不够,针对具体场所、环境、设备和设施,预测、分析和评价潜在政治风险的形式、发展过程、危害范围和程度,为降低风险损失,就风险发生后的应急救援部门、人员、设备、设施,以及行动步骤、控制风险发展的程序和方法等,都需要预先制订详细的计划和方案。

(5) 为项目安排风险基金,利用金融工具(A5)

为项目安排风险基金,使用金融工具,可以规避汇率风险和利率风险。除了购买保险以外,国际承包商可以购买和出售金融工具,这已经被广泛运用于管理远期合约、期货合约等外汇风险中(Mortanges & Allers,1996)。购买期权合约、远期和期货合约、或者货币互换等金融工具是一种应对汇率风险的可行策略(Lee & Schaufelberger,2013)。

(6) 投保政治险(A6)

迄今为止,国内外很多学者都建议投保政治风险保险。政治险的保险范围可以包括资产的征收、没收,毁约以及限制货币自由兑换等(Bradford,2005)。但是,一些主要的政治风险保险公司则透露所有权限制和征税不在他们的保险范围之内(Khattab et al.,2007)。现如今,提供政治风险保险的公司主要包括:一些民营企业,比如美国国际集团、花旗集团;一些公共机构,比如海外私人保险公司、外国信用保险机构;还有一些国际组织,比如世界银行、多边投资担保机构等(Anaam,1995)。

(7) 通过合理的合同安排(A7)

工程合同,内容涵盖工程款支付方式、合同价格调整、汇率、国际公认的标准合同内容等,是合同当事人履行权利和义务的法律依据。有利的合同条款是政治风险管理的一个关键要素。工程合同通过在合同内容中进行利益和风险的分配在业主和承包商之间建立起了一种法律联系(Deng & Low,2013)。

(8) 与当地的承包商组成联合体(A8)

与当地承包商组建合资企业(Joint Venture)有助于降低排外情绪,填补资源和技术缺口,提高企业的竞争力,共享和减少商业风险。比如,在新加坡外资企业与本土企业组建成合资企业将会获得一个保证金优惠的方案,印尼的法律要求外国投资者与本土企业必须合作组建成合资企业才能在印尼投资(Bing et al.,1999)。

(9) 增加报价,提高企业的风险承受能力(A9)

制订合理的风险定价策略,以更高的要约价格,对国际工程承包商而言,在一定程度上能够提高风险承受能力,减少损失。即使政治风险事件发生了,风险溢价可以为损失补偿提供政治保障。国际工程承包商提高价格的方法包括:适当上调建筑材料的价格、适当考虑"不可预见的系数"。当然提高投标价格是不能弥补所有的风险的,如果价格过高也会降低中标的概率(陈林,2001)。因此,各个不同的企业,在考虑风险报价时,要立足于各公司自身情况,合理确定报价,提高企业风险承受能力。

2) 事中控制

(1) 监控社会政治因素的变动(B1)

一旦发生政治风险,项目经理是组织项目成员采取救助措施的领导者。领导者需要指挥项目成员密切关注社会政治因素的变化。根据国家政治环境资料和宏微观政治模式的相关数据,计算政治风险指数,进而预测政治气候信息以及未来的政治风险概率。当地状况的信息的获取和理解是最重要的长期需要(Beamish,1993)。

(2) 利于保护生态环境(B2)

生态环境是当地居民赖以生存的基础,因此采取措施应对政治风险的过程中必须利于环境保护。在这一方面,东道国公民对公司的不满可能是由于各种各样的因素,比如胡乱倾倒垃圾、非法排污、破坏森林植被等,这会产生负面的公众舆论、消极的公众观念和不利的公众反应,进而可能引发不利的政治行动(Alon & Herbert,2009)。

(3) 雇佣有能力的当地人(如代理人、保安人员、法律和财务顾问)(B3)

假使广泛使用外籍人士而非本土人员,一则当地社会无法受益于本土人员进入项目中工作带来的技术转移,二则容易使得企业与东道国政府在目标上的矛盾更加突出,加剧负面影响的可能性(Alon & Herbert,2009)。当地人民往往比较熟悉当地的特殊情况,在政治风险事件发生的情况下雇佣有能力的当地人(比如代理人、保安人员、法律和财务顾问等),不仅有利于对时局做出更好的应对,而且有利于提高当地人民的好感。

(4) 使用有经验和熟悉的分包商和供应商(B4)

承包商在选择项目分包商时做出敏锐的判断是非常重要的(Kwok,1997)。使用工程分包,将一部分风险转移给分包商是工程项目管理中常采用的一种方式。有经验的、可靠的和资质高的分包商或者供应商可以在降低风险方面发挥至关重要的角色。在签订中标合同之后,由于政治局势和市场情况的变化,一些承包商可能会面临这样一种情况,即继续直接独立组织施工会导致较大的损失,然而这时候使用有经验的分包商或者供应商则可以借助他们的优势和关系来度过风险甚至获得一些利润。

(5) 掌握核心和关键技术(B5)

在制造业中,一般而言,只要一个外资企业对当地经济做出了本地生产商难以企及的贡献,那么这个外资企业面临的政治风险就会相对较低(Juhl,1985;Rice & Mahmoud,1990)。建筑业企业也是同样的道理。但是,如果随着时间的推移,东道国获得了必要的技能并且不再依赖外国公司,那么,征用或国有化的可能性就会变高,企业面临的政治风险也会逐渐增加(Ring,2005)。从这个层面上来看,企业应时时研究和开发新技术、新产品,掌控核心而关键的技术,保持领先地位,这样就可以减少遭受东道国的政治影响。

(6) 与当地商业紧密合作(B6)

将当地企业的业务与公司的业务整合起来是降低政治风险最有效的方法之一(Ashley & Bonner,1987),在政治风险已经发生的情况下,与当地商业的业务捆绑一样重要。在越南和中国,外国建筑企业投标时必须有至少一家匹配的当地合作伙伴,并且必须获得基于新项目的许可证(Balachandran,1995)。这既是当地对外商投资的限制,也是外资利用当地商业分享风险的手段。与当地承包商组建合资企业有助于降低排外情绪,填补资源和技术缺口,提高企业的竞争力,共享和减少商业风险。比如,在新加坡外资企业与本土企业组建成合资企业将会获得一个保证金优惠的方案,印尼的法律要求外国投资者与本土企业必须合作组建成合资企业才能在印尼投资(Li,1999)。

(7) 暂停项目建设(B7)

当政治风险的发生已经给国际工程项目造成了严重的影响且继续施工将会导致更大的损失时,项目管理者就需要当机立断,及时暂停项目的建设。2011年2月17日开始,利比亚发生严重局势动荡。穆阿迈尔·卡扎菲领导的政府军和反抗卡扎菲的势力发生武装冲突,随着局势的恶化,战火不断蔓延。3月初,我国的中建、中铁、中冶、中交、中石油、中国水电、葛洲坝集团、中兴、华为等公司在利比亚的所有项目全部暂停建设,项目管理者配合公司和中国政府及时组织撤离全部工作人员,直至2011年下半年利比亚局势逐渐明朗,项目人员才陆续返回利比亚,投入到工程的基建中。

3) 事后控制

(1) 改变项目经营方式,调整项目实施计划(C1)

政治风险发生后,尽管它已经造成了不可避免的影响,项目管理者仍然需要做出适当的调整以减小损失,比如改变项目经营方式、调整项目实施计划等(秦晓磊,2007)。在衡量政治风险对项目计划的影响之后,可以适当调整项目计划的实施。比如,如果政治风险造成项目停工了若干天,是否需要在人力和材料上追加投资以赶上预定的进度计划;政治风险给项目带来了巨大的经济损失,是否需要适当调整进度来控制成本。结合项目内外部的实际情况,管理者都需要全面衡量、及时决策。

(2) 启动应急或危机处理计划(C2)

在事先已经制订了政治风险应急计划或危机管理后备计划的情况下,项目管理者需要及时启动计划以应对政治风险。在计划的实施过程中,项目管理者需要根据政治风险发生以后的具体情况指导实施,并根据需要灵活调整。2013年12月,中国水利水电第十三工程公司在南苏丹的赤道大厦工程项目驻地附近发生爆炸,总统基尔指挥的政府军和前副总统马沙尔领导的反政府武装发生枪战,形势严峻。公司第一时间成立了南苏丹军事政变应急领导小组,项目管理者及时启动了应急预案。

(3) 按照合同条款进行寻求补偿或索赔(C3)

在这个阶段根据合同要求寻求赔偿或索赔可以对损失进行一定程度的弥补。项目管理者可以充分利用与东道国政府签订的合同条款索赔,获得损失赔偿(Lee & Schaufel-berger,2013)。项目合约负责人有必要研究实际情况,探究其与保险合同条款、保险政策的匹配度,进而根据保险合同条款获得最大限度的补偿。

(4) 提交申诉、诉诸国际调解和仲裁(C4)

如果索赔不成功,可能就需要提交申诉、诉诸国际调解和仲裁。合约负责人需要仔细把握索赔有效期和索赔成功概率,任何可以吸引或者获得救济的机会都不应该轻易放弃。此外,聘请当地律师、熟悉当地的法律法规也是非常有效的做法(黄永兴,2010)。

### 7.2.2 企业层面的可行对策

企业是政治风险的最终承受者。基于"风险本身并不危险,危险的是对它的处理失当"这一逻辑框架,政治风险的错误应对可能导致海外投资企业陷入困境。海外投资企业在面对各种偶然事件,比如恐怖主义、人权问题、用工争议和环境问题时,应当做出合适的反应,提出适当的风险应对策略(Gladwin & Walter,1980)。

企业层面风险管理流程如图7.2所示。

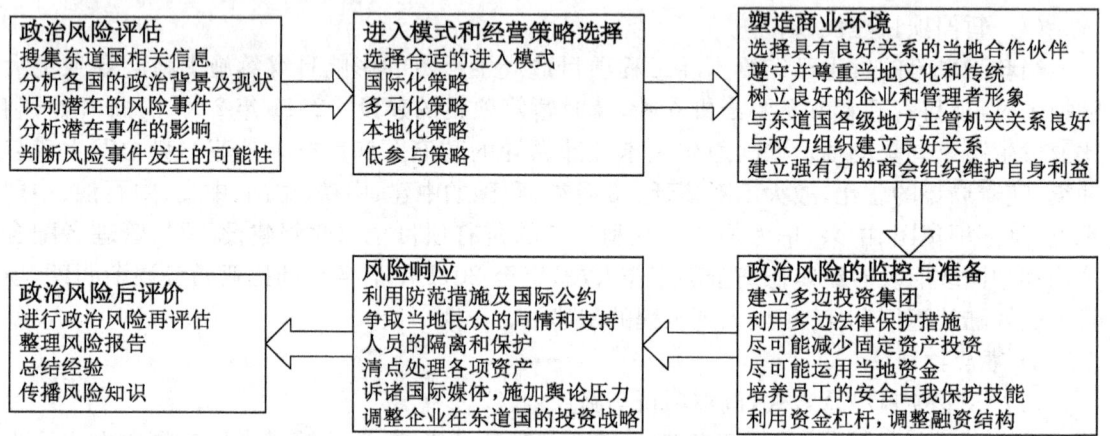

图7.2 企业层面风险管理流程图

识别出的企业层面的政治风险可行策略如表7.4所示。

表7.4 企业层面的政治风险可行对策

| 控制阶段 | 编码 | 应对措施 |
| --- | --- | --- |
| 事前控制 | D1 | 避免在政治风险高的地区和国家承接工程项目 |
| | D2 | 实施本土化的经营战略 |
| | D3 | 在多国投资以分散风险 |
| | D4 | 股权多国化 |
| | D5 | 建立一个国际投资者和贷款方的多边投资集团,利用多边法律保护措施 |
| | D6 | 尽可能减少固定资产投资 |
| | D7 | 尽可能运用当地资金 |
| | D8 | 选择具有良好关系的当地合作伙伴 |
| | D9 | 与权力组织建立良好关系 |
| | D10 | 培养和训练员工的安全、自我保护技能 |
| | D11 | 调整融资结构,利用资金杠杆 |

续表7.4

| 控制阶段 | 编码 | 应对措施 |
| --- | --- | --- |
| 事中控制 | E1 | 遵守并尊重当地文化和传统 |
|  | E2 | 与东道国各级地方主管机关关系良好 |
|  | E3 | 树立良好的企业和管理者形象 |
|  | E4 | 考虑社会公众利益,参与当地公益事业 |
|  | E5 | 加强与当地企业合作 |
|  | E6 | 建立强有力的商会组织维护自身利益 |
|  | E7 | 做好人员的隔离与保护,各项资产的保全和管理 |
| 事后控制 | F1 | 充分利用相关的防范及处置海外投资政治风险的国际公约 |
|  | F2 | 争取当地民众的同情和支持 |
|  | F3 | 以集体撤资为威胁 |
|  | F4 | 诉诸国际媒体,施加舆论压力 |
|  | F5 | 妥善安置或撤离人员,清点处理各项资产 |
|  | F6 | 调整企业在东道国的投资战略 |

1) 事前控制

(1) 避免在政治风险高的地区和国家承接工程项目(D1)

政治风险分析如果完全是基于历史数据则对于未来的风险预测会有失偏颇(Torre & Neckar,1988)。因此,对于国际承包商而言,通过全球分公司网络、来自母国的政府或者非政府(如行业协会、金融机构),以及其他的一些途径(如国际政治风险评估组织)的方式去获得东道国关键的和最新的信息显得尤为重要。

一个国家的政宪体制、政党结构、社会经济特征、社会冲突等都可能对跨国企业经营造成不利的影响。企业在开拓国际市场之前,应当充分收集各区域东道国的政治背景信息,了解其政治现状,判断其政治环境对商业环境造成的不连续性影响。只有当对东道国一切会引起和产生政治风险的相关情况有了足够了解之后,才能够正确评估、规避政治风险。比如,如果一个企业的业务实践与东道国政府的政策或者产业优先级相悖,那么这个企业在这个国家的建设施工就会如履薄冰,应当考虑转向其他国家投资(Alon & Herbert, 2009)。

跨国企业在进行海外投资时,面临着很多潜在的政治风险。企业在获得投资目标国的政治背景信息后,应当识别出在该国可能面临的政治风险事件,比如社会暴动、示威游行、战争、政变、政治运动等,同时判断各类型风险事件对企业造成的潜在影响。不同类型的风险事件发生的可能性存在很大差异。有些风险事件对国际承包商的影响很大,但它们发生的概率较低,比如战争、政变等;有些风险事件对国际承包商的影响相对较小,但它们发生的概率较高,比如政策变更等。因此,在识别出潜在政治风险事件后,应当判断风险事件发生的可能性。

如果经过评估,投资意向国的政治风险很高,国际工程承包商应该考虑回避此风险,放弃此项目,转向其他国家或地区承接项目。

(2) 实施本土化的经营战略(D2)

本土化对于国际工程承包商和当地的承包商是一个双赢的策略,两方可以进行资源整合、能力互助、优势互补(Deng et al., 2014)。国际工程承包商可以在以下方面从当地的合作伙伴获益:①通过减少进入壁垒渗入东道国建筑市场(Low, 2004);②相关机构施加压力时有助于获得合法性(Chan et al., 2007);③降低其外来者的形象(Ashley & Bonner, 1987),进而降低不利的微观政治进程或结果发生的可能性(Alon & Herbert, 2009)。

(3) 在多国投资以分散风险(D3)

在多个国家投资建设工程项目在一定程度上可以分散风险。企业在跨国经营中越是多元化,业务范围越广泛,其受单一业务影响的可能性就越小,受东道国监管的可能性也会降低。因为多元化为企业提供了多样化的收入来源,东道国难以影响跨国企业的全球业务(Grosse, 1996)。一个公司如果只在一个国家投资更容易受到政治风险的影响(Alon & Herbert, 2009)。

(4) 股权多国化(D4)

关于跨国公司的股权,投资企业应当重视在东道国经营的多样化,这里的多样化不是指生产产品的多样化,而是指管理者股权来源的多样化。股权来源不仅仅包括本国政府,还要包括东道国政府和企业,甚至最好也来源于第三国、第四国等。如此一来,多元化的管理模式就使得东道国不会轻易得罪很多利益相关者(邢林博,2014)。

(5) 建立一个国际投资者和贷款方的多边投资集团,利用多边法律保护措施(D5)

建立一个能够利用多边法律措施保护的包含国际投资者和贷款方的多边投资集团。人们普遍认为,如果一个项目的产权的一部分是由有实力的多边机构掌握,企业被强制征收的风险就会小很多。企业也可以积极拉拢跨国金融机构参与项目融资。仅仅依靠东道国的法律有时候难以达到期望的目的,而当公司有各方投资者时,项目公司可以利用多边担保机构的合约条款来保护自己的合法权益,以减少政治风险的影响(冯宁,2010)。

(6) 尽可能减少固定资产投资(D6)

巨大的固定资产意味着巨大的折旧费用,在收入不变的情况下,利润将会变低。与此同时,巨大的固定资产投资也增加了企业风险管理的任务:一方面,固定资产折旧成本可能会增加财务杠杆率;另一方面,固定资产补偿期很长,在科学技术迅猛发展的今天,固定资产可能会提前落伍,这将导致企业的巨额亏损(唐山,2010)。

(7) 尽可能运用当地资金(D7)

跨国公司可以通过合理安排其海外子公司的资本结构以应对政治风险。为了防范不同类型的政治风险(如征用、不可靠的知识产权和充公赋税),海外子公司的财务杠杆率和所有权结构这两个变量需要合理配置(Kesternich et al., 2010)。跨国公司可以尽可能运用当地资金,如果当地占有一定的所有权就容易树立起为当地经济或公民谋福利的形象,有利于降低发生不利的微观政治进程或结果的可能性(Alon & Herbert, 2009)。

(8) 选择具有良好关系的当地合作伙伴(D8)

联营体作为提高政治风险管理能力的一种方式而被广泛采用(Hennart, 1988; Mortanges & Allers,1996；Delios et al.，2000）。联合同样意欲避免政治纠纷的其他组织可以降低跨国公司单独进行风险管理的成本(Iankova，2003)。选择一个当地企业作为联营体的合作伙伴，可以模糊跨国企业的政治背景，从而降低其政治风险暴露水平。通过与当地企业或组织的合作，一则可以弱化自身外来者的形象；二则可以利用合作伙伴在当地的资源和人脉；三则可以与其实现风险分担(Kennedy，1988)。虽然联营体会带来这些好处，但不可忽视的是，国际联营体失败的几率是相当高的(Makino et al.，1988)。需要指出的是，联营体模式在减少政治风险的同时，也会由于联营体内不同的组织及文化而带来风险(Shen et al.，2001)。

(9) 与权力组织建立良好关系(D9)

权力组织是指东道国政府正式的权力机构之外的组织，包括劳动者工会、商业协会、环保组织、有组织的施压团体以及其他利益团体（如当地商业联盟）（Ashley & Bonner,1987)。与权力组织的关系可能成为一项资产也可能成为负债，这取决于这些组织的影响力和他们对于项目的兴趣(Ashley & Bonner，1987)。权力组织可以通过以下几个方面影响国际工程项目的建设实施：①影响决策者制定决策；②塑造政治环境和社会环境；③一些干扰活动（比如额外的行政检查）(Deng et al.，2014)。

(10) 培养和训练员工的安全、自我保护技能(D10)

国际建筑企业提高跨国经营和管理水平是至关重要的。一方面，企业需要加快公司业务人才的培养，提升和优化管理人员的知识结构；另一方面，企业也需要建立起高效、及时的信息沟通和协调机制(康利芹，2011)。例如，1997年，华为技术有限公司进入非洲市场，在非洲的项目总共四千多名员工就有约三千名本地员工，并间接创造了至少一万个工作岗位；在非洲的6个培训中心，每年培训多达12 000人。

(11) 调整融资结构，利用资金杠杆(D11)

企业应当根据自身所处的环境、自身的状况、形式的变化来调整融资结构和财务杠杆比率。在政治风险较高的海外市场经营的跨国公司比那些在相对比较安全的地方经营的跨国公司更加需要与当地的合作伙伴共享所有权(Henisz，2000)。同一个跨国公司中，在高政治风险国家的海外子公司要比在其他的海外子公司设置更高的财务杠杆率(Desai et al.，2004)。而对于跨国集团的母公司而言，地理位置位于较大政治风险的海外市场的母公司就要比位于没有政治风险威胁的海外市场的母公司配置更低的财务杠杆率(Desai et al.，2008)。

2) 事中控制

(1) 遵守并尊重当地文化和传统(E1)

企业在经营过程中显现出来的态度和理念会极大程度地影响其项目在当地的外部风险环境(Ashley & Bonner,1987)。当政治风险事件已经爆发时，在宗教信仰氛围浓厚的国家和地区，尊重当地的传统习惯尤其重要。企业在认识到文化差异对海外经营的各种障碍时，应采取实际行动对东道国的文化特征进行深入的分析研究，根据企业整体目标和东道国文化传统，明确企业的经营理念。

(2) 与东道国各级地方主管机关关系良好(E2)

企业可能会与中央、省级或各级地方政府部门接触(Wang et al.，1999)，所以要保持与东道国各级地方主管机关的良好关系。与东道国各级地方主管机关保持良好关系，国际工程承包商不仅可以及时获得政府政策和计划的最新信息（Ling & Hoang, 2010），而且一旦政治风险发生也能与政府协商并获得充分的补偿（Wang et al., 1999）。

（3）树立良好的企业和管理者形象（E3）

良好的企业和管理者形象包括：严明和谐的管理形象、精干高效的队伍形象、品质超群的产品形象、真诚奉献的服务形象、优美整洁的环境形象。对于中国国际承包商来说，外资企业的形象是不利于国际工程承包商在东道国长期发展的，因此，国际工程承包商需要弱化其外来者的形象，这将大有裨益（Ashley & Bonner, 1987）。

（4）考虑社会公众利益，参与当地公益事业（E4）

增加企业议价能力的因素有很多，比如践行一个好公民的策略（如为国家目标和福利做贡献）（Mortanges & Allers, 1996）。企业参与当地的公益事业，比如爱心捐赠、援建医院、扶持贫困的学校等，能够帮助企业赢得口碑。

（5）加强与当地企业合作（E5）

当政治风险事件发生时，如果参与当地的商业利益就可以为公司提供一个缓冲期，而且可以有助于充分了解当地的官僚主义、商业伦理和民族风俗（Ashley & Bonner, 1987），进而有助于国际工程承包商根据时局变化做出合适的应对。

（6）建立强有力的商会组织维护自身利益（E6）

成立商会组织非常必要，商会组织可以帮助中国承包商加强与当地的沟通和融合，可以更好地保护中国承包商的人身财产安全（李琛，2005）。数家、数十家公司共用一个协会去面对当地的政府、企业和公众比起单个公司来处理这些事能节省更多成本、效率也会更高。政治风险事件已经爆发，商会组织就可以发动该地区的所有华商团结一致，筹资请律师打官司。通过与相关的东道国机构协商沟通，获得经济赔偿，并消除潜在的隐患，不让矛盾积累、摩擦继续爆发。

（7）做好人员的隔离和保护，各项资产的保全和管理（E7）

当政治风险已经发生，尤其是冲突或战争、反华排外等类型的政治风险情景发生时，企业需要及时做好人员的隔离和保护，及时做好各项资产的保全和管理。2007年4月，中原油田勘查局位于埃塞俄比亚东部的索马里州的项目遭遇两百多名武装分子突袭，当时工地上有37名中国工人和超过120名当地工人。持有武器的武装分子和负责保卫工地的一百名士兵发生交火，袭击造成了9名中国工人丧生，65名当地工人被杀，还有7名中国工人被掳走。事发突然，尽管有士兵保卫，仍然造成了大量人员伤亡。幸好中国驻埃塞俄比亚使馆和有关企业等迅速启动应急机制，向埃塞方面紧急交涉，埃塞政府增派军队赶赴事发地点，采取了有效措施保护了剩余人员的生命安全以及项目财产安全。

3）事后控制

（1）充分利用相关的防范及处置海外投资政治风险的国际公约（F1）

首先，国际投资者应该尽快使用当地的法律和国际法做出妥善处理，然后寻求东道国法律制度的法律补偿。如果本国政府与东道国政府已经签署了双边投资保护协定，或者双方是多边投资保护协议的缔约方，国际工程承包商应该从东道国或者国际投资管理机构寻求裁决帮助（胡江芳，2009）。国际工程承包商也可以通过本国政府向国际法院提出索赔。

(2) 争取当地民众的同情和支持(F2)

一个特定的政治风险事件的发生必然有其原因。在了解东道国的意图之后,国际工程承包商可以向东道国的公众做出某些让步,比如增加就业机会、雇佣当地管理人员和减少利润汇出等(康利芹,2011),以争取当地民众的同情和支持。

(3) 以集体撤资为威胁(F3)

经济威慑指用一定的经济手段恐吓对方以达到预期的目的,以集体撤资来威胁就属于这一范畴。这是国际建筑企业为了留在东道国采取的一种非常手段(黄永兴,2010)。

(4) 诉诸国际媒体,施加舆论压力(F4)

诉诸国际媒体,可以向东道国施加国际媒体的舆论压力。在这个过程中,与媒体的关系不能掉以轻心。拥有一个可靠的媒体关系意味着在公众舆论方面掌握着主动权,因为公众舆论在一个国家的社会情绪中往往起着重要的引导作用(夏英祝,2006)。

(5) 妥善安置或撤离人员,清点处理各项资产(F5)

既然政治风险事件已经给项目造成了严重的影响,后续的人员安置和资产处理就是必不可少的事情。2007年4月,反政府武装欧加登民族解放阵线武装分子突袭中原油田勘查局在埃塞俄比亚的项目之后,中资企业人员在埃塞俄比亚政府、中国驻埃塞俄比亚大使馆、中国外交部、商务部等的协助下,全力搜救遇袭中方人员,中资公司驻埃塞俄比亚项目组的幸存者均得到安全转移,遇难人员遗体得到妥善保存,并完成了现场保安移交,设备物资整理登记,切断现场主电源,大型车辆断电断气,项目雇员工资支付和资金转移等工作。

(6) 调整企业在东道国的投资战略(F6)

政治风险给中资企业和项目造成的损失是一种沉没成本,在超出事前预期的风险事件发生后,企业就需要适当调整其在东道国的投资战略。2011年5月,中铁和中海外共同承建的波兰A2高速公路项目A、C两标段工程施工到20%时,承包商联营体毁约退场,中资企业支付了2.71亿美元的赔偿和罚款。究其原因,实质是由业主方波兰政府提供的项目功能说明书描述不清、地质情况复杂等原因导致合同执行中实际工程量与投标工程量出现较大偏差,同时存在大量索赔项,工程投入大大超过原计划;同时,由于业主工程款支付条件苛刻和业主的不配合,导致项目中期计价严重不足,工程款拨付滞后,与现场投入极不匹配,以致项目出现巨额亏损和资金困难。中资企业需要吸取这一教训调整在波兰的投资战略。

## 7.2.3 国家层面的可行对策

东道国政府则是政治风险的主要来源(Deng & Low, 2013),而母国政府在帮助企业抵御政治风险的工程中起着至关重要的作用。如果东道国与母国之间关系紧张,东道国政府的决策很有可能突然变得对跨国公司不公平(Khattab et al., 2007),但政府间协商和谈判可以帮助减少东道国政府违约现象(Li et al., 1999)。本国政府的国际形象对本国承包商的国际经营环境也存在非常大的影响(Iankova & Katz, 2003)。国家层面的风险管理流程如图7.3所示。

识别出的国家层面的政治风险可行策略如表7.5所示。

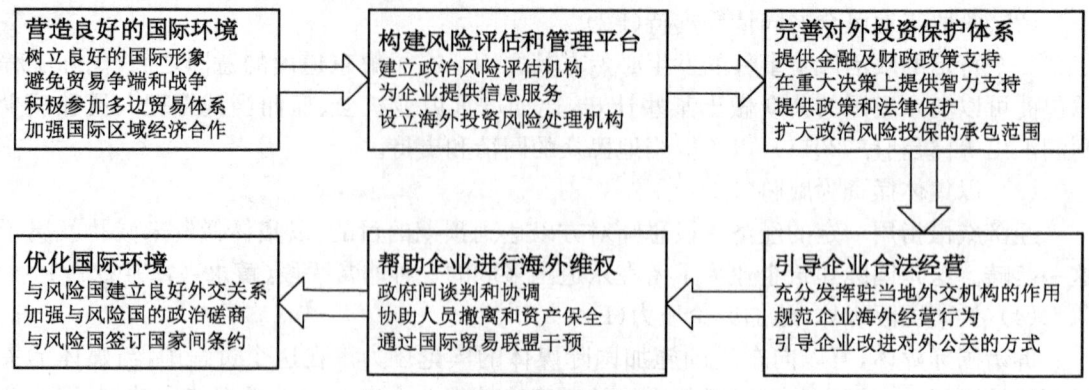

图 7.3 国家层面的风险管理流程图

表 7.5 国家层面的政治风险可行对策

| 控制阶段 | 编码 | 应对措施 |
|---|---|---|
| 事前控制 | G1 | 与东道国政府建立良好外交关系 |
| | G2 | 尽量避免贸易争端、贸易战 |
| | G3 | 为本国的承包商营造良好的国际经营环境 |
| | G4 | 设立专门机构处理涉及公民海外安全方面的问题 |
| | G5 | 为企业的海外经营提供更多的商业机会 |
| | G6 | 为企业海外经营提供建议和协助,在重大决策上提供智力支持 |
| | G7 | 完善出口信用保险和海外投资保险制度,扩大政治风险投保的承保范围 |
| | G8 | 积极参加多边贸易体系和国际区域经济合作 |
| | G9 | 加强与东道国政府的政治磋商,扩大双边经贸合作 |
| | G10 | 签订国家间条约 |
| 事前控制 | H1 | 驻当地外交机构与企业保持紧密的联系 |
| | H2 | 引导企业在当地合法经营 |
| | H3 | 为企业提供信息服务 |
| | H4 | 为企业提供金融及财政政策支持 |
| | H5 | 建立政治风险评估机构,对东道国政治风险进行评估,为企业提供参考 |
| | H6 | 为海外经营企业提供政策和法律上的保护 |
| 事后控制 | I1 | 政府间的谈判和协调 |
| | I2 | 政府为企业提供必要的帮助(如人员撤离) |
| | I3 | 运用母国或第三国干预 |
| | I4 | 运用国际贸易联盟干预 |

1) 事前控制

(1) 与东道国政府建立良好外交关系(G1)

母国与东道国之间良好外交关系的重要性超出我们的想象。跨国公司在东道国就代表着本国,可能会因为非跨国公司自身行为,而是两国的关系而招致好感或敌意。如果东道国和母国之间的关系紧张,政府的决策就可能突然变得对跨国公司不公平,这就增加了政治风险(Khattab et al.，2007)。东道国政府可以通过为发展和合约关系制定政策直接影响公共建设部门，也可以通过创造一个有问题的环境来间接影响跨国公司的业务。

(2) 尽量避免贸易争端、贸易战(G2)

母国对于东道国企业的不良行为会招致报复，东道国往往会针对特定的企业施加政治风险(Alon & Herbert，2009)，因此，母国一定要尽量避免跟东道国之间的贸易争端和贸易战，为本国跨国公司营造良好的贸易环境。

(3) 为本国的承包商营造良好的国际经营环境(G3)

本国政府可以通过提高国家的综合实力或者消除潜在的威胁，或者通过直接或间接的游说努力改变市场环境使之适合海外企业的需求，进而创建良好的企业间关系，为本国的承包商营造良好的国际经营环境(Iankova & Katz，2003)。

(4) 设立专门机构处理涉及公民海外安全方面的问题(G4)

几乎所有的发达国家都设立了保险机构来保护国内企业投资海外。在美国，有海外私人投资公司(OPIC)为海外投资保险和担保。OPIC主要为两类项目做担保：项目融资和在发展中国家的私人投资资本。OPIC主要针对四种政治风险：(1)货币兑换风险；(2)没收；(3)战争、革命、暴乱和内战；(4)政治暴力给企业造成的收入损失。此外，国际上还有其他保险机构，比如英国的"出口信贷担保部门(ECGD)"，日本贸易的"海外投资保险部门"和中国人民保险公司(PICC)等(孙捷，2009)。

(5) 为企业的海外经营提供更多的商业机会(G5)

自中国改革开放以来，随着中国加入WTO，中国的国际合作和企业改革已经日益深化。随着对外开放程度的不断扩大，中国企业的国际化在很多方面有着广阔的发展空间：国际合作开发、国际战略联盟、多元化产权、国际技术、机制和概念的国际化等(鲁桐，2003)。中国的对外开放和政策支持为海外经营带来了丰富的商业机会。

(6) 为企业海外经营提供建议和协助，在重大决策上提供智力支持(G6)

政府对于外资企业的态度可以作为政治风险的一种信号，这个态度是价值观念、民族主义以及当前政府干预市场的倾向的综合结果(Toyne & Walters，1993)。所以，如果本国政府要从国家层面的高度分析出东道国的政治局势，就应该尽早为本国的海外投资企业提供建议和指导。

(7) 完善出口信用保险和海外投资保险制度，扩大政治风险投保的承保范围(G7)

世界银行的多边投资担保机构(Multilateral Investment Guaranty Agency of the World Bank)能够为国际承包商提供信用和投资保险，本国政府应该促进这类国际保险机构的发展(Howell & Chaddick，1994)。本国政府还要逐步建立完善的境外投资保险制度，扩大其为国际承包商承保的范围(黄河，2014)。

(8) 积极参加多边贸易体系和国际区域经济合作(G8)

母国积极参加多边贸易体系和国际区域经济合作能够为本国跨国企业创造更多从事海外业务的机会。由于开展了一系列国际扩张的企业对政治危险的威胁不太敏感，风险的承受能力相对较大(Delios & Henisz，2003)，这样就形成了一种良性循环。

(9) 加强与东道国政府的政治磋商，扩大双边经贸合作(G9)

东道国政府的支持和积极参与是必不可少的有效的风险管理措施(Lee & Schaufelberger，2013)。东道国对企业越是依赖，企业面临的政治风险就会越低；东道国越是依赖于跨国公司的母国,企业面临的微观政治风险就会越低(Alon & Herbert,2009)。因此,母国需要加强与东道国政府的政治磋商,增加双边经贸合作,为跨国企业赢得东道国政府的支持。

(10) 签订国家间条约(G10)

母国与东道国之间签订国家间条约不仅可以为本国的海外投资者面临的政治风险提供保证,而且也为本国承包商营造出了良好的投资环境,给外资安全感,利于吸引投资。现如今,国际上的双边或多边协议(BMN)涵盖的范围很广,包括自由贸易区、关税同盟、共同市场和经济合作等。BMN通常会利用特定的贸易和投资条款来约束成员,也会刺激投资,有效控制微观政治风险(Alon & Herbert,2009)。

2) 事中控制

(1) 驻当地外交机构与企业保持紧密的联系(H1)

外交代表机关、领事机关以及外交部授权的机构等这些驻当地的外交机构,需要与国际工程承包商保持紧密的联系。现如今,在许多发达国家都有专业机构评估外国政治风险,比如英国的《欧洲货币》杂志,每年都会发表一百多个国家的政治风险评估(胡江芳,2009)。我们的政府也有外国机构、大使馆、海外业务组织、海外分支机构等。这些机构应该充分利用现有的资源为企业提供支持和帮助,加强与企业(尤其是在东道国投资的中国建筑企业)的联系和沟通。

(2) 引导企业在当地合法经营(H2)

一旦一个国际承包商在东道国某地区存在掠夺性开发或者恶性竞争的行为迹象,本国政府就应该及时加强行为规范的指导,避免企业的短期行为,使其在该地区的投资有序、有效(胡江芳,2009)。

(3) 为企业提供信息服务(H3)

企业促进东道国政府目标实现的程度会影响自身面临的政治风险。政府目标的变化是不利的,因为如果政府改变目标能加强政治支持,或者有其他的重大事件发生,东道国政府就很可能会改变他们的目标,进而可能会单方面撤销或者修改协议(Henisz,2000;Robock & Simmonds,1983)。在此过程中,母国为企业提供信息咨询服务就格外重要(罗会钧和黄春景,2009;李琛,2005)。

(4) 为企业提供金融及财政政策支持(H4)

全国人大代表王信在2013年3月向中国证券报记者表示,随着矿产资源供需矛盾的日益突出,中国政府应当积极为矿产资源海外投资企业创造一个更加宽松的环境,并提供更多的财政和货币政策支持。同时,他也建议建立和完善相关机制为企业的海外投资和跨国经营提供安全保障。

(5) 建立政治风险评估机构,对东道国政治风险进行评估,为企业提供参考(H5)

设立一个特殊的政治风险评估部门,对东道国政治风险进行评估,可以为海外投资企业的组织结构和人力资源建立一定的安全保障,可以为国际工程项目的投标、中标、项目策划、勘察设计、施工和竣工验收提供全过程的风险监督,也可以为国际工程承包商及时发现和应对政治风险节约足够的时间(邓芊里,2008)。

(6) 为海外经营企业提供政策和法律上的保护(H6)

中国政府已经建立了一个有关海外投资中政治风险的跨国操作方案,即政府间双边投资保护协定、多边投资保护机制、保证出口信贷政策和海外投资保险。在政府间双边投资保护协定方面,中国已经与106个国家签订了投资保护协议,超过一半已经生效。在多边投资保护机制方面,中国已经成功加入了多边投资担保机构(MIGA),并且签署了解决国家间投资争端的国际公约(刘冬梅,2005)。

3) 事后控制

(1) 政府间的谈判和协调(I1)

通过协商可以减少违约的影响(Li,1999)。而谈判是解决争端最实用和有效的方式,这种方法在中国建筑行业中最常见(Ling & Low,2007)。

(2) 政府为企业提供必要的帮助(如人员撤离)(I2)

2011年3月,利比亚政治动荡加剧,75家中国承包商在利比亚总计多达188亿美元合同额的若干项目牵涉其中,在利比亚的安全局势发生巨大变化的时候,中国政府积极协助并实施统一安排,及时撤离了在利比亚的所有华人,有效保护了在利比亚人员的安全。这个实例就充分表明了关键时期本国政府为企业提供人员撤离等必要帮助的重要性。

(3) 运用母国或第三国干预(I3)

本国与东道国以及其他国家之间的互动程度是一个关键因素(Deng & Low,2013)。如果母国或者第三国与东道国在政治、经济或者贸易方面有着密切的联系,那么母国政府就可以游说东道国,或者利用第三国政府干预,要求东道国配合母国在政治风险发生后开展救援工作。

(4) 运用国际贸易联盟干预(I4)

国际贸易联盟可以处理跨国企业内员工在工作场所打架斗殴的事件(Einarsen,2003)。运用国际贸易联盟同样可以干预政治风险管理,比如借助WTO组织的作用。WTO争端解决机制不仅是督促其成员履行义务的工具,也是一种保护成员合法利益的手段。对所有的WTO成员来说,它为解决争端提供合适的方案,遏制明显的非法保护,比如世贸组织多边谈判机制的使用、争取更多平等待遇等。

### 7.2.4 项目不同阶段的可行对策

不同阶段各层次管理者采取的风险管理措施所起到的效果存在很大差异。为研究项目各阶段实施风险应对策略的重要性,共调研了138位受访者,其中52位为专家学者,86位为国际工程从业人员。大部分受访者认为应该在项目的早期阶段就考虑到政治风险,风险管理者也应该在项目开始更早地介入。因为工程项目一旦开始,对于不可控风险的管理手段就显得非常有限(Akinci et al.,1998)。在调研中,可行性阶段、签订合同前阶段及合同谈判阶段是国际承包商采取有效风险管理措施最重要的三个阶段(如表7.6所示)。

表7.6 项目各阶段采取风险应对策略的调查结果

| 项目阶段 | | 学术界 | | 从业界 | | 整体 | | 排序 |
| --- | --- | --- | --- | --- | --- | --- | --- | --- |
| | | 数量 | 占比(%) | 数量 | 占比(%) | 数量 | 占比(%) | |
| 准备阶段 | 机会研究阶段 | 36 | 69.23% | 34 | 39.53% | 70 | 50.72% | 4 |
| | 可行性研究阶段 | 38 | 73.08% | 65 | 75.58% | 103 | 74.64% | 2 |
| | 签订合同前阶段 | 26 | 50.00% | 58 | 67.44% | 84 | 60.87% | 3 |
| | 合同谈判阶段 | 42 | 80.77% | 65 | 75.58% | 107 | 77.54% | 1 |

续表 7.6

| 项目阶段 | | 学术界 | | 从业界 | | 整体 | | 排序 |
|---|---|---|---|---|---|---|---|---|
| | | 数量 | 占比(%) | 数量 | 占比(%) | 数量 | 占比(%) | |
| 实施阶段 | 设计阶段 | 16 | 30.77% | 16 | 18.60% | 32 | 23.19% | 8 |
| | 采购阶段 | 19 | 36.54% | 23 | 26.74% | 42 | 30.43% | 7 |
| | 施工阶段 | 24 | 46.15% | 45 | 52.33% | 69 | 50.00% | 5 |
| | 运行阶段 | 23 | 44.23% | 30 | 34.88% | 53 | 38.41% | 6 |
| | 后评价阶段 | 8 | 15.38% | 6 | 6.98% | 14 | 10.14% | 9 |

图 7.4　项目分阶段风险应对策略

针对各阶段风险管理重要程度的不同,将从准备阶段和实施阶段两个阶段分别分析各层面管理者的风险管理对策,将前述的对策进行汇总,如图 7.4 所示。所谓的准备阶段包括机会研究阶段、可行性研究阶段、签订合同前阶段和合同谈判阶段,实施阶段包括设计、采购、施工、运行和后评价五个阶段。准备阶段的政治风险是指由于项目实施准备不充分,从而引起的政治风险。它主要来源于对业主、项目环境、标书的不熟悉以及投标策略不当等因素(李启明,2010)。相比于准备阶段,实施阶段的政治风险主要来源于文化冲突、合作伙伴和政策差异等因素。

## 7.3 政治风险"情景—对策"模型构建

国际工程项目管理者、承包商及本国政府在国际工程承包商进行海外投资前(事前)需要对东道国的政治风险进行预测、识别和防范;在发生政治风险的过程中(事中)需要进行风险类型、影响及发展趋势分析,并及时采取有效的应对措施;在政治风险发生后(事后)则需要弥补损失、调整计划、总结经验。

### 7.3.1 政治风险情景构建

通过对 370 个国际工程项目的调研,进一步了解国际工程市场政治风险事件的情况:中国承包商在国际工程项目中遭受政治风险事件时的人员伤亡的数量(单位:人)、项目工期延误的星期数(单位:周)、经济损失占合同额的百分比。时间跨度在 2005—2015 年的十年时间内,通过对全部样本数据进行整理,可以获得特定政治风险事件给国际工程项目造成的影响,计算各个政治风险事件的风险情况均值如表 7.7 所示。

表 7.7 政治风险事件的损失情况

| 编号 | 政治风险事件 | 伤亡(人/项目) | 延误(周/项目) | 经济损失占比(%) |
|---|---|---|---|---|
| 1 | 项目所在国政府违约 | 0.000 | 22.333 | 3.333 |
| 2 | 合作方违约 | 0.000 | 16.667 | 3.333 |
| 3 | 征收和国有化 | 0.000 | 3.500 | 2.500 |
| 4 | 法律、法规、政策变化 | 0.000 | 7.250 | 1.875 |
| 5 | 行业限制 | 0.000 | 7.667 | 1.667 |
| 6 | 审批困难 | 0.000 | 14.444 | 1.556 |
| 7 | 贪污腐败 | 0.000 | 3.000 | 1.000 |
| 8 | 歧视对待 | 0.000 | 3.667 | 0.667 |
| 9 | 政治暴力 | 50.000 | 5.667 | 2.000 |
| 10 | 民族冲突 | 18.000 | 8.667 | 2.333 |
| 11 | 种族、宗教关系紧张 | 0.000 | 9.667 | 2.000 |
| 12 | 恐怖主义 | 25.000 | 7.500 | 3.000 |
| 13 | 环境保护组织的抗议、阻挠 | 0.000 | 2.333 | 1.333 |
| 14 | 冲突和战争 | 8.833 | 45.000 | 2.667 |

续表 7.7

| 编号 | 政治风险事件 | 伤亡(人/项目) | 延误(周/项目) | 经济损失占比(%) |
|---|---|---|---|---|
| 15 | 工会抗议 | 0.000 | 2.167 | 1.000 |
| 16 | 公众反对 | 0.250 | 7.125 | 1.250 |
| 17 | 反华活动 | 0.000 | 16.000 | 2.000 |

各类政治风险事件对国际工程项目的影响存在着一定的级别或层级的关系,对海外投资中政治风险的分析,需要全面考虑各种因素。本书采用定量研究与定性研究相结合的方法,参考模糊聚类从影响程度定量分析各类政治风险事件的结果,再结合前人学者从不同角度对政治风险分类进行研究,Jakobsen(2010)、谭庆美(2004)立足政治风险的影响层次,Root(1973)、Schmidt(1986)立足东道国政府政策变动,Robock(1983)、Alon(2009)、尹健(1992)立足宏微观,Simon(1982)、周忆丽(2013)立足政治风险的来源,文理(2000)立足东道国政府的干预程度,将模糊聚类政治风险事件分类结果进行适当调整,形成七种典型的政治风险情景(如表7.8所示)。

表 7.8 政治风险事件构建政治风险情景结果

| 初始分类 | 事件代码 | 政治风险事件 | 政治风险情景 | 情景编码 |
|---|---|---|---|---|
| 政府<br>(含合作方) | 3 | 征收和国有化 | 政府干预 | Ⅰ |
| | 6 | 审批困难 | | |
| | 5 | 行业限制 | | |
| | 1 | 项目所在国政府违约 | 政府或<br>合作方违约 | Ⅱ |
| | 2 | 合作方违约 | | |
| | 4 | 法律、法规、政策变化 | 政策变更 | Ⅲ |
| | 7 | 贪污腐败 | 政府不良治理 | Ⅳ |
| 社会<br>(含项目内) | 9 | 政治暴力 | 冲突或战争 | Ⅴ |
| | 10 | 民族冲突 | | |
| | 12 | 恐怖主义 | | |
| | 14 | 冲突和战争 | | |
| | 11 | 种族、宗教关系紧张 | 排外行为 | Ⅵ |
| | 8 | 歧视对待 | | |
| | 17 | 反华活动 | | |
| | 13 | 环境保护组织的抗议、阻挠 | 抵制项目 | Ⅶ |
| | 15 | 工会抗议 | | |
| | 16 | 公众反对 | | |

1) 情景Ⅰ:政府干预

政府干预主要包括征收和国有化、审批困难、行业限制等。按照政府干预的严重程度,主要表现为非区别性干预和区别性干预两种。非区别性干预是指东道国政府为了达到预先设定的经济增长目标而采取的某些干预措施，意在控制所有在东道国投资的外国企业。区别性干预是指东道国政府采取的针对性干预措施，意在限制某些行业、某些地域、某一种类或者某一企业的经营活动。相比非区别性干预，区别性干预会给外资企业造成更加严重的后果，而且针对性越高，对外资企业的危害越大。

2) 情景Ⅱ：政府或合作方违约

政府或合作方违约包括东道国政府违约、合作方违约，是指东道国政府或者合作方单方面拒绝履行或者非法违反其与国际工程承包商签订的协议，而导致国际工程承包商遭受经济损失的可能性。

3) 情景Ⅲ：政策变更

Wang等（1999）指出政策变更包含了政府在解决通货膨胀的方法、货币兑换、税率和征税方式、电费等费用收取办法的变化。政策变更还应当包括优惠政策、税收政策、进出口政策等法律法规的变化。

4) 情景Ⅳ：政府不良治理

政府不良治理主要是指政府的腐败和效能低下，包括东道国政府贪污腐败、管理混乱、审批复杂等。由于东道国法治程度低下和政府管理体制不健全，官员的腐败或不作为，致使企业的寻租成本增加，项目操作的难度增大，这种风险是隐形风险。很多国家都存在着或多或少的腐败现象，尤其是在发展中国家，这些国家的政府体系不健全、人员薪酬相对较低，外国企业向政府部门行贿成为了一种潜规则，这种寻租成本加大了跨国投资者的经营成本和投资风险。

5) 情景Ⅴ：冲突或战争

冲突或战争主要包括政治暴力、民族冲突、恐怖主义、种族或宗教关系紧张等。Khattab等（2007）指出，冲突和战争事件会使得一个企业面临收入损失、运营中断、股权投资损失或者实物资产的损坏。

6) 情景Ⅵ：排外行为

排外是指当地人从心理上或者行为上对外来人员和事物的抵触行为。对于国际工程承包商而言，排外行为包括东道国的歧视对待、反华活动、游行示威排外等。

7) 情景Ⅶ：抵制项目

抵制项目包括东道国环境保护组织的抗议或阻挠、当地公众反对项目、企业内部工会的抗议等。

## 7.3.2 可行性对策的提炼和组合

项目管理者、国际承包商及本国政府在东道国承接国际工程项目之前对政治风险进行的评估和事前控制对策，对所有的政治风险情景具有普适性。但是针对不同的政治风险情景，具体的应对策略和事后处理对策不同。根据文献研读及案例库分析，本书认为政治风险的事中应对策略和事后处理对策对于不同的政治风险情景具有针对性的特征，参照国际工程政治风险管理案例库和风险管理相关文献资料，通过专家访谈，对所有对策进行分离与重组、变形与组合，得出在上述不同的政治风险情景下国际工程项目管理者、中国承包商以及中国政府需要采取不同的事中和事后对策，结果如表7.9～表7.15所示。

表7.9 情景Ⅰ 政府干预的对策提炼和组合

| | 事中 | 事后 |
|---|---|---|
| 项目 | B5. 掌握核心和关键技术<br>B6. 与当地商业紧密合作 | C3. 按照合同条款进行寻求补偿或索赔<br>C4. 提交申诉、诉诸国际调解和仲裁 |
| 企业 | E2. 与东道国各级地方主管机关关系良好<br>E5. 加强与当地企业合作<br>E6. 建立强有力的商会组织维护自身利益 | F1. 充分利用相关的防范及处置海外投资政治风险的国际公约<br>F3. 以集体撤资为威胁<br>F4. 诉诸国际媒体,施加舆论压力 |
| 国家 | H2. 引导企业在当地合法经营 | I1. 政府间的谈判和协调<br>I2. 政府为企业提供必要的帮助(如人员撤离)<br>I4. 运用国际贸易联盟干预 |

表7.10 情景Ⅱ 政府或合作方违约的对策提炼和组合

| | 事中 | 事后 |
|---|---|---|
| 项目 | B5. 掌握核心和关键技术<br>B6. 与当地商业紧密合作 | C1. 改变项目经营方式,调整项目实施计划<br>C3. 按照合同条款进行寻求补偿或索赔<br>C4. 提交申诉、诉诸国际调解和仲裁 |
| 企业 | E2. 与东道国各级地方主管机关关系良好<br>E5. 加强与当地企业合作<br>E6. 建立强有力的商会组织维护自身利益 | F3. 以集体撤资为威胁 |
| 国家 | H1. 驻当地外交机构与企业保持紧密的联系<br>H6. 为海外经营企业提供政策和法律上的保护 | I1. 政府间的谈判和协调<br>I4. 运用国际贸易联盟干预 |

表7.11 情景Ⅲ 政策变更的对策提炼和组合

| | 事中 | 事后 |
|---|---|---|
| 项目 | B3. 雇佣有能力的当地人<br>B4. 使用有经验和熟悉的分包商和供应商<br>B6. 与当地商业紧密合作 | C1. 改变项目经营方式,调整项目实施计划<br>C3. 按照合同条款进行寻求补偿或索赔 |
| 企业 | E2. 与东道国各级地方主管机关关系良好<br>E5. 加强与当地企业合作 | F3. 以集体撤资为威胁 |
| 国家 | H1. 驻当地外交机构与企业保持紧密的联系<br>H2. 引导企业在当地合法经营<br>H3. 为企业提供信息服务 | I1. 政府间的谈判和协调<br>I2. 政府为企业提供必要的帮助(如经济补助)<br>I4. 运用国际贸易联盟干预 |

表7.12 情景Ⅳ 政府不良治理的对策提炼和组合

| | 事中 | 事后 |
|---|---|---|
| 项目 | B3. 雇佣有能力的当地人<br>B4. 使用有经验和熟悉的分包商和供应商<br>B6. 与当地商业紧密合作 | C1. 改变项目经营方式,调整项目实施计划 |

续表 7.12

| | 事中 | 事后 |
|---|---|---|
| 企业 | E2. 与东道国各级地方主管机关关系良好 | F6. 调整企业在东道国的投资战略 |
| 国家 | H1. 驻当地外交机构与企业保持紧密的联系<br>H5. 建立政治风险评估机构,对东道国政治风险进行评估,为企业提供参考 | I2. 政府为企业提供必要的帮助(如人员撤离) |

表 7.13　情景Ⅴ冲突或战争的对策提炼和组合

| | 事中 | 事后 |
|---|---|---|
| 项目 | B7. 暂停项目建设<br>B1. 监控社会政治因素的变动 | C1. 改变项目经营方式,调整项目实施计划<br>C2. 启动应急或危机处理计划 |
| 企业 | E7. 做好人员的隔离与保护,各项资产的保全和管理 | F5. 妥善安置或撤离人员,清点处理各项资产 |
| 国家 | H1. 驻当地外交机构与企业保持紧密的联系 | I1. 政府间的谈判和协调<br>I2. 政府为企业提供必要的帮助(如人员撤离) |

表 7.14　情景Ⅵ排外行为的对策提炼和组合

| | 事中 | 事后 |
|---|---|---|
| 项目 | B3. 雇佣有能力的当地人<br>B6. 与当地商业紧密合作 | C1. 改变项目经营方式,调整项目实施计划 |
| 企业 | E1. 遵守并尊重当地文化和传统<br>E3. 树立良好的企业和管理者形象<br>E4. 考虑社会公众利益,参与当地公益事业<br>E5. 加强与当地企业合作 | F3. 以集体撤资为威胁 |
| 国家 | H2. 引导企业在当地合法经营 | I1. 政府间的谈判和协调<br>I2. 政府为企业提供必要的帮助(如人员撤离) |

表 7.15　情景Ⅶ抵制项目的对策提炼和组合

| | 事中 | 事后 |
|---|---|---|
| 项目 | B1. 监控社会政治因素的变动<br>B2. 利于保护生态环境<br>B3. 雇佣有能力的当地人<br>B4. 使用有经验和熟悉的分包商和供应商<br>B5. 掌握核心和关键技术<br>B6. 与当地商业紧密合作<br>B7. 暂停项目建设 | C1. 改变项目经营方式,调整项目实施计划<br>C2. 启动应急或危机处理计划<br>C3. 按照合同条款进行寻求补偿或索赔<br>C4. 提交申诉、诉诸国际调解和仲裁 |
| 企业 | E1. 遵守并尊重当地文化和传统<br>E2. 与东道国各级地方主管机关关系良好<br>E3. 树立良好的企业和管理者形象<br>E4. 考虑社会公众利益,参与当地公益事业<br>E5. 加强与当地企业合作<br>E6. 建立强有力的商会组织维护自身利益<br>E7. 做好人员的隔离与保护,各项资产的保全和管理 | F1. 充分利用相关的防范及处置海外投资政治风险的国际公约<br>F3. 以集体撤资为威胁<br>F4. 诉诸国际媒体,施加舆论压力<br>F5. 妥善安置或撤离人员,清点处理各项资产<br>F6. 调整企业在东道国的投资战略 |

续表 7.15

| | 事中 | 事后 |
|---|---|---|
| 国家 | H1. 驻当地外交机构与企业保持紧密的联系<br>H2. 引导企业在当地合法经营<br>H5. 建立政治风险评估机构,对东道国政治风险进行评估,为企业提供参考<br>H6. 为海外经营企业提供政策和法律上的保护 | I1. 政府间的谈判和协调<br>I2. 政府为企业提供必要的帮助(如人员撤离) |

### 7.3.3 政治风险关键事前对策分析

通过分析国内外各类期刊上的相关文献以及政治风险案例库提供的政治风险应对策略,设计了政治风险"情景—对策"研究的调研问卷。调研问卷以国内外研究国际工程管理的学术人员和从事国际工程承包业务的从业人员作为调查对象,对每个事前对策和特定政治风险情景下的事中、事后对策采用 Likert 的五级量表进行重要性评价:1 分表示不重要;2 分表示重要性较小;3 分表示重要性中等;4 分表示重要;5 分表示非常重要。

本次共发放调研问卷 316 份,回收问卷 104 份,其中有效问卷 103 份。在这 103 份问卷中,41 份来自全球 12 个国家的 27 个研究机构的学者,另外 62 份来自中国的国际承包商。55.34% 的被调查对象对于国际工程都有 10 年以上的从业或者学术经验(见表 7.16)。

表 7.16 问卷调研对象工作经验

| 工作经验(年) | <5 | 6~10 | 11~15 | 16~20 | >20 |
|---|---|---|---|---|---|
| 学术人员 | 12.20% | 17.07% | 36.59% | 26.83% | 7.32% |
| 从业人员 | 16.13% | 35.48% | 30.65% | 14.52% | 3.22% |
| 全部 | 14.56% | 28.16% | 33.01% | 19.42% | 4.85% |

调查结果显示 85.44% 的被访者认为国际工程市场上政治风险管理是重要或者非常重要的,61.17% 的被访者认为中国承包商在国际工程市场上实施政治风险管理的成效仅仅是有一些效果或者甚至无效果。本章全部数据表 Cronbach's Alpha 系数为 0.926>0.8,说明样本数据质量较高,具有很好的可靠性。

统计分析结果如表 7.17 所示。

表 7.17 事前对策的统计性分析

| 编码 | 变量名称 | 均值 | 标准差 | 排序 |
|---|---|---|---|---|
| A1 | 在项目的可行性研究阶段分析东道国的政治背景及其现状 | 4.71 | 0.50 | 1 |
| G1 | 与东道国政府建立良好外交关系 | 4.54 | 0.61 | 2 |
| A4 | 制订合理的风险应急计划及危机处理预案 | 4.44 | 0.72 | 3 |
| D9 | 与权力组织建立良好关系 | 4.29 | 0.64 | 4 |
| G9 | 加强与东道国政府的政治磋商,扩大双边经贸合作 | 4.28 | 0.71 | 5 |
| G8 | 积极参加多边贸易体系和国际区域经济合作 | 4.24 | 0.65 | 6 |

续表 7.17

| 编码 | 变量名称 | 均值 | 标准差 | 排序 |
|---|---|---|---|---|
| A3 | 与项目东道国政府签订协议以获得政府机构的担保 | 4.21 | 0.74 | 7 |
| G3 | 为本国的承包商营造良好的国际经营环境 | 4.19 | 0.92 | 8 |
| G2 | 尽量避免贸易争端、贸易战 | 4.18 | 0.78 | 9 |
| G7 | 完善出口信用保险和海外投资保险制度,扩大政治风险投保的承保范围 | 4.08 | 0.75 | 10 |
| D1 | 避免在政治风险高的地区和国家承接工程项目 | 4.02 | 0.79 | 11 |
| G6 | 为企业海外经营提供建议和协助,在重大决策上提供智力支持 | 4.02 | 0.91 | 12 |
| A7 | 通过合理的合同安排 | 4.00 | 0.84 | 13 |
| D8 | 选择具有良好关系的当地合作伙伴 | 3.91 | 0.69 | 14 |
| G4 | 设立专门机构处理涉及公民海外安全方面的问题 | 3.90 | 1.00 | 15 |
| A2 | 放弃或终止政治风险大的项目 | 3.88 | 0.83 | 16 |
| G10 | 签订国家间条约 | 3.85 | 0.80 | 17 |
| A5 | 为项目安排风险基金,利用金融工具 | 3.81 | 0.79 | 18 |
| D11 | 调整融资结构,利用资金杠杆 | 3.71 | 1.03 | 19 |
| G5 | 为企业的海外经营提供更多的商业机会 | 3.70 | 0.96 | 20 |
| D5 | 建立一个国际投资者和贷款方的多边投资集团,利用多边法律保护措施 | 3.69 | 0.87 | 21 |
| D10 | 培养和训练员工的安全、自我保护技能 | 3.60 | 0.98 | 22 |
| A8 | 与当地的承包商组成联合体 | 3.54 | 0.65 | 23 |
| D3 | 在多国投资以分散风险 | 3.53 | 0.92 | 24 |
| D7 | 尽可能运用当地资金 | 3.52 | 1.00 | 25 |
| D2 | 实施本土化的经营战略 | 3.50 | 0.88 | 26 |
| A6 | 投保政治险 | 3.28 | 0.65 | 27 |
| D6 | 尽可能减少固定资产投资 | 3.18 | 0.99 | 28 |
| D4 | 股权多国化 | 3.17 | 0.83 | 29 |
| A9 | 增加报价,提高企业的风险承受能力 | 3.02 | 0.97 | 30 |

国际工程承包商在承接海外业务前需要实施一系列的对策来防范政治风险,其中排名最高的几个事前对策为"在项目的可行性研究阶段分析东道国的政治背景及其现状(A1)""与东道国政府建立良好外交关系(G1)""制订合理的风险应急计划及危机处理预案(A4)""与权力组织建立良好关系(D9)""加强与东道国政府的政治磋商,扩大双边经贸合作(G9)"。

1) 在项目的可行性研究阶段分析东道国的政治背景及其现状(A1)

在项目的可行性研究阶段分析东道国的政治背景及其现状(A1)均值为4.71,排名第一。政治风险的监控和预警远远胜于风险来临时的解决。任何一个公司准备进行跨国投资前都需要尽可能地详细准备,重视对所在国的政治局势、国际战略环境等潜在政治风险的研究,由项目管理者负责做好项目的可研报告,全面掌握东道国的政治环境要素,能够对可能到来的潜在风险做出精准的判断,减少没有必要的经济损失。具体而言,需要了解的要素包括:整体的政治稳定性;项目东道国与本国政府的关系亲疏、东道国与世界大国的关系、东道国与周边邻国的关系;以往的政府类型、国内政治派别和各党派的政治实力及其政治理念;发生局部战争的概率;民族、宗教情况;政权和政策的稳定性、经济政策、政府对外资进入政策及其变动趋势等。项目管理者要对政治风险进行评估,可以通过设立专家组来实现,但由于政治风险评估是一项专业性要求高、复杂程度大的工作,因此可以借助专业机构来完成政治风险的评估。

2) 与东道国政府建立良好外交关系(G1)

与东道国政府建立良好外交关系(G1)均值为 4.54,排名第二。这里的外交关系是指本国政府通过外交手段与东道国政府加强合作会话建立起来的关系。Ashley 和 Bonner (1987)指出本国政府与东道国政府保持良好的关系是降低政治风险的关键对策。如果东道国和母国之间的关系紧张,政府的决策就可能突然变得对跨国公司不公平,这就增加了政治风险(Khattab et al.,2007)。因此,我国政府需要积极利用和平外交等手段,与东道国政府增强双方政治互信,建立起友好的合作关系,削弱东道国反华排华的负面影响。健全我国海外投资保护机制是"硬性的"保护,而外交保护则是一种"弹性的"保护。软硬皆施、相辅相成才能更好地防范我国国际承包商在海外投资中面临的政治风险。

3) 制订合理的风险应急计划及危机处理预案(A4)

制订合理的风险应急计划及危机处理预案(A4)均值为 4.44,排名第三。在项目可研分析后投资之前,项目管理者应该建立恰当的风险管理体制。建立何种体制最有利于减弱海外投资风险,视不同的投资主体和投资项目而定。Lee 和 Schaufelberger(2013)提出了建立一个争议解决程序来管理主权风险。这还远远不够。针对具体场所、环境、设备和设施,预测、分析和评价潜在政治风险的形式、发展过程、危害范围和程度,为降低风险损失,就不同政治风险发生后的应急救援部门、人员、设备、设施,以及行动步骤、控制风险发展的程序和方法等,都需要预先制订详细的计划和方案。中国国际承包商的项目管理者可参考国内外学者已有的研究结果,在此基础上细化和调整,制订出适合自己项目的计划和方案。

4) 与权力组织建立良好关系(D9)

与权力组织建立良好关系(D9)均值为 4.29,排名第四。根据 Ashley 和 Bonner(1987)的观点,权力组织是指东道国政府正式的权力机构之外的组织,包括劳动者工会、商业协会、环保组织、有组织的施压团体以及其他利益团体(如当地商业联盟)。权力组织可以通过以下几个方面影响国际工程项目的建设实施:一是影响决策者制定决策;二是塑造政治环境和社会环境;三是其他的一些干扰活动(比如额外的行政检查)(Deng et al.,2014)。例如,2013 年纽约大都会运输署(MTA)宣布将价值 2.35 亿美元的维拉萨诺桥(Verrazano Bridge)改造工程外包到中国,这个决定一经发布就引发了美国钢铁工人的抗议,后来中国制造的成品钢板受到了美国的严格质量控制测试。

5) 加强与东道国政府的政治磋商,扩大双边经贸合作(G9)

加强与东道国政府的政治磋商,扩大双边经贸合作(G9)均值为 4.28,排名第五。Lee

和 Schaufelberger(2013)通过对项目的案例分析表明,东道国政府的支持和积极参与将是必不可少的有效的风险管理措施。东道国对企业越是依赖,企业面临的政治风险就会越低;东道国越是依赖于跨国公司的母国,企业面临的微观政治风险就会越低(Alon,2009)。为了能给中国国际承包商在海外营造一个良好的投资环境,中国政府应当与东道国政府建立经常性对话平台,加强政治磋商;中国政府应当与东道国政府加强在贸易、投资等领域的合作,建立和完善双边投资合作机制。中国政府应当与东道国政府协商就知识产权保护、生态环境保护、技术壁垒、非关税投资保护、传统历史文化保护以及劳务输出人员安全等方面达成一致意见。在双边投资保护协定中,中国政府需要与东道国政府明确投资促进和保护、投资待遇、国有化和征收、损失赔偿、争端解决、税收条款、自贸区和区域性安排、条约适用等问题。中国和俄罗斯之间的"安大线"输油管项目一波三折,夭折而终。这个项目实际上涉及了中俄两国之间的政治和经济利益,已经远远超出了一个石油公司的经营范围,这就要求政府及时进行政治磋商和外交保护。

### 7.3.4 特定政治风险情景下的事中、事后对策分析

1) 情景Ⅰ:政府干预

在政府干预的情景下,被调查者对项目管理者、中国国际承包商和中国政府可以采取的对策进行打分,统计结果如表 7.18 所示。

表 7.18 情景Ⅰ的事中/事后对策的统计性分析

| 编码 | 变量名称 | 均值 | 标准差 | 排序 |
|---|---|---|---|---|
| E2 | 与东道国各级地方主管机关关系良好 | 4.37 | 0.68 | 1 |
| B5 | 掌握核心和关键技术 | 4.35 | 0.68 | 2 |
| C3 | 按照合同条款进行寻求补偿或索赔 | 4.14 | 0.77 | 3 |
| C4 | 提交申诉、诉诸国际调解和仲裁 | 4.13 | 0.71 | 4 |
| I1 | 政府间的谈判和协调 | 4.02 | 0.69 | 5 |
| I2 | 政府为企业提供必要的帮助(如人员撤离) | 3.98 | 0.73 | 6 |
| H2 | 引导企业在当地合法经营 | 3.96 | 0.82 | 7 |
| F1 | 充分利用相关的防范及处置海外投资政治风险的国际公约 | 3.95 | 0.76 | 8 |
| I4 | 运用国际贸易联盟干预 | 3.84 | 0.67 | 9 |
| E5 | 加强与当地企业合作 | 3.81 | 0.83 | 10 |
| B6 | 与当地商业紧密合作 | 3.76 | 0.62 | 11 |
| F4 | 诉诸国际媒体,施加舆论压力 | 3.62 | 1.00 | 12 |
| E6 | 建立强有力的商会组织维护自身利益 | 3.43 | 0.99 | 13 |
| F3 | 以集体撤资为威胁 | 2.42 | 0.77 | 14 |

由表 7.18 可以看出,在政府干预的情景下,最为重要的几个对策为:事中企业管理者"与东道国各级地方主管机关关系良好(E2)",项目管理者"掌握核心和关键技术(B5)";事后项目管理者"按照合同条款进行寻求补偿或索赔(C3)",项目管理者"提交申诉、诉诸国际

调解和仲裁（C4）"，本国政府积极与东道国政府进行"政府间的谈判和协调（I1）"等。

在政府干预的过程中，企业管理者"与东道国各级地方主管机关关系良好（E2）"，可以及时获得政府政策和计划的最新信息，协商政府的干预程度或者干预方向，在不触动企业根本利益的情况下可以适当做出让步，从而使政府干预程度降低，减轻损失；项目管理者努力"掌握核心和关键技术（B5）"，如若东道国对项目的技术或产品产生依赖，这就可以成为企业管理者与东道国政府沟通协调的谈资。在政府干预已经给项目造成了难以挽回的损失之后，项目管理者应当测算损失的数量，及时"按照合同条款进行寻求补偿或索赔（C3）"，以求尽最大可能弥补损失；不管索赔成功或失败，本国政府应当积极与东道国政府进行"政府间的谈判和协调（I1）"，一则要求政府不再干预，二则可以帮助企业获得赔偿；必要时，项目管理者及时"提交申诉、诉诸国际调解和仲裁（C4）"，可能会取得理想的结果。

2）情景Ⅱ：政府或合作方违约

在政府或合作方违约的情景下，被调查者对项目管理者、中国国际承包商和中国政府可以采取的对策进行打分，统计结果如表7.19所示。

表7.19　情景Ⅱ的事中/事后对策的统计性分析

| 编码 | 变量名称 | 均值 | 标准差 | 排序 |
| --- | --- | --- | --- | --- |
| C3 | 按照合同条款进行寻求补偿或索赔 | 4.43 | 0.67 | 1 |
| E2 | 与东道国各级地方主管机关关系良好 | 4.36 | 0.59 | 2 |
| H6 | 为海外经营企业提供政策和法律上的保护 | 4.32 | 0.72 | 3 |
| I1 | 政府间的谈判和协调 | 4.20 | 0.77 | 4 |
| B5 | 掌握核心和关键技术 | 4.13 | 0.81 | 5 |
| H1 | 驻当地外交机构与企业保持紧密的联系 | 3.95 | 0.87 | 6 |
| C4 | 提交申诉、诉诸国际调解和仲裁 | 3.82 | 0.84 | 7 |
| B6 | 与当地商业紧密合作 | 3.78 | 0.88 | 8 |
| E6 | 建立强有力的商会组织维护自身利益 | 3.60 | 0.93 | 9 |
| I4 | 运用国际贸易联盟干预 | 3.58 | 0.75 | 10 |
| C1 | 改变项目经营方式，调整项目实施计划 | 3.56 | 0.97 | 11 |
| E5 | 加强与当地企业合作 | 3.50 | 0.73 | 12 |
| F3 | 以集体撤资为威胁 | 2.33 | 0.92 | 13 |

由表7.19可以看出，在政府或合作方违约的情景下，最为重要的几个对策为：事中企业"与东道国各级地方主管机关关系良好（E2）"，项目管理者"掌握核心和关键技术（B5）"；事后项目管理者"按照合同条款进行寻求补偿或索赔（C3）"、"政府间的谈判和协调（I1）"，本国政府"为海外经营企业提供政策和法律上的保护（H6）"等。

在东道国政府或合作方违约的过程中，中国承包商"与东道国各级地方主管机关关系良好（E2）"，尽力扭转意图违约方的违约意愿；同样，如果项目管理者"掌握核心和关键技术（B5）"，这就增加了东道国政府或合作方的潜在违约损失。如果没能阻止东道国政府或合作方的违约,违约风险已经造成了客观存在的损失,项目管理者(或者本国承包商)应该及时"按照合同条款进行寻求补偿或索赔(C3)",如果本国政府能"为海外经营企业提供政策和法律上的保护(H6)",由本国政府出面与东道国政府进行"政府间的谈判和协调(I1)"也非常必要。

3) 情景Ⅲ:政策变更

在政策变更的情景下,被调查者对项目管理者、中国国际承包商和中国政府可以采取的对策进行打分,统计结果如表7.20所示。

表7.20 情景Ⅲ的事中/事后对策的统计性分析

| 编码 | 变量名称 | 均值 | 标准差 | 排序 |
|---|---|---|---|---|
| E2 | 与东道国各级地方主管机关关系良好 | 4.44 | 0.62 | 1 |
| C3 | 按照合同条款进行寻求补偿或索赔 | 4.33 | 0.55 | 2 |
| B4 | 使用有经验和熟悉的分包商和供应商 | 4.31 | 0.56 | 3 |
| I1 | 政府间的谈判和协调 | 4.17 | 0.58 | 4 |
| H1 | 驻当地外交机构与企业保持紧密的联系 | 4.15 | 0.75 | 5 |
| I2 | 政府为企业提供必要的帮助(如人员撤离) | 4.13 | 0.75 | 6 |
| H3 | 为企业提供信息服务 | 4.08 | 0.96 | 7 |
| E5 | 加强与当地企业合作 | 4.07 | 0.73 | 8 |
| B3 | 雇佣有能力的当地人 | 4.05 | 0.95 | 9 |
| C1 | 改变项目经营方式,调整项目实施计划 | 3.90 | 0.81 | 10 |
| B6 | 与当地商业紧密合作 | 3.70 | 0.70 | 11 |
| I4 | 运用国际贸易联盟干预 | 3.58 | 0.76 | 12 |
| H2 | 引导企业在当地合法经营 | 3.55 | 0.99 | 13 |
| F3 | 以集体撤资为威胁 | 2.82 | 1.21 | 14 |

由表7.20可以看出,在政策变更的情境下,最为关键的几个对策为:事中企业积极"与东道国各级地方主管机关关系良好(E2)",项目管理者"使用有经验和熟悉的分包商和供应商(B4)",本国政府"驻当地外交机构与企业保持紧密的联系(H1)";事后项目管理者"按照合同条款进行寻求补偿或索赔(C3)",本国政府与东道国政府进行"政府间的谈判和协调(I1)"等。

在察觉东道国政策变更存在可能性的过程中,中国承包商积极"与东道国各级地方主管机关关系良好(E2)",尝试改变东道国政府政策变更意向,使其不变更或者变更后对企业的影响降低;项目管理者及时分包或者大力发挥"使用有经验和熟悉的分包商和供应商(B4)"的作用,与他们交流合作,尤其是当地的企业,不仅对政策动向有更敏锐的直觉力,而且有助于国际承包商赢得东道国政府各级机构的好感;中国政府"驻当地外交机构与企保持紧密的联系(H1)"也非常必要,为企业提供及时的信息咨询和方向性的良好指导。在政策变更之后,不利影响已经存在,项目管理者就应当及时"按照合同条款进行寻求补偿或索赔(C3)",本国政府也应当积极与东道国政府进行"政府间的谈判和协调(I1)",通过谈判来弥补损失,为本国企业后续的营业活动增加保障。

4) 情景Ⅳ:政府不良治理

在政府不良治理的情景下,被调查者对项目管理者、中国国际承包商和中国政府可以采取的对策进行打分,统计结果如表7.21所示。

表7.21 情景Ⅳ的事中/事后对策的统计性分析

| 编码 | 变量名称 | 均值 | 标准差 | 排序 |
|---|---|---|---|---|
| E2 | 与东道国各级地方主管机关关系良好 | 4.40 | 0.69 | 1 |
| H5 | 建立政治风险评估机构,对东道国政治风险进行评估,为企业提供参考 | 4.25 | 0.79 | 2 |
| B4 | 使用有经验和熟悉的分包商和供应商 | 4.22 | 0.78 | 3 |
| I2 | 政府为企业提供必要的帮助(如人员撤离) | 4.13 | 0.57 | 4 |
| F6 | 调整企业在东道国的投资战略 | 4.02 | 0.64 | 5 |
| H1 | 驻当地外交机构与企业保持紧密的联系 | 3.99 | 0.60 | 6 |
| B3 | 雇佣有能力的当地人 | 3.88 | 0.94 | 7 |
| B6 | 与当地商业紧密合作 | 3.71 | 0.62 | 8 |
| C1 | 改变项目经营方式,调整项目实施计划 | 3.43 | 1.02 | 9 |

由表7.21可以看出,在政府不良治理的情景下,最为关键的几个对策为:事中企业"与东道国各级地方主管机关关系良好(E2)",本国政府"建立政治风险评估机构,对东道国政治风险进行评估,为企业提供参考(H5)",项目管理者"使用有经验和熟悉的分包商和供应商(B4)";事后本国"政府为企业提供必要的帮助(I2)","调整企业在东道国的投资战略(F6)"等。

在东道国政府治理不良的过程中,企业需要"与东道国各级地方主管机关关系良好(E2)";本国政府需要对东道国政府的不良治理情况和投资环境进行分析,"建立起政治风险评估机构,对东道国政治风险进行评估,为企业提供参考(H5)";项目管理者可以"使用有经验和熟悉的分包商和供应商(B4)",既能获得帮助,也能分担风险。如果东道国不良治理已经给国际工程项目造成了不可挽回的损失,比如由于管理混乱,项目审批一直被搁置,工期严重拖延,本国政府就需要"为企业提供必要的帮助(I2)",如信息咨询、协助索赔、协助申请国际仲裁等;中国承包商也要审时度势,及时"调整企业在东道国的投资战略(F6)",将损失降到最低。

5) 情景Ⅴ:冲突或战争

在冲突和战争的情景下,被调查者对项目管理者、中国国际承包商和中国政府可以采取的对策进行打分,统计结果如表7.22所示。

表 7.22　情景Ⅴ的事中/事后对策的统计性分析

| 编码 | 变量名称 | 均值 | 标准差 | 排序 |
|---|---|---|---|---|
| E7 | 做好人员的隔离与保护,各项资产的保全和管理 | 4.74 | 0.46 | 1 |
| H1 | 驻当地外交机构与企业保持紧密的联系 | 4.54 | 0.67 | 2 |
| B7 | 暂停项目建设 | 4.52 | 0.75 | 3 |
| C2 | 启动应急或危机处理计划 | 4.41 | 0.90 | 4 |
| I2 | 政府为企业提供必要的帮助(如人员撤离) | 4.40 | 0.94 | 5 |
| F5 | 妥善安置或撤离人员,清点处理各项资产 | 4.32 | 1.07 | 6 |
| B1 | 监控社会政治因素的变动 | 4.22 | 0.77 | 7 |
| I1 | 政府间的谈判和协调 | 4.00 | 0.70 | 8 |
| C1 | 改变项目经营方式,调整项目实施计划 | 3.64 | 1.14 | 9 |

由表 7.22 可以看出,在冲突或战争的情景下,最为关键的几个对策为:事中企业"做好人员的隔离与保护,各项资产的保全和管理(E7)",本国政府"驻当地外交机构与企业保持紧密的联系(H1)",项目管理者"暂停项目建设(B7)";事后项目管理者"启动应急或危机处理计划(C2)",本国"政府为企业提供必要的帮助(I2)"等。

冲突或战争的危害巨大,极易造成难以估量的财产损失和成百上千的人员伤亡。在冲突或战争发生的过程中,企业一定要"做好人员的隔离与保护,各项资产的保全和管理(E7)";本国政府"驻当地外交机构与企业保持紧密的联系(H1)",项目管理者及时"暂停项目建设(B7)",重心放在安全保护上面;在冲突或战争发生之后,项目管理者需要第一时间"启动应急或危机处理计划(C2)",按紧急情况保持高度的警惕性,并且本国政府要"为企业提供必要的帮助(I2)",比如人员救助、人员撤离等。

6) 情景Ⅵ:排外行为

在排外行为的情景下,被调查者对项目管理者、中国国际承包商和中国政府可以采取的对策进行打分,统计结果如表 7.23 所示。

表 7.23　情景Ⅵ的事中/事后对策的统计性分析

| 编码 | 变量名称 | 均值 | 标准差 | 排序 |
|---|---|---|---|---|
| E1 | 遵守并尊重当地文化和传统 | 4.32 | 0.61 | 1 |
| B3 | 雇佣有能力的当地人 | 4.22 | 0.50 | 2 |
| E3 | 树立良好的企业和管理者形象 | 4.19 | 0.73 | 3 |
| E5 | 加强与当地企业合作 | 4.15 | 0.71 | 4 |
| H2 | 引导企业在当地合法经营 | 4.13 | 0.81 | 5 |
| E4 | 考虑社会公众利益,参与当地公益事业 | 4.10 | 0.83 | 6 |
| I2 | 政府为企业提供必要的帮助(如人员撤离) | 4.07 | 0.82 | 7 |
| B6 | 与当地商业紧密合作 | 3.90 | 0.83 | 8 |

续表 7.23

| 编码 | 变量名称 | 均值 | 标准差 | 排序 |
|---|---|---|---|---|
| C1 | 改变项目经营方式,调整项目实施计划 | 3.76 | 0.88 | 9 |
| I1 | 政府间的谈判和协调 | 3.13 | 0.85 | 10 |
| F3 | 以集体撤资为威胁 | 2.82 | 0.76 | 11 |

由表 7.23 可以看出,在排外行为的情景下,最为重要的几个对策为:事中企业"遵守并尊重当地文化和传统(E1)",项目管理者"雇佣有能力的当地人(如代理人、保安人员、法律和财务顾问)(B3)",企业"树立良好的企业和管理者形象(E3)"、"加强与当地企业合作(E5)",本国政府"引导企业在当地合法经营(H2)";事后"政府为企业提供必要的帮助(I2)"等。

在东道国发生排外的过程中,企业需要"遵守并尊重当地文化和传统(E1)",项目管理者可以"雇佣有能力的当地人(如代理人、保安人员、法律和财务顾问)(B3)",企业"加强与当地企业合作(E5)",这既为当地的就业问题做出了贡献,也提升了自身的竞争能力,有助于弱化外来者的形象,并"树立起良好的企业和管理者形象(E3)"。本国政府也应当"引导企业在当地的合法经营(H2)",避免排外活动的恶化;而一旦排外对企业造成了难以控制的威胁,政府就需要及时"为企业提供必要的帮助(如人员撤离)(I2)"等。

7) 情景Ⅶ:抵制项目

抵制项目包括东道国环境保护组织的抗议或阻挠、当地公众反对项目、企业内部工会的抗议等。由于针对项目抵制的原因错综复杂,情况特殊,需要做到具体问题具体分析,这样才能对特定的企业、项目管理者具有实际参考价值。由于情景Ⅶ的特殊性,采用专家访谈的方式对相应的对策进行分析。

如果发生环境保护组织的抗议或阻挠,项目管理者和企业都需要及时"改变项目经营方式,调整项目实施计划(C1)",做到"利于保护生态环境(B2)",并积极澄清,弱化自己的不良形象,宣传利于环保工作的行径;本国政府则需要"引导企业在当地合法经营(H2)",驻当地外交机构负责人与抗议带头人及时沟通谈判,控制不利的局面。事后,企业和项目管理者都需要总结教训,亡羊补牢,规范操作,本国政府可以适当"为企业提供金融及财政政策支持(H4)",支持企业参与环境保护相关的公益事业,改变不良形象(E4 和 E3)。

如果发生企业内部工会的抵制,企业管理者需要深入分析引起抵制的原因、牵头抵制的对象,及时与工会负责人沟通交流,谈判解决办法,做到息事宁人。比如项目"雇佣有能力的当地人(如代理人、保安人员、法律和财务顾问)(B3)""使用有经验和熟悉的分包商和供应商(B4)",公司要"加强与当地企业合作(E5)";项目"启动应急和危机处理计划(C2)""改变项目经营方式,调整项目实施计划(C1)"等这些措施都是非常有效的方法,结合具体情景酌情实施。

## 7.4 政治风险"情景—对策"体系流程图

上文中结合具体的政治风险情景研究,建立了中国政府、中国国际承包商以及国际工程项目管理者三方在政治风险发生的事前、事中和事后三个不同阶段的"情景—对策"模型,尤其在对策的重要性程度方面进行了突出分析。由于国际工程项目建设的特点,不同阶段对策的实施也是有一个时间先后的顺序关系。政治风险管理是贯穿于国际工程项目全生命周期的过程。本节将以对策实施的先后关系为着重点,对上文的事前、事中和事后三个阶段的对策的实施流程进一步明确,为了更清晰明了,将事前阶段详细命名为政治风险发生前的预警阶段,事中阶段详细命名为政治风险发生中的控制阶段,事后阶段命名为政治风险发生后的处置阶段。从这三个阶段,建立一个国际工程项目政治风险的应对策略体系流程。

### 7.4.1 政治风险发生前的预警

在政治风险发生前,政治风险发生的可能性和潜在损失大多是可以预计和防范的(Deng et al.,2014)。国际工程项目管理者、企业管理者和中国承包商从项目前期开始至政治风险发生前的这一个阶段,都需要开发和采取合适的对策,以做好前期准备,获得一个良好的内外部经营环境。其"情景—对策"体系流程如图 7.5 所示。

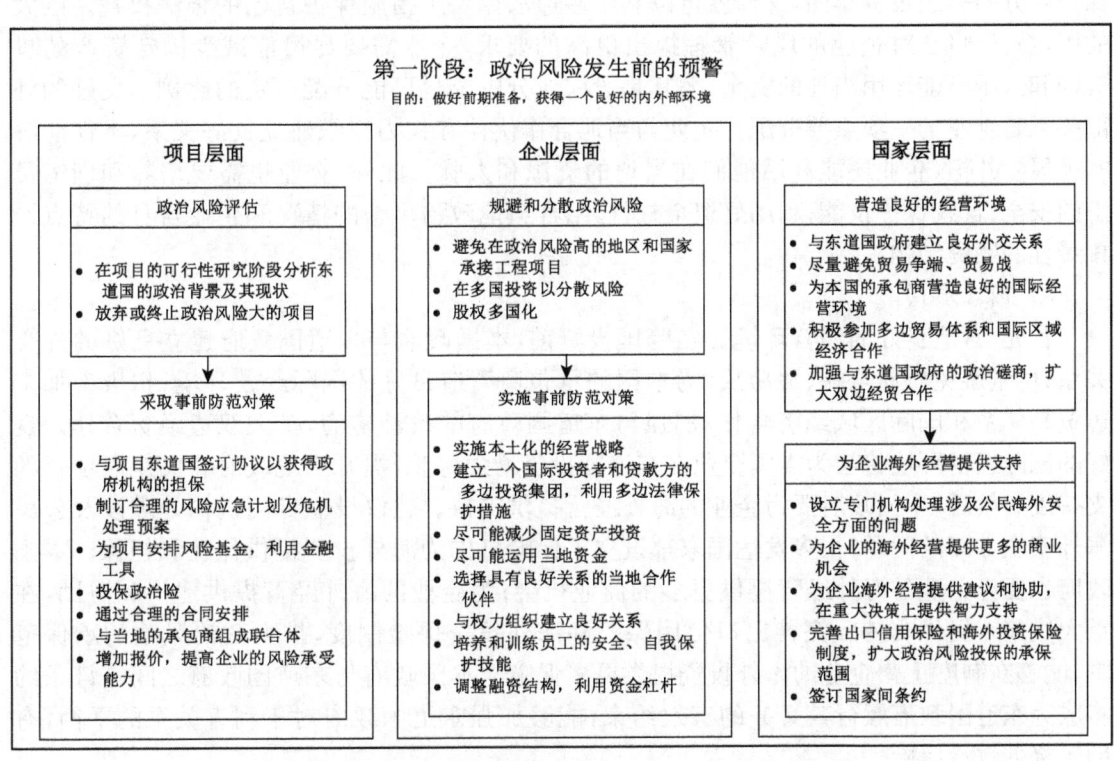

图 7.5 政治风险发生前的"情景—对策"体系流程图

1) 项目层面

首先,评估政治风险。在项目的可行性研究阶段,项目管理者就需要进行调研分析,深入了解东道国的政治背景及其现状。对于政治风险很大,只要超出自身的承受能力和应对范围的国际工程项目,项目管理者就必须坚定放弃或终止此项目的投资。然后,采取合适的事前防范对策。项目管理者可以通过与项目东道国签订协议以获得政府机构的担保,制订合理的风险应急计划及危机处理预案,这样当预测范围内的政治风险发生时,能够临危不乱,有序应对。项目管理者也可以为项目安排风险基金,利用金融工具;投保政治险,这对于汇率风险、利率风险、征收和国有化风险等方面卓有成效。通过合理的合同安排,与当地的承包商组成联合体,可以在项目管理者和当地的企业之间建立起法律和业务上的联系,不仅有助于共享风险,还能填补资源和技术缺口,有助于弱化外来投资者的形象。在不影响中标的情况下,适当增加报价,巧妙利用投标报价策略,能够为潜在的损失补偿提供保障。

2) 企业层面

首先,规避和分散政治风险。在项目前期,如果经过评估得知意向投资国或地区的政治风险很高,跨国公司就应该避免在这样的国家或地区投资,转向其他国家或地区承接工程项目,而且要在多个国家投资以分散风险。企业的股权要多国化,这要求股权的来源不仅仅包括本国政府、本国企业,还要尽可能包括东道国和其他国家的政府和企业。然后,实施详细的事前防范对策。比如实施本土化,加强与当地企业的合作;建立一个国际投资者和贷款方的多边投资集团,这样就可以利用多边法律保护措施保护自己的合法权益。巨大的固定资产将会对企业的风险管理提出更高的要求,企业需要尽可能减少固定资产的投资,同时,尽可能运用当地的资金,尤其是股权成分中要尽可能分配一定的比例。良好的外部关系是企业的一项重要资源。企业与当地合作伙伴和权力组织建立良好关系,不仅能够实现风险共担,企业还能利用他们在当地的资源和人脉。此外,企业也需要培养和训练员工的安全、自我保护技能;利用好资金杠杆,结合当地政治风险的情况和企业自身的特点设置最佳的融资结构。

3) 国家层面

首先,营造良好的经营环境。在跨国投资前,本国政府与东道国政府建立良好的外交关系;尽量避免贸易争端、贸易战;为本国的承包商营造良好的国际经营环境;积极参加多边贸易体系和国际区域经济合作;加强与东道国政府的政治磋商,扩大双边经贸合作。良好的国际经营环境将会为本国企业在东道国投资增强好感,提升当地政府和民众对项目的支持度。然后,本国政府要为企业的海外经营提供支持。建议设立专门机构处理涉及公民海外安全方面的问题,很多发达国家都设立了保险机构为海外投资提供保险和担保。本国政府也要为企业的海外经营提供更多的商业机会;为企业的海外经营提供建议和协助,在重大决策上提供支持。完善出口信用保险和海外投资保险制度,扩大政治风险的承保范围,能够在制度上为企业的海外投资提供更多保障。本国政府与东道国政府之间签订条约将成为东道国政府履行其义务的有效约束,能够加强东道国政府对于利害关系的平衡,有助于降低政治风险。

## 7.4.2 政治风险发生中的控制

风险管理是项目管理取得成功的重要因素(Baloi & Price,2003),一旦政治风险出现发生的苗头或迹象,项目管理者和承包商就需要高度重视,及时分析,对症下药,采取合适的对策;本国驻东道国大使馆在得知讯息之后需要第一时间向本国政府汇报,并采取适当的对策为企业提供支持和帮助。结合上文对政治风险情景的分类,下文分析了政治风险发生过程中项目管理者、企业管理者和本国政府应该采取的对策,以减少政治风险的影响。其"情景—对策"体系流程如图7.6所示。

# 7 国际工程政治风险应对策略

## 第二阶段：政治风险发生中的控制
目的：减少政治风险的影响

### 第Ⅰ类 政府干预

**项目层面**
- 掌握核心和关键技术
- 与当地商业紧密合作

**企业层面**
- 与东道国各级地方主管机关关系良好
- 加强与当地企业合作
- 建立强有力的商会组织维护自身利益

**国家层面**
- 引导企业在当地合法经营

### 第Ⅱ类 政府或合作方违约

**项目层面**
- 掌握核心和关键技术
- 与当地商业紧密合作

**企业层面**
- 与东道国各级地方主管机关关系良好
- 加强与当地企业合作
- 建立强有力的商会组织维护自身利益

**国家层面**
- 驻当地外交机构与企业保持紧密的联系
- 引导企业在当地合法经营

### 第Ⅲ类 政策变更

**项目层面**
- 雇佣有能力的当地人（如代理人、保安人员、法律和财务顾问）
- 选择经验丰富和熟悉的分包商和供应商
- 与当地商业紧密合作

**企业层面**
- 与东道国各级地方主管机关关系良好
- 加强与当地企业合作

**国家层面**
- 驻当地外交机构与企业保持紧密的联系
- 引导企业在当地的合法经营
- 为企业提供信息服务

### 第Ⅳ类 政府不良治理

**项目层面**
- 雇佣有能力的当地人（如代理人、保安人员、法律和财务顾问）
- 使用有经验和熟悉的分包商和供应商
- 与当地商业紧密合作

**企业层面**
- 与东道国各级地方主管机关关系良好

**国家层面**
- 驻当地外交机构与企业保持紧密的联系
- 建立政治风险评估机构，对东道国政治风险进行评估，为企业提供参考

### 第Ⅴ类 冲突或战争

**项目层面**
- 监控社会政治因素的变动
- 暂停项目建设

**企业层面**
- 做好人员的隔离和保护，各项资产的保全和管理

**国家层面**
- 驻当地外交机构与企业保持紧密的联系

### 第Ⅵ类 排外行为

**项目层面**
- 雇佣有能力的当地人（如代理人、保安人员、法律和财务顾问）
- 与当地商业紧密合作

**企业层面**
- 遵守并尊重当地文化和传统
- 树立良好的企业和管理者形象
- 考虑社会公众利益
- 参与当地公益事业
- 加强与当地企业合作

**国家层面**
- 引导企业在当地合法经营

### 第Ⅶ类 抵制项目

**项目层面**
- 监控社会政治因素的变动
- 利于保护生态环境
- 雇佣有能力的当地人（如代理人、保安人员、法律和财务顾问）
- 使用有经验和熟悉的分包商和供应商
- 掌握核心和关键技术
- 与当地商业紧密合作
- 暂停项目建设

**企业层面**
- 遵守并尊重当地文化和传统
- 与东道国各级地方主管机关关系良好
- 树立良好的企业和管理者形象
- 考虑社会公众利益，参与当地公益事业
- 加强与当地企业合作
- 建立强有力的商会组织维护自身利益
- 做好人员的隔离与保护，做好各项资产的保全和管理

**国家层面**
- 驻当地外交机构与企业保持紧密的联系
- 引导企业在当地合法经营
- 建立政治风险评估机构，对东道国政治风险进行评估，为企业提供参考
- 为海外经营企业提供政策和法律上的保护

图 7.6　政治风险发生中的"情景—对策"体系流程图

1) 第Ⅰ类政府干预情景

当判定潜在发生的政治风险属于政府干预时,项目管理者需要牢牢运用核心和关键的技术,并且与当地的商业紧密合作。企业则需要与东道国各级地方主管机关加强沟通,力争建立良好的关系;加强与当地企业合作,参与当地的商业利益可以为企业提供一个缓冲期;通过商会组织可以帮助企业加强与当地的沟通和融合,及时化解隐患。本国政府需要引导企业在当地合法经营,对企业的不良开发行为及时纠正和指导,避免其短期行为。

2) 第Ⅱ类政府或合作方违约情景

政府或合作方违约情景发生中的控制对策与政府干预情景发生中的控制对策比较相似。当判定潜在发生的政治风险属于政府或者合作方违约时,项目管理者需要牢牢运用核心和关键的技术,并且与当地的商业紧密合作。企业需要与东道国各级地方主管机关加强沟通,力争建立良好的关系;加强与当地企业合作;通过商会组织维护自身的利益。本国政府驻当地外交机构需要与企业保持紧密联系;并引导企业在当地合法经营。

3) 第Ⅲ类政策变更情景

当判定潜在发生的政治风险属于政策变更情景时,项目管理者可以雇佣有能力的当地人(如代理人、保安人员、法律和财务顾问);使用有经验和熟悉的分包商和供应商;与当地商业紧密合作。Bing et al.(1999)就建议雇佣有影响力的当地组织和个人。企业管理者需要与东道国各级主管机关保持良好的关系;加强与当地企业合作。本国政府驻当地外交机构需要与企业保持紧密联系;引导企业在当地合法经营;为企业提供信息服务。

4) 第Ⅳ类政府不良治理情景

当判定潜在发生的政治风险属于政府不良治理时,项目管理者同样可以雇佣有能力的当地人(如代理人、保安人员、法律和财务顾问);使用有经验和熟悉的分包商和供应商;与当地商业紧密合作。企业管理者需要顺应形势,在不影响大原则的前提下,与东道国各级地方主管机关保持一定的关系。本国政府驻当地外交机构需要与企业保持紧密联系;通过政治风险评估机构对东道国的政治风险进行持续评估,为企业的经营提供指导和参考。

5) 第Ⅴ类冲突或战争情景

冲突或战争情景为具有利益关系的两方或多方之间的暴力行径。当判定发生的政治风险属于冲突或战争时,项目管理者需要采取紧急行动,监控社会政治因素的变动;极端情况下,紧急暂停项目建设。企业管理者协助项目管理者做好全部人员的隔离和保护,做好各项资产的保全和管理。而本国政府驻当地外交机构需要与企业保持紧密联系,及时为企业提供指导和必要的帮助。

6) 第Ⅵ排外行为情景

排外行为包括歧视对待和反华行动。当判定发生的政治风险属于排外行为时,项目管理者需要提高警惕,可以雇佣有能力的当地人(如代理人、保安人员、法律和财务顾问);加强与当地商业的紧密合作,既可以利用他们的本领和技术,又可以降低外来者身份的形象。企业管理者需要遵守并尊重当地的文化和传统;树立良好的企业和管理者形象;考虑社会公众利益,参与到当地的公益事业;加强与当地企业合作。本国政府需要及时引导企业在当地合法经营。

7) 第Ⅶ类抵制项目情景

抵制项目情景包含东道国环保组织的抗议或阻挠、当地公众对项目本身的反对、企业内部工会的抗议等,原因错综复杂,需要针对具体的情况具体问题具体分析。一般而言,项目管理者需要监控社会政治因素的变动;可以雇佣有能力的当地人(如代理人、保安人员、法律和财务顾问);使用有经验和熟悉的分包商和供应商;掌握核心和关键技术;加强与当地企业合作等。企业管理者需要遵守并尊重当地的文化和传统;保持与东道国各级地方主管机关的良好关系;树立良好的企业和管理者形象;参与当地的公益事业;加强与当地企业合作;建立强有力的商会组织维护自身的利益。本国政府驻当地外交机构需要与企业保持紧密联系;引导企业在当地合法经营;建立政治风险评估机构,对东道国政府进行评估;尽可能为企业提供政策和法律上的保护。当发生环保组织抗议阻挠时,项目管理者需要及时调整行径,格外注意利于保护生态环境。当发生的是公众对项目的反对,影响趋势严重时,项目管理者需要暂停项目建设;企业管理者需要做好人员的隔离与保护,以及各项资产的保全和管理。

### 7.4.3 政治风险发生后的处置

在政治风险发生后,适当地采取措施减轻政治风险造成的实际影响是非常必要的(Deng et al., 2014)。项目管理者、企业管理者和国家政府需要正确应对政治风险,进行政治风险的后评估,以弥补损失,积累经验。其"情景—对策"体系流程如图7.7所示。

1) 第Ⅰ类政府干预情景

当政府干预情景发生后,项目管理者需要按照合同条款寻求补偿或索赔,获得一定程度的弥补;如果索赔失败,也协调不成,可以提交申诉、诉诸国际调解和仲裁。企业管理者需要充分利用相关的防范及处置海外投资政治风险的国际公约;可以诉诸国际媒体,施加舆论压力;在不得已的情况下,可以以集体撤资为威胁。本国政府需要积极与东道国政府谈判和协调;为企业提供必要的帮助;也可以借助于国际贸易联盟的力量。

2) 第Ⅱ类政府或合作方违约情景

当政府或合作方违约情景发生后,项目管理者需要适当改变项目经营方式,调整项目实施计划;按照合同条款进行寻求补偿或索赔;如果索赔失败,可以考虑提交申诉、诉诸国际调解和仲裁。本国政府积极与东道国政府进行谈判和协调;运用国际贸易联盟的干预,尽力为本国企业争取有利条件。如果上述对策依然无果,企业管理者可以以集体撤资为威胁。

3) 第Ⅲ类政策变更情景

当东道国发生政策变更情景之后,项目管理者可以酌情考虑改变项目的经营方式,调整项目的实施计划;并且按照事前订立的合同进行索赔。本国政府需要与东道国政府及时沟通;适当运用国际贸易联盟的干预;为本国企业提供必要的帮助。如果上述对策依然无果,企业管理者可以以集体撤资为威胁。

4) 第Ⅳ类政府不良治理情景

当东道国政府已经出现不良治理后,项目管理者要审时度势,改变项目经营方式,调整项目实施计划。企业管理者可以考虑调整企业在东道国的投资战略,而本国政府一定要为企业提供必要的帮助。

图 7.7 政治风险发生后的"情景—对策"体系流程图

5）第Ⅴ类冲突或战争情景

冲突或战争情景发生之后，项目管理者要启动应急或危机处理计划；及时改变项目的经营方式，调整项目的实施计划。企业管理者需要妥善安置或撤离人员，清点处理各项资产。本国政府和驻东道国大使馆要为企业提供必要的帮助，比如人员撤离等。

6）第Ⅵ排外行为情景

排外行为情景发生后，项目管理者要在对排外行为影响程度和影响范围进行分析的基础上，改变项目的经营方式，合理调整项目的实施计划。本国政府需要积极进行政府间的谈判和协调；为企业提供必要的帮助（如人员撤离）。企业管理者在无奈的情景下，可以考虑以集体撤资为威胁，对东道国形成一定的震慑。

7）第Ⅶ类抵制项目情景

抵制项目情景的发生，原因错综复杂，企业和项目管理者需要深入挖掘项目受到抵制的深层次原因。项目管理者可以考虑改变项目经营方式，调整项目实施计划；启动应急或危机处理计划；按照事先签订的合同条款寻求补偿或索赔；提交申诉、诉诸国际调解和仲裁。企业管理者可以充分利用相关的防范及处置海外投资政治风险的国际公约；诉诸国际媒体，施加舆论压力；妥善安置或撤离人员，清点处置各项资产；调整企业在东道国的投资战略；必要时候甚至以集体撤资为威胁。而本国政府可以与东道国政府机构进行沟通谈判，以交换条件为本国企业争取机会；必须为企业提供必要的帮助。

## 7.5 ZJ 公司某项目案例分析

本节深入调研的项目为 ZJ 公司在苏丹承接的某三万平方米钢结构大楼项目，项目类型为施工总承包，项目工期为 2008 年 7 月至 2010 年 8 月。在调研时项目早已竣工，因而调研的信息反映了此项目从项目前期到施工准备到施工过程直至竣工验收全过程的政治风险项目管理情况。

1）事前对策实施成效评价

此项目在前期开展了政治风险的预防工作，项目管理者、企业管理者和中国政府的事前控制比较到位，事前对策的实施成效也比较理想。

项目管理者"在项目的可行性研究阶段分析了东道国的政治背景及其现状"，进行了"合理的合同安排"，并适当"增加报价，提高企业的风险承受能力"，这些事前对策取得了非常有效的结果。项目管理者在投标前还通过"放弃政治风险大的项目"来规避风险，"制订合理的风险应急计划和危机预案"，这些事前对策取得了比较有效的结果。这与前文中政治风险"情景—对策"模型中关键事前对策的结论一致。

ZJ 公司的企业管理者在投资前事先"选择了具有良好关系的当地合作伙伴"，并积极沟通交流，"与权力组织建立起良好的关系"，这些事前对策实施得非常有效，降低了后续的政治风险。企业管理者还"尽可能减少了固定资产的投资"，取得了比较有效的成果。此外，企业管理者积极牵头实施了"本土化的经营战略""在多国投资以分散风险""培养和训练员工的安全、自我保护技能"，这些事前对策效果一般，也为政治风险的事前防范起到了一定的作用。

中国政府与苏丹政府自 1959 年 2 月建交以来，两国长期友好，近几年几乎每年都有领导间的会晤或会谈,调查对象表示,中苏两国"建立起的良好外交关系"为ZJ公司在苏丹承接工程项目降低政治风险起到了非常有效的作用。中国政府"为本国承包商营造了良好的国际经营环境""设立专门机构来处理公民海外安全方面的问题",积极"为企业的海外经营提供更多的商业机会""为企业海外经营提供建议和协助,在重大决策上提供智力支持",并"完善出口信用保险和海外投资保险制度,扩大政治风险投保的承保范围",加强与苏丹政府"政治磋商,扩大双边经贸合作",这些事前对策为ZJ公司在苏丹承接工程防范政治风险起到了比较有效的成效。此外,中国政府还通过"尽量避免贸易争端、贸易战""积极参加多边贸易体系和国际区域经济合作",与苏丹"签订国家间条约"(1997年5月签订的双边投资协定),这些对策效果虽然一般,也为ZJ公司的政治风险管理起到了一定的"润滑剂"作用。

2) 具体政治风险情景下的事中、事后对策实施成效评价

ZJ公司在苏丹承建此办公楼项目期间遭遇了小规模的局部战争、当地歧视中国供应商和产品,以及工会抗议事件,分别属于本书中的冲突或战争、排外行为、抵制项目的政治风险情景,在这些政治风险发生的过程中和发生之后,项目管理者、ZJ公司、中国政府都采取了一些应对策略,这些对策大多取得了良好的成效,印证了前文中"情景—对策"模型的实践作用。

(1) "冲突或战争"情景下的事中、事后对策实施成效评价

由于苏丹国内民族与宗教矛盾突出,常年政治局势变数较多,ZJ公司在苏丹建设此项目期间发生了小规模的局部战争。在发生小规模局部战争的过程中,ZJ公司及时做好"人员的隔离和保护,各项资产的保全和管理",避免了人员伤亡和重大资产的损坏,冲突发生后,项目管理者立即组织"启动应急和危机处理计划",取得了非常好的效果。冲突发生的过程中,项目管理者"暂停了项目建设",时时注意"监控社会政治因素的变动",中国政府"驻当地外交机构与企业保持紧密的联系",为ZJ提供帮助,事后ZJ公司"妥善安置和撤离了人员,清点处理各项资产",取得了比较好的效果。此外,此次小规模局部战争发生之后,ZJ公司分析事故造成的影响,适当"改变了项目的经营方式,调整了项目的实施计划",增加了人力和物力的投入,为工程质量和工期提供了保证;中国政府也通过与苏丹政府间的"谈判和协调",并及时为ZJ公司"提供了必要的帮助",协助其进行人员撤离。

(2) "排外行为"情景下的事中、事后对策实施成效评价

中国企业在海外承接工程,经常会面临东道国社会的排外行为,ZJ公司在苏丹建设项目期间就经历了当地歧视中国的供应商和产品的现象。在排外的流言蜚语四处传播的过程中,ZJ公司海外分公司要求项目全体员工"遵守并尊重当地的文化和传统",保持严明和谐的工作纪律以"树立良好的企业和管理者形象",并积极"加强与当地企业合作",中国政府也在"引导企业在当地合法经营"上给予了很大帮助,当排外行为恶化时,ZJ公司项目部及时"调整了项目的实施计划",这些对策取得了卓有成效的结果。排外行为发生的过程中,公司项目部还"雇佣了有能力的当地人",比如保安人员、法律和财务顾问;当排外行为恶化时,公司也"以集体撤资为威胁",这些对策比较有效地避免了排外行为给企业造成巨大的灾害。此外,当当地群众开始小范围抵制中国承包商的时候,项目管理者"加强与当地商业的紧密合作",采用了当地的材料供应商,公司也"考虑社会的公众利益,参与当地的公益事业",事后中国政府与苏丹政府就排外行为进行了"政府间的谈判和协调",这些对策效果一定程度上降低了此次排外行为造成的损失。

(3)"抵制项目"情景下的事中、事后对策实施成效评价

ZJ 公司雇佣了部分当地的工人,由于当地工人的酬劳问题,期间出现了一起工会抗议事件。在工会抗议期间,项目负责人积极与抗议带头人进行沟通协调,"启动了应急和危机处理计划""改变项目的经营方式,调整项目实施计划",具体而言,比如酌情提高了工人的工资,对长期工作的人员缴纳了保险和社保;对于沟通后依然决议离开的工人,公司"雇佣了有能力的当地律师"发放遣散金,这些对策的实施逐渐平息了工人的抗议。此次抗议事件的发生,公司管理者要求"加强与当地企业合作"、项目尽量"使用有经验和熟悉的分包商和供应商",更多引入了当地分包,而不是直接管理当地劳务人员,根据项目后期的管理情况,调研对象认为此对策非常有效。在访谈交流中,调研对象也提出,在实际国际工程项目政治风险管理中要以一般性规则作为参考,具体还得结合实际的项目内部情况和外部风险发展情况进行分析,灵活应变。

# 参 考 文 献

常腾原,邓小鹏,纪沿光,2017.国际工程项目的脆弱性与政治风险的相关性研究[J].北京理工大学学报(社会科学版),19(4):50-56.

陈航,夏侯遐迩,李启明,等,2017.基于2000~2015年ENR年报的国际工程承包市场结构分析[J].建筑经济,38(8):29-35.

陈林,2001.国际工程承包中的风险管理[J].军事经济学院学报,8(3):204.

陈西果,陈建宇,2011.当前国际政府债务问题的特征、影响及警示[J].当代经济管理,33(6):47-52.

陈玉祥,熊际,2014.中国企业在南亚跨国经营中面临的恐怖主义风险与应对措施[J].对外经贸,28(1):30-32.

程燕,2011.中国"走出去"的政治风险防范[J].中外企业家,1(8):71-73.

邓芊里,2008.海外承包商BOT项目政治风险应对探讨[J].技术与市场,(9):51-52.

邓小鹏,Low S P,纪沿光,2015.政治风险视域下国际工程项目系统的脆弱性研究[J].北京理工大学学报(社会科学版),17(1):78-82.

范鸿达,洪正,2010.中国在中东的风险分析:以海湾地区为例[J].阿拉伯世界研究,33(4):3-11.

冯宁,2010.国际公路工程BOT项目政治风险评估与防范[J].北方交通,(6):126-128.

韩立新,霍江河,2008.蝴蝶效应与网络舆情生成机制[J].新媒体,(6):64-66.

何新华,胡文发,2008.国际环境下的项目政治风险评价模型[J].同济大学学报:自然科学版,35(11):1572-1577.

胡承志,2010.中国资本海外投资的政治风险及其管理研究——以非洲为例[D].北京:对外经济贸易大学.

胡江芳,2009.影响我国企业对外投资的政治风险分析及防范[J].黑龙江对外经贸,(4):33-34.

黄永兴,2010.企业国际化经营的政治风险及其对策分析[J].经济研究导刊,(2):16-19.

康利芹,2011.中国企业对外投资的东道国政治风险评估与防范[J].现代商业,(6):204-205.

李琛,2005.上海企业跨国经营政治风险实证研究[J].国际商务研究,(4):9-13.

李鹤,张平宇,程叶青,2008.脆弱性的概念及其评价方法[J].地理科学进展,(2):18-25.

李启明,2010.国际工程管理[M].南京:东南大学出版社.

李亚超,2014.中国企业海外投资的政治风险研究——以2010年北非政治局势动荡为例的分析[D].武汉:华中科技大学.

李志刚,2012.国际EPC项目投标中外汇风险的量化研究[J].建筑经济,(8):64-67.

刘华平,2009.评欧盟军品出口新规则[J].现代国际关系,29(3):19-23.

刘鹏飞,2009.网络舆情抽样与分析方法[J].调查与研究,(3):4-5.

柳玉平,2001.跨国经营中国家风险产生的原因及其评价体系[J].世界经济情况,23(18):6-11.

刘冬梅,李京,2005.跨国经营中政治风险的规避[J].企业改革与管理,(4):44-45.

刘燕华,李秀彬,2007.脆弱生态环境与可持续发展[M].北京:商务印书馆.

刘中民,2014.中东变局以来中东恐怖主义的新发展及其根源[J].西亚非洲,35(6):3-18.

罗会钧,黄春景,2009.中国企业对非洲投资的政治风险管理[J].云南财经大学学报,(3):140-145.

罗旖,栾菲菲,刘雨,2013.基于富兰德商业环境指数对我国国际投资环境的评价[J].企业导报,14(5):56-56.

纪沿光,邓小鹏,常腾原,2016.中亚地区国际工程政治风险评估[J].工程管理学报,32(3):110-115.

贾志杰,2012.北非工程项目风险管理与对策研究[D].西安:长安大学.

江荣卿,2010.投资南亚五国政治风险分析及防范[J].国际工程与劳务,23(2):35-36.

潘镇,金中坤,2015.双边政治关系、东道国制度风险与中国对外直接投资[J].财贸经济,(6):85-97.

秦晓磊,2007.我国企业国际投资面临的政治风险及对策[J].时代经贸,5(12):79-80.

赛格,门明,2010.中国企业对非洲投资的政治风险及应对[J].西亚非洲,31(3):60-65.

桑林,姚琪,2011.中国企业"走出去"的政治风险防范与控制[J].国际经济合作,(9):61-63.

宋剑,2012.境外铁路 PPP 模式项目决策路径研究[J].建筑经济,(6):23-26.

宋玮,2013.南美区域风险分析及其对中资银行拓展南美市场的启示[J].农村金融研究,34(2):28-33.

苏畅,2013.中亚国家政治风险量化分析[J].俄罗斯东欧中亚研究,33(1):31-41.

孙芳,杨修,2005.农业气候变化脆弱性评估研究进展[[J].中国农业气象,26(3):170-173.

谭庆美,2004.企业跨国经营面临的政治风险及其防范[J].西北农林科技大学学报:社会科学版,4(2):73-77.

唐山,2010.浅析国有企业固定资产投资规模控制[J].现代经济:现代物业中旬刊,9(6):76-77.

唐勇,1999.跨国公司行为的政治维度[M].上海:立信会计出版社.

田晖,蒋辰春,2012.国家文化距离对中国对外贸易的影响——基于31个国家和地区贸易数据的引力模型分析[J].国际贸易问题,38(3):45-52.

汪段泳,赵裴,2014.南非洲,中国公民安全风险几何?[J].社会观察,12(11):58-61.

王琛,2008.国家风险评价指标体系对比研究[J].经济与管理研究,29(6):51-55.

王素,2017.中美洲:脆弱的平衡[M].进出口经理人,(7):18-19.

王炜,2001.南亚:机遇与风险并存的巨大市场[J].中国经贸导刊,18(18):43-44.

王学鸿,1997.企业跨国经营中政治风险管理探析[J].云南财贸学院学报,5(4):50-53.

文理,2000.论房地产业跨国经营的政治风险管理[J].当代建设,(1):16-17.

翁冉冉,2010.中国企业 EDI 政治风险类别分析——基于宏观来源的分析视角[J].现代商贸工业,(18):24-26.

吴喜,方天建,2016.论云南省在中国与东南亚各国反腐败合作机制中的地缘作用[J].知识文库,32(18):55-56.

邢林博,2014.中国企业海外投资政治风险测评及其应对策略[D].上海:上海外国语大学.

杨德新,2000.跨国公司与跨国经营[M].北京:中国统计出版社.

杨帆,朱毅,蒋超,等,2013.国际 EPC 项目风险因素研究——以刚果(布)国家一号公路为例[J].建筑经济,(1):58-61.

姚凯,张萍,2012.中国企业对外投资的政治风险及量化评估模型[J].经济理论与经济管理,32(5):103-111.

尹健,1992.国际工程实施中的政治风险评价[J].国际经济合作,6(8):6-32.

张贵洪,蒋晓燕,2002.跨国公司面对的政治风险[J].国际观察,(3):49-52.

张建红,姜建刚,2012.双边政治关系对中国对外直接投资的影响研究[J].世界经济与政治,(12):133-155.

张素芳,2008.跨国公司与跨国经营[M].北京:经济管理出版社.

张平宇,李鹤,佟连军,等,2011.矿业城市人地系统脆弱性[M].北京:科学出版社.

赵姝岚,孔建勋,2016.2015 年东南亚地区政治与安全形势[J].东南亚南亚研究,34(1):1-8.

周劲松,1997.山地生态系统的脆弱性与荒漠化[J].自然资源学报,12(1):10-15.

周忆丽,2013.中国对东盟投资的政治风险研究[D].武汉:华中师范大学.

Agarwal J, Blockley D I, 2007. Structural integrity: hazard, vulnerability and risk [J]. International Journal of Materials & Structural Integrity, 1(1): 117-127.

Agarwal J, Feils D, 2007. Political risk and the internationalization of firms: An empirical study of Canadian-based export and FDI firms [J]. Canadian Journal of Administrative Sciences, 24(3):165-181.

Agarwal S, Ramaswami S N, 1992. Choice of foreign market entry mode: impact of ownership, location and internalization factors [J]. Journal of International Business Studies, 23(1):1-27.

Alon I, Herbert T, 2009. A stranger in a strange land: Micro political risk and the multinational firm [J]. Bus. Horiz, 52(2):127-137.

Al Amly L, Mohamed Y, 2012. Political risk allocation in Egyptian PPP projects [J]. Available at: http://works.bepress.com/yousef_alamly/1.

Al Khattab A, Anchor J, Davies E, 2007. Managerial perceptions of political risk in international projects [J]. International Journal of Project Management, 25(7): 734-743.

Al Khattab A, Anchor J, Davies E, 2008. The institutionalization of political risk assessment (IPRA) in Jordanian international firms [J]. International Business Review, 17(6): 688-702.

Alon I, Herbert T, 2009. A stranger in a strange land: Micro political risk and the multinational firm [J]. Business Horizons, 52(2): 127-137.

Alon I, Martin M A, 1998. Normative model of macro political risk Assessment [J]. Multinational Business Review, 6(2): 10-19.

Anaam H M, 1995. Protection in a changing and volatile world a study of political risk insurance providers [J]. Managerial Finance, 21(4): 52-64.

Aron J, 2000. Growth and institutions: A review of the evidence [J]. World Bank Res. Obs, 15(1):99-135.

Ashley D, Bonner J, 1987. Political risks in international construction [J]. Journal of Construction Engineering and management, 113(3): 447-467.

Asiedu E, Jin Y, Villamil A P, 2006. Do lack of transparency and enforcement undermine international risk-sharing? [J]. Annals of Finance, 2(2):123-140.

Akinci B, Fischer M, 1998. Factors Affecting Contractors' Risk of Cost Overburden [J]. Journal of Management in Engineering, 14(1):67-76.

Astley W G, Sachdeva P S, 1984. Structural sources of intra organizational power: A theoretical synthesis [J]. Academy of Management Review, 9:104-113.

Balachandran P, 1995. Some Considerations for Foreign Contractors Entering the Far East Construction Market [J]. International construction law review, 12(1): 137-155.

Baloi D, Price A D F, 2003. Modeling global risk factors affecting construction cost performance [J]. International Journal of Project Management, 21(4): 261-269.

Barkema H G, Vermeulen F, 1997. What differences in the cultural backgrounds of partners are detrimental for international joint ventures [J]. J. Int. Bus. Stud. , 28(4):845-864.

Beamish P W, 1993. The characteristics of joint ventures in the People's Republic of China [J]. Journal of International marketing, 10(2): 29-48.

Belcsak H P, 1987. A treasurer's guide to country risk [J]. Cashflow, Atlanta, 8(9): 40-43.

Bharathy G K, Silverman B, 2012. Applications of social systems modeling to political risk management[M]. Handbook on Decision Making, Springer, 331-371.

Bing L, Tiong R L K, Fan W W, et al. , 1999. Risk management in international construction joint ventures [J]. Journal of construction engineering and management, 125(4): 277-284.

Bing L, Akintoye A, Edwards P J, et al. , 2005. The allocation of risk in PPP/PFI construction projects in the UK [J]. International Journal of Project Management, 23(1):25-35.

Birch G W, Mcevoy M A, 1992. Risk analysis for information systems [J]. Journal of Information Technology, 7: 44-53.

Bjelland R A, 2012. Assessing key political risk indicators for authoritarian states: the case of Libya and the petroleum industry[D]. Stellenbosch: stellenbosch university.

Bradford M, 2005. Market for political risk cover broadens, softens [J]. Business Insurance, 39(24): 9.

Bradley D G, 1977. Managing against expropriation [J]. Harvard Business Review, 55(4): 75-83.

Brass P, 2011. The production of Hindu-Muslim violence in contemporary India [N]. Seattle: University of Washington Press.

Brewer T L, 1992. An issue-area approach to the analysis of MNE-government relations [J]. Journal of International Business Studies, 23(2):295-309.

Brooks N, 2003. Vulnerability, risk and adaptation: A conceptual framework [J]. Tyndall Centre for Change Research Working Paper, 38: 1-16.

Buckley P J, Clegg L J, Cross A R, et al. , 2007. The determinants of Chinese outward foreign direct investment[J]. Journal of international business studies, 38(4): 499-518.

Busse M, Hefeker C, 2007. Political risk, institutions and foreign direct investment [J]. European journal of political economy, 23(2):397-415.

Butkiewicza J L, Yanikkaya H, 2005. The impact of sociopolitical instability on economic growth: Analysis and implications [J]. J. Policy Model, 27(5):629-645.

Butler K C, Joaquin D C, 1998. A note on political risk and the required return on foreign direct investment [J]. Journal of International Business Studies, 29(3):599-608.

Byoun S, Kim J, Yoo S S, 2011. Risk management with leverage: evidence from project finance [J]. Journal of Financial and Quantitative Analysis, 48(2):549-577.

Chan C M, Makino S, 2007. Legitimacy and multi-level institutional environments: Implications for foreign subsidiary ownership structure [J]. J. Int. Bus. Stud, 38(4):621-638.

Chen P, Qiang M, 2008. Contract management of international contractor project [J]. Construction Economy.

Chan W K L, Wong F K W, Scott D, 1999. Managing construction projects in China-The transitional period in the millennium [J]. Int. J. Proj. Manage, 17(4):257-263.

Chen G Y, Chang T, 2011. A methodological study of the enhancement of the bid success probability for the bidder [J]. Adv. Mater. Res, 199-200, 1916-1919.

Chua D K H, Wang Y, Tan W T, 2003. Impacts of obstacles in East Asian cross-border construction [J]. Journal of Construction Engineering and Management, 129:131-141.

Cristina L D, Marta M V, 2010. External uncertainty and entry mode choice: Cultural distance, political risk and language diversity [J]. International Business Review, (19): 575-588.

Cutter S L, Mitchell J T, Scott M S, 2000. Revealing the vulnerability of people and places: A case study of Georgetown County, South Carolina [J]. Annals of the Association of American Geographers, 90(4): 731-737.

Czinkota M R, Knight G A, Liesch P W, et al. , 2005. Positioning terrorism in management and marketing: research propositions [J]. Journal of International Management, 11(4): 581-604.

Delios A, Henisz W, 2000. Japanese firms' investment strategies in emerging economies [J]. Academy of Management Journal, 43(3):305-323.

Deng X, Low S P, 2013a. Understanding critical variables political risks affecting the level of political risks in international construction projects [J]. KSCE Journal of Civil Engineering, 17: 895 -907.

Deng X, Low S P, 2013b. Exploring Critical Variables That Affect Political Risk Level in International Construction Projects [J]. Journal of Professional Issues in Engineering Education and Practice, 140(1): 04013002.

Deng X, Low S P, Zhao X B, 2014. Developing competitive advantages in political risk management for international construction enterprise [J]. Journal of Construction Engineering and Management, 140(9):758-782.

Desai M A, Foley C F, Hines J R,2004. A multinational perspective on capital structure choice and internal capital markets [J]. The Journal of Finance, 59(6): 2451-2487.

Desai M A, Fritz F C, Hines J J R, 2008. Capital structure with risky foreign investment [J]. Journal of Financial Economics, 88(3): 534-553.

Dow K, 1992. Exploring differences in our common future (s): the meaning of vulnerability to global environmental change [J]. Geoforum, 23(3): 417-436.

Egger P, Pfaffermayr M, 2004. The impact of bilateral investment treaties on foreign direct investment [J]. Journal of comparative economics, 32(4):788-804.

Einarsen S, Hoel H, Cooper C, 2003. Bullying and emotional abuse in the workplace: International perspectives in research and practice [M]. Florida: CRC Press.

Errunza V R, Losq E, 1987. How risky are emerging markets [J]. The Journal of Portfolio Management, 14(1):62-67.

Fagre N, Wells L T, 1982. Bargaining power of multinationals and host governments [J]. Journal of International Business Studies, 13(2):9-23.

Fan L C N, Fox P W, 2009. Exploring factors for ethical decision making: Vies from construction professionals [J]. J. Prof. Issues Eng. Educ. Pract, 2(60):60-69.

Ferrari F, Rolfini R, 2008. Investing in a dangerous world: A new political risk index [R]. South Africa: SACE GROUP.

Forrester J R, 1958. Industrial Dynamics: A Breakthrough for Decision Makers [J]. Harvard Business Review, 36(4):37-66.

Frynas J G, Mellahi K, 2003. Political risks as firm-specific (dis)advantages: Evidence on transnational oil firms in Nigeria [J]. Thunderbird Int. Bus. Rev. , 45(5):541-565.

Gallopin G C, 2003. A systemic synthesis of the relations between vulnerability, hazard, exposure and impact, aimed at policy identification [J]. Handbook for Estimating the Socio-Economic and Environmental Effects of Disasters, 1: 2-5.

Gastanaga V M, Nugent J B, Pashamova B, 1998. Host country reforms and FDI inflows: How much difference do they make? [J]. World development, 26(7): 1299-1314.

Glaeser E L, 2005. The Political Economy of Hatred [J]. The Quarterly Journal of Economics,

120(1): 45-86.

Gladwin T N, Walter I, 1980. How multinationals can manage social and political forces [J]. Journal of Business Strategy, 1(1): 54-68.

Globerman S, Shapiro D, 2009. Economic and strategic considerations surrounding Chinese FDI in the United States [J]. Asia Pacific Journal of Management, 26(1): 163-183.

Gorsuch R L, 1983. Factor analysis [M]. Hillsdale, NJ: Erlbaum.

Green R T, Cunningham W H, 1975. The determinants of U.S. foreign investment: An empirical examination [J]. Management International Review, 15(2/3):113-120.

Grosse R, 1996. The bargaining relationship between foreign MNEs and host governments in Latin America [J]. Int. Trade J, 10(4):467-500.

Guimaraes M, Carvalhal A, 2012. Evaluation of political and regulatory risks in the oil industry [J]. Open Business Journal, 5: 28-36.

Haddon W, 1963. A note concerning accident theory and research with special reference to motor vehicle accidents [J]. Annals of the New York Academy of Sciences, 635-646.

Haggett C, 2008. Over sea and far away? A consideration of the planning, politics, and public perception of offshore wind farms [J]. Journal of Environmental Policy and Planning, 10(3):289-306.

Hair J F, Erson R E, Tatham R L, Black W C, 1998. Multivariate data analysis [M]. London: Prentice Hall.

Hamada J, Haugerudbraaten H, Hickman A, et al, 2004. Country and political risk: practical insights for global finance [M]. London: Risk books.

Han S H, Diekmann J E, 2001. Approaches for making risk-based go/no-go decision for international projects [J]. Journal of Construction Engineering and Management, 127(4):300-308.

Han S H, Park S H, Kim D Y, et al, 2007. Causes of bad profit in overseas construction projects [J]. Journal of Construction Engineering and Management, 133(12): 932-943.

Haner F T, 1975. Balancing international risk and profit [J]. Planning Review: 9-31.

Haner F T, 1979. Rating investment risks abroad [J]. Business Horizons, 22(2): 18-23.

Harold K, 1979. Explaining the national propensity to ex propriate: an ecological approach [J]. Journal of International Business Studies, 5(1): 51-72.

Harris B, 2002. Xenophobia: A new pathology for a new South Africa? Psychopathology and Social Prejudice, in D. Hook and G. Eagle [M]. Cape Town: University of Cape Town Press.

Hastak M, Shaked A, 2000. Model for international construction risk assessment [J]. Journal of Management in Engineering, 16(1): 59-69.

HeandelD, West G T, Mesdow R, 1975. Overseas Investment and Political Risk [M]. Washington, D C: Lexington Books.

Henisz W J, 2000. The institutional environment for multinational investment [J]. Journal of Law, Economics, and Organization, 16(2): 334-364.

Hennart J F, 1988. Upstream vertical integration in the aluminum and tin industries: A comparative study of the choice between market and intrafirm coordination [J]. Journal of Economic Behavior & Organization, 9(3):281-299.

Henroid E E, 1984. The construction industry: issues and strategies in developing countries [M]. Washington: World Bank.

Henroid E E, Wells J, 1985. The construction industry: Issues and strategies in developing countries: The World Bank, IBRD, Washington [J]. Habitat International, 9(3):335-338.

Hill C A, 1997. How Investors React to Political Risk [J]. Duke J Comp Int'l L, 8(3): 283.

Hillman A, Hitt M, 1999. Corporate Political Strategy Formulation: A Model of Approach, Participation and Strategy Decisions [J]. Academy of Management Review, 24:825-842.

Hodgetts M, Luthans F, 2003. International management: culture, strategy, and behavior [M]. McGraw-Hill, New York.

Hood J, Nawaz M, 2004. Political risk exposure and management in multi-national companies: Is there a role for the corporate risk manager? [J]. Risk Management: An International Journal, 6(1): 7-18.

Horowitz D L, 2001. The deadly ethnic riot [M]. Berkeley: University of California Press.

Howard C, Johnson, 1981. Assessing Country Risk [M]. London: Euromoney Publications.

Howell L D, 2001. The hand book of country and political risk analysis [M]. East Syracuse, NY: PRS Group.

Howell L D, Chaddick B, 1994. Models of political risk for foreign investment and trade [J]. The Columbia Journal of World Business, 29 (3): 70-90.

Hitt M A, Dacin M T, Levitas E, et al., 2000. Partner selection in emerging and developed market contexts: Resource-based and organizational learning perspectives [J]. Acad. Manage. J., 43 (3):449-467.

Iankova E, Katz J, 2003. Strategies for political risk mediation by international firms in transition economies: The case of Bulgaria [J]. Journal of World Business, 38(3):182-203.

Jakobsen J, 2010. Old problems remain, new ones crop up: political risk in the 21st century [J]. Business Horizons, 53(5):481-490.

Jauch H, 2011. Chinese investments in Africa: Twenty-first century colonialism [J]. New Labor Forum, 20(2): 48-55.

Jensen F, Nielsen T, 2007. Bayesian networks and decision graphs [M]. Second Edition. New York: Springer Science Business Media.

Johnson, Lester W, 1981. Applied discrete-choice modelling[M]. Croom Helm.

Johanson J, Vahlne J E, 1990. The mechanism of internationalization [J]. Int. Mark. Rev., 7 (4): 11-24.

Juhl P, 1985. Economically rational design of developing countries' expropriation policies towards foreign investment [J]. Management International Review, 25(2): 44-52.

Kennedy C R, 1988. Political risk management: A portfolio planning model [J]. Business Horizons, 31(6): 26-33.

Kesternich I, Monika S, 2010. Who is afraid of political risk? Multinational firms and their choice of capital structure [J]. Journal of International Economics. 82(2): 208-218.

Khanna T, Palegu K, 2000. Is group affiliation profitable in emerging markets? An analysis of diversified Indian business groups [J]. The Journal of Finance, 55(2): 867-891.

Khattab, Anchor J, Davies E, 2007. Managerial perceptions of political risk in international projects [J]. International Journal of Project Management, 25(7): 734-743.

Knudsen H, 1979. Political risk: A review and reconsideration [J]. International Business Studies, Spring-Summer: 67-80.

Kobrin S J, 1978. When does political instability result in increased investment risk [J]. Columbia Journal of World Business, 13(3):113-122.

Kobrin S J, 1979. Political risk: A review and reconsideration [J]. Journal of International Business Studies, 10(1): 67-80.

Kobrin S J, 1980. Foreign enterprise and forced divestment in the LDCs [J]. Int. Org., 34(1): 65-88.

Kogut B, Singh H, 1988. The effect of national culture on the choice of entry mode [J]. Journal of international business studies, 19(3):411-432.

Kolstad, Wiig A, 2012. What Determines Chinese Outward FDI? [J]. Journal of World Business, 47(1): 26-34.

Kwok T, Hampson K, 1997. Strategic alliances between contractors and subcontractors: a tender evaluation criterion for the public works sector [C]. Proceedings of the International Conference on Construction Process Re-engineering. Queensland: Griffith University, 671-684.

Lai M H, 2002. Relationship between FDI Characteristics toward China and Political Risk Management Methods in Foreign Direct Investment [J]. Chaoyang Business and Management Review, 1(1): 41-56.

Le Y, Shan M, Chan A P C, et al., 2014. Overview of corruption research in construction [J]. Journal of Management in Engineering, 30(04): 02514001.

Lecraw D J, 1984. Bargaining power, ownership and profitability of subsidiaries of transnational corporations in developing countries [J]. Journal of International Business Studies, 15(1):27-43.

Lee L T, 2011. Investigating soft skills for success in the workforce: perceptions of elementary school teachers [J]. International Review of Social Sciences and Humanities, 1(2):140-149.

Lee N, Schaufelberger J E, 2013. Risk management strategies for privatized infrastructure projects: Study of the build-operate-transfer approach in East Asia and the Pacific [J]. Journal of Management in Engineering, 30(3): 14-27.

Lensink R, Hermes N, Murinde V, 2002. Capital flight and political risk [J]. Journal of international Money and Finance, 19(1): 73-92.

Levine R, 2013. The financial system and public enterprise reform [J]. Financial development and economic growth: Theory and experiences from developing countries, 7(2): 211-247.

Li Q, Liang G, 2012. Political relations and Chinese outbound direct investment: evidence from firm- and dyadic-level tests [R]. Research Center for Chinese Politics and Business Working Paper, 19:205-228.

Li T M, 1999. Compromising power: development, culture, and rule in Indonesia [J]. Cultural Anthropology, 14(3):295-322.

Ling F Y, Hoang V P, 2010. Political, economic, and legal risks faced in international projects: case study of Vietnam [J]. Journal of Professional Issues in Engineering Educational and Practice, 136(3):156-164.

Ling F Y, Hoi L, 2006. Risk faced by Singapore firms when undertaking construction projects in India [J]. International journal of project management, 24(3): 261-270.

Ling Y Y, Low S P, 2007. Legal risks faced by foreign architectural, engineering, and construction firms in China [J]. J. Prof. Issues Eng. Educ. Pract, 133(3):238-245.

Low S P, Jiang H B, 2004. Internationalization of Chinese construction enterprises [J]. J. Constr. Eng. Manage, 129(6):589-598.

Low S P, Shi Y, 2001. Cultural influences on organizational processes in international projects: Two case studies [J]. Work Study, 50(6):267-285.

Lu W S, Shen L Y, Yam M C H, 2008. Critical success factors for competitiveness of contractors: China study [J]. J. Constr. Eng. Manage, 134(12):972-982.

Lyles M, Li D, Yan H, 2014. Chinese Outward Foreign Direct Investment Performance: The Role of Learning [J]. Management and Organization Review, 10(3):411-437.

Macdonald R, 1997. Chinese BOT risks [M]. Tokyo: Tokyo University.

Michel H B, Ephraim C, Bertrand G, 2003. Country risk assessment: a guide to global investment strategy [M]. New York: Wiley.

Mihalache A S, 2010. Who's afraid of political violence? Evidence from industry level FDI flows [C]. Annual Meeting of the Theory vs Policy, 11-15.

Miller K D, 1992. A framework for integrated risk management in international business [J]. Journal of International Business Studies, 23(2):311-331.

Milner H V, Yoffiem, D B, 1989. Between free trade and protectionism: Strategic trade policy and a theory of corporate trade demands [J]. International Organization, (43):239-272.

Mocan N, Raschke C, 2016. Economic Well-Being and Anti-Semitic, Xenophobic, and Racist in Germany [J]. European Journal of Law and Economics, 41(01): 1-63.

Moen M H, Bongers T, Bakker E W, et al., 2012. Risk factors and prognostic indicators for medial tibial stress syndrome [J]. Scandinavian Journal of Medicine & Science in Sports, 22(1):34-39.

Mohamed S, 2002. Safety climate in construction site environments [J]. J. Constr. Eng. Manage, 128(5):375-395.

Mortanges C P, Allers V, 1996. Political risk assessment: Theory and the experience of Dutch firms [J]. International Business Review, 5(3): 303-318.

Naderpajouh N, Hastak M, Gokhale S, et al., 2015. Counterfeiting Risk Governance in the Capital Projects Supply Chain [J]. Journal of Construction Engineering & Management, 141(3): 1-11.

Naderpajouh N, Mahdavi A, Hastak M, et al, 2014. Modeling Social Opposition to Infrastructure Development [J]. Journal of Construction Engineering and Management, 140(08): 04014029.

Nigh D, 1985. The effect of political events on United States direct foreign investment: a pooled time-series cross-sectional analysis [J]. Journal of International Business Studies, 16: 1-17.

North D, 1990. Institutions, Institution Change and economic performance [M]. New York: Norton.

Oetzel J, 2005. Smaller may be beautiful but is it more risky? Assessing and managing political and economic risk in Costa Rica [J]. Int. Bus. Rev, 14(6):765-790.

Ogunlana S, Siddiqui Z, Ysa S, et al, 2002. Factors and procedures used in matching project managers to international construction projects in Bangkok [J]. Journal of Project Management, 20(5): 385-400.

Olsen T E, Osmundsen P, 2005. Sharing of endogenous risk in construction [J]. Journal of Economic Behavior and Organization, 58(4):511-526.

O'Neill K, 2004. Transnational protest: states, circuses, and conflict at the frontline of global politics [J]. International Studies Review, 2: 233-251.

Overland M A, 2009. In Vietnam, New Fears of a Chinese' Invasion [N]. Time Magazine, 10.27.

Ozorhon B, Arditi D, Dikmen I, et al, 2010. Performance of International Joint Ventures in Construction [J]. Journal of Management in Engineering 26(4): 209-222.

Pak Y S, Park Y R, 2004. Global ownership strategy of Japanese multinational enterprises: A test of internalization theory [J]. Manage. Int. Rev., 44(1):3-21.

Panggabean S R, Smith B, 2011. Explaining Anti-Chinese Riots in Late 20th Century Indonesia [J]. World Development, 39(02): 231-242.

Pearl J, 1988. Probabilistic reasoning in intelligent systems: networks of plausible inference [M]. San Francisco: Morgan Kaufmann.

Pfeffer J, Salancik G R, 2003. The external control of organizations: A resource dependence perspective [M]. California: Stanford University Press.

Philip E, Hagan P E, Montgomery J F, et al, 2001. Accident prevention manual for business & industry administration & programs [M]. 12th Edition. Occupational Safety and Health Series, The National Safety Council Press, Itasca, Illinois.

Poynter T A, 1985. Multinational enterprises and government intervention [M]. New York: St. Martins Press.

Quer D, Claver E, Rienda L, 2011. Political risk, cultural distance, and outward foreign direct investment: empirical evidence from large Chinese firms [J]. Asia Pacific Journal of Management 13: 1-16.

Ramamurti R, 2001. The obsolescing bargaining model? MNC-host developing country relations revisited [J]. Journal of International Business Studies, 32(1): 23-39.

Ramasamy B, Yeung M, Laforet S, 2012. China's outwards foreign direct investment: location choice and firm ownership [J]. Journal of World Business, 47(1): 17-25.

Rice G, Mahmoud E, 1990. Political risk forecasting by Canadian firms [J]. Int. J. Forecast., 6(1): 89-102.

Ring P J, 2005. The Fourth Pillar and the U. K.: Flexibility, Risk and the Deinstitutionalization of the Life Course [J]. Geneva Papers on Risk & Insurance Issues & Practice, 30(4):638-655.

Ring P, Lenway S, Govekar M, 1990. Management of the political imperative in international business [J]. Strategic Management, 11(2): 141-151.

Rios-Morales R, Gamberger D, Smuc T, et al, 2009. Innovative methods in assessing political risk for business internationalization [J]. Research in International Business and Finance, 23: 144-156.

Robock S H, 1971. Political risk: Identification and assessment [J]. Columbia Journal of World Business, 6(4): 6-20.

Robock S H, Simmonds K, 1983. International business and multinational enterprises [J]. The International Executive, 15(3): 5-6.

Root F R, 1968. U. S. business abroad and political risks [J]. International Executive, 10(3): 11-12.

Root E, 1972. Analyzing political risks in international business [J]. The Multinational Enterprise in Transition: 345-365.

Sachs T, Tiong R K, Wagner D, 2008. The quantification and financial impact of political risk perceptions on infrastructure projects in Asia [J]. The Journal of Structured Finance, 13(4):80-104.

Schmitt C, 1986. Political romanticism [M]. Massachusetts: The MIT Press.

Scott W R, 1995. Institutions and Organizations (2nd Ed.) [M]. Thousand Oaks. CA: Sage 1995.

Shen L Y, Wu W C, Ng S K, 2001. Risk assessment for construction joint ventures in China [J]. Journal of Construction Engineering and Management, 127(1):76-81.

Simon J D, 1982. Political Risk Assessment: Past Trend and Future Prospects [J]. Columbia of World Business, 17(3): 2-71.

Simon J D, 1984. A theoretical perspective on political risk [J]. J. Int. Bus. Studies, 15(3): 123-143.

Smith N J, Gannon M, 2008. Political risk in light rail transit PPP projects [J]. Management, Procurement and Law, 161: 179-185.

Stevens W L, 1951. Asymptotic regression [J]. Biometrics, 7(3): 247-267.

Timmerman P, 1981. Vulnerability, Resilience and the Collapse of Society: A Review Climatic Applications [M]. Toronto, Canada: Institute for Environmental Studies of Models and Possible University of Toronto.

Ting W, 1988. Multinational risk assessment and management [J]. New York: Quorum Books.

Torre J, Neckar D H, 1988. Forecasting political risks for international operations [J]. International Journal of Forecasting, 4(2): 221-241.

Toyne B, Walters P, 1993. Global Marketing Management [M]. Massachusetts: Allyn and Bacon.

Tsai M C, Su C H, 2005. Political risk assessment of five East Asian ports: the view of global carriers [J]. Marine Policy, 29(4): 291-298.

Tunner B, Kaspersonb R, 2003. A framework for vulnerability analysis in sustainability science [J]. The National Academy of Sciences, 100: 345-358.

Turner J R, 2006. Towards a theory of project management: the nature of the project governance and project management [J]. International Journal of Project Management, 24(2): 93-95.

Voelker C, Permana A, Sachs T, et al, 2008. Political risk perception in Indonesian power projects [J]. Financial Management of Property and Construction, 13(1): 18-34.

Vogel C L, Cobleigh M A, Tripathy D, et al, 2002. Efficacy and safety of trastuzumab as a single agent in first-line treatment of HEIR2-overexpressing metastatic breast cancer [J]. Journal of Clinical Oncology, 20(3): 719-726.

Wang S Q, Tiong R L K, Ting S K, et al., 1999. Political risk: Analysis of key contract clauses in China's BOT project [J]. Journal of Construction Engineering and Management, 125(3):190-197.

Wang S Q, Tiong R L K, Ting S K, et al., 2000. Evaluation and management of foreign exchange and revenue risks in China's BOT projects [J]. Construction Management and Economics, 18(2): 197-207.

Wenlee T, 1988. Multinational Risk Assessment and Management: Strategy for Investment and Marketing Decisions [M]. New York: Quorum Books.

Yapark A, Sheldon K T, 1984. Political risk management in multinational firms: An integrative approach [J]. Manage. Decis, 22(6): 53-67.

Yoon K S, Hwang C L, 1981. Multiple attribute decision making [M]. Berlin: Spring-verlag, 13-14.

Zapata R, Caballeros R, 2000. Un tema del desarrollo: vulnerabilidad frente a los desastres [J]. CEPAL, Naciones, Unidas, Mexico, DE: 45.

Zhang W, Alon I, 2010. A guide to the top 100 companies in China [M]. Singapore: World Scientific Publishing Press.

Zhao Z Y, Shen L Y, Zuo J, 2009. Performance and strategy of Chinese contractors in the international market [J]. J. Constr. Eng. Manage, 135(2):108-118.

Zhuang L, Ritchie R, Zhang Q, 1998. Managing business risks in China [J]. Long Range Plan, 31(4):606-614.

# 附表 各国政治风险指数

| 国家 | 国家环境 | | | | | 东道国与母国的交互作用 | 行业环境 | 政治风险指数 |
|---|---|---|---|---|---|---|---|---|
| | 宏观经济 | 经济自由度 | 政府治理 | 和平与安全 | 指数 | | | |
| 韩国 | 0.295 | 0.276 | 0.273 | 0.119 | 0.113 | 0.191 | 0.084 | 0.181 |
| 新加坡 | 0.331 | 0.123 | 0.101 | 0.006 | 0.221 | 0.363 | 0.081 | 0.184 |
| 澳大利亚 | 0.170 | 0.208 | 0.068 | 0.073 | 0.104 | 0.412 | 0.065 | 0.189 |
| 蒙古 | 0.384 | 0.297 | 0.534 | 0.083 | 0.310 | 0.078 | 0.106 | 0.200 |
| 阿联酋 | 0.081 | 0.244 | 0.315 | 0.300 | 0.215 | 0.239 | 0.196 | 0.218 |
| 加拿大 | 0.309 | 0.245 | 0.064 | 0.079 | 0.150 | 0.345 | 0.219 | 0.222 |
| 智利 | 0.193 | 0.213 | 0.166 | 0.343 | 0.205 | 0.222 | 0.271 | 0.223 |
| 新西兰 | 0.222 | 0.248 | 0.019 | 0.000 | 0.097 | 0.497 | 0.146 | 0.227 |
| 德国 | 0.335 | 0.325 | 0.098 | 0.000 | 0.168 | 0.332 | 0.256 | 0.235 |
| 瑞士 | 0.192 | 0.225 | 0.029 | 0.000 | 0.086 | 0.479 | 0.261 | 0.239 |
| 丹麦 | 0.286 | 0.334 | 0.045 | 0.006 | 0.145 | 0.445 | 0.280 | 0.262 |
| 中国 | 0.274 | 0.401 | 0.641 | 0.526 | 0.450 | 0.000 | 0.231 | 0.271 |
| 卡塔尔 | 0.118 | 0.264 | 0.268 | 0.150 | 0.180 | 0.383 | 0.333 | 0.271 |
| 英国 | 0.350 | 0.309 | 0.120 | 0.108 | 0.200 | 0.360 | 0.331 | 0.274 |
| 卢森堡 | 0.181 | 0.308 | 0.040 | 0.000 | 0.109 | 0.463 | 0.420 | 0.277 |
| 泰国 | 0.337 | 0.285 | 0.561 | 0.420 | 0.386 | 0.146 | 0.246 | 0.286 |
| 哈萨克斯坦 | 0.246 | 0.270 | 0.713 | 0.456 | 0.258 | 0.120 | 0.236 | 0.286 |
| 乌拉圭 | 0.354 | 0.296 | 0.260 | 0.200 | 0.409 | 0.406 | 0.177 | 0.288 |
| 芬兰 | 0.303 | 0.339 | 0.017 | 0.067 | 0.159 | 0.497 | 0.299 | 0.288 |
| 印度尼西亚 | 0.334 | 0.338 | 0.604 | 0.268 | 0.373 | 0.170 | 0.296 | 0.297 |
| 柬埔寨 | 0.326 | 0.307 | 0.748 | 0.402 | 0.123 | 0.116 | 0.274 | 0.306 |
| 瑞典 | 0.197 | 0.359 | 0.024 | 0.000 | 0.231 | 0.636 | 0.267 | 0.306 |
| 毛里求斯 | 0.366 | 0.184 | 0.249 | 0.217 | 0.162 | 0.403 | 0.346 | 0.307 |
| 挪威 | 0.206 | 0.366 | 0.023 | 0.139 | 0.435 | 0.614 | 0.209 | 0.307 |

续表

| 国家 | 国家环境 | | | | | 东道国与母国的交互作用 | 行业环境 | 政治风险指数 |
| --- | --- | --- | --- | --- | --- | --- | --- | --- |
| | 宏观经济 | 经济自由度 | 政府治理 | 和平与安全 | 指数 | | | |
| 沙特阿拉伯 | 0.180 | 0.335 | 0.553 | 0.233 | 0.262 | 0.360 | 0.234 | 0.309 |
| 西班牙 | 0.503 | 0.337 | 0.263 | 0.018 | 0.174 | 0.262 | 0.497 | 0.310 |
| 日本 | 0.301 | 0.316 | 0.123 | 0.042 | 0.312 | 0.492 | 0.375 | 0.311 |
| 斯洛文尼亚 | 0.347 | 0.398 | 0.240 | 0.018 | 0.234 | 0.499 | 0.236 | 0.314 |
| 土耳其 | 0.328 | 0.325 | 0.499 | 0.413 | 0.242 | 0.272 | 0.236 | 0.316 |
| 法国 | 0.369 | 0.422 | 0.165 | 0.085 | 0.297 | 0.357 | 0.442 | 0.317 |
| 马来西亚 | 0.295 | 0.287 | 0.380 | 0.300 | 0.376 | 0.358 | 0.301 | 0.317 |
| 加纳 | 0.402 | 0.341 | 0.454 | 0.283 | 0.165 | 0.336 | 0.202 | 0.317 |
| 波兰 | 0.389 | 0.328 | 0.245 | 0.073 | 0.239 | 0.348 | 0.465 | 0.317 |
| 冰岛 | 0.329 | 0.331 | 0.087 | 0.000 | 0.355 | 0.546 | 0.354 | 0.319 |
| 巴林 | 0.184 | 0.183 | 0.512 | 0.167 | 0.243 | 0.396 | 0.406 | 0.322 |
| 马耳他 | 0.336 | 0.337 | 0.149 | 0.133 | 0.218 | 0.425 | 0.434 | 0.323 |
| 老挝 | 0.401 | 0.393 | 0.756 | 0.307 | 0.155 | 0.075 | 0.397 | 0.324 |
| 葡萄牙 | 0.537 | 0.395 | 0.213 | 0.150 | 0.223 | 0.315 | 0.393 | 0.325 |
| 荷兰 | 0.324 | 0.339 | 0.045 | 0.000 | 0.306 | 0.572 | 0.377 | 0.326 |
| 斯洛伐克 | 0.383 | 0.258 | 0.266 | 0.067 | 0.268 | 0.430 | 0.424 | 0.328 |
| 阿曼 | 0.214 | 0.259 | 0.438 | 0.233 | 0.232 | 0.401 | 0.369 | 0.329 |
| 立陶宛 | 0.329 | 0.237 | 0.249 | 0.200 | 0.455 | 0.486 | 0.333 | 0.330 |
| 秘鲁 | 0.250 | 0.231 | 0.563 | 0.408 | 0.347 | 0.362 | 0.249 | 0.332 |
| 意大利 | 0.478 | 0.381 | 0.330 | 0.101 | 0.307 | 0.317 | 0.425 | 0.333 |
| 科威特 | 0.133 | 0.316 | 0.501 | 0.083 | 0.243 | 0.385 | 0.486 | 0.334 |
| 克罗地亚 | 0.435 | 0.339 | 0.436 | 0.073 | 0.305 | 0.399 | 0.317 | 0.336 |
| 越南 | 0.432 | 0.400 | 0.640 | 0.371 | 0.450 | 0.104 | 0.455 | 0.347 |
| 埃塞俄比亚 | 0.467 | 0.424 | 0.767 | 0.350 | 0.203 | 0.237 | 0.153 | 0.348 |
| 比利时 | 0.376 | 0.334 | 0.117 | 0.073 | 0.494 | 0.537 | 0.424 | 0.349 |
| 阿根廷 | 0.359 | 0.467 | 0.606 | 0.319 | 0.297 | 0.268 | 0.300 | 0.352 |
| 以色列 | 0.285 | 0.344 | 0.314 | 0.317 | 0.266 | 0.529 | 0.221 | 0.353 |
| 美国 | 0.351 | 0.263 | 0.162 | 0.377 | 0.429 | 0.707 | 0.039 | 0.355 |
| 捷克共和国 | 0.316 | 0.269 | 0.228 | 0.067 | 0.199 | 0.499 | 0.528 | 0.355 |
| 南非 | 0.474 | 0.337 | 0.413 | 0.619 | 0.444 | 0.138 | 0.482 | 0.360 |

续表

| 国家 | 国家环境 | | | | | 东道国与母国的交互作用 | 行业环境 | 政治风险指数 |
|---|---|---|---|---|---|---|---|---|
| | 宏观经济 | 经济自由度 | 政府治理 | 和平与安全 | 指数 | | | |
| 突尼斯 | 0.420 | 0.377 | 0.564 | 0.300 | 0.403 | 0.417 | 0.191 | 0.365 |
| 加蓬 | 0.304 | 0.350 | 0.645 | 0.301 | 0.388 | 0.384 | 0.287 | 0.367 |
| 坦桑尼亚 | 0.415 | 0.336 | 0.643 | 0.505 | 0.285 | 0.210 | 0.372 | 0.367 |
| 罗马尼亚 | 0.320 | 0.277 | 0.432 | 0.180 | 0.463 | 0.405 | 0.514 | 0.369 |
| 阿尔及利亚 | 0.326 | 0.446 | 0.755 | 0.083 | 0.281 | 0.392 | 0.296 | 0.371 |
| 吉尔吉斯斯坦 | 0.522 | 0.299 | 0.759 | 0.367 | 0.267 | 0.229 | 0.342 | 0.372 |
| 塞浦路斯 | 0.519 | 0.319 | 0.209 | 0.157 | 0.395 | 0.504 | 0.399 | 0.374 |
| 爱沙尼亚 | 0.258 | 0.253 | 0.184 | 0.462 | 0.475 | 0.499 | 0.441 | 0.375 |
| 希腊 | 0.645 | 0.416 | 0.391 | 0.108 | 0.376 | 0.329 | 0.453 | 0.377 |
| 印度 | 0.456 | 0.390 | 0.595 | 0.717 | 0.528 | 0.240 | 0.226 | 0.381 |
| 保加利亚 | 0.346 | 0.260 | 0.432 | 0.168 | 0.283 | 0.502 | 0.448 | 0.382 |
| 黎巴嫩 | 0.502 | 0.297 | 0.708 | 0.300 | 0.350 | 0.407 | 0.233 | 0.387 |
| 亚美尼亚 | 0.466 | 0.196 | 0.532 | 0.275 | 0.440 | 0.442 | 0.397 | 0.389 |
| 塔吉克斯坦 | 0.471 | 0.246 | 0.881 | 0.287 | 0.273 | 0.294 | 0.374 | 0.389 |
| 哥斯达黎加 | 0.322 | 0.268 | 0.293 | 0.289 | 0.237 | 0.688 | 0.228 | 0.390 |
| 摩尔多瓦 | 0.366 | 0.383 | 0.587 | 0.307 | 0.158 | 0.519 | 0.192 | 0.393 |
| 拉脱维亚 | 0.315 | 0.286 | 0.285 | 0.139 | 0.460 | 0.738 | 0.253 | 0.393 |
| 巴西 | 0.380 | 0.387 | 0.486 | 0.679 | 0.399 | 0.398 | 0.205 | 0.394 |
| 阿尔巴尼亚 | 0.486 | 0.250 | 0.564 | 0.283 | 0.380 | 0.420 | 0.390 | 0.394 |
| 斯里兰卡 | 0.431 | 0.311 | 0.589 | 0.419 | 0.469 | 0.355 | 0.393 | 0.395 |
| 奥地利 | 0.313 | 0.348 | 0.059 | 0.000 | 0.283 | 0.853 | 0.291 | 0.397 |
| 博茨瓦那 | 0.382 | 0.281 | 0.283 | 0.267 | 0.424 | 0.678 | 0.258 | 0.397 |
| 巴布亚新几内亚 | 0.356 | 0.374 | 0.717 | 0.350 | 0.369 | 0.524 | 0.126 | 0.399 |
| 约旦 | 0.464 | 0.245 | 0.534 | 0.300 | 0.448 | 0.622 | 0.139 | 0.401 |
| 俄罗斯联邦 | 0.295 | 0.408 | 0.728 | 0.545 | 0.439 | 0.260 | 0.410 | 0.402 |
| 埃及 | 0.571 | 0.376 | 0.770 | 0.383 | 0.486 | 0.225 | 0.389 | 0.403 |
| 牙买加 | 0.617 | 0.258 | 0.467 | 0.518 | 0.407 | 0.412 | 0.268 | 0.403 |
| 摩洛哥 | 0.386 | 0.345 | 0.584 | 0.367 | 0.516 | 0.403 | 0.392 | 0.403 |
| 乌兹别克斯坦 | 0.391 | 0.435 | 0.884 | 0.324 | 0.297 | 0.301 | 0.351 | 0.408 |
| 文莱 | 0.361 | 0.436 | 0.302 | 0.151 | 0.502 | 0.659 | 0.306 | 0.410 |

续表

| 国家 | 国家环境 | | | | | 东道国与母国的交互作用 | 行业环境 | 政治风险指数 |
| --- | --- | --- | --- | --- | --- | --- | --- | --- |
| | 宏观经济 | 经济自由度 | 政府治理 | 和平与安全 | 指数 | | | |
| 马里 | 0.416 | 0.352 | 0.747 | 0.533 | 0.503 | 0.364 | 0.250 | 0.412 |
| 厄瓜多尔 | 0.290 | 0.460 | 0.689 | 0.368 | 0.281 | 0.458 | 0.287 | 0.413 |
| 匈牙利 | 0.419 | 0.315 | 0.302 | 0.162 | 0.192 | 0.531 | 0.566 | 0.415 |
| 菲律宾 | 0.390 | 0.322 | 0.569 | 0.587 | 0.453 | 0.332 | 0.447 | 0.416 |
| 巴基斯坦 | 0.513 | 0.355 | 0.813 | 0.700 | 0.444 | 0.116 | 0.466 | 0.417 |
| 爱尔兰 | 0.398 | 0.285 | 0.110 | 0.067 | 0.586 | 0.645 | 0.629 | 0.421 |
| 玻利维亚 | 0.369 | 0.425 | 0.675 | 0.374 | 0.347 | 0.484 | 0.285 | 0.426 |
| 格鲁吉亚 | 0.425 | 0.331 | 0.419 | 0.276 | 0.320 | 0.752 | 0.135 | 0.427 |
| 马其顿 | 0.473 | 0.236 | 0.492 | 0.150 | 0.452 | 0.543 | 0.522 | 0.428 |
| 尼泊尔 | 0.418 | 0.400 | 0.767 | 0.294 | 0.462 | 0.459 | 0.336 | 0.436 |
| 伊朗 | 0.616 | 0.471 | 0.844 | 0.401 | 0.578 | 0.317 | 0.280 | 0.440 |
| 利比里亚 | 0.356 | 0.435 | 0.763 | 0.217 | 0.435 | 0.570 | 0.266 | 0.442 |
| 赤道几内亚 | 0.396 | 0.504 | 0.887 | 0.439 | 0.553 | 0.338 | 0.336 | 0.445 |
| 安哥拉 | 0.385 | 0.434 | 0.848 | 0.433 | 0.411 | 0.367 | 0.396 | 0.447 |
| 阿塞拜疆 | 0.298 | 0.306 | 0.722 | 0.365 | 0.519 | 0.534 | 0.408 | 0.449 |
| 斐济 | 0.454 | 0.327 | 0.693 | 0.235 | 0.304 | 0.594 | 0.325 | 0.449 |
| 乌克兰 | 0.441 | 0.484 | 0.746 | 0.330 | 0.416 | 0.324 | 0.558 | 0.451 |
| 巴哈马 | 0.360 | 0.279 | 0.243 | 0.417 | 0.407 | 0.726 | 0.395 | 0.452 |
| 卢旺达 | 0.347 | 0.290 | 0.517 | 0.536 | 0.408 | 0.610 | 0.330 | 0.455 |
| 巴拉圭 | 0.298 | 0.279 | 0.716 | 0.390 | 0.494 | 0.767 | 0.105 | 0.456 |
| 墨西哥 | 0.334 | 0.255 | 0.532 | 0.714 | 0.443 | 0.538 | 0.367 | 0.456 |
| 刚果 | 0.318 | 0.474 | 0.852 | 0.433 | 0.468 | 0.410 | 0.428 | 0.465 |
| 圭亚那 | 0.466 | 0.392 | 0.624 | 0.433 | 0.514 | 0.508 | 0.394 | 0.466 |
| 喀麦隆 | 0.311 | 0.393 | 0.814 | 0.367 | 0.463 | 0.582 | 0.315 | 0.469 |
| 尼日利亚 | 0.399 | 0.360 | 0.843 | 0.738 | 0.577 | 0.205 | 0.600 | 0.470 |
| 朝鲜 | 0.432 | 1.000 | 0.934 | 0.357 | 0.441 | 0.102 | 0.533 | 0.474 |
| 赞比亚 | 0.419 | 0.331 | 0.553 | 0.517 | 0.344 | 0.626 | 0.327 | 0.476 |
| 马尔代夫 | 0.485 | 0.448 | 0.609 | 0.151 | 0.414 | 0.721 | 0.271 | 0.477 |
| 土库曼斯坦 | 0.293 | 0.446 | 0.872 | 0.433 | 0.376 | 0.589 | 0.258 | 0.478 |
| 叙利亚 | 0.572 | 0.542 | 0.954 | 0.467 | 0.346 | 0.341 | 0.325 | 0.478 |

续表

| 国家 | 国家环境 | | | | | 东道国与母国的交互作用 | 行业环境 | 政治风险指数 |
|---|---|---|---|---|---|---|---|---|
| | 宏观经济 | 经济自由度 | 政府治理 | 和平与安全 | 指数 | | | |
| 纳米比亚 | 0.383 | 0.335 | 0.374 | 0.350 | 0.477 | 0.688 | 0.488 | 0.481 |
| 贝宁 | 0.331 | 0.336 | 0.605 | 0.283 | 0.506 | 0.517 | 0.674 | 0.481 |
| 塞舌尔 | 0.318 | 0.424 | 0.414 | 0.283 | 0.692 | 0.656 | 0.540 | 0.483 |
| 莱索托 | 0.514 | 0.524 | 0.493 | 0.417 | 0.633 | 0.631 | 0.266 | 0.484 |
| 津巴布韦 | 0.449 | 0.641 | 0.909 | 0.451 | 0.449 | 0.412 | 0.318 | 0.491 |
| 哥伦比亚 | 0.323 | 0.236 | 0.570 | 0.732 | 0.381 | 0.645 | 0.366 | 0.493 |
| 不丹 | 0.514 | 0.451 | 0.453 | 0.156 | 0.613 | 0.735 | 0.413 | 0.494 |
| 苏里南 | 0.398 | 0.420 | 0.490 | 0.283 | 0.386 | 0.755 | 0.406 | 0.500 |
| 尼日尔 | 0.327 | 0.375 | 0.722 | 0.330 | 0.387 | 0.634 | 0.489 | 0.501 |
| 塞内加尔 | 0.440 | 0.382 | 0.534 | 0.240 | 0.429 | 0.598 | 0.643 | 0.502 |
| 莫桑比克 | 0.455 | 0.375 | 0.675 | 0.451 | 0.398 | 0.635 | 0.376 | 0.504 |
| 布基纳法索 | 0.315 | 0.310 | 0.650 | 0.367 | 0.478 | 0.636 | 0.572 | 0.505 |
| 缅甸 | 0.515 | 0.880 | 0.912 | 0.677 | 0.754 | 0.119 | 0.514 | 0.516 |
| 委内瑞拉 | 0.445 | 0.555 | 0.897 | 0.536 | 0.606 | 0.482 | 0.339 | 0.516 |
| 伯利兹 | 0.499 | 0.310 | 0.495 | 0.417 | 0.415 | 0.759 | 0.441 | 0.523 |
| 马达加斯加 | 0.412 | 0.286 | 0.769 | 0.439 | 0.414 | 0.407 | 0.861 | 0.526 |
| 毛里塔尼亚 | 0.666 | 0.387 | 0.781 | 0.283 | 0.465 | 0.506 | 0.584 | 0.527 |
| 萨尔瓦多 | 0.413 | 0.246 | 0.535 | 0.530 | 0.521 | 0.752 | 0.465 | 0.529 |
| 乌干达 | 0.377 | 0.290 | 0.690 | 0.511 | 0.454 | 0.631 | 0.638 | 0.544 |
| 肯尼亚 | 0.490 | 0.353 | 0.714 | 0.515 | 0.508 | 0.651 | 0.488 | 0.547 |
| 波斯尼亚-黑塞哥 | 0.518 | 0.360 | 0.548 | 0.168 | 0.385 | 0.803 | 0.568 | 0.547 |
| 孟加拉国 | 0.449 | 0.376 | 0.785 | 0.479 | 0.513 | 0.478 | 0.752 | 0.550 |
| 白俄罗斯 | 0.590 | 0.776 | 0.764 | 0.168 | 0.473 | 0.543 | 0.580 | 0.561 |
| 马拉维 | 0.451 | 0.387 | 0.629 | 0.150 | 0.393 | 0.733 | 0.724 | 0.561 |
| 密克罗尼西亚联邦 | 0.648 | 0.456 | 0.452 | 0.383 | 0.490 | 0.781 | 0.450 | 0.564 |
| 斯威士兰 | 0.468 | 0.373 | 0.639 | 0.524 | 0.577 | 0.756 | 0.461 | 0.567 |
| 塞拉利昂 | 0.520 | 0.415 | 0.739 | 0.245 | 0.471 | 0.499 | 0.935 | 0.573 |
| 伊拉克 | 0.487 | 0.577 | 0.905 | 0.533 | 0.434 | 0.589 | 0.477 | 0.581 |
| 民主刚果 | 0.482 | 0.520 | 0.951 | 0.600 | 0.483 | 0.471 | 0.628 | 0.584 |

续表

| 国家 | 国家环境 | | | | | 东道国与母国的交互作用 | 行业环境 | 政治风险指数 |
|---|---|---|---|---|---|---|---|---|
| | 宏观经济 | 经济自由度 | 政府治理 | 和平与安全 | 指数 | | | |
| 多米尼加共和国 | 0.408 | 0.301 | 0.579 | 0.506 | 0.625 | 0.805 | 0.609 | 0.584 |
| 洪都拉斯 | 0.369 | 0.322 | 0.732 | 0.554 | 0.489 | 0.798 | 0.515 | 0.585 |
| 尼加拉瓜 | 0.498 | 0.336 | 0.679 | 0.487 | 0.636 | 0.790 | 0.518 | 0.585 |
| 阿富汗 | 0.470 | 0.367 | 0.940 | 0.533 | 0.571 | 0.517 | 0.743 | 0.589 |
| 布隆迪 | 0.465 | 0.446 | 0.859 | 0.450 | 0.549 | 0.622 | 0.689 | 0.599 |
| 利比亚 | 0.759 | 0.800 | 0.935 | 0.317 | 0.708 | 0.584 | 0.473 | 0.624 |
| 南苏丹 | 0.608 | 0.625 | 0.944 | 0.719 | 0.725 | 0.524 | 0.619 | 0.644 |
| 中非共和国 | 0.547 | 0.400 | 0.936 | 0.600 | 0.615 | 0.713 | 0.809 | 0.683 |